Turas 3
Gaeilge na Sraithe Sóisearaí
ARDLEIBHÉAL
An Dara Bliain & An Tríú Bliain

An Dara hEagrán

Risteard Mac Liam

educate.ie

FOILSITHE AG:
Educate.ie
Walsh Educational Books Ltd
Oileán Ciarraí
Co. Chiarraí
www.educate.ie

ARNA CHLÓ AGUS ARNA CHEANGAL AG:
Walsh Colour Print
Oileán Ciarraí
Co. Chiarraí

© Risteard Mac Liam 2022

Gach ceart ar cosaint. Ní ceadmhach aon chuid den fhoilseachán seo a chóipeáil, a atáirgeadh ná a tharchur in aon mhodh ná slí, bíodh sin leictreonach, meicniúil, bunaithe ar fhótachóipeáil, ar thaifeadadh nó eile gan cead scríofa a fháil ón bhfoilsitheoir roimh ré.

ISBN: 978-1-913698-70-6

Ba mhaith liom mo bhuíochas a ghabháil leis na daoine seo a leanas as a gcuid tacaíochta agus comhairle: Clare Mhic Liam, Éamonn Ó Dónaill, Síle Ní Chonaire, Ursula McCague, Dolores Healy, Reuben Ó Conluain, Séamas Ó Fearraigh, Eithne Ní Ghallchobhair, Nora White, Richard Barrett, Oliver Ó Meachair, Conor Wickham, Pádraig Ó Conghaile, Ola Majekodumni, Kevin Dunne, Judy Lieff, Will Flanagan agus Barra Ó Murchadha.

Is mian liom freisin buíochas a ghabháil le gach duine in Educate.ie, go háirithe le Damien Lynam, Sarah Brady, Paula Purcell, Kieran O'Donoghue agus Sinéad Keogh.

Clár Ábhair

Réamhrá iv

Caibidil 1: Mé Féin, Mo Theaghlach agus Mo Chairde 2

Caibidil 2: Ar Ais ar Scoil 50

Caibidil 3: Mo Theach.. 88

Caibidil 4: Mo Cheantar 126

Caibidil 5: Mo Chaithimh Aimsire................................... 176

Caibidil 6: Taisteal.. 220

Caibidil 7: Spórt... 256

Caibidil 8: An Saol Oibre.. 286

Caibidil 9: Éire agus Thar Lear....................................... 336

An Mhír Scríbhneoireachta 360

Treoir Ghramadaí 380

Foclóir 425

Réamhrá

Clár mionsonraithe

CAIBIDIL	FOCLÓIR	GRAMADACH	SCRÍOBH	LITRÍOCHT
Caibidil 1: Mé Féin, Mo Theaghlach agus Mo Chairde	An Ghaeilge sa Rang ....4 Ag Cur Síos Orm Féin ....6 Na Réaltchomharthaí ....8 Mo Theaghlach ....10 Aoiseanna agus Dátaí Breithe 12	Na hUimhreacha Pearsanta ....14 Na Forainmneacha Réamhfhoclacha: 'ag', 'ar', 'roimh' agus 'as' ....20 An Aidiacht Shealbhach ...25	Iarratas ar Phost ....26 Aiste: An Phearsa Phoiblí is Mó a Bhfuil Meas Agam Air/Uirthi ....28 Aiste: Treoracha 30	**Prós:** 'Spás' le Mícheál Ó Ruairc 34
Caibidil 2: Ar Ais ar Scoil	Na hÁbhair Scoile ....52 Áiseanna na Scoile ....54 An Éide Scoile agus Rialacha na Scoile 68	Briathra: Na hAimsirí........56 Réimnithe na mBriathra...57 An Aimsir Láithreach: Na Briathra Rialta................58 An Aimsir Láithreach: Na Briathra Neamhrialta ....60 Na Briathra Neamhrialta: Na Foirmeacha 68	Ríomhphost: Scoil Nua.....70 Díospóireacht: An Scoil agus an Saol ....72 Díospóireacht: Treoracha .. 74	**Filíocht:** 'Jeaic ar Scoil' le Dairena Ní Chinnéide 78
Caibidil 3: Mo Theach	An Teach......................90 An Bloc Árasán ....91 Cineálacha Tithe agus Pobal ....92 An Seomra is Fearr Liom...96 Cúraimí an Tí 106	Na Bunuimhreacha ....94 Na hOrduimhreacha ....95 An Aimsir Chaite: Na Briathra Rialta ....102 An Aimsir Chaite: Na Briathra Neamhrialta................104 Na Briathra Neamhrialta: Na Foirmeacha 105	Scéal: Fothrach Tí Faoin Tuath ....110 Scéal: Treoracha 112	**Úrscéal:** *Hiúdaí Beag* le hEithne Ní Ghallchobhair 118
Caibidil 4: Mo Cheantar	An Baile Mór................128 Cineálacha Siopaí ....130 Amuigh sa Bhaile Mór ...132 Gnóthach sa Bhaile Mór...133 Fadhbanna i Mo Cheantar.......................142	An Chopail 'is'................138	Ríomhphost: Mo Bhaile..146	**Dráma:** *Gleann Álainn* le Brian Ó Baoill 150

CAIBIDIL	FOCLÓIR	GRAMADACH	SCRÍOBH	LITRÍOCHT
Caibidil 5: Mo Chaithimh Aimsire	Caithimh Aimsire agus Cluichí ......178 Ceol 1: Na hUirlisí Ceoil...180 Nósanna Féachana Meán......192	Na Forainmneacha Réamhfhoclacha: 'le', 'do', 'faoi' agus 'ó'......188	Gné-Alt: Ceolchoirm Mhór......186 Gné-Alt: Treoracha......187 Aiste Reacaireachta: An Rud is Annamh is Iontach......198 Aiste Reacaireachta: Treoracha......199	**Ceol:** 'Fún Orm' le IMLÉ...202 **Filíocht:** 'Stadeolaíocht' le Marcus Mac Conghail 210
Caibidil 6: Taisteal	Cineálacha Saoire......222 Saoirí sa Bhaile......224	An Aimsir Fháistineach: Na Briathra Rialta......228 An Aimsir Fháistineach: Na Briathra Neamhrialta ......230 Na Briathra Neamhrialta: Na Foirmeacha 231	Saoire Ghréine Idéalach le Mo Theaghlach......234 Cárta Poist ó Mheiriceá...240 Díospóireacht: Laethanta Saoire......242	**Filíocht:** 'Ceist na Teangan' le Nuala Ní Dhomhnaill ..246
Caibidil 7: Spórt	Na Spóirt a Thaitníonn Liom ......258 Trealamh agus Áiseanna Spóirt ......259 Ag Cur Síos ar Phearsana Spóirt 260	Céimeanna Comparáide na hAidiachta 264	Postáil Bhlag faoi Chluiche Peile ......270 Díospóireacht: Tábhacht an Spóirt 272	**Ceol:** 'Solas' le Seo Linn 276
Caibidil 8: An Saol Oibre	Mo Phost Samhraidh ......288 Saol Ealaíontóra Fhóiréinsigh......298 Saol Teangeolaí ......300 Saol Dochtúra......302	Abairtí Coinníollacha......292 An Modh Coinníollach: Na Briathra Rialta......294 An Modh Coinníollach: Na Briathra Neamhrialta ......296 Na Briathra Neamhrialta: Na Foirmeacha 297	Litir Fhoirmeálta ......306 Óráid: Tábhacht an Bhia Fholláin......308	**Prós:** 'Quick Pick' le hOrna Ní Choileáin 312
Caibidil 9: Éire agus Thar Lear	I gCaibidil 9, foghlaimeoidh tú go leor rudaí nua faoi Éirinn agus faoi thíortha thar lear. Déanfaidh tú cúpla ceacht gach mí. Cúigí na hÉireann ...... 338 Logainmneacha...... 339 Tíortha an Domhain ...... 340 Seanfhocail ...... 342 Na Séasúir ...... 344 An Aimsir ...... 346 Féilte 350–359			

Turas 3

Gach rud faoi Turas 3

Eochair na n-íocón

Feicfidh tú na híocóin seo in *Turas 3*:

 Scríobh / Write

 Bí ag caint! / Labhair / Speak

  Éist agus aip / Listen and app

 Léigh / Read

 Meaitseáil / Match

 Stór focal / Vocabulary

 Le foghlaim / To be learned

 Obair bheirte / Pair work

 Obair ghrúpa / Group work

 Punann / Portfolio

 Féinmheasúnú / Self-assessment

 Cur i láthair / Presentation

 Téigh chuig / Go to

 Tasc cultúir / Culture task

 Príomhscileanna / Key skills

 Físeán / Video

Súil Siar ▶

Gheobhaidh tú deis féachaint siar ar na pointí is tábhachtaí ag deireadh gach caibidle.

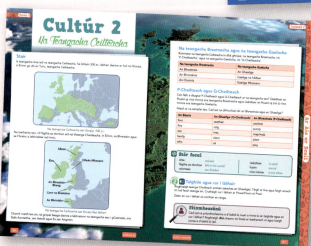

◀ Míreanna Cultúir

Tá ocht mír chultúir in *Turas 3*. Sna míreanna seo, foghlaimeoidh tú faoi phobal na Gaeilge agus faoi chultúr na hÉireann.

Réamhrá

Litríocht ▶

Clúdóidh tú samplaí den litríocht is fearr ón Liosta Téacsanna Ainmnithe ar bhealach cruthaitheach agus cuimsitheach. Léifidh tú dhá ghearrscéal, dhá amhrán, trí dhán, dráma amháin agus giota as úrscéal. Cuirtear tús le gach caibidil le sliocht nó línte ón bpíosa litríochta. Déanfaidh tú staidéar ar an bpíosa litríochta seo ag deireadh na caibidle. Beidh an sliocht nó na línte seo ina spreagadh duit machnamh a dhéanamh ar an topaic agus ar an bpíosa litríochta féin.

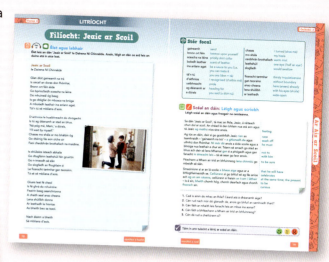

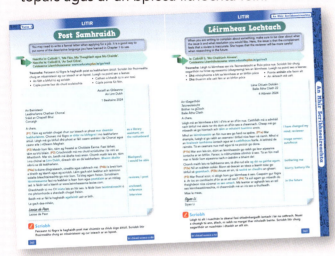

◀ An Mhír Scríbhneoireachta

Sa chaibidil 'An Mhír Scríbhneoireachta', feicfidh tú go leor samplaí cruthaitheacha a chabhróidh leat do chuid scileanna scríbhneoireachta a fhorbairt.

Treoir Ghramadaí ▶

Tá mioncheachtanna gramadaí ar fáil i ngach caibidil. Chomh maith leis seo, gheobhaidh tú go leor cleachtaí gramadaí breise sa Treoir Ghramadaí ar leathanaigh 380–424.

◀ Foclóir

Gheobhaidh tú na focail agus na nathanna is tábhachtaí ar leathanaigh 425–439.

Cad iad na príomhscileanna? An bhfuil siad tábhachtach?

Tá ocht bpríomhscil an-tábhachtach sa tSraith Shóisearach. Nuair a bhíonn tú ag obair sa rang, bí ag smaoineamh ar na príomhscileanna seo. Cuir ceist ort féin: 'Cén phríomhscil atá in úsáid agam anois?'

A bheith liteartha / Being literate	**Mé féin a bhainistiú** / Managing myself
A bheith uimheartha / Being numerate	**Fanacht folláin** / Staying well
Cumarsáid / Communicating	**Obair le daoine eile** / Working with others
A bheith cruthaitheach / Being creative	**Eolas agus smaointeoireacht a bhainistiú** / Managing information and thinking

Céard eile atá san áireamh i bpacáiste *Turas 3*?

Mo Phunann

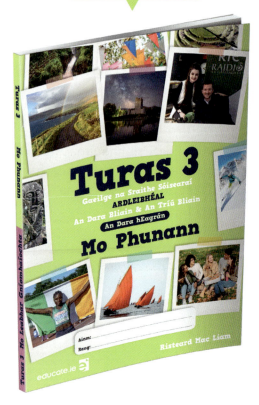

Mo Leabhar Gníomhaíochta

NÓTA: Tá an Phunann agus an Leabhar Gníomhaíochta sa leabhar céanna.

Aip *Turas 3*

Tá gníomhaíochtaí breise agus an t-ábhar fuaime a bhaineann leis na cluastuiscintí uile ar fáil ar an aip. Tá an aip ar fáil ar líne agus as líne ar fhormhór na mórchóras oibriúcháin. Tabhair cuairt ar www.educateplus.ie/turas-apps chun tuilleadh sonraí a fháil.

Acmhainní Digiteacha

www.educateplus.ie/resources/turas-3-nua

CAIBIDIL 1
Mé Féin, Mo Theaghlach agus Mo Chairde

Clár Ábhair

Foclóir	An Ghaeilge sa Rang	4
Foclóir	Ag Cur Síos Orm Féin	6
Foclóir	Na Réaltchomharthaí	8
Foclóir	Mo Theaghlach	10
Foclóir	Aoiseanna agus Dátaí Breithe	12
Gramadach	Na hUimhreacha Pearsanta	14
Léamhthuiscint	Mise agus Mo Theaghlach	16
Físeán	Beachaire Pháras	18
Léamh agus Gramadach	Na Forainmneacha Réamhfhoclacha: 'ag', 'ar', 'roimh' agus 'as'	20
Éisteacht	Ó Ghlúin go Glúin	22
Léamhthuiscint	Leathchinn Phroifisiúnta	24
Gramadach	An Aidiacht Shealbhach	25
Scríobh	Iarratas ar Phost	26
Scríobh	Aiste: An Phearsa Phoiblí is Mó a Bhfuil Meas Agam Air/Uirthi	28
Scríobh	Aiste: Treoracha	30
Béaltriail	Dhá Agallamh	32
Litríocht	Prós: Spás	34
Cleachtaí Athbhreithnithe	Súil Siar	46
Cultúr 1	An Ghaeilge	48

✓ Faoi dheireadh na caibidle seo, beidh mé in ann:

- Cur síos a dhéanamh orm féin, ar dhaoine eile agus ar mo theaghlach.
- Iarratas a dhéanamh ar phost.
- Aiste a scríobh ar phearsa phoiblí.

Príomhscileanna

- A bheith cruthaitheach
- A bheith liteartha
- A bheith uimheartha
- Cumarsáid

Litríocht

Spás

Ag deireadh na caibidle seo, déanfaimid staidéar ar an ngearrscéal 'Spás'. Léigh an sliocht gearr thíos agus cuir tús le do chuid machnaimh ar an ngearrscéal agus ar an topaic seo.

Bhí sí [Pádraigín] ag smaoineamh ar a saol féin agus na hathruithe a bhí tagtha air le tamall anuas. Trí mhí ó shin bhí seomra dá cuid féin aici sa bhaile. Ach nuair a saolaíodh leanbh óg dá tuismitheoirí tháinig deireadh leis sin ar fad. Cuireadh a deirfiúr Aoife isteach in aon seomra léi.

Sa scéal 'Spás' pléann an t-údar athrú i saol Phádraigín, an príomhcharachtar.
Ar tharla aon athrú i do shaol féin le déanaí?
Le linn na caibidle seo, déan machnamh ar an gceist sin.
Ag an deireadh, déan comparáid le daoine eile i do rang.

FOCLÓIR

An Ghaeilge sa Rang

 **Le foghlaim**

Ag bualadh le do chairde arís.

Dia duit, a Órla. Conas atá tú?

Dia 's Muire duit, a Antaine. Táim go maith. Agus tusa?

Táim go breá, go raibh maith agat.

Haigh, a Áine. An raibh samhradh maith agat?

Bhí, cinnte. Chuamar go dtí an Iodáil. Céard fútsa?

Bhí sé go hiontach. Chuaigh mé go dtí an Ghaeltacht.

A Eoin! Deas thú a fheiceáil! Cad é mar atá tú?

Nílim go holc. Agus tú féin?

Níl caill orm.

  **Scríobh agus labhair**

Scríobh comhrá idir tú féin agus cara leat. Cleacht an comhrá leis an duine atá in aice leat.

Le foghlaim

Ag caint leis an múinteoir.

Osclaígí bhur leabhair ar leathanach 25, le bhur dtoil!

Gabh mo leithscéal, an féidir leat é sin a rá arís?

Oscail do leabhar ar leathanach 25, a Phóil.

A Chiara, an féidir leat an fhuinneog a oscailt?

Go raibh maith agat.

Is féidir, cinnte.

Cén fáth a bhfuil tú déanach, a Sheáin?

Labhróidh mé leat tar éis an ranga.

Tá brón orm. Níor chuala mé mo chlog aláraim.

 Punann 1.1

Scríobh na nathanna nua faoin teideal 'Nathanna a Úsáidim go Rialta sa Rang' i do phunann ar leathanach 1.

✓ Táim in ann nathanna cainte ón rang Gaeilge a rá.

FOCLÓIR

Ag Cur Síos Orm Féin

Meaitseáil

Meaitseáil na cuir síos leis na daoine.

1. Haigh, is mise Pádraic. Tá gruaig ghearr dhonn orm agus tá súile geala gorma agam.

2. Haigh, Deirdre is ainm dom. Tá gruaig fhada dhonn orm agus tá súile glasa agam.

3. Dia daoibh, Zara is ainm dom. Tá gruaig fhada rua orm agus tá súile gorma agam.

4. Dia daoibh, is mise Fred. Tá gruaig ghearr dhubh orm agus tá súile donna agam.

Scríobh agus labhair

Freagair na ceisteanna seo i do chóipleabhar. Bain úsáid as na focail thíos chun cabhrú leat. Ansin, cuir na ceisteanna ar an duine atá in aice leat.

1	Cén sórt gruaige atá ort?	Tá gruaig _____ _____ orm.
2	Cén dath atá ar do shúile?	Tá súile _____ _____ agam.

gruaig dhíreach dhonn	gruaig fhada dhubh	gruaig ghearr néata
gruaig chatach fhionn	gruaig spíceach rua	gruaig dhualach liath
súile dorcha donna	súile móra glasa	súile geala gorma

Caibidil 1

✏️ 💬 Scríobh agus labhair

Cén sórt duine thú? Scríobh dhá abairt fút féin. Ansin, cuir an cheist ar an duine atá in aice leat. Bain úsáid as na struchtúir agus an stór focal thíos.

Cén sórt duine thú?

Is duine foighneach agus réchúiseach mé. Uaireanta bím beagáinín leisciúil, caithfidh mé a rá. Céard fútsa?

Táim greannmhar agus fuinniúil. Bím ceanndána freisin, chun an fhírinne a rá.

Cén sórt duine thú?

Bhuel, le bheith macánta, táim diongbháilte agus iontaofa. Is féidir liom a bheith achrannach freisin, áfach! Agus tú féin?

Táim fial flaithiúil mar dhuine. Bím dearmadach freisin, faraor.

 Tá nó Bíonn? Féach ar an Treoir Ghramadaí ar leathanach 394.

🔤 Stór focal

Aidiachtaí dearfacha		Aidiachtaí diúltacha	
cineálta/cneasta	kind/considerate	leisciúil	lazy
fuinniúil	energetic	drochbhéasach	rude/impolite
diongbháilte	determined	ceanndána	stubborn
fial/flaithiúil	generous	dearmadach	forgetful
foighneach	patient	glic/sleamhain	cunning/sly
greannmhar/barrúil	funny	leithleasach	selfish
iontaofa	reliable	cancrach/cantalach	cranky/grumpy
macánta/ionraic	honest	santach	greedy
réchúiseach	easy-going	suarach	mean
cabhrach/cuidiúil	helpful	achrannach	argumentative

Tá tuilleadh aidiachtaí a chuireann síos ar dhaoine ar leathanach 8.

 Táim in ann cur síos a dhéanamh orm féin.

a seacht

FOCLÓIR

Na Réaltchomharthaí

 **Bí ag caint!**

Féach ar an tábla seo den stoidiaca. Cén réaltchomhartha atá agat? An aontaíonn tú leis an gcur síos atá ann? Pléigh do thuairim leis an duine atá in aice leat.

Tá tuilleadh eolais faoi na dátaí ar leathanach 13.

 Stór focal

teasaí	fiery	cáinteach	critical
santach	greedy	rathúil	successful
maoithneach	emotional	guagach	unpredictable

Éist agus scríobh

Tá Eva agus Mícheál ag plé na réaltchomharthaí le chéile. Cloisfidh tú comhrá sa cheist seo. Cloisfidh tú an comhrá faoi dhó. Cloisfidh tú an comhrá ó thosach deireadh an chéad uair. Ansin cloisfidh tú ina dhá mhír é. Beidh sos ann leis na freagraí a scríobh tar éis gach míre díobh.

Eva

Mícheál

Mír 1
1. Cén réaltchomhartha atá ag Mícheál?
2. Cén sórt duine é, dar leis? Luaigh dhá aidiacht.

Mír 2
3. Cé mhéad siblíní atá aige?
4. Cad a deir Mícheál i dtaobh a dtréithe diúltacha?

Script: leathanach 102 de do Leabhar Gníomhaíochta.

 Scríobh agus labhair

A. Cén réaltchomhartha atá ag daoine eile atá i do theaghlach? Cén sórt daoine iad? Scríobh cúpla abairt fúthu.

Sampla: An Portán an réaltchomhartha atá ag mo Mham. Is duine grámhar agus maoithneach í. Uaireanta, áfach, bíonn sí dearmadach.

B. An bhfuil na cuir síos faoi na réaltchomharthaí cruinn? Inis don duine atá in aice leat.

> Sílim go bhfuil na réaltchomharthaí thar a bheith cruinn.

> Níl siad cruinn ar chor ar bith! Ní thugaim aon aird orthu!

 Táim in ann réimse leathan aidiachtaí a úsáid chun cur síos a dhéanamh ar dhaoine.

FOCLÓIR

Mo Theaghlach

Scríobh

Cad is brí leis na focail seo? Bain úsáid as d'fhoclóir nó as www.focloir.ie.

| máthair | aintín | bean chéile | deirfiúr | gariníon | seanmháthair |
| iníon | neacht | leasmháthair | sin-seanmháthair | | |

Meaitseáil

Meaitseáil na focail seo leis na focail sa bhosca thuas i do chóipleabhar. Bain úsáid as d'fhoclóir nó as www.focloir.ie. Tá an chéad cheann déanta duit.

deartháir	deirfiúr	mac	
athair		garmhac	
uncail		leasathair	
fear céile		sin-seanathair	
nia		seanathair	

Léigh

Léigh faoi theaghlach Fhiadh.

Dia daoibh. Fiadh an t-ainm atá orm agus táim ceithre bliana déag d'aois. Is duine cairdiúil cabhrach mé. Seo mo theaghlach.

Fiadh

Mam

Daid

Seo mo thuismitheoirí. Tá siad fial flaithiúil. Tá gruaig chatach ruadhonn ar mo mháthair agus tá súile donna aici. Tá gruaig liath ar m'athair agus tá féasóg liath air freisin.

Seo mo shiblíní, Eimear agus Finn. Tá siad an-réchúiseach. Tá gruaig fhada dhíreach dhonn ar Eimear agus tá súile donna aici. Tá gruaig ghearr dhonn ar Finn agus tá súile gorma aige.

Réitímid go han-mhaith le chéile.

Eimear

Finn

Scríobh agus labhair

A. Freagair na ceisteanna.
1. Cé atá i dteaghlach Fhiadh?
2. Déan cur síos ar a tuismitheoirí. Cén sórt daoine iad?
3. Déan cur síos ar a siblíní. Cén sórt daoine iad?
4. An réitíonn siad go maith le chéile?

B. Cad iad na difríochtaí agus cosúlachtaí idir teaghlach Fhiadh agus do theaghlach féin? Inis don duine atá in aice leat.

  Bí ag caint!

Cuir na ceisteanna seo ar an duine atá in aice leat.
1. Cé atá i do theaghlach?
2. Déan cur síos ar do thuismitheoirí. Cén sórt daoine iad?
3. Déan cur síos ar do shiblíní. Cén sórt daoine iad?
4. An réitíonn sibh go maith le chéile?

 Táim in ann cur síos a dhéanamh ar mo theaghlach.

FOCLÓIR

Aoiseanna agus Dátaí Breithe

Le foghlaim

'Ní thagann ciall roimh aois!' Foghlaim na haoiseanna seo.

aon **bhliain** d'aois (1)	aon **bhliain déag** d'aois (11)	aon **bhliain is fiche** d'aois (21)
dhá bhliain d'aois (2)	dhá bhliain déag d'aois (12)	dhá bhliain is fiche d'aois (22)
trí **bliana** d'aois (3)	trí **bliana** déag d'aois (13)	trí **bliana** is tríocha d'aois (33)
ceithre bliana d'aois (4)	ceithre bliana déag d'aois (14)	ceithre bliana is daichead d'aois (44)
cúig bliana d'aois (5)	cúig bliana déag d'aois (15)	cúig bliana is caoga d'aois (55)
sé bliana d'aois (6)	sé bliana déag d'aois (16)	sé bliana is seasca d'aois (66)
seacht **mbliana** d'aois (7)	seacht **mbliana** déag d'aois (17)	seacht **mbliana** is seachtó d'aois (77)
ocht mbliana d'aois (8)	ocht mbliana déag d'aois (18)	ocht mbliana is ochtó d'aois (88)
naoi mbliana d'aois (9)	naoi mbliana déag d'aois (19)	naoi mbliana is nócha d'aois (99)
deich mbliana d'aois (10)	fiche **bliain** d'aois (20)	céad **bliain** d'aois (100)

Léigh agus scríobh

A. Léigh an t-alt thíos. Déan eagarthóireacht ar na focail a bhfuil cló trom orthu. Scríobh na focail chearta i do chóipleabhar. Tá an chéad cheann déanta duit.

Is mise an duine is **óg** (1) = óige sa bhliain scoile. Bhí mé trí **mbliana** (2) d'aois nuair a thosaigh **me** (3) ar an **bunscoil** (4). Bhí mé dhá bhliain déag **d'aios** (5) nuair a thosaigh mé ar an meánscoil. Bhí mé **dtrí** (6) bliana **deag** (7) d'aois ag **tus** (8) na bliana, i mí **eanáir** (9). Beidh mé **cethre** (10) **bhliana** (11) déag d'aois nuair a dhéanfaidh mé an Teastas Sóisearach.

B. Athscríobh an t-alt ionas go mbeidh sé fíor duit féin.

Le foghlaim

Foghlaim na dátaí seo.

Dátaí

ar an gcéad lá (1ú)	ar an aonú lá déag (11ú)	ar an aonú lá is fiche (21ú)
ar an dara lá (2ú)	ar an dara lá déag (12ú)	ar an dara lá is fiche (22ú)
ar an tríú lá (3ú)	ar an tríú lá déag (13ú)	ar an tríú lá is fiche (23ú)
ar an gceathrú lá (4ú)	ar an gceathrú lá déag (14ú)	ar an gceathrú lá is fiche (24ú)
ar an gcúigiú lá (5ú)	ar an gcúigiú lá déag (15ú)	ar an gcúigiú lá is fiche (25ú)
ar an séú lá (6ú)	ar an séú lá déag (16ú)	ar an séú lá is fiche (26ú)
ar an seachtú lá (7ú)	ar an seachtú lá déag (17ú)	ar an seachtú lá is fiche (27ú)
ar an ochtú lá (8ú)	ar an ochtú lá déag (18ú)	ar an ochtú lá is fiche (28ú)
ar an naoú lá (9ú)	ar an naoú lá déag (19ú)	ar an naoú lá is fiche (29ú)
ar an deichiú lá (10ú)	ar an bhfichiú lá (20ú)	ar an tríochadú lá (30ú)
		ar an aonú lá is tríocha (31ú)

Míonna

de mhí Eanáir	de mhí Aibreáin	de mhí Iúil	de mhí Dheireadh Fómhair
de mhí Feabhra	de mhí na Bealtaine	de mhí Lúnasa	de mhí na Samhna
de mhí an Mhárta	de mhí an Mheithimh	de mhí Mheán Fómhair	de mhí na Nollag

Blianta

1999	naoi déag nócha naoi		2015	dhá mhíle is a cúig déag
2000	dhá mhíle		2020	fiche fiche
2005	dhá mhíle is a cúig		2025	fiche fiche a cúig
2010	dhá mhíle is a deich		2030	fiche tríocha

 ## Scríobh

Cathain a rugadh na ceiliúráin seo? Scríobh na freagraí i do chóipleabhar. Cén aois iad anois?
Sampla: Rugadh Jules LeBlanc, an réalta YouTube, ar an gcúigiú lá de mhí na Nollag, dhá mhíle is a ceathair.

Jules LeBlanc
(réalta YouTube)
05/12/2004

Jacob Sartorius
(amhránaí pop)
02/10/2002

Maddie Ziegler
(damhsóir)
30/09/2002

Tom Holland
(réalta scannán)
01/06/1996

 Táim in ann aoiseanna daoine agus dátaí breithe a rá.

GRAMADACH

Na hUimhreacha Pearsanta

Meaitseáil

Úsáidimid focail ar leith chun daoine a chomhaireamh. Tugaimid 'na huimhreacha pearsanta' ar na huimhreacha seo.

Meaitseáil na daoine sa phictiúr leis na huimhreacha. Tá an chéad cheann déanta duit.

1	fear uachtar reoite	amháin	6	seisear	
2	beirt		7	seachtar	
3	triúr		8	ochtar	
4	ceathrar		9	naonúr	
5	cúigear		10	deichniúr	

Bí ag caint!

I mbeirteanna, freagair na ceisteanna seo.

1. Cé mhéad duine atá i do theaghlach?
2. Cé mhéad aintín agus uncail atá agaibh?
3. Cé mhéad col ceathar atá agaibh?
4. Cé mhéad duine a bhíonn ar fhoireann cispheile?

 Táim in ann daoine a chomhaireamh.

Mise agus Mo Theaghlach

Léigh, éist agus scríobh

Léigh agus éist leis an bpíosa seo agus freagair na ceisteanna a ghabhann leis.

Dia dhaoibh. Ian an t-ainm atá orm agus táim ceithre bliana déag d'aois. Tá cúigear i mo theaghlach – mo Mham, mo Dhaid, mo dheirfiúr Róisín, mo dheartháir óg Brian agus mé féin, **ar ndóigh**. — of course

Is mise an páiste is sine sa teaghlach. Is duine cairdiúil cabhrach mé. Táim foighneach freisin. Uaireanta, bím dearmadach, caithfidh mé a admháil.

Tá mo dheirfiúr Róisín **i lár báire**. Tá sí dhá bhliain **níos óige ná** mé féin. Is é mo dheartháir Brian an duine is óige. Tá gruaig fhada rua ar Róisín agus tá gruaig ghearr fhionn ar Bhrian, díreach cosúil liomsa. Tá súile móra gorma againn triúr. Tá **an bheirt acu** an-réchúiseach agus an-mhacánta. Bíonn siad leisciúil ó am go chéile, caithfidh mé a rá, ach **is cuma sin**. **Muise, nach mbímid go léir**. — in the middle; younger than; both of them; that doesn't matter; sure; aren't we all

Tá mo thuismitheoirí **fial flaithiúil**. Tugann siad cabhair dúinn nuair a bhíonn sí ag teastáil. Tá gruaig **dhualach** fhionn ar mo mháthair agus tá súile gorma aici. Tá m'athair maol ach tá **féasóg** mhór chatach rua air. Tá súile móra gorma aige freisin. — very generous; wavy; beard

Caithfidh mé a admháil go mbíonn argóintí **eadrainn** uaireanta. Ar an iomlán **réitímid** go hiontach le chéile. Is aoibhinn linn am a chaitheamh le chéile. — between us; we get on

1. Cé mhéad siblíní atá ag Ian? Cuir **tic** (✔) leis an bhfreagra ceart.

   Beirt siblíní – deirfiúr níos sine agus dearthair níos óige ☐

   Beirt siblíní – deirfiúr níos óige agus dearthair níos óige ☐

   Triúr siblíní – deirfiúr níos óige, dearthair níos óige agus leathchúpla ☐

2. Cén abairt is fearr a mhíníonn cuma fhisiciúil an triúir siblíní?
   Cuir **tic** (✔) leis an bhfreagra ceart.

   Tá an chuma chéanna acu. ☐

   Tá roinnt tréithe i bpáirt acu. ☐

   Níl cosúlacht dá laghad eatarthu. ☐

3. Cén sórt daoine iad a shiblíní? Déan cur síos orthu.
4. Cén sórt daoine iad a thuismitheoirí? Déan cur síos orthu.
5. An réitíonn an teaghlach le chéile, dar leat?
6. Bunaithe ar an sliocht thuas, an ndéarfá féin go bhfuil tuairim dhearfach ag Ian maidir lena theaghlach? Is leor **dhá** fháth.

   **Éist agus scríobh**

Cloisfidh tú píosa cainte sa cheist seo. Cloisfidh tú an píosa cainte faoi dhó. Beidh sos ann leis na freagraí a scríobh tar éis na chéad éisteachta agus tar éis an dara héisteacht.

1. Cé mhéad duine atá i dteaghlach Mháire?
2. Cé hí an páiste is sine?
3. Cad a deir Máire faoina beirt deirfiúracha?
   Cuir **tic** (✔) leis an **dá** fhreagra chearta.

   Tá siad an-chosúil le chéile. ☐

   Níl cosúlacht ar bith eatarthu. ☐

   Tá siad cairdiúil. ☐

   Níl siad réchúiseach. ☐

Máire

4. Tabhair píosa **amháin** eolais a thugann le fios dúinn go bhfuil caidreamh maith idir Máire agus a teaghlach.

Script: leathanach 102 de do Leabhar Gníomhaíochta.

   Bí ag caint!

I ngrúpa, déan comparáid idir do theaghlach féin agus teaghlach Iain nó teaghlach Mháire. Luaigh dhá chosúlacht agus dhá dhifríocht eadraibh.

> Tá teaghlach mór ag Máire ach níl ach triúr i mo theaghlach féin.

> Réitíonn Ian lena shiblíní ach bímid féin sa bhaile i gcónaí in adharca a chéile.

 Táim in ann mo theaghlach a chur i gcomparáid le teaghlaigh eile.

FÍSEÁN

Beachaire Pháras

🗨 Bí ag caint!

Pléigh na ceisteanna seo leis an duine atá in aice leat.

1. An maith leat mil?
2. Cad leis a n-itheann tú mil?

📖 ✏ Léigh agus scríobh

Sa roinn seo, féachfaidh tú ar fhíseán faoi bheachaire i bPáras. Léigh an réamhrá agus freagair na ceisteanna.

Réamhrá

Is **beachaire** é Audric de Campeau. Coinníonn sé **coirceoga** thuas go hard ar **dhíonta** Pháras. Tá **comhlacht** meala aige darb ainm Miel de Paris.

| beekeeper |
| beehives |
| roofs; company |

Is aoibhinn leis a bheith obair le beacha. Dar le Audric, is rud iontach é coirceog a oscailt agus féachaint isteach ar na beacha ag obair. Tá post amháin ag gach beach acu agus déanann siad an post sin **go dian dícheallach**, **ar feadh a saoil**, **ar son leas** na coirceoige.

| untiringly; all their lives; for the benefit |

Sochaí fhoirfe atá ann, dar leis.

| society |

1. Cén tslí beatha atá ag Audric de Campeau?
2. Cad is ainm dá chomhlacht meala?
3. Luaigh **dhá** rud a thaitníonn leis faoin obair seo.

▶ ✏ Féach agus scríobh

Féach ar an bhfíseán agus freagair na ceisteanna thíos. Déan comparáid leis an duine atá in aice leat.

Téigh chuig www.educate*plus*.ie/resources/turas-3-nua chun féachaint ar an bhfíseán. Tá script an fhíseáin ar fáil ann freisin.

1. Cén sórt duine é Audric de Campeau?
2. Conas a athraíonn a phearsantacht i measc na mbeach, i measc na gcoirceog?
3. Cad ba mhaith le Audric a spreagadh i ndaoine? Luaigh **dhá** rud.

a hocht déag

Scríobh agus labhair

A. Líon na bearnaí. Ní gá gach focal a úsáid. Bain úsáid as d'fhoclóir nó as www.focloir.ie.

B. Luaigh dhá phost atá coitianta agus dhá phost nach bhfuil chomh coitianta sin. Déan comparáid leis an duine atá in aice leat.

ailtire	beachaire	cócaire	díoltóir	eolaí	feirmeoir
garraíodóir	innealtóir	leictreoir	múinteoir	nuachtánaí	
pluiméir	rúnaí	siúinéir	tréidlia		

1. Is _____ é. 2. Is _____ é. 3. Is _____ é.

4. Is _____ í. 5. Is _____ í. 6. Is _____ é.

7. Is _____ é. 8. Is _____ í.

'Is beachaire é'. 'Ní innealtóir é'. Tá tuilleadh faoin bpointe gramadaí seo ar leathanach 408.

Punann 1.2

Déan cur i láthair ar an bpost atá ag duine a bhfuil aithne agat air/uirthi.

Tá treoracha mionsonraithe agus cur i láthair samplach i do phunann ar leathanach 3.

✓ Táim in ann cur i láthair a dhéanamh faoi phost duine.

LÉAMH AGUS GRAMADACH

Na Forainmneacha Réamhfhoclacha: 'ag', 'ar', 'roimh' agus 'as'

Úsáidimid forainmneacha réamhfhoclacha nuair a thagann réamhfhocal (mar shampla ag, ar, roimh, as) agus forainm (mar shampla mé, tú, sé, sí) le chéile.

Samplaí: ag + mé = agam   ar + tú = ort   roimh + í = roimpi   as + iad = astu

Léigh agus labhair

Léigh an píosa seo. Cé mhéad forainm réamhfhoclach a thugann tú faoi deara? Inis don duine atá in aice leat.

Ainmníodh muintir Mahoney as Loch Garman mar 'An Teaghlach is Aclaí in Éirinn' in 2021. Bhí trí theaghlach eile sa bhabhta ceannais ach fuair na Mahoneys **an ceann is fearr orthu**. Bhí áthas an domhain orthu nuair a bhuaigh siad duais €15,000 agus an trófaí mór.   *the better of them*

Tá cúigear i dteaghlach Mahoney ach níor ghlac ach ceathrar acu páirt sa chomórtas. Baineadh siar astu, ach ag an am céanna, bhí muinín acu astu féin. **Mar sin féin**, ba chrua na dúshláin a bhí rompu.   *nevertheless*

Theastaigh ó athair an teaghlaigh, Tommy, a bheith páirteach freisin, ach ní raibh sé **chomh haclaí lena** chuid mac, faraor! Ar deireadh, ba iad na mic, Kevin (24), Conor (20) agus Alan (17), agus a máthair Joanne a bhí ar an bhfoireann.   *as fit as his*

Tá gruaig ghearr dhonn ar na buachaillí agus tá gruaig ghearr dhonn ar a máthair freisin. Tá súile gorma acu uilig!

Imríonn na buachaillí peil agus iománaíocht agus is **cóitseálaí lúthchleasaíochta** í Joanne.   *gymnastics coach*

Cé go raibh an comórtas an-dúshlánach, bhain siad an-taitneamh as. Tá **tóir mhór** orthu anois, go háirithe ar a **bhfotha** Instagram. Is léir go bhfuil sé tuillte acu.   *a big following; feed*

Scríobh

Aimsigh an Ghaeilge sa téacs. Scríobh an leagan Gaeilge i do chóipleabhar.

1	The Mahoney family got the better of them.	5	They had confidence in themselves.
2	They were very happy.	6	The challenges ahead of them were extremely tough.
3	Only four of them took part.	7	The boys have short brown hair.
4	They were taken aback.	8	They all have blue eyes.

Na réamhfhocail 'ag', 'ar', 'roimh' agus 'as'

Pronoun	Forainm	ag	ar	roimh	as
I	mé	agam	orm	romham	asam
you	tú	agat	ort	romhat	asat
he	sé	aige	air	roimhe	as
she	sí	aici	uirthi	roimpi	aisti
we	muid (sinn)	againn	orainn	romhainn	asainn
you (plural)	sibh	agaibh	oraibh	romhaibh	asaibh
they	siad	acu	orthu	rompu	astu

Nathanna samplacha

ag (at, have)	ar (on)	roimh (before)	as (from, out of)
Tá súile gorma agam.	Tá gruaig rua orm.	Tá lá fada romham.	Baineadh siar asam.
Níl suim aige sa spórt.	An bhfuil ocras ort?	Fáilte romhat!	Tá muinín agam asat.
An bhfuil a fhios aici?	Tá áthas orainn.	Shiúil sé romhainn.	Ar bhain sí sult as?
Bhí an bheirt acu ann.	Níor theip orthu.	Tá eagla air roimh chait.	Táim bródúil aisti.
Tá meas ag Síle ar Joe.	Bhuaigh Joe ar Sheán.	Bhí mé ann roimh Phól.	Bhain sé geit as Marc.

Stór focal

an bheirt acu	both of them
áthas	happiness
níor theip	didn't fail
buaigh ___ ar	___ beat
muinín	trust/confidence
sult	enjoyment
bródúil as	proud of
geit	a fright

Scríobh

Athscríobh na habairtí seo i do chóipleabhar. Ansin, aistrigh iad.

1. Tá súile gorma [ag: iad] _____ agus tá gruaig rua [ar: iad] _____.

2. Bhí áthas [ar: muid] _____ nuair a chuir siad fáilte [roimh: muid] _____.

3. Tá eagla [ar: Marc] _____ roimh chait ach níl eagla ar bith [ar: mé] _____ [roimh: iad] _____.

4. Tá muinín [ag: mé] _____ [as: tú] _____ ach tá eagla [ar: mé] _____ [roimh: tú] _____ freisin.

Tá tuilleadh cleachtaí ar leathanach 382.

Táim in ann na forainmneacha réamhfhoclacha atá bunaithe ar 'ag', 'ar', 'roimh' agus 'as' a úsáid.

Mé Féin, Mo Theaghlach agus Mo Chairde

ÉISTEACHT

Ó Ghlúin go Glúin

  Bí ag caint!

Féach ar na pictiúir de Bono agus a mhac Eli Hewson. Is amhránaithe iad. I mbeirteanna, déan cur síos orthu.

  Léigh agus scríobh

Léigh ocht n-alt ghearra faoi Bono agus Eli. I mbeirteanna, déan cinneadh cén t-alt a bhaineann le Bono agus cén t-alt a bhaineann le hEli.

			Bono	Eli
1	Rugadh in 1960 i mBaile Átha Cliath é. Is é Paul David Hewson a fhíorainm.			
2	Rugadh sa bhliain 1999 é. Is iad Bob Patricius Guggi Q a lár-ainmneacha. Tá beirt deirfiúracha agus deartháir amháin aige.			
3	D'fhreastail sé ar Scoil Chuimsitheach Mount Temple. Is ann a chas sé ar a bhean chéile agus bean ghnó, Alison.			
4	Tá sé ina **phríomhamhránaí** ar an mbanna ceoil U2. Tá 22 Ghradam Grammy buaite acu.	lead singer		
5	D'fhreastail sé ar Choláiste na Carraige Duibhe i mBaile Átha Cliath.			
6	Tá gruaig dhonn a bhíonn **slíoctha siar** i gcónaí air. Caitheann sé spéaclaí gréine gach áit a dtéann sé mar gheall ar **fhadhb sláinte**.	slicked back / medical condition		
7	Tá sé ina phríomhamhránaí ar an ngrúpa ceoil Inhaler. Tá sé **tuartha** go mbeidh clú agus cáil idirnáisiúnta orthu **amach anseo**.	predicted / in the future		
8	Tá gruaig **cuíosach** fada air agus tá **stríoc láir** inti. Tá súile donna aige.	fairly / middle parting		

  Bí ag caint!

Seo trí bhealach chun 'Like father, like son' nó 'Like mother, like daughter' a rá i nGaeilge. Cén ceann is fearr leat? Cén ceann is oiriúnaí don téacs seo, meas tú? Pléigh do thuairim leis an duine atá in aice leat.

1. Céard a dhéanfadh mac an chait ach luch a mharú.
2. Ní thiteann an t-úll i bhfad ón gcrann.
3. An rud a bhíonn sa chú bíonn sé sa choileán.

Éist agus scríobh

Cloisfidh tú clár raidió sa cheist seo. Cloisfidh tú an clár raidió faoi dhó. Beidh sos ann leis na freagraí a scríobh tar éis na chéad éisteachta agus tar éis an dara héisteacht.

 Script: leathanach 103 de do Leabhar Gníomhaíochta.

1. Cad is ainm don chlár raidió seo?
2. Cén áit inar rugadh Mamie Gummer?
3. Cén bhliain inar rugadh í?
4. Tá clú agus ar cáil ar Mamie. Cén fáth? Cuir **tic** (✔) leis an **dá** fhreagra cearta

   mar iriseoir ☐
   mar aisteoir ☐
   mar ghníomhaí ar son chearta na mban ☐
   mar ghníomhaí ar son na síochána ☐

5. Tabhair píosa **amháin** eolais a thugann le fios dúinn 'go ndearna a tuismitheoirí a ndícheall gnáthshaol sa bhaile a bheith acu' agus iad ag fás aníos?

  Bí ag caint!

I ngrúpa, pléigh na ráitis seo. Cuir ciorcal thart ar do rogha. Tabhair dhá fháth le do thuairim.
1 = Ní aontaím ar chor ar bith. 2 = Ní aontaím. 3 = Tá mé idir dhá chomhairle. 4 = Aontaím.
5 = Aontaím go hiomlán.

1	Tá clú agus cáil ar Mamie Gummer agus Eli Hewson mar gheall ar a dtuismitheoirí, seachas a dtallann.	1	2	3	4	5
2	Déanann páistí mar a dhéanann a tuismitheoirí.	1	2	3	4	5
3	Ba bhreá liom féin déanamh mar a dhéanann mo mháthair nó m'athair.	1	2	3	4	5

 Scríobh

Déan taighde ar dhuine cáiliúil a bhfuil tuismitheoirí cáiliúla acu. Scríobh ceithre chosúlacht agus ceithre dhifríocht eatarthu.

 Táim in ann cur síos a dhéanamh ar chosúlachtaí agus ar dhifríochtaí idir tuismitheoirí agus páistí.

Turas 3

LÉAMHTHUISCINT

Leathchinn Phroifisiúnta

Léigh agus scríobh

Léigh an t-alt seo faoi na leathchinn (*doppelgängers*) phroifisiúnta agus freagair na ceisteanna a ghabhann leis.

Gordon Ramsay

Beagnach cáiliúil

Is minic a fheicimid **aithriseoirí** ar an teilifís nó ag ceolchoirmeacha, ach céard faoi **leathchinn** phroifisiúnta? Ar bhuail tú riamh le ceann?

Ligeann leathchinn cháiliúla orthu gur daoine cáiliúla iad. Difríocht thábhachtach idir iad agus aithriseoirí ná go mbíonn siad an-chosúil go fisiciúil leis an duine cáiliúil **ar a ndéanann siad aithris**.

Bíonn cosúlachtaí móra idir a dtréithe fisiciúla, **amhail** a súile, a gcuid gruaige, a n-airde agus fiú a gcomharthaí aghaidhe, láimhe agus coirp – a meangadh agus a siúl, mar shampla.

Is leathcheann cáiliúil é Martin Jordan. Is é **pictiúr** an chef cháiliúil Gordon Ramsay é. Is minic a bhíonn sé ina **aoi** ag bainisí ag tabhairt amach canapés, nó ar sheónna teilifíse ag cócaráil, **cé nach** bhfuil sé ábalta cócaráil ar chor ar bith.

Ar dtús, ní raibh sé ar a chompord ag déanamh aithris ar a chuid cainte mar is minic a bhíonn Gordon ag **eascainí**. Tuigeann sé anois, áfach, nach bhfuil ann ach **taispeántas**.

- impersonators
- doppelgänger
- pretend
- that they imitate
- such as
- spitting image
- guest
- although
- swearing
- show

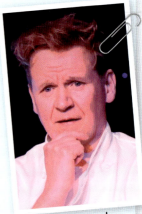
Martin Jordan

1. Luaigh difríocht **amháin** idir aithriseoirí agus leathchinn.
2. Luaigh **trí** chosúlacht a d'fhéadfadh a bheith idir leathchinn agus na daoine cáiliúla féin.
3. Cén sórt ócáidí ag a mbíonn Martin Jordan ina aoi?
4. Cén fáth nach raibh Martin ar a chompord ag déanamh aithris ar Gordon Ramsay?

Éist agus scríobh

Oibríonn Margaret Sheehan mar leathcheann proifisiúnta. Éist léi ag caint faoin obair a dhéanann sí agus freagair na ceisteanna a ghabhann leis.

1. Cén ceiliúrán a ndéanann Margaret aithris uirthi?
2. Luaigh **dhá** chosúlacht idir Margaret agus an ceiliúrán.
3. Luaigh difríocht **amháin** eatarthu.
4. An maith le Margaret an obair? Tabhair **dhá** fháth le do thuairim.

Script: leathanach 103 de do Leabhar Gníomhaíochta.

GRAMADACH

An Aidiacht Shealbhach

Tá go leor samplaí den aidiacht shealbhach (*possessive adjectives*) sa chaibidil seo. Úsáidimid an aidiacht shealbhach chun seilbh a chur in iúl (*to show possession*) agus chun caint faoi ghaolta agus faoi chairde linn.

Le foghlaim: Roimh chonsan

		Roimh chonsan	Sampla
my	mo	mo + séimhiú (h)	mo chóisir
your	do	do + séimhiú (h)	do chóisir
his	a	a + séimhiú (h)	a chóisir
her	a	a + gan athrú (*no change*)	a cóisir
our	ár	ár + urú	ár gcóisir
your (plural)	bhur	bhur + urú	bhur gcóisir
their	a	a + urú	a gcóisir

Scríobh

Athscríobh na habairtí seo i do chóipleabhar. Ansin, aistrigh iad.

1. Is í [do: leathcheann] _____ í!
2. Is í pictiúr [a: tuismitheoirí] _____ í!
3. Is leathcheann proifisiúnta é [mo: cara] _____ Martin.
4. An bhfuil sé ar [a: compord] _____ ag gléasadh suas?
5. Tá [a: tréithe] _____, [a: comharthaí] _____ agus [a: blas] _____ cosúil le Paris Hilton.

An t-urú

mb	bp
nd	dt
ng	gc
bhf	
n-guta	

Le foghlaim: Roimh ghuta

		Roimh ghuta	Sampla
my	mo	m' + gan athrú	m'amhrán
your	do	d' + gan athrú	d'amhrán
his	a	a + gan athrú	a amhrán
her	a	a + 'h' roimhe (*'h' before it*)	a hamhrán
our	ár	ár + urú (n-)	ár n-amhrán
your (plural)	bhur	bhur + urú (n-)	bhur n-amhrán
their	a	a + urú (n-)	a n-amhrán

Scríobh

Athscríobh na habairtí seo i do chóipleabhar. Ansin, aistrigh iad.

1. Beidh sí [ina: aoi] _____ ag an gcóisir.
2. Níl [mo: aintín] _____ in ann cócaráil.
3. Ar chóipeáil sé [do: amhrán] _____ nua freisin?
4. An gcaitheann sibh smideadh ar [bhur: aghaidh] _____?
5. Bhí go leor aíonna ag [do: ócáid] _____ charthanachta.

Táim in ann an aidiacht shealbhach a úsáid i gceart.

SCRÍOBH

Iarratas ar Phost

📖 Léigh

Is minic a fhaigheann scoláirí óga taithí oibre i gcomhlachtaí móra meán. Feicfidh tú thíos roinnt tuairimí a thug scoláirí óga faoina dtaithí oibre féin. Léigh na tuairimí seo.

Jamie

Táim díreach tar éis trí seachtaine oibre a dhéanamh i gcomhlacht teilifíse. Thaitin sé go mór liom. D'fhoghlaim mé go leor faoi chláir theilifíse do dhaoine óga. Mar shampla, tá sé an-tábhachtach go bpléimid téamaí sóisialta iontu.

Zara

Rinne mé taithí oibre sa chomhlacht meán is mó ar domhan! Ar thaitin sé liom? Níor thaitin, faraor. Chaith mé dhá sheachtain ag obair sa roinn airgeadais. Bhí orm féachaint ar uimhreacha ar Microsoft Excel ó dhubh go dubh.

Caoimhe

Fuair mé an seans dul ag obair le comhlacht ríomhaireachta sa Fhrainc. Bhí mé ag obair le scoláirí óga eile chun comórtas ríomhaireachta do pháistí a chruthú. 'Le Hackathon' an t-ainm a bhí air!

Peadar

Chaith mé trí seachtaine ag obair do chomhlacht ceoil. Bhí sé an-chorraitheach. Bhuail mé le go leor daoine eolacha a bhí an-fhial lena gcuid ama.

✏️ Scríobh

Cuir tic sa bhosca ceart. Uaireanta, bíonn níos mó ná duine amháin i gceist.

		Jamie	Zara	Caoimhe	Peadar
1	Thaitin an taithí oibre leis/léi.				
2	Chaith sí/sé trí seachtaine ag obair.				
3	Bhí sé/sí ag obair thar sáile.				
4	Bhí sí/sé ag obair le ríomhairí.				

Léigh

Tá an cainéal teilifíse Gaeilge 24 (G24) ag lorg iarratas ó dhaoine óga chun obair a dhéanamh mar chomhfhreagraí leantóirí (*fan correspondent*) ar chlár teilifíse do dhaoine óga. Léigh an fógra thíos. Ar mhaith leat an post seo a fháil?

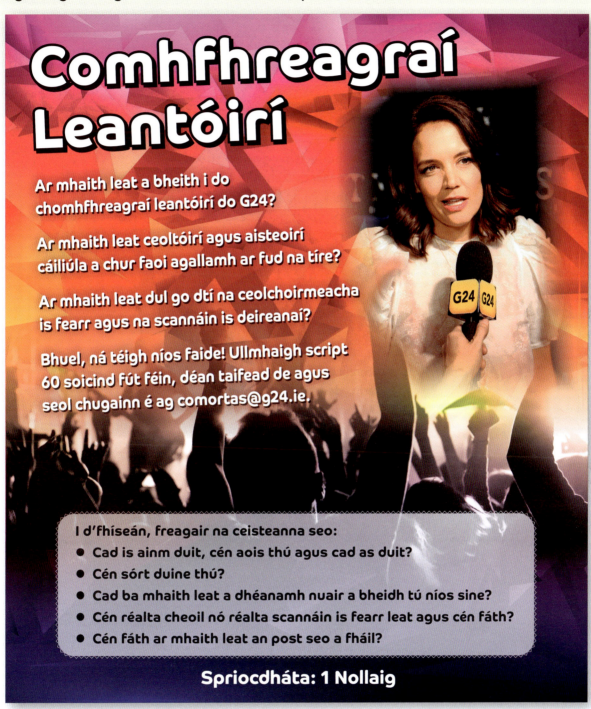

Comhfhreagraí Leantóirí

Ar mhaith leat a bheith i do chomhfhreagraí leantóirí do G24?

Ar mhaith leat ceoltóirí agus aisteoirí cáiliúla a chur faoi agallamh ar fud na tíre?

Ar mhaith leat dul go dtí na ceolchoirmeacha is fearr agus na scannáin is deireanaí?

Bhuel, ná téigh níos faide! Ullmhaigh script 60 soicind fút féin, déan taifead de agus seol chugainn é ag comortas@g24.ie.

I d'fhíseán, freagair na ceisteanna seo:
- Cad is ainm duit, cén aois thú agus cad as duit?
- Cén sórt duine thú?
- Cad ba mhaith leat a dhéanamh nuair a bheidh tú níos sine?
- Cén réalta cheoil nó réalta scannáin is fearr leat agus cén fáth?
- Cén fáth ar mhaith leat an post seo a fháil?

Spriocdháta: 1 Nollaig

Punann 1.3

Léigh na treoracha sa phóstaer agus cuir isteach ar an bpost! Ullmhaigh script agus déan físeán díot féin. Tá teimpléad scripte ar fáil ar leathanach 6 de do phunann.

Táim in ann script a ullmhú agus físeán fúm féin a thaifeadadh.

SCRÍOBH

Aiste: An Phearsa Phoiblí is Mó a Bhfuil Meas Agam Air/Uirthi

  Léigh agus scríobh

Beidh ort aiste a scríobh ar phearsa phoiblí a bhfuil meas agat air/uirthi. Ar dtús, léigh na trí alt oscailte a leanas agus freagair na ceisteanna a ghabhann leo.

Alt oscailte 1: Emer O'Neill

Tá suim mhór agam i gcúrsaí spóirt agus sna meáin. Mar sin, **chomh luath** is a léigh mé teideal na haiste seo, bhí a fhios agam **go mbeadh go leor le scríobh agam** faoin múinteoir corpoideachais agus **gníomhaí cearta sibhialta**, Emer O'Neill. Ar an gcéad dul síos, déanfaidh mé cur síos uirthi. Inseoidh mé duit cén sórt duine í. Ar an dara dul síos, scríobhfaidh mé faoina saol pearsanta agus a saol spóirt, go háirithe ar an gclár teilifíse *The Today Show* ar RTÉ. Ar deireadh, déanfaidh mé trácht ar **an tsárobair** a dhéanann sí ar son **chearta an duine** agus in aghaidh an **chiníochais**.

	as soon as
	that I would have lots to write
	civil rights activist
	the great work
	human rights
	racism

Alt oscailte 2: Peter Durcan

Is breá liom an eolaíocht, go háirithe eolaíocht na n-ainmhithe. Ba bhreá liom a bheith i mo **thréidlia** nuair a bheidh mé níos sine. Mar sin, chomh luath is a léigh mé teideal na haiste seo, bhí a fhios agam go mbeadh go leor le scríobh agam faoin eolaí Éireannach, Peter Durcan. I dtús báire, déanfaidh mé cur síos air. Inseoidh mé duit cén sórt duine é. Ina dhiaidh sin, déanfaidh mé trácht ar an obair eolaíoch a dhéanann sé lena bhean chéile, Benedicta, agus a gcomhlacht 'Afrobodies'. Faoi dheireadh, scríobhfaidh mé faoi na **vacsaíní** a **fhorbraíonn** an comhlacht le cabhair ó **alpacaí**!

	vet
	vaccines
	develop
	alpacas

Alt oscailte 3: Demi Lovato

Is breá liom scannáin agus ceol. Is aoibhinn liom aisteoirí agus ceoltóirí, go háirithe **iad siúd a** chabhraíonn le carthanais agus le déagóirí. Mar sin, chomh luath is a léigh mé teideal na haiste seo, bhí a fhios agam go mbeadh go leor le scríobh agam faoi Demi Lovato. I dtús báire, déanfaidh mé cur síos orthu*. Inseoidh mé duit cén sórt duine iad. Ina dhiaidh sin, scríobhfaidh mé faoina **luathshaol** agus a saol pearsanta. Ina dhiaidh sin arís, pléifidh mé a gcuid ceoil agus a gcuid scannán. Ar deireadh, déanfaidh mé trácht ar an obair iontach atá déanta acu **in aghaidh** na bulaíochta agus **ar son** na timpeallachta.

*Baineann Demi úsáid as forainmneacha iliinscne.

- those who
- early life
- against
- for

1. Cén fáth a bhfuil clú agus cáil ar Emer O'Neill?
2. Cén fáth a bhfuil meas ag an scríbhneoir uirthi, meas tú?
3. Cén fáth a bhfuil clú agus cáil ar Peter Durcan?
4. Cén fáth a bhfuil meas ag an scríbhneoir air, meas tú?
5. Cén fáth a bhfuil clú agus cáil ar Demi Lovato?
6. Cén fáth a bhfuil meas ag an scríbhneoir orthu, meas tú?

Bí ag caint!

I ngrúpa, pléigh na catagóirí seo. An bhfuil meas agat ar na cineálacha pearsana poiblí seo? Ainmnigh laoch amháin i ngach catagóir.

gníomhaí cearta daonna	human rights activist	eolaí	scientist
gníomhaí síochána	peace activist	polaiteoir	politician
gníomhaí cearta sibhialta	civil rights activist	taiscéalaí	explorer
ealaíontóir na hAthbheochana	Renaissance artist	lúthchleasaí	athlete

SCRÍOBH

Aiste: Treoracha

Comhairle 1

Scríobh abairt oscailte sula luann tú na príomhphointí. Abairtí oscailte samplacha:
- Chomh luath is a léigh mé teideal na haiste seo, thosaigh mé ag smaoineamh. Bhí a fhios agam go mbeadh go leor le scríobh agam faoin ábhar seo.
- Chomh luath is a chonaic mé teideal na haiste seo, tháinig flosc chun scríbhneoireachta orm.

Comhairle 2

Sa chéad alt, inis don léitheoir faoi na pointí a luafaidh tú. San alt deireanach, liostaigh na príomhphointí arís.

Nuair a thosaíonn tú ag scríobh aistí, beidh an chéad alt agus an t-alt deireanach an-chosúil le chéile. Tar éis tamaill, beidh tú ábalta a bheith níos cruthaithí.

I gcorp na haiste, pléigh na príomhphointí. Déan iarracht na focail agus na nathanna a fhoghlaimíonn tú i ngach caibidil a úsáid anseo.

Le foghlaim

Úsáid na nathanna seo sa chéad alt agus san alt deireanach.

San aiste seo	In this essay	Sa chéad alt/dara halt/tríú halt	In the first/second/third paragraph
Pléifidh mé	I will discuss	Phléigh mé	I discussed
Scríobhfaidh mé faoi	I will write about	Scríobh mé faoi	I wrote about
Luafaidh mé	I will mention	Luaigh mé	I mentioned
Déanfaidh mé cur síos ar	I will describe	Rinne mé cur síos ar	I described
Díreoidh mé ar	I will focus on	Dhírigh mé ar	I focused on
Ar an gcéad dul síos/i dtús báire	Firstly/first of all	Ar an dara dul síos	Secondly/second of all
Chomh maith leis sin	As well as that	Anuas air sin	Moreover/in addition
Ina dhiaidh sin	After that	Faoi dheireadh/thiar thall	Finally

Punann 1.4

Scríobh aiste ar Emer O'Neill, Peter Durcan, Demi Lovato, nó ar aon duine eile a bhfuil meas agat air/uirthi. Bain úsáid as na treoracha seo agus na nathanna úsáideacha ar leathanach 31. Tá tuilleadh eolais ar leathanach 8 de do phunann.

Nathanna úsáideacha

Labhraíonn sé/sí amach gan scáth gan náire ar son daoine imeallaithe.	He/she speaks out fearlessly for people who are marginalised.
Labhraíonn sé/sí amach in aghaidh na bulaíochta.	He/she speaks out against bullying.
Cabhraíonn sé/sí le daoine gan dídean.	He/she helps homeless people.
Cabhraíonn sé/sí leis na daoine agus leis na pobail is boichte.	He/she helps the poorest people and communities.
Déanann sé/sí sárobair ar son carthanais.	He/she does amazing work for charity.
Déanann sé/sí sárobair do pháistí a bhfuil riachtanais speisialta acu.	He/she does great work for children with special needs.
Déanann sé/sí taighde nuálach.	He/she does innovative research.
Tá sé/sí an-cháilithe.	He/she is highly qualified.
Is gníomhaí timpeallachta é/í.	He/she is an environmental activist.
Is feachtasóir ar son na síochána é/í.	He/she is a peace campaigner.
Tugann sé/sí go leor airgid do charthanais.	He/she gives a lot of money to charity.
Troideann sé/sí in aghaidh an chiníochais.	He/she fights against racism.
Troideann sé/sí go fíochmhar ar son na saoirse.	He/she fights tooth and nail for freedom.
Troideann sé/sí gan stad gan staonadh ar son chearta na n-ainmhithe.	He/she fights tirelessly for animal rights.
Oibríonn sé/sí le daoine atá faoi mhíchumas.	He/she works with people who have a disability.

✓ Táim in ann aiste ar dhuine cáiliúil a scríobh.

BÉALTRIAIL

Dhá Agallamh

💬 Labhair

Léirigh an t-agallamh seo leis an duine atá in aice leat.

Magda

1. **Cén t-ainm atá ort?**
   Magda an t-ainm atá orm.

2. **Cén aois thú?**
   Tá mé ceithre bliana déag d'aois.

3. **Déan cur síos ort féin.**
   Táim **cuíosach** ard agus **tanaí**. Tá gruaig dhíreach fhada orm ach uaireanta bíonn **trilseáin** i mo chuid gruaige. Uaireanta bíonn sí fionn agus uaireanta eile bíonn sí donn! **Braitheann sé**.

   | fairly; thin
   | plaits
   | it depends

4. **Cén sórt duine thú?**
   Deir mo chairde go bhfuil mé greannmhar agus fuinniúil.

5. **Cár rugadh agus cár tógadh thú?**
   Rugadh agus tógadh in Krakow na Polainne mé ach bhog mé go Corcaigh nuair a bhí mé ceithre bliana d'aois. Tá mé an-bhródúil as an dá chathair.

6. **Cé mhéad duine atá i do theaghlach?**
   Tá ceathrar againn sa bhaile: mo Mham, mo sheanmháthair agus mo dhearthháir Jan. Tá Jan cúpla bliain níos óige ná mé. Réitímid go han-mhaith le chéile.

7. **Cén sórt daoine iad do theaghlach?**
   Tá siad cineálta, cabhrach agus macánta. Oibríonn siad go dian dícheallach.

8. **Cén phearsa phoiblí a bhfuil meas mór agat air/uirthi?**
   Hmm. Tá an-mheas agam ar Sanah. Is breá liom Mata freisin. Is ceoltóirí den scoth iad.

✏️ Scríobh

Fíor nó bréagach? Ceartaigh na habairtí bréagacha i do chóipleabhar.   F   B

1. Tá Magda cuíosach ard agus tanaí.
2. Deir cairde Magda go bhfuil sí leadránach agus dearmadach.
3. Rugadh Magda sa tSeicia.
4. Tá teaghlach Magda santach, drochbhéasach agus leisciúil.
5. Oibríonn teaghlach Magda go dian.

✏️💬 Scríobh agus labhair

Freagair na ceisteanna a d'fhreagair Magda (Ceisteanna 1–8) i do chóipleabhar. Ansin, cuir na ceisteanna seo ar an duine atá in aice leat. Taifead an comhrá ar d'fhón póca nó ar do ríomhaire.

Labhair

Léirigh an t-agallamh seo leis an duine atá in aice leat.

Pádraig

1. **Cad is ainm duit?**
   Pádraig is ainm dom ach Páid a thugann mo chairde orm. — my friends call me

2. **Cén aois thú?**
   Ceithre bliana déag. Tá mo bhreithlá ar an 25 Deireadh Fómhair. Is Scairp mé.

3. **Cén sórt duine thú?**
   Is duine ard agus lúfar mé. Imrím spórt. Is breá liom é.

4. **Cá bhfuil tú i do chónaí?**
   Páirc Cara i mBaile Átha Cliath.

5. **Cé mhéad duine atá i do theaghlach?**
   Tá ceathrar againn ann: Máire, Síle, Seosamh agus mé féin. Is mise an dara duine is óige. Is í Máire an páiste is sine. Tá sí pósta anois agus tá cónaí uirthi síos an bóthar uainn. — married

6. **Cár rugadh do thuismitheoirí?**
   Rugadh i Maigh Eo iad. Bhog siad go Baile Átha Cliath sé bliana déag ó shin.

7. **Cad a dhéanann do thuismitheoirí?**
   Tá mo Mham ag obair le Pavee Point, Ionad an Lucht Siúil, i lár na cathrach. Is tiománaí tacsaí é m'athair.

8. **An réitíonn tú leo?**
   Réitímid go han-mhaith le chéile.

 ## Scríobh

Freagair na ceisteanna seo i do chóipleabhar.

1. Cén sórt duine é Pádraig?
2. Cá bhfuil sé ina chónaí?
3. Cé hé an páiste is sine i dteaghlach Phádraig?
4. Cár rugadh tuismitheoirí Phádraig?
5. An réitíonn Pádraig lena thuismitheoirí?

  ## Scríobh agus labhair

Freagair na ceisteanna a d'fhreagair Pádraig (Ceisteanna 1–8) i do chóipleabhar. Ansin, cuir na ceisteanna seo ar an duine atá in aice leat. Taifead an comhrá ar d'fhón póca nó ar do ríomhaire.

 Táim in ann ceisteanna faoi mo theaghlach agus fúm féin a fhreagairt.

LITRÍOCHT

Prós: Spás

Bí ag caint!

I ngrúpa, pléigh an cheist seo: Cad is brí leis an bhfocal 'spás'?

Léigh agus éist

Léigh agus éist leis an ngearrscéal 'Spás' le Mícheál Ó Ruairc. Tá an taifeadadh ar fáil sna trí chanúint: Gaeilge Chonnacht, Gaeilge na Mumhan agus Gaeilge Uladh.

Spás

le Mícheál Ó Ruairc

Theastaigh spás uaithi. Spás di féin. Spás chun 'a rud féin' a dhéanamh. Spás lena saol féin a chaitheamh.	she needed space
Lig sí **osna**. Lean an múinteoir uirthi ag caint. Ach ní raibh Pádraigín ag éisteacht léi. Bhí a smaointe **i bhfad ar shiúl**. Bhí sí ag smaoineamh ar a saol féin agus **na hathruithe** a bhí tagtha air le tamall anuas. Trí mhí ó shin bhí seomra dá cuid féin aici sa bhaile. Ach nuair a **saolaíodh** leanbh óg dá tuismitheoirí tháinig deireadh leis sin ar fad. Cuireadh a deirfiúr Aoife isteach in aon seomra léi. Níor **réitigh** sí féin agus Aoife riamh lena chéile.	sigh faraway the changes born get on
Go dtí gur tháinig Aoife isteach léi, bhí **an saol ar a toil aici**. Bhí sí in ann **a rogha rud** a dhéanamh. Ní raibh éinne ag cur isteach ná amach uirthi. Bhí gach rud **in ord is in eagar** aici. Bhí sí in ann bheith ag léamh is ag éisteacht leis an raidió go dtí a haon a chlog ar maidin **dá mba mhian léi** é. **D'fhéadfadh sí** fanacht sa leaba go meán lae ag an deireadh seachtaine.	everything she could wish for whatever she wanted just right if she wanted to she could

Ach anois ní raibh aon phríobháideacht fágtha aici. **Cuireadh iachall** uirthi na soilse a mhúchadh aréir ag a deich a chlog agus dhúisigh Aoife ag a seacht a chlog ar maidin í lena Playstation glórach, gránna. Agus arú aréir níor stop Peadar, an leanbh óg, ach ag gol is ag caoineadh an oíche go léir ….	was forced
Tháinig na **deora** léi. Ní raibh trua ag éinne di. Bhí a tuismitheoirí ag cur brú uirthi **de shíor** níos mó staidéir a dhéanamh. Ach ní raibh **ar a cumas** é a dhéanamh. Le teacht	tears constantly able

a dearthár óig, ní raibh sí in ann cúinne ciúin a aimsiú in aon áit. Agus **dá** rachadh a tuismitheoirí amach ag an deireadh seachtaine, bheadh uirthi **aire a thabhairt** d'Aoife agus do Pheadar.

if	
take care	

Stop sí de bheith ag caoineadh. Bhí an múinteoir Fraincise ag scríobh ar an gclár dubh. Thosaigh sí ag breacadh na nótaí ina cóipleabhar. **Fiú amháin** ar scoil ní raibh **faoiseamh** le fáil aici. Bhíodh sí ina suí ar an mbinse cúil, ach cuireadh ina suí ar an mbinse tosaigh í an tseachtain seo caite. **Chuir an múinteoir staire ina leith** go raibh sí ag féachaint amach an fhuinneog agus b'in an fáth gur bogadh suas go dtí barr an ranga í. Agus bhíodh sí go breá socair sásta san áit ina raibh sí. Bhraith sí go raibh spás aici sa bhinse ar chúl an ranga, go raibh ar a cumas bheith **ar a sáimhín só** ann.

even; relief

the history teacher accused her

happy and contented

Ach anois bhí sí **faoi bhois an chait acu**. Ní fhéadfadh sí **sméideadh**, ná a cluas a **thochas** fiú gan aire an mhúinteora a tharraingt uirthi féin. Lig sí osna eile. Bhí a saol **ina chíor thuathail** ar fad. Bhí gach éinne ina coinne. Mhothaigh sí go raibh gach rud ag druidim isteach uirthi is go raibh sí ar nós príosúnaigh **faoi ghlas sa chillín**.

under their thumb
blink; scratch
upside down

locked up in a cell

Tháinig na deora léi arís. Smaoinigh sí ar Dhiarmaid, an buachaill álainn ar chuir sí aithne air an samhradh seo caite nuair a bhí sí ag fanacht lena seanmháthair faoin tuath. Ní fhéadfadh sí dearmad a dhéanamh ar Dhiarmaid. Buachaill caoin cneasta a bhí ann agus bhí sí socair **ina theannta**. Thosaigh siad ag scríobh chuig a chéile nuair a d'fhill sí ar an gcathair. Nuair a fuair a tuismitheoirí amach cad a bhí ar siúl d'iarr siad uirthi deireadh a chur leis.

by his side

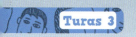

'Ba chóir duit náire a bheith ort,' a dúirt a hathair léi, 'agus tú ag ullmhú do scrúdú na hArdteistiméireachta i mbliana!' Níor lig siad di scríobh chuig Diarmaid **a thuilleadh**. Tháinig litir eile uaidh, ach nuair nach bhfuair sé freagra uaithi, tháinig deireadh leis na litreacha. Anois **bhíodar chun** cosc a chur uirthi dul chuig teach a seanmháthar. 'Níl tusa chun dul chuig do sheanmháthair i d'aonar arís agus sin sin,' a dúirt a máthair.

anymore

they were going to

Lean Pádraigín uirthi ag caoineadh. Bhí sí **i ndeireadh na feide**. Ba é teach a seanmháthar an t-aon áit amháin a raibh faoiseamh le fáil aici. Bhí a seomra féin aici ann. Bhí sí in ann teacht agus imeacht aon uair ba mhaith léi. Bhí sí féin agus a Mamó **an-cheanúil** ar a chéile. Bhí tuiscint eatarthu. Thug a Mamó spás di. Ní raibh sí riamh **faoi chuing na daoirse** i dteach a Mamó.

at her wits' end

very fond

oppressed

Stop sí de bheith ag caoineadh. Dhírigh sí í féin aniar sa bhinse. Rinne sí **rún daingean**. Scríobhfadh sí chuig a Mamó agus **chuirfeadh sí in iúl di** gur theastaigh uaithi saoire a chaitheamh léi arís i mbliana. Dá dtabharfadh a Mamó cuireadh di teacht ar cuairt chuici, ní fhéadfadh a tuismitheoirí **cur ina coinne**. Bheadh sí in ann mí a chaitheamh i dteannta a Mamó. Agus bheadh spás aici. Agus bheadh deis aici bualadh le Diarmaid arís agus a scéal go léir a mhíniú dó.

firm resolution
she would let her know

go against her

Bhuail an cloigín amuigh sa **dorchla**. Bhí deireadh leis an rang Fraincise. Ní raibh ach rang amháin fágtha – an rang Gaeilge, a rogha ábhar – agus bheadh sí ag dul abhaile don deireadh seachtaine. Lig sí osna eile. Ach osna áthais a bhí ann an t-am seo.

corridor

 **Scríobh**

Freagair na ceisteanna seo.

Leathanach 34

1. Cad air a raibh Pádraigín ag smaoineamh sa seomra ranga?
2. Cén fáth ar cuireadh a deirfiúr Aoife in aon seomra léi?
3. Cén sórt saoil a bhí aici sular tháinig Aoife isteach léi? Is leor **dhá** phointe eolais.

Leathanach 35

4. Luaigh rud **amháin** a rinne Aoife a chuir isteach ar Phádraigín.
5. Cad a chuir an múinteoir staire ina leith?
6. Cén fáth ar mhothaigh sí go raibh a saol 'ina chíor thuathail'?
7. Cé hé Diarmaid?

Leathanach 36

8. Cén fáth nár lig a tuismitheoirí di scríobh chuig Diarmaid?
9. Cén rún daingean a rinne sí?
10. Cén deis a bheadh ag Pádraigín dá gcaithfeadh sí mí i dteannta a Mamó?

  Bí ag caint!

I ngrúpa, pléigh na ceisteanna seo.

1. An bhfuil aon chosúlachtaí idir tú féin agus an príomhcharachtar? Céard iad?
2. An bhfuil aon difríochtaí idir tú féin agus an príomhcharachtar? Céard iad?

 Táim in ann ceisteanna a fhreagairt ar an ngearrscéal 'Spás'.

📖 ✏️ Achoimre an ghearrscéil: Léigh agus scríobh

Léigh achoimre an ghearrscéil agus freagair na ceisteanna.

Is gearrscéal é seo faoi dhéagóir darb ainm Pádraigín. Tá sí ina suí ina seomra ranga ag brionglóideach. Tá sí ag smaoineamh ar na hathruithe móra atá tar éis tarlú ina saol. Cruthaíonn na hathruithe seo coimhlint idir Pádraigín agus a teaghlach.	daydreaming big changes conflict
Rugadh a dheartháir óg, Peadar, cúpla mí ó shin. Roimhe sin, sbhí a seomra féin aici. Anois, áfach, tá sí ag roinnt seomra lena deirfiúr Aoife. Faraor, níl sí sásta leis an athrú seo. Ní réitíonn sí le hAoife. Níl príobháideacht aici anois. Mothaíonn sí nach bhfuil aon spás aici ina saol.	sharing
Sa seomra ranga, bhíodh spás aici go dtí le déanaí. Faraor, dúirt an múinteoir go mbíodh sí i gcónaí ag brionglóideach agus bogadh go barr an ranga í. Níl spás aici sa seomra ranga a thuilleadh.	she used to have space top of the class any more
Síleann sí go mbíonn a tuismitheoirí ródhian uirthi. Mar shampla, bhuail sí le buachaill deas darb ainm Diarmaid an samhradh seo caite, nuair a bhí sí ag fanacht le Mamó, ach níl cead aici scríobh chuige. Cuireann a tuismitheoirí brú uirthi staidéar a dhéanamh. Ní ligeann siad di dul chuig a seanmháthair ina haonar ach oiread.	too strict either
Ar deireadh, tagann Pádraigín ar réiteach. Scríobhfaidh sí chuig Mamó agus déarfaidh sí léi gur mhaith léi mí a chaitheamh ina teach. Buailfidh sí le Diarmaid freisin. Feiceann sí an taobh is fearr den scéal agus cuireann sin áthas uirthi.	to spend a month

1. Cá bhfuil Pádraigín sa ghearrscéal seo?
2. Cén fáth nach bhfuil sí sásta go bhfuil uirthi seomra a roinnt le hAoife? Luaigh **dhá** phointe eolais.
3. Cén fáth ar bogadh go barr an ranga ar scoil í?
4. Cén fáth a mbíonn a tuismitheoirí ródhian uirthi, dar le Pádraigín? Luaigh **dhá** phointe eolais.
5. Cén plean a dhéanann Pádraigín?
6. Cén fáth a dtagann áthas uirthi ag deireadh an scéil?

Scríobh

Cruthaigh scéalchlár faoin ngearrscéal ar www.storyboardthat.com.
Bain úsáid as an achoimre ar leathanach 38.
Tá samplaí le feiceáil ar www.educateplus.ie/go/storyboards.

 ## Scríobh agus labhair

I ngrúpa de thriúr, scríobh comhrá gearr idir Mam, Daid agus Pádraigín. Tá Mam agus Daid ag rá léi go mbeidh uirthi seomra a roinnt le hAoife. Ansin, déan dráma den chomhrá.

An scríbhneoir

Rugadh Mícheál Ó Ruairc in 1953. Tógadh sa Leitriúch i gCiarraí é. Is file, múinteoir agus scríbhneoir é. Tá ceithre leabhar filíochta agus trí úrscéal déag Gaeilge foilsithe aige. Tá go leor duaiseanna náisiúnta buaite aige as a chuid scríbhneoireachta.

 Táim in ann páirt a ghlacadh i ndráma bunaithe ar an ngearrscéal 'Spás'.

📖 Na carachtair sa ghearrscéal: Léigh

Léigh an freagra samplach seo.

Ceist shamplach:

Déan cur síos ar dhá thréith de chuid phríomhcharachtar an ghearrscéil, Pádraigín. Tabhair sampla amháin ón dráma i gcás gach ceann de na tréithe sin. Bain úsáid as an ransú smaointe sa bhosca thíos.

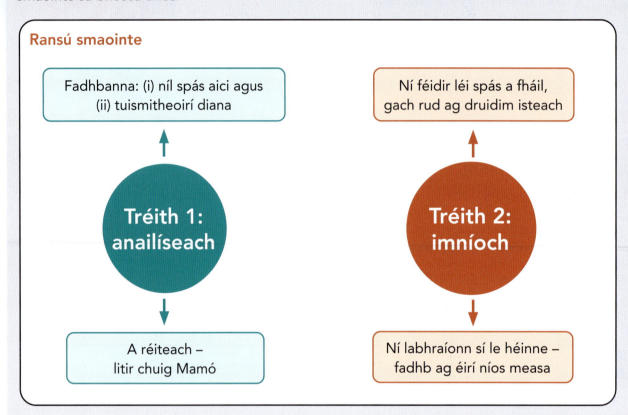

Freagra samplach:

Pádraigín

Is duine **anailíseach** í Pádraigín. Sa ghearrscéal seo, briseann sí a cuid fadhbanna síos. Déanann sí machnamh ar gach fadhb, **ceann ar cheann**. Ansin, déanann sí anailís ar na fadhbanna agus tuigeann sí céard atá **cearr** – níl spás aici ina saol.	analytical one by one wrong

Mothaíonn sí nach mbeidh sí ábalta spás a fháil in aon áit seachas teach Mhamó. Faraor, ní ligeann a tuismitheoirí di dul ann ina haonar. Smaoiníonn sí ar phlean. Scríobhfaidh sí chuig Mamó agus déarfaidh sí gur mhaith léi fanacht léi ar feadh míosa. Beidh sí ábalta a spás féin a fháil ansin.

Is duine **imníoch** í Pádraigín freisin. Tá imní uirthi mar ní féidir léi spás a fháil ina saol. Mothaíonn sí go bhfuil gach rud **ag druidim isteach uirthi**. Faraor, ní labhraíonn sí le héinne faoin bhfadhb. Éiríonn an fhadhb níos measa, **dá bharr**.

anxious

closing in on her

as a result

Caibidil 1

📖 ✏️ Léigh agus scríobh

A. Léigh an t-agallamh thíos a rinne Mamó faoina ról sa ghearrscéal.

Ainm an charachtair:

Mamó

Ceist 1: An raibh tú sásta faoin gcaoi ar cuireadh síos ar do ról sa ghearrscéal seo?

Freagra: Bhí, cinnte. Cuireadh síos orm mar dhuine grámhar. Ní máthair Phádraigín mé, ar ndóigh, ach déanaim iarracht tacú léi, a mhéid is féidir.

Ceist 2: Cad a cheapann tú faoin gcaoi ar cuireadh síos ar thuismitheoirí Phádraigín?

Freagra: Bhí sé beagán dian orthu, i mo thuairim. Tá an saol deacair do Phádraigín faoi láthair, ach tá sé an-deacair dóibh freisin. Níl sé éasca triúr páistí a bheith agat!

Ceist 3: An raibh deireadh an ghearrscéil sásúil, meas tú?

Freagra: Bhí agus ní raibh. Ar ndóigh, ní féidir le Pádraigín fanacht liomsa ar feadh míosa! Caithfidh sí cabhrú lena tuismitheoirí agus lena siblíní. Ach is cinnte gur féidir léi fanacht i mo theachsa anois agus arís.

B. Scríobh síos trí cheist a chuirfeá ar thuismitheoirí Phádraigín maidir lena ról sa ghearrscéal agus na trí fhreagra is dóigh leat a thabharfaidís. Bain úsáid as an agallamh le Mamó chun cabhrú leat.

Noda!
- Is féidir leat do chuid ceisteanna a bhunú ar na focail sa liosta thíos, más mian leat: do ról, ról na gcarachtar eile, tréith, tionchar, ceacht, mothúchán, tábhacht.
- Bíodh mioneolas as an ngearrscéal i ngach aon fhreagra.
- Is féidir leat ceisteanna ginearálta nó ceisteanna sonracha a scríobh.

✏️ 💬 Scríobh agus labhair

Freagair na ceisteanna seo. Déan comparáid leis an duine atá in aice leat.

1. Cén carachtar is fearr leat? Cén fáth? Tabhair **dhá** fháth le do thuairim.
2. Roghnaigh carachtar spéisiúil amháin. Liostaigh cosúlacht amháin agus difríocht amháin idir tú féin agus an carachtar sin.

✅ Táim in ann anailís a dhéanamh ar charachtair sa ghearrscéal 'Spás'. 🙂 😐 ☹️

daichead a haon

Téamaí an ghearrscéil: Léigh agus scríobh

Is éard is brí le téama an ghearrscéil ná an smaoineamh is tábhachtaí atá sa ghearrscéal. Léigh an freagra samplach seo agus freagair na ceisteanna.

Ceist shamplach:

Luaigh dhá théama atá le brath go soiléir sa ghearrscéal atá roghnaithe agat. Scríobh anailís ghearr ar an dá théama sin. Bain úsáid as an ransú smaointe sa bhosca thíos.

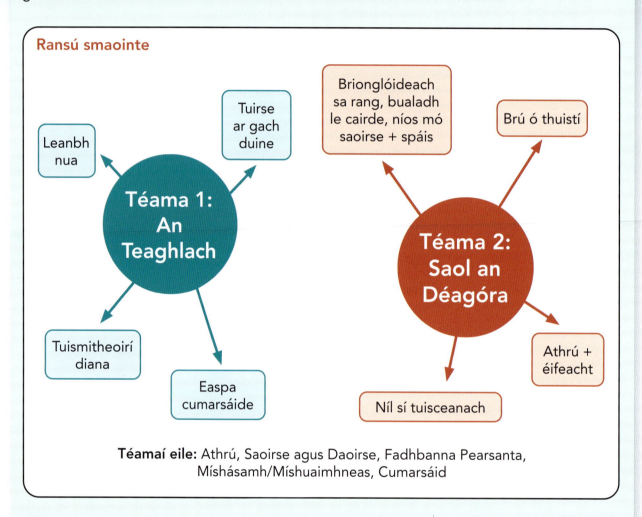

Freagra samplach:

An teaghlach

Tá téama an teaghlaigh an-tábhachtach sa ghearrscéal 'Spás'. Bíonn fadhbanna i ngach teaghlach agus faighimid **léargas** sa ghearrscéal ar roinnt fadhbanna teaghlaigh.	insight
Tá leanbh nua ag tuismitheoirí Phádraigín. Is dóigh go bhfuil tuirse an domhain orthu. Ba mhaith leo go mbeadh Pádraigín níos tuisceanaí.	
Ar an lámh eile, tá Mam agus Daid an-dian uirthi faoi láthair. **Ba cheart** go mbeidís níos tuisceanaí le Pádraigín mar gheall ar na hathruithe móra ina saol.	should
Faraor, tá **easpa cumarsáide** sa teaghlach. Ní thuigeann siad a chéile.	lack of communication

Saol an déagóra

Is gnáthdhéagóir í Pádraigín. Ní rud **neamhghnách** é a bheith ag brionglóideach sa rang. Ní rud neamhghnách é bualadh le buachaill nó cailín nua. Ní rud neamhghnách é saoirse **a bheith uait**. Mar sin, **ní haon ionadh** go bhfuil Pádraigín ag iarraidh beagáinín níos mó spáis.

Tá a tuismitheoirí **cosantach** agus buartha faoi Phádraigín. Caithfidh sí deireadh a chur leis an ngaol le Diarmaid, mar shampla. Ba mhaith lena tuismitheoirí agus lena múinteoirí **go n-éireodh go maith léi** sna scrúduithe.

Sa ghearrscéal 'Spás', feicimid an éifeacht a bhíonn ag athruithe sa bhaile ar dhéagóirí.

	unusual
	to want; it is no surprise
	protective
	that she succeeds

1. Cén léargas ginearálta ar an téama a fhaighimid sa ghearrscéal 'Spás'?
2. Cad ba mhaith le tuismitheoirí Phádraigín uaithi?
3. Cén fáth ar cheart dá tuismitheoirí a bheith níos tuisceanaí léi?
4. Tabhair píosa **amháin** eolais a thugann le fios gur 'gnáthdhéagóir' í Pádraigín.
5. Luaigh **dhá** rud atá ag teastáil óna tuismitheoirí.
6. Go ginearálta, cén éifeacht a fheicimid sa ghearrscéal?

 Bí ag caint!

Cén téama is láidre, meas tú? Nó an gceapann tú go bhfuil téama eile níos láidre? I ngrúpa, pléigh do thuairim.

 Táim in ann anailís a dhéanamh ar na téamaí sa ghearrscéal 'Spás'.

Na mothúcháin sa ghearrscéal: Léigh

Léigh an freagra samplach seo.

Ceist shamplach:

Déan cur síos ar mhothúchán amháin sa ghearrscéal atá roghnaithe agat.

Freagra samplach

Tá an mothúchán 'míshonas' le brath go soiléir sa ghearrscéal 'Spás'.

Tá athrú mór tar éis tarlú i saol Phádraigín. Rugadh a deartháir óg, Peadar, cúpla mí ó shin. Anois, roinneann sí seomra lena deirfiúr Aoife ach ní réitíonn siad le chéile. Níl **príobháideacht** aici anois. — privacy

Tugann sí aire d'Aoife agus do Pheadar ag an deireadh seachtaine. Sa seomra ranga, bhog an múinteoir staire go barr an ranga í. Níl cead aici dul chuig teach Mhamó ina haonar ach oiread. — she takes care

Mothaíonn Pádraigín míshona mar ní féidir léi aon spás a fháil ina saol.

Éiríonn Pádraigín míshona mar gheall ar **na hathruithe seo**. Faraor, ní labhraíonn sí le haon duine faoina cuid fadhbanna. Smaoiníonn sí ar phlean. — these changes

Mothúcháin eile: Buaireamh/Faitíos, Brón, Uaigneas, Grá, Éadóchas, Dóchas

Scríobh

Déan cur síos ar mhothúchán amháin sa ghearrscéal atá roghnaithe agat. Bain úsáid as an ransú smaointe sa bhosca thíos.

Ransú smaointe

Athrú mór – 3 ghné:
(i) leanbh nua,
(ii) ag roinnt seomra
(iii) tuirse ar a tuismitheoirí

Mothúchán: Imní

3 iarmhairt (*consequence*):
(i) ní dhíríonn sí ar a cuid obair scoile
(ii) tosaíonn sí ag brionglóideach sa rang
(iii) cúlaíonn sí isteach inti féin

✓ Táim in ann anailís a dhéanamh ar na mothúcháin sa ghearrscéal 'Spás'.

Léigh

Léigh na freagraí samplacha seo.

Ceist shamplach:

Is minic a dhéantar iarracht fadhb a réiteach i ngearrscéal. Déan cur síos ar fhadhb amháin i ngearrscéal a ndearna tú staidéar air. An dtagtar ar réiteach?

> **Noda!**
> Bain úsáid as an achoimre ar leathanach 38 chun cabhrú leat cur síos a dhéanamh ar aon chuid den phlota.

Freagra samplach:

Sa ghearrscéal 'Spás', léimid faoi choimhlint idir an príomhcharachtar, Pádraigín, agus a teaghlach.

Buailimid le Pádraigín ag tús an ghearrscéil. Tá athruithe móra tar éis tarlú ina saol le déanaí. Faraor, tá sé deacair di déileáil leis na hathruithe seo. Tagann brón agus imní uirthi. **Éiríonn idir** í agus a teaghlach. — fall out

Is duine anailíseach í Pádraigín agus **éiríonn léi** teacht ar réiteach. Déanann sí anailís ar a cuid fadhbanna. Tuigeann sí go bhfuil **easpa spáis** aici agus déanann sí plean. Socraíonn sí scríobh chuig Mamó agus a rá léi gur mhaith léi mí a chaitheamh ina teach. Buailfidh sí le Diarmaid freisin. Cuireann an réiteach sin áthas uirthi. — manages to / lack of space

Ceist shamplach:

An dtaitníonn an gearrscéal 'Spás' leat?

Freagra samplach:

Taitníonn an gearrscéal 'Spás' go mór liom mar sílim go bhfuil teachtaireacht thábhachtach ann.

Tá leanbh nua i dteach Phádraigín. Tá tuirse ar gach duine.

Tá Pádraigín ag iarraidh spás a aimsiú. Tá sí ag roinnt seomra lena deirfiúr anois. Ní féidir léi bualadh lena cara Diarmaid. Tá a tuismitheoirí ag iarraidh ar Phádraigín a bheith níos tuisceanaí.

Faraor, ní labhraíonn Pádraigín ná a tuismitheoirí le chéile faoin bhfadhb. Éiríonn rudaí níos measa dá bharr. Sílim gur teachtaireacht thábhachtach é – **ba cheart dúinn** labhairt faoinár bhfadhbanna agus iarracht a dhéanamh teacht ar réiteach. — they should

 Punann 1.5

Samhlaigh gur cara le Pádraigín thú. Scríobh ríomhphost chuici chun comhairle a chur uirthi. Luaigh trí rud ar cheart do Phádraigín a dhéanamh. Bíodh mioneolas as an ngearrscéal i do fhreagra.

Scríobh an chéad dréacht (*draft*) i do chóipleabhar. Ansin, léigh an seicliosta ar leathanach 11 de do phunann agus léigh siar ar do dhréacht. Ansin, athdhréachtaigh (*redraft*) an ríomhphost. Scríobh an leagan deiridh i do phunann ar leathanach 10.

 Táim in ann anailís a dhéanamh ar an ngearrscéal seo agus idirghníomhú leis.

CLEACHTAÍ ATHBHREITHNITHE

Súil Siar

A. Athscríobh na habairtí seo i do chóipleabhar. Ansin, aistrigh iad.

1. Tá [mo: máthair] _____ cabhrach agus tuisceanach.
2. Tá [do: iníon] _____ fuinniúil agus greannmhar.
3. An bhfuil [bhur: tuismitheoirí] _____ foighneach leat?
4. Ní bhíonn [ár: deartháir] _____ cantalach riamh.
5. Cabhraíonn [a: athair] _____ leis.

B. Aistrigh go Gaeilge.

1. two brothers	2. twelve cousins	3. three stepsisters	4. thirty cousins
5. ten nieces	6. two grandmothers	7. one nephew	8. fifty cousins

C. Cathain a rugadh na daoine seo? Cén réaltchomhartha atá acu?

Sampla: Pól: 03/04/2005

Freagra: Rugadh Pól ar an tríú lá de mhí Aibreáin, dhá mhíle is a cúig. An Reithe a réaltchomhartha.

Sampla: Megan: 11/07/2000

Freagra: Rugadh Megan ar an aonú lá déag de mhí Iúil, dhá mhíle. An Portán a réaltchomhartha.

1. Jean: 02/12/1999	2. Daithí: 05/10/2009	3. Labhaoise: 30/06/2000
4. Tim: 03/08/2002	5. Síle: 10/01/2017	6. Lionárd: 22/05/2010

D. Déan cur síos ar na daoine seo.

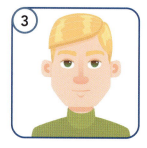

E. Cén sórt daoine iad seo, meas tú?

F. Athscríobh na habairtí seo i do chóipleabhar. Ansin, aistrigh iad.

1. Tá súile gorma [ag: mé] _____ agus tá gruaig rua [ar: mé] _____.
2. Tá eagla [ar: iad] _____ [roimh: cait] _____.
3. Tá muinín [ag: í] _____ [as: Ciara] _____.
4. An bhfuil bród [ar: sibh] _____ [as: iad] _____?
5. Tá dúshlán [roimh: muid] _____ ach ní theipfidh [ar: muid] _____.

G. Léigh an t-alt thíos. Déan eagarthóireacht ar na focail a bhfuil cló trom orthu.

Haigh, Éabha is ainm **orm** (1). Is páiste aonair mé. Tá cónaí **agam** (2) i lár na cathrach. Is **leictróir** (3) é mo Dhaid. Is duine an-teicniúil **í** (4). Oibríonn sé i bPáirc **na** (5) Chrócaigh. Déanann sé cinnte go mbíonn na soilse ar fad ag obair! Is aoibhinn leis a **post** (6) mar faigheann sé ticéid do na cluichí go léir! Tá mo **Mam** (7) ag obair in Ospidéal **an** (8) Leanaí ar Shráid an Teampaill. Is altra **é** (9). Tugann sí aire do pháistí breoite. Is **aoibheann** (10) léi a post freisin mar is duine cabhrach í.

H. Scríobh plean aiste agus alt oscailte ar phearsa phoiblí a bhfuil meas agat air/uirthi.

   Cluastuiscint

Cloisfidh tú beirt óga ag caint fúthu féin agus faoina dteaghlach. Cloisfidh tú gach píosa cainte faoi dhó. Beidh sos ann chun do chuid freagraí a scríobh tar éis an chéad éisteachta agus tar éis an dara éisteacht.

Script: leathanach 103 de do Leabhar Gníomhaíochta.

An Chéad Chainteoir

Ainm	Constance de Gaor
1. Cár rugadh Constance?	
2. Cá bhfuil sí ina cónaí anois?	
3. Cén sórt daoine a gcabhraíonn sí leo? Cuir **tic** (✔) leis an bhfreagra ceart.	leanaí ☐ daoine óga ☐ seandaoine ☐ daoine ar an ngannchuid ☐
4. Tabhair píosa amháin eolais a thugann le fios go dtaitníonn sé léi cabhrú le daoine.	

An Dara Cainteoir

Ainm	Tiobóid de Bhulbh
1. Cár rugadh Tiobóid?	
2. Cén páiste is sine ina theaghlach?	
3. Cén breithlá atá aige? Cuir **tic** (✔) leis an bhfreagra ceart.	20 Iúil ☐ 20 Meitheamh ☐ 20 Bealtaine ☐ 20 Aibreán ☐
4. Cén sórt duine é?	

Cultúr 1
An Ghaeilge

An Ghaeilge agus na Gaeltachtaí

Labhraítear an Ghaeilge ar fud na hÉireann. Tá beagán Gaeilge ag níos mó ná 3,000,000 duine. Labhraíonn beagnach 100,000 an Ghaeilge gach lá taobh amuigh den chóras oideachais.

Tugtar 'Gaeltachtaí' ar na ceantair ina labhraítear an Ghaeilge mar chéad teanga. Tá ceantair Ghaeltachta i nDún na nGall, i Maigh Eo, i nGaillimh, i gCiarraí, i gCorcaigh, i bPort Láirge agus sa Mhí.

Tá cúig líonra Gaeilge sa tír freisin. Is ceantair iad seo ina labhraítear an Ghaeilge agus an Béarla gach lá. Is iad sin Béal Feirste, Baile Locha Riach, Carn Tóchair, Cluain Dolcáin agus Inis.

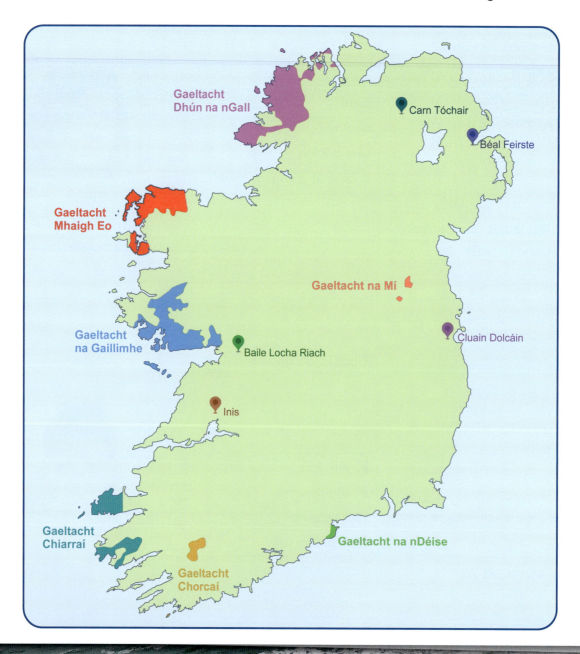

An Ghaeilge in Éirinn

Tháinig an Ghaeilge go hÉirinn leis na Ceiltigh 2,500 bliain ó shin. Ar dtús, scríobhadh an Ghaeilge i script speisialta darb ainm Ogham. Tá níos mó faoi Ogham ar leathanach 174 i gCaibidil 4.

Faraor, thosaíomar ag labhairt an Bhéarla de réir a chéile, mar gheall ar an tionchar a bhí ag an mBreatain, an Gorta Mór agus an imirce ar an tír. In 1790, mar shampla, bhí Gaeilge líofa ag 3,500,000 duine in Éirinn. In 1890, ní raibh Gaeilge líofa ach ag 600,000.

Ogham

Pádraig Mac Piarais

A bhuí le daoine cosúil le Dubhghlas de hÍde agus Pádraig Mac Piarais, d'éirigh daoine bródúil as an nGaeilge arís.

Chomh maith leis an nGaeilge agus an Béarla, labhraítear go leor teangacha eile in Éirinn. Mar shampla, labhraítear an Pholainnis, an Fhraincis, an Liotuáinis, an Rómáinis, an tSínis, an Araibis, an Fhilipínis agus go leor teangacha eile. Tá liosta iomlán anseo: **www.educate*plus*.ie/go/daonaireamh**.

Stór focal

labhraítear	is spoken	tionchar	influence
córas oideachais	education system	imirce	migration
mar chéad teanga	as a first language	líofa	fluent
líonra	network	a bhuí le	thanks to
faraor	unfortunately	bródúil	proud

TASC CULTÚIR 1 — Taighde agus cur i láthair

Roghnaigh ceantar Gaeltachta amháin. Téigh ar líne nó chuig *Turas 1* agus faigh amach faoin gceantar sin. Ansin, cruthaigh do phóstaer féin. Is féidir póstaer digiteach a chruthú ar **www.canva.com**, mar shampla. Úsáid go leor pictiúr!

Cuir an póstaer i láthair an ranga.

Féinmheasúnú

1. Cad é an rud is suimiúla a d'fhoghlaim tú agus tú ag déanamh taighde?
2. Cad é an rud is fearr faoi do chur i láthair, i do thuairim?

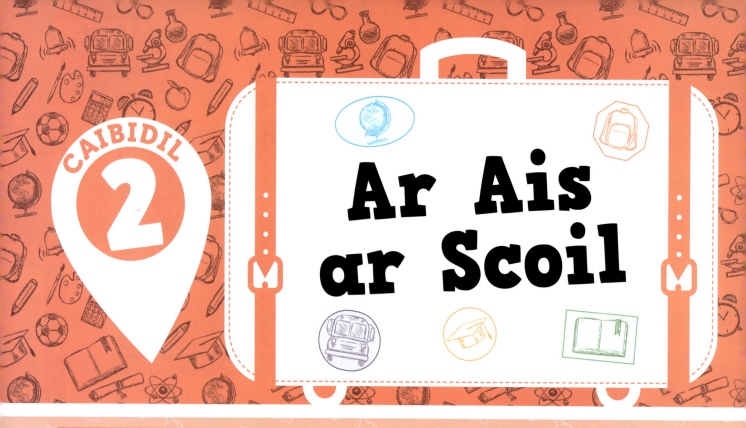

CAIBIDIL 2: Ar Ais ar Scoil

Clár Ábhair

Foclóir	Na hÁbhair Scoile	52
Foclóir	Áiseanna na Scoile	54
Gramadach	Briathra: Na hAimsirí	56
Gramadach	Réimnithe na mBriathra	57
Gramadach	An Aimsir Láithreach: Na Briathra Rialta	58
Léamh agus Gramadach	An Aimsir Láithreach: Na Briathra Neamhrialta	60
Gramadach	Na Briathra Neamhrialta: Na Foirmeacha	61
Léamhthuiscint	Mo Shaol Scoile ag Athrú	62
Éisteacht	Lá Scoile Tipiciúil	64
Físeán	Lá Scoile Neamhthipiciúil	66
Foclóir	An Éide Scoile agus Rialacha na Scoile	68
Scríobh	Ríomhphost: Scoil Nua	70
Scríobh	Díospóireacht: An Scoil agus an Saol	72
Scríobh	Díospóireacht: Treoracha	74
Béaltriail	Dhá Agallamh	76
Litríocht	Filíocht: Jeaic ar Scoil	78
Cleachtaí Athbhreithnithe	Súil Siar	84
Cultúr 2	Na Teangacha Ceilteacha	86

✓ Faoi dheireadh na caibidle seo, beidh mé in ann:
- Labhairt faoi na hábhair scoile a dhéanaim.
- Labhairt faoi chúrsaí scoile go ginearálta.
- An fholláine ar scoil a phlé.
- Ríomhphost agus díospóireacht a scríobh.

Príomhscileanna
- Cumarsáid
- Obair le daoine eile
- A bheith liteartha
- A bheith cruthaitheach

Litríocht

Filíocht: Jeaic ar Scoil

Ag deireadh na caibidle seo, déanfaimid staidéar ar an dán 'Jeaic ar Scoil'. Léigh an sliocht gearr thíos agus cuir tús le do chuid machnaimh ar an dán agus ar an topaic seo.

Glan díot gaineamh na trá
Is oscail an doras don fhómhar,
Bronn ort féin éide
Go bpriocfaidh sceacha na léine
Do mhuineál óg beag
Is go dtógfar ón mbosca na bróga
A mboladh leathair ina anlann agat.
Tá'n tú sé mbliana d'aois.

Sa dán 'Jeaic ar Scoil', léimid faoi Jeaic, mac an fhile, á réiteach féin don bhliain nua scoile. Caithfidh sé an samhradh a fhágáil ina dhiaidh agus ullmhú don fhómhar.

Smaoinigh ar an gcéad lá de gach bliain scoile. An mbíonn sé difriúil le laethanta scoile eile? Cén fáth? Conas a mhothaíonn tú ar an lá seo? Conas a ullmhaíonn tú don lá scoile seo?

Le linn na caibidle seo, déan machnamh ar na ceisteanna sin. Ag an deireadh, déan comparáid le daoine eile i do rang.

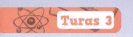

FOCLÓIR

Na hÁbhair Scoile

Le foghlaim
Na hábhair scoile a dhéanaim.

 An Ghaeilge

 An Fhraincis

 An Adhmadóireacht

 An Béarla

 An Spáinnis

 Grafaic

   An Mhatamaitic

 An Ghearmáinis

 An Eacnamaíocht Bhaile

 An Stair

 Códú

 An Mhiotalóireacht

 An Tíreolaíocht

 An Ealaín

 An Corpoideachas

 An Eolaíocht

 An Ceol

 OSSP

 An Creideamh

 An Staidéar Gnó

 OSPS

An Ghaeilge nó Gaeilge? Tá tuilleadh eolais faoi seo ar leathanach 406.

Scríobh agus labhair

I do chóipleabhar, scríobh na hábhair scoile a dhéanann tú in ord tosaíochta (*in order of preference*). Déan comparáid leis na daoine atá in aice leat. Cad iad na difríochtaí?

Scríobh

Cad is brí leis na haidiachtaí seo? Bain úsáid as d'fhoclóir nó as www.focloir.ie. Scríobh na focail i do chóipleabhar.

> suimiúil/spéisiúil   deacair   leamh leadránach   casta   corraitheach
> taitneamhach   úsáideach   éasca   praiticiúil   dúshlánach

 ## Scríobh agus labhair

Scríobh tuairimí faoi na hábhair a dhéanann tú. Scríobh trí thuairim dhearfacha agus dhá thuairim dhiúltacha. Bain úsáid as na haidiachtaí thuas agus na struchtúir thíos. Déan comparáid leis an duine atá in aice leat.

Tuairimí dearfacha

- Is maith liom _____ mar tá sé/sí úsáideach agus praiticiúil.
- Is aoibhinn/breá liom _____ mar tá sé/sí _____.
- Taitníonn _____ go mór liom. Sílim go bhfuil sé/sí _____.
- Tá suim mhór agam i/sa _____.
- Is é/í _____ an t-ábhar is fearr liom. Táim an-tógtha leis/léi.

Tuairimí diúltacha

- Ní maith liom _____. Sílim go bhfuil sé leamh leadránach.
- Is fuath/gráin liom _____. Ceapaim nach bhfuil sé/sí _____.
- Ní thaitníonn _____ liom ar chor ar bith mar tá sé/sí _____.
- Níl suim ar bith agam i/sa _____. Tá sé/sí _____.
- Is é/í _____ an t-ábhar is measa liom. Cuireann sé/sí soir mé!

Punann 2.1

Déan leagan Gaeilge den chlár ama atá agat. Tá sampla ar fáil ar leathanach 15 de do phunann. Cuir an obair chríochnaithe i do phunann ar leathanach 14.

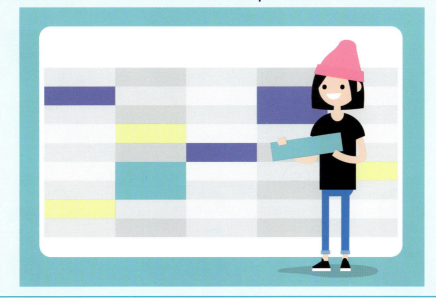

 Táim in ann tuairimí a thabhairt faoi na hábhair a dhéanaim.

FOCLÓIR

Áiseanna na Scoile

  Scríobh agus labhair

Cad is brí leis na háiseanna scoile seo? An bhfuil gach ceann de na háiseanna seo i do scoil féin? I mbeirteanna, pléigh do fhreagra.

> seomra/stiúideo ealaíne   saotharlann eolaíochta   seomra ríomhaireachta
> seomra ceoil   leabharlann   halla spóirt   cistin/ceaintín
> páirceanna imeartha   saotharlann adhmadóireachta   clós

  Meaitseáil agus labhair

Meaitseáil na gníomhaíochtaí ranga seo leis na pictiúir. Cad iad na háiseanna scoile inar féidir leat na gníomhaíochtaí sin a dhéanamh? Inis don duine atá in aice leat.

> ag déanamh turgnamh   ag cleachtadh scileanna peile   ag péinteáil portráidí
> ag fáil leabhair ar iasacht   ag éisteacht le cainteoirí dúchais
> ag foghlaim foirmlí   ag ríomhchlárú   ag cócaráil   ag léamh ceol scríofa

Léigh, éist agus scríobh

Léigh agus éist leis an triúr scoláirí seo. Ansin, freagair na ceisteanna.

Clóda
Haigh, is mise Clóda. Táim sa dara bliain i Scoil Mhuire, gar do Bhaile Dhún na nGall. I mbliana, táim ag déanamh trí ábhar déag. Is iad na hábhair phraiticiúla na cinn is fearr liom. Is maith liom turgnaimh a dhéanamh sna saotharlanna eolaíochta agus **nithe** as adhmad a thógáil sa tsaotharlann adhmadóireachta.

things

Ellie
Is mise Ellie. Táim ag freastal ar Phobalscoil na Mara, ní rófhada ó Bhaile Loch Garman. Is duine ealaíonta mé agus is maith liom na ranganna dúbailte ealaíne sa seomra ealaíne. Tá an seomra sin síochánta **murab ionann agus** an chuid eile den scoil! Is féidir liom éalú **ón bhfuadar is ón bhfústar** agus **díriú ar** an ealaín.

unlike

from the hustle and bustle; focus on

Aaron
Is mise Aaron. Táim sa dara bliain i gColáiste an tSléibhe, i lár Chill Mhantáin. Tá go leor ábhair éagsúla á ndéanamh agam i mbliana. Is aoibhinn liom a bheith ag foghlaim teangacha. Is maith liom a bheith ag féachaint ar **ghearrfhíseáin** i dteangacha eile, ag éisteacht le **cainteoirí dúchais** agus ag foghlaim rialacha gramadaí nua.

short videos; native speakers

1. Cén cineál ábhar is fearr le Clóda?
2. Cén sórt duine í Ellie?
3. Cén fáth a dtaitníonn an seomra ealaíne le Ellie?
4. Luaigh **dhá** rud a thaitníonn le Aaron faoi theangacha a fhoghlaim.

  ## Bí ag caint!

Cé na seomraí nó na háiseanna is fearr leat i do scoil? Cén fáth? Cé na hábhair a dhéanann tú iontu? Bain úsáid as na nathanna thíos. Inis don duine atá in aice leat.

Nathanna úsáideacha
Tá an áit/áis/seomra sin geal/compordach.
Tá na saotharlanna nua-aimseartha/spásmhar.
Déanaimid go leor rudaí spéisiúla ann.

 Táim in ann áiseanna na scoile agus gníomhaíochtaí an ranga a phlé.

GRAMADACH

Briathra: Na hAimsirí

Na haimsirí

An Aimsir Chaite	Rudaí a tharla inné.
An Aimsir Láithreach	Rudaí atá fíor anois nó i gcónaí.
An Aimsir Fháistineach	Rudaí a tharlóidh sa todhchaí.
An Modh Coinníollach	Rudaí a d'fhéadfadh tarlú.

Meaitseáil

Meaitseáil an aimsir leis an abairt.

1	An Aimsir Chaite	A	Éireoidh sé dorcha anocht.
2	An Aimsir Láithreach	B	Dá mbuafá an Lotto, an rachfá go dtí an Spáinn?
3	An Aimsir Fháistineach	C	Tháinig na Lochlannaigh go hÉirinn in 795.
4	An Modh Coinníollach	D	Tá Port Láirge in Éirinn.

1 = ____   2 = ____   3 = ____   4 = ____

Stór focal

inné	yesterday	inniu	today
aréir	last night	amárach	tomorrow
arú inné	day before yesterday	arú amárach	day after tomorrow
anuraidh	last year	an bhliain seo chugainn	next year
fadó	long ago	sa todhchaí	in the future
gach lá	every day	gach maidin	every morning
gach iarnóin	every afternoon	gach tráthnóna	every evening
gach oíche	every night	gach seachtain	every week
gach mí	every month	gach bliain	every year
má/dá	if	mura	if (in the negative)

Tá tuilleadh eolais ar fáil ar leathanach 388.

 Táim in ann an difríocht idir na haimsirí a aithint.

GRAMADACH

Caibidil 2

Réimnithe na mBriathra

Ciallaíonn 'réimniú' grúpa briathra. Tá trí ghrúpa briathra sa Ghaeilge.

An chéad réimniú	Bíonn siolla amháin sna briathra sa chéad réimniú de ghnáth.
An dara réimniú	Bíonn dhá shiolla sna briathra sa dara réimniú de ghnáth.
Na briathra neamhrialta	Tá aon cheann déag de bhriathra neamhrialta sa Ghaeilge.

Scríobh

Cad is brí leis na briathra seo? Bain úsáid as d'fhoclóir nó as www.focloir.ie. Athscríobh na briathra i do chóipleabhar. Tá an chéad cheann déanta duit.

A. An chéad réimniú

Leathan: consan deiridh = leathan			
cas	turn	féach	
dún		ól	
Caol: consan deiridh = caol			
bris		fill	
caith		léigh	
Briathra eile			
sábháil		taispeáin	

B. An dara réimniú

Leathan: deireadh = -aigh			
aontaigh		cruthaigh	
athraigh		mothaigh	
Caol: deireadh = -igh			
aimsigh		litrigh	
éirigh		mínigh	
Briathra eile			
inis		imir	

C. Na briathra neamhrialta

abair		déan		tabhair	
beir (ar)		faigh		tar	
bí		feic		téigh	
clois		ith			

 Tá tuilleadh cleachtaí ar leathanach 389.

 Táim in ann an difríocht idir na trí ghrúpa briathra a aithint.

caoga a seacht

57

GRAMADACH

An Aimsir Láithreach: Na Briathra Rialta

An chéad réimniú

An Aimsir Láithreach	Can (*sing*)		Glac (*take/accept*)	
Leathan: briathar + … aim/aimid/ann				
	Uatha	Iolra	Uatha	Iolra
1	Canaim	Canaimid	Glacaim	Glacaimid
2	Canann tú	Canann sibh	Glacann tú	Glacann sibh
3	Canann sé/sí	Canann siad	Glacann sé/sí	Glacann siad
Saorbhriathar	Cantar		Glactar	
Diúltach	Ní chanaim/Ní chantar		Ní ghlacaim/Ní ghlactar	
Ceisteach	An gcanaim?/An gcantar?		An nglacaim?/An nglactar?	

An Aimsir Láithreach	Caith (*spend/wear*)		Éist (*listen*)	
Caol: briathar + … im/imid/eann				
	Uatha	Iolra	Uatha	Iolra
1	Caithim	Caithimid	Éistim	Éistimid
2	Caitheann tú	Caitheann sibh	Éisteann tú	Éisteann sibh
3	Caitheann sé/sí	Caitheann siad	Éisteann sé/sí	Éisteann siad
Saorbhriathar	Caitear		Éistear	
Diúltach	Ní chaithim/Ní chaitear		Ní éistim/Ní éistear	
Ceisteach	An gcaithim?/An gcaitear?		An éistim?/An éistear?	

✏️ Scríobh

Aistrigh na habairtí seo.
1. Caithim go leor airgid ar éadaí scoile.
2. Ní éisteann siad linn a thuilleadh.
3. An gcanann sibh i gcór na scoile?
4. Glacaimid páirt i ngníomhaíochtaí iarscoile.

✏️ 💬 Scríobh agus labhair

Freagair na ceisteanna seo. Ansin, cuir na ceisteanna ar an duine atá in aice leat.
1. An éisteann tú le podchraoltaí?
2. An nglacann tú páirt i ngníomhaíochtaí iarscoile?
3. An gcaitheann tú an iomarca ama ag déanamh obair bhaile?
4. An gcanann tú i gcór na scoile?

Cuimhnigh!
An Aimsir Láithreach = Rudaí atá fíor anois nó fíor i gcónaí

An dara réimniú

An Aimsir Láithreach	Cabhraigh (*help*)		Fiafraigh (*ask*)	
Leathan: ~~aigh~~; briathar + … aím/aímid/aíonn				
	C**abhr**~~aigh~~		Fi**afr**~~aigh~~	
	Uatha	Iolra	Uatha	Iolra
1	Cabhraím	Cabhraímid	Fiafraím	Fiafraímid
2	Cabhraíonn tú	Cabhraíonn sibh	Fiafraíonn tú	Fiafraíonn sibh
3	Cabhraíonn sé/sí	Cabhraíonn siad	Fiafraíonn sé/sí	Fiafraíonn siad
Saorbhriathar	Cabhraítear		Fiafraítear	
Diúltach	Ní chabhraím/Ní chabhraítear		Ní fhiafraím/Ní fhiafraítear	
Ceisteach	An gcabhraím?/An gcabhraítear?		An bhfiafraím?/An bhfiafraítear?	

An Aimsir Láithreach	Foghlaim (*learn*)		Éirigh (*become/get up*)	
Caol: ~~igh~~; briathar + … ím/ímid/íonn				
	Foghla**im**		É**ir**~~igh~~	
	Uatha	Iolra	Uatha	Iolra
1	Foghlaimím	Foghlaimímid	Éirím	Éirímid
2	Foghlaimíonn tú	Foghlaimíonn sibh	Éiríonn tú	Éiríonn sibh
3	Foghlaimíonn sé/sí	Foghlaimíonn siad	Éiríonn sé/sí	Éiríonn siad
Saorbhriathar	Foghlaimítear		Éirítear	
Diúltach	Ní fhoghlaimím/Ní fhoghlaimítear		Ní éirím/Ní éirítear	
Ceisteach	An bhfoghlaimím?/An bhfoghlaimítear?		An éirím?/An éirítear?	

Scríobh

Athscríobh na habairtí seo san Aimsir Láithreach i do chóipleabhar (sb = saorbhriathar).

1. An [seinn: tú] _____ ceol tar éis scoile nó an [imir: tú] _____ spórt?
2. [Léigh: siad] _____ scéalta ach ní [scríobh: siad] _____ iad.
3. An [bailigh: sb] _____ na páistí gach lá tar éis na scoile? Ní [bailigh: sb] _____ iad.
4. [Foghlaim: mé] _____ scileanna ríomhaireachta mar [cabhraigh: siad] _____ liom.

Cuimhnigh!
Fiafraigh + de: díom, díot, de, di, dínn, díbh, díobh

  Léigh agus scríobh

Léigh an t-alt thíos. Déan eagarthóireacht ar na focail a bhfuil cló trom orthu. Scríobh na focail chearta i do chóipleabhar. Tá an chéad cheann déanta duit.

Táim ag **foghlam** (1) = *foghlaim* na Spáinnise ar scoil le dhá **bliana** (2) anuas. Chomh maith **le** (3) an teanga féin, **foghlaimimid** (4) go leor faoi chultúr **an** (5) Spáinne. Tá múinteoir iontach againn. Iníon de Santos an t-ainm atá **aici** (6). **Chabhraíonn** (7) sí linn nuair a bhíonn aon fhadhbanna **agaibh** (8). **Fiafríonn** (9) sí **dúinn** (10) faoi réimse leathan topaicí. **Níor** (11) éirímid tuirseach dá ranganna riamh.

Tá tuilleadh cleachtaí ar leathanach 392.

 Táim in ann briathra rialta san Aimsir Láithreach a úsáid i gceart.

 **LÉAMH AGUS GRAMADACH**

An Aimsir Láithreach: Na Briathra Neamhrialta

Léigh

Léigh an píosa seo faoi ghnáth-Shatharn Liam.

Haigh, is mise Liam. **Táim** ag glacadh páirt i gceoldráma na scoile i mbliana. **Bíonn** cleachtadh ar siúl agam gach maidin Shathairn. Nuair a **chloisim** mo chlog aláraim ag 08:00, **téim** síos go dtí an chistin agus **ithim** mo bhricfeasta. Ansin, **bíonn** cith agam agus cuirim mo chuid éadaí orm.

Tar éis sin, ag 09:00, **beirim** ar mo mhála, **deirim** 'slán' le mo thuismitheoirí agus **tugaim** aghaidh ar an scoil. De ghnáth, **déanaimid** an cleachtadh i halla na scoile. **Faighim** roinnt de na rincí dúshlánach ach **déanaim** mo dhícheall. De ghnáth, **tagaim** abhaile tar éis lón a fháil i siopa caife áitiúil.

Scríobh

Líon na bearnaí i do chóipleabhar. Bain úsáid as na foirmeacha ar leathanach 61.

1	Céard ann a bhfuil Liam ag glacadh páirte agus cathain a bhíonn cleachtadh ar siúl?	____Tá____ Liam ag glacadh páirt i gceoldráma na scoile i mbliana agus _____ cleachtadh ar siúl aige gach maidin Shathairn.
2	Cad a dhéanann Liam nuair a chloiseann sé a chlog aláraim?	Nuair a _____ Liam a chlog aláraim, _____ sé síos go dtí an chistin agus _____ sé a bhricfeasta.
3	Cad a dhéanann Liam ag 09:00?	_____ sé ar a mhála, _____ sé 'slán' lena thuismitheoirí agus _____ sé aghaidh ar an scoil.
4	Cén áit a ndéanann siad an cleachtadh? Cad a cheapann sé faoi na rincí?	_____ siad an cleachtadh i halla na scoile. _____ sé roinnt de na rincí dúshlánach ach _____ sé a dhícheall.
5	Cathain a thagann sé abhaile, de ghnáth?	De ghnáth, _____ sé abhaile tar éis lón a fháil i siopa caife áitiúil.

Punann 2.2

Cad a dhéanann tú gach maidin Shathairn nó Domhnaigh? Scríobh alt faoi. Bain úsáid as na briathra ar leathanach 61 agus na briathra sa stór focal seo. Cuir an obair chríochnaithe i do phunann ar leathanach 16.

Stór focal

dúisím	I wake up
éirím	I get up
sroichim	I reach
fágaim	I leave
buailim le	I meet
imrím/seinnim	I play

GRAMADACH

Caibidil 2

Na Briathra Neamhrialta: Na Foirmeacha

Abair

1	Deirim	Deirimid
2	Deir tú	Deir sibh
3	Deir sé/sí	Deir siad
Saorbhriathar	Deirtear	
Diúltach	Ní deirim/Ní deirtear	
Ceisteach	An ndeirim?/An ndeirtear?	

Beir

1	Beirim	Beirimid
2	Beireann tú	Beireann sibh
3	Beireann sé/sí	Beireann siad
Saorbhriathar	Beirtear	
Diúltach	Ní bheirim/Ní bheirtear	
Ceisteach	An mbeirim?/An mbeirtear?	

Clois

1	Cloisim	Cloisimid
2	Cloiseann tú	Cloiseann sibh
3	Cloiseann sé/sí	Cloiseann siad
Saorbhriathar	Cloistear	
Diúltach	Ní chloisim/Ní chloistear	
Ceisteach	An gcloisim?/An gcloistear?	

Déan

1	Déanaim	Déanaimid
2	Déanann tú	Déanann sibh
3	Déanann sé/sí	Déanann siad
Saorbhriathar	Déantar	
Diúltach	Ní dhéanaim/Ní dhéantar	
Ceisteach	An ndéanaim?/An ndéantar?	

Faigh

1	Faighim	Faighimid
2	Faigheann tú	Faigheann sibh
3	Faigheann sé/sí	Faigheann siad
Saorbhriathar	Faightear	
Diúltach	Ní fhaighim/Ní fhaightear	
Ceisteach	An bhfaighim?/An bhfaightear?	

Feic

1	Feicim	Feicimid
2	Feiceann tú	Feiceann sibh
3	Feiceann sé/sí	Feiceann siad
Saorbhriathar	Feictear	
Diúltach	Ní fheicim/Ní fheictear	
Ceisteach	An bhfeicim?/An bhfeictear?	

Ith

1	Ithim	Ithimid
2	Itheann tú	Itheann sibh
3	Itheann sé/sí	Itheann siad
Saorbhriathar	Itear	
Diúltach	Ní ithim/Ní itear	
Ceisteach	An ithim?/An itear?	

Tabhair

1	Tugaim	Tugaimid
2	Tugann tú	Tugann sibh
3	Tugann sé/sí	Tugann siad
Saorbhriathar	Tugtar	
Diúltach	Ní thugaim/Ní thugtar	
Ceisteach	An dtugaim?/An dtugtar?	

Tar

1	Tagaim	Tagaimid
2	Tagann tú	Tagann sibh
3	Tagann sé/sí	Tagann siad
Saorbhriathar	Tagtar	
Diúltach	Ní thagaim/Ní thagtar	
Ceisteach	An dtagaim?/An dtagtar?	

Téigh

1	Téim	Téimid
2	Téann tú	Téann sibh
3	Téann sé/sí	Téann siad
Saorbhriathar	Téitear	
Diúltach	Ní théim/Ní théitear	
Ceisteach	An dtéim?/An dtéitear?	

Bí

1	Bím	Bímid
2	Bíonn tú	Bíonn sibh
3	Bíonn sé/sí	Bíonn siad
Saorbhriathar	Bítear	
Diúltach	Ní bhím/Ní bhítear	
Ceisteach	An mbím?/An mbítear?	

Tá

1	Táim/tá mé	Táimid
2	Tá tú	Tá sibh
3	Tá sé/sí	Tá siad
Saorbhriathar	Táthar	
Diúltach	Nílim/Níltear	
Ceisteach	An bhfuilim?/An bhfuiltear?	

 Tá nó Bí? Tá tuilleadh cleachtaí ar leathanach 395.

 Táim in ann na briathra neamhrialta san Aimsir Láithreach a úsáid i gceart.

seasca a haon

 **LÉAMHTHUISCINT**

Mo Shaol Scoile ag Athrú

   Léigh, éist agus scríobh

Cad iad na difríochtaí idir an lá scoile sa chéad bhliain agus sa dara bliain? Léigh agus éist leis na tuairimí seo agus freagair na ceisteanna a leanas.

Katja
Dúisím agus éirím ar a seacht a chlog gach maidin. Táim i mo chónaí trasna an bhóthair ón scoil – mar sin, siúlaim ar scoil gach maidin. Faraor, táim ag caitheamh **i bhfad níos mó** ama ar an obair bhaile i mbliana. Caithim **níos lú** ama le mo chairde **dá bharr**.

i bhfad níos mó	way more
níos lú	less
dá bharr	as a result

Filib
Táim **gafa** leis an bhfón póca. Úsáidim é i bhfad níos mó ná anuraidh. Déanaim iarracht **gan é a úsáid** ach bíonn sé deacair, go háirithe nuair a bhíonn sé **díreach in aice liom**. Ar lámh amháin, cabhraíonn sé le mo chuid obair bhaile ach ar an lámh eile, **cuireann sé ar seachrán mé**.

gafa	addicted
gan é a úsáid	not to use it
díreach in aice liom	right beside me
cuireann sé ar seachrán mé	it distracts me

Marina
I mbliana, thosaigh mé ag tabhairt níos mó **aire** do mo shláinte. Caithim níos mó ama ar chaithimh aimsire agus níos lú ama os comhair na teilifíse. Rothaím ar scoil ar maidin. Déanaim iarracht codladh níos mó freisin. Téim a luí idir a naoi agus a deich.

aire	attention

1. Cá bhfuil Katja ina cónaí? Cuir **tic (✔)** leis an bhfreagra ceart.
   - Tá Katja ina cónaí gar don scoil. ☐
   - Tá Katja ina cónaí i bhfad ón scoil. ☐
   - Is scoláire cónaithe í Katja. ☐

2. Cé chomh minic a úsáideann Filib a fhón? Cuir **tic (✔)** leis an bhfreagra ceart.
   - Ní úsáideann Filib a fhón go rómhinic. ☐
   - Úsáideann Filib a fhón minic go leor. ☐
   - D'úsáideadh Filib an fón níos minice anuraidh. ☐

3. Cén t-athrú atá á dhéanamh ag Marina i mbliana? Cuir **tic (✔)** leis an bhfreagra ceart.
   - Tá sí ag déanamh níos mó staidéir. ☐
   - Tá sí ag iarraidh a bheith níos folláine. ☐
   - Buaileann sí lena cairde níos minice. ☐

4. An dóigh leat go bhfuil Katja sásta, míshásta, nó idir dhá chomhairle faoin athrú a luann sí? Is leor pointe **amháin** eolais.

5. An bhfuil dearcadh dearfach nó diúltach ag Filib maidir lena fhón póca, dar leat? Is leor pointe **amháin** eolais.

6. Bunaithe ar na trí ghiota thuas, an ndéarfá féin go bhfuil an dearcadh is dearfaí ag Katja, Filib nó Marina? Is leor **dhá** fháth.

➤ Dearfach, níos dearfaí nó is dearfaí? Tá tuilleadh eolais faoi seo ar leathanach 402.

💬 Bí ag caint!

Ó thosaigh tú ag freastal ar an meánscoil, an gcaitheann tú níos mó ama nó níos lú ama ar na rudaí seo a leanas? Cén fáth? Cuir na ceisteanna ar an duine atá in aice leat.

> ag staidéar / ag déanamh obair bhaile
> ag taisteal ar scoil
> ag bualadh le cairde
> i do chodladh
> ag úsáid ríomhaire
> ar an bhfón / ar líne
> ar do chuid chaithimh aimsire
> ag féachaint ar an teilifís

Ó thosaigh tú ar an meánscoil, an gcaitheann tú níos mó nó níos lú ama ag staidéar?

Ó, i bhfad níos mó ama! Bímid an-ghnóthach anseo.

💬 Scríobh agus labhair

Baineann an ceistneoir thíos leis an bhfolláine ar scoil. Déan an ceistneoir. An bhfuil na freagraí céanna ag an duine atá in aice leat?

Cuir ciorcal thart ar do rogha.
1 = Ní aontaím ar chor ar bith. 2 = Ní aontaím. 3 = Tá mé idir dhá chomhairle. 4 = Aontaím.
5 = Aontaím go hiomlán.

Táim sásta ...						
1	mar tá na seomraí ranga inár scoil compordach.	1	2	3	4	5
2	leis an tslí a ndéanaim staidéar.	1	2	3	4	5
3	mar beidh mo chuid staidéar úsáideach dom amach anseo.	1	2	3	4	5
4	mar is maith liom na hábhair a dhéanaim sa scoil seo.	1	2	3	4	5
5	le trealamh na scoile.	1	2	3	4	5
6	le háiseanna na scoile.	1	2	3	4	5

Punann 2.3

Mar rang iomlán, déan an ceistneoir. Ansin, téigh go www.likertplot.com chun graf a chruthú. Tá treoracha mionsonraithe (*detailed*) i do phunann ar leathanach 18.

 Táim in ann tuairimí faoin saol scoile a léiriú i ngraf.

Turas 3

ÉISTEACHT

Lá Scoile Tipiciúil

Meaitseáil agus labhair

A. Meaitseáil na pictiúir leis na habairtí gearra.
B. Cuir in ord croineolaíoch iad. Déan comparáid leis an duine atá in aice leat.

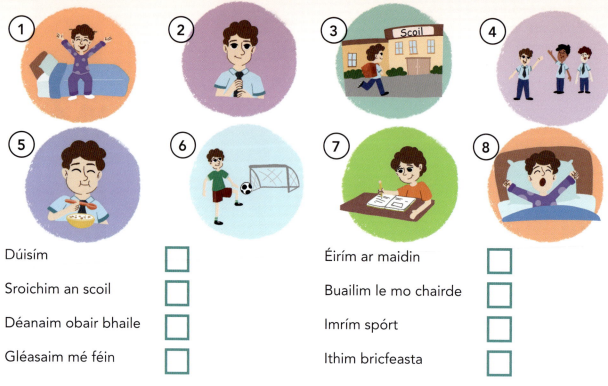

Dúisím	☐	Éirím ar maidin	☐
Sroichim an scoil	☐	Buailim le mo chairde	☐
Déanaim obair bhaile	☐	Imrím spórt	☐
Gléasaim mé féin	☐	Ithim bricfeasta	☐

Éist agus scríobh (Traic 14)

Cloisfidh tú píosa cainte sa cheist seo. Cloisfidh tú an píosa cainte faoi dhó. Beidh sos ann leis na freagraí a scríobh tar éis na chéad éisteachta agus tar éis an dara héisteacht.

1. Conas a dhéanann Seán a bhealach ar scoil?
2. Cén sórt saotharlann atá sa scoil? Luaigh **dhá** aidiacht.
3. Cad a dhéanann Seán tar éis dó dul abhaile? Cuir **tic** (✔) leis an **dá** fhreagra chearta.
   - Itheann sé dinnéar. ☐
   - Buaileann sé le cairde. ☐
   - Imríonn sé iománaíocht. ☐
   - Féachann sé ar ghiota beag teilifíse. ☐
4. Tabhair píosa **amháin** eolais a thugann le fios dúinn go dtaitníonn an lá scoile le Seán.

➡ Script: leathanach 104 de do Leabhar Gníomhaíochta.

Bí ag caint!

Inis don duine atá in aice leat faoi do lá scoile. Cad iad na difríochtaí?

> Dúisíonn sise níos luaithe/déanaí ná mise.

> Sroichim an scoil roimhe/roimpi.

Bí ag caint!

An bhfuil córas idirchumarsáide i do scoile? Cé a úsáideann é? Cé chomh minic? Cén sórt fógraí a bhíonn á bhfógairt air? I ngrúpa, pléigh do thuairimí. Bain úsáid as na nathanna thíos.

ag tús an lae	tar éis bua i gcomórtas
an chéad rud ar maidin	chun na scéalta is déanaí a fhógairt
roimh an lón	chun rabhaidh a thabhairt
sula dtéimid abhaile	chun gradaim a bhronnadh
de shíor / i gcónaí	chun eolas ginearálta a scaipeadh
go laethúil	chun duine a lorg

Cuimhnigh!
- ag úsáid + é = á úsáid
- ag úsáid + í = á húsáid
- ag úsáid + iad = á n-úsáid

  Traic 15 **Éist agus scríobh**

Cloisfidh tú fógra sa cheist seo. Cloisfidh tú an fógra faoi dhó. Beidh sos ann leis na freagraí a scríobh tar éis na chéad éisteachta agus tar éis an dara héisteacht.

1. Cén comórtas a bhuaigh an fhoireann díospóireachta aréir?
2. Cad a bhuaigh Daran Ó Ceallaigh anuraidh?
3. Cad a dhéanfar le Corn an Phiarsaigh?

  Script: leathanach 104 de do Leabhar Gníomhaíochta.

 **Scríobh agus labhair**

Samhlaigh gur tusa an príomhoide. Scríobh trí fhógra ghearra (dhá abairt) a chloisfeá ar idirchum na scoile. I ngrúpa, déan iad a fhógairt. Cé acu a bhfuil an ceann is fearr?

Dia daoibh, a chairde. Mo leithscéal as cur isteach oraibh …

 Táim in ann labhairt faoi mo lá scoile agus fógra a thabhairt.

FÍSEÁN

Lá Scoile Neamhthipiciúil

  Léigh agus scríobh

Sa roinn seo, féachfaidh tú ar fhíseán faoi lá scoile neamhthipiciúil. Léigh an réamhrá agus freagair na ceisteanna.

Feadh theorainn Mheicisiceo–Mheiriceá, éiríonn go leor scoláirí óga Meicsiceacha go han-luath ar maidin chun dul ar scoil i Meiriceá. Sa chlár PBS seo, cloisimid ó scoláire óg amháin, Lizett, atá ag freastal ar scoil i Meiriceá. Gach maidin, roimh **éirí na gréine**, trasnaíonn sí an teorainn ó Palomas i Meicsiceo go Nua-Mheicsiceo i Meiriceá.	along; border; Mexican sunrise

1. Cén fáth a n-éiríonn na scoláirí óga Meicsiceacha seo go han-luath ar maidin?
2. Cén turas ar scoil a dhéanann Lizett gach maidin?

  Féach agus scríobh

Féach ar an bhfíseán. Cé hiad na daoine seo a leanas?

 Téigh chuig www.educate*plus*.ie/resources/turas-3-nua chun féachaint ar an bhfíseán. Tá script an fhíseáin ar fáil ann freisin.

1. Lizett Preciado
2. Rosa Marie Preciado
3. Ramon Preciado
4. Ricardo Gutierrez
5. Armando Chavez

seasca a sé

Bí ag caint!

A. I ngrúpa, pléigh na habairtí seo. An bhfuil siad fíor nó bréagach? Bain úsáid as na nathanna úsáideacha thíos.

1. Trasnaíonn na scoláirí agus a dtuismitheoirí an teorainn idirnáisiúnta le Meiriceá.
2. Tá pasanna Meiriceánacha ag na scoláirí.
3. Tá Lizett ina cónaí lena tuismitheoirí in Palomas.
4. Ceapann an Príomhoide Chavez gur cheart oideachas maith a chur ar na scoláirí.
5. Ba mhaith le Lizett a bheith ina múinteoir.

Nathanna úsáideacha

- Sílim go bhfuil an abairt seo fíor.
- Ní dóigh liom go bhfuil an abairt seo fíor.
- Meas tú an bhfuil an ceann seo bréagach?
- Ní aontaím leat. Abairt bhréagach atá ann!
- Táim idir dhá chomhairle faoin gceann seo.
- Cad faoin abairt seo?
- Cad a cheapann tú faoin gcéad abairt eile?
- An mbogfaimid ar aghaidh?

B. Féach ar an bhfíseán arís agus seiceáil do chuid freagraí.

Labhair agus scríobh

A. Déan cur síos ar ghnáthlá Lizett. Bain úsáid as na focail seo agus/nó radhairc san fhíseán. I mbeirteanna, scríobh abairtí. Bain úsáid as na focail seo.

> cith   bricfeasta   lón   teilifís   fón
> obair bhaile   leabhar   cairde   teorainn

B. Scríobh trí chosúlacht agus trí dhifríocht idir lá scoile Lizett agus do lá scoile féin. Déan comparáid leis an duine atá in aice leat.

Punann 2.4

Déan cur i láthair ar ghnáthlá scoile a bhíonn agat.
Tá treoracha mionsonraithe agus cur i láthair samplach i do phunann ar leathanach 22.

 Táim in ann comparáid a dhéanamh idir laethanta scoile éagsúla.

FOCLÓIR

An Éide Scoile agus Rialacha na Scoile

Bí ag caint!

Is as an tSeapáin iad Masato agus a dheirfiúr Hidemi. Tá an éide scoile sa tSeapáin an-chosúil leis an éide scoile in Éirinn. Déan cur síos ar an éide scoile atá á caitheamh acu. Bain úsáid as an stór focal.

> Tá Hidemi ag caitheamh léine bhán …

Stór focal

suaitheantas	crest/badge	carbhat	tie
léine	shirt	blús	blouse
bléasar	jumper	bríste	trousers
stocaí	socks	ribín	ribbon

Léigh agus scríobh

Léigh an píosa seo agus freagair na ceisteanna

Uwabaki – cad iad?

Má thugann tú cuairt ar an tSeapáin, **tabharfaidh tú faoi deara** go bhfuil an tír an-ghlan. Tá an **sláinteachas** agus an **ghlaineacht** an-tábhachtach dóibh.

if; you will notice
hygiene; cleanliness

Tabharfaidh tú faoi deara freisin nach gcaitheann siad bróga **riamh** ag baile nó ar scoil. Is **comhartha dímheasa** é má shiúlann tú isteach i dteach duine agus bróga á gcaitheamh agat. Mar sin, ag baile, caitheann muintir na Seapáine slipéir nó sandail. Ar scoil, caitheann siad *uwabaki*.

ever/never
sign of disrespect

Scríofa sa tSeapáinis mar '上履き', is éard is *uwabaki* ann ná **bróga dúnta** atá déanta as canbhás. Tá **bonn** rubair agus banda **leaisteach tiubh** orthu. Is minic a bhíonn **patrúin ildaite** ar bharr na bróige. Uaireanta, bíonn **straidhp** speisialta ar *uwabaki* chun rang an scoláire a thaispeáint.

slip-on shoes
sole
elastic; thick
colourful pattern
stripe

1. Cad a thabharfaidh tú faoi deara má thugann tú cuairt ar an tSeapáin?
2. Luaigh **dhá** rud atá tábhachtach do mhuintir na Seapáine.
3. Cad a chaitheann scoláirí Seapánacha ar a gcosa sa seomra ranga?
4. Déan cur síos ar na bróga scoile seo. Is leor **trí** phointe eolais.

Bí ag caint!

I ngrúpa, pléigh na rialacha seo. Cuir ciorcal thart ar do rogha. Déan comparáid le grúpaí eile.

1 = Níl gá ar bith leis an riail seo. **2** = Níl an riail seo riachtanach. **3** = Tá mé idir dhá chomhairle faoin riail seo. **4** = Tá an riail seo riachtanach. **5** = Tá gá mór leis an riail seo.

RIALACHA NA SCOILE

	Meas					
1	Tá sé riachtanach go mbeadh meas ag gach dalta ar a chéile.	1	2	3	4	5
2	Tá sé go hiomlán in aghaidh na rialacha bulaíocht a dhéanamh.	1	2	3	4	5
	An Éide Scoile					
3	Níl cead fáinní cluaise a chaitheamh.	1	2	3	4	5
4	Tá cosc ar smideadh agus donnú bréige a chaitheamh.	1	2	3	4	5
	Iompar					
5	Ní cheadaítear dul chuig taisceadáin i rith na ranganna.	1	2	3	4	5
6	Ní cheadaítear fón póca a úsáid gan chead.	1	2	3	4	5
	Sláinteachas					
7	Ba cheart duit do lámha a choinneáil glan i gcónaí.	1	2	3	4	5
8	Ba cheart duit sraoth nó casacht a dhéanamh i mbacán do láimhe.	1	2	3	4	5

 Stór focal

meas	respect	smideadh	make-up
donnú bréige	fake tan	cosc ar	a ban on
sraoth	sneeze	bacán do láimhe	crook of your arm

  Scríobh agus labhair

I ngrúpa, déan liosta de na rialacha atá i do scoil féin.

  Bí ag caint!

A. An gceadaítear bróga spóirt i do scoil? An riail dhian í?

B. Tá an sláinteachas agus an ghlaineacht an-tabhachtach sa tSeapáin. Céard faoi do scoil? Bain úsáid as na habairtí úsáideacha thíos.

Is riail dhian í an riail sin.	Tá an sláinteachas an-tábhachtach inár scoil.
Tá solúbthacht (*flexibility*) ann.	Tá dáileoirí glóthaigh (*gel dispensers*) timpeall na scoile.
Fad is go mbímid néata.	Ní mór dúinn a bheith pioctha pointeáilte.

 Táim in ann cur síos a dhéanamh ar an éide scoile agus ar na rialacha i mo scoil.

seasca a naoi

 **Turas 3**

SCRÍOBH

Ríomhphost: Scoil Nua

  Léigh agus scríobh

Léigh an ríomhphost seo agus freagair na ceisteanna a ghabhann leis.
Treoracha: Tá tú tar éis aistriú chuig ceantar agus scoil nua ar an taobh eile den tír. Scríobh ríomhphost chuig do chara ag insint dó/di faoi do shaol sa scoil nua. I do ríomhphost luaigh na pointí seo a leanas:
- An áit ina bhfuil an scoil nua
- **Dhá** phointe faoi na hábhair a dhéanann tú
- Foirgneamh na scoile
- Rialacha na scoile.

Ó: elainetréan@gaeilgemail.com
Chuig: siobhánbhán@gaeilgemail.com
Ábhar: Mo scoil nua
Seolta: Céadaoin, 16/09/2020 19.15

Tús

Conas atá cúrsaí i gCiarraí? Tá súil agam go bhfuil tú **i mbarr na sláinte**. Tá brón orm nár scríobh mé níos luaithe ach bhí mé an-ghnóthach. Tá ag éirí go maith liom anseo i nDoire.

in the best of health

Corp

(P1) Mar is eol duit, thosaigh mé ag freastal ar scoil nua anseo. Meánscoil Choilm an t-ainm atá uirthi. Tá an scoil suite **i lár an bhaile mhóir**. Is maith liom sin mar tá go leor siopaí i ngar dúinn.

in the town centre

(P2) Táim ag déanamh staidéar ar naoi n-ábhar ar scoil: Gaeilge, Béarla, Mata, Creideamh, Stair, Eolaíocht, Ceol, Fraincis agus Ríomhaireacht. Creid é nó ná creid, taitníonn an Mata go mór liom anois. Tá an múinteoir an-chabhrach. Is breá liom an Ceol freisin. Tá mé ag foghlaim go leor amhráin nua ar an bpianó.

(P3) Tá an scoil go hálainn. Tá a lán áiseanna sa scoil, mar shampla, bialann dheas, halla spóirt, leabharlann agus go leor eile. Tá seomra urnaí againn freisin. Is breá liom é mar tá sé suaimhneach agus síochánta ann.

(P4) Tá a lán rialacha sa scoil freisin, ar ndóigh. Tá cosc ar thobac, ar bhróga spóirt agus ar an bhfón póca sa rang. Creid é nó ná creid, tá **Comhairle na Scoláirí** ag lorg riail nua – cosc ar mhilseáin agus ar dheochanna súilíneacha. Ní aontaím leis sin ar chor ar bith!

Student Council

Críoch

Bhuel, sin a bhfuil uaim. Abair le gach duine go raibh mé **ag cur a dtuairisce**.

Slán go fóill,

Elaine

asking for them

1. Cá bhfuil scoil nua Elaine suite?
2. Cén fáth a dtaitníonn Mata léi?
3. Déan cur síos ar na háiseanna atá sa scoil.
4. Cén riail nua atá á lorg ag Comhairle na Scoláirí?

Noda!

- Scríobh an seoladh agus an t-ábhar sna boscaí cuí.
- Tosaigh an ríomhphost leis an ainm, mar shampla, 'A Órla dhil', agus an beannú.
- Tabhair pointe eolais ginearálta faoin ábhar.
- Scríobh cúpla abairt faoi gach pointe eolais. Caillfidh tú marcanna má fhágann tú aon phointe ar lár.
- Críochnaigh an ríomhphost mar is ceart agus sínigh d'ainm.

 Stór focal

Beannú

Beatha agus sláinte.	Greetings.
Tá súil agam go bhfuil tú i mbarr na sláinte agus nach bhfuil aon rud ag cur as duit.	I hope that you are in the best of health and that nothing is causing you worry.
Tá súil agam go bhfuil ag éirí go maith le gach duine sa bhaile.	I hope that everyone at home is getting on well.
Tá brón orm nár scríobh mé níos luaithe.	I am sorry that I didn't write earlier.
Is fada an lá ó chuala mé uait.	It is a long time since I have heard from you.
Maidir liom féin, tá ag éirí go breá liom.	As regards me, I am getting on fine.
Fan go gcloisfidh tú …	Wait until you hear …
Tá dea-scéala agam.	I have got good news.

Corp

1. An áit ina bhfuil an scoil nua
2. Na hábhair a dhéanann tú (lch 52)
3. Foirgneamh na scoile (lch 54)
4. Rialacha na scoile (lch 68)

Críoch

Bhuel, sin a bhfuil uaimse.	Well, that's all from me.
Caithfidh mé imeacht anois.	I have to go now.
Abair le gach duine go raibh mé ag cur a dtuairisce.	Tell everyone that I was asking for them.
Scríobh ar ais chugam go luath.	Write back to me soon.
Beidh mé ag caint leat go luath.	I will be talking to you soon.
Slán go fóill. / Slán tamall.	Bye for now.

 Scríobh

Tá gach duine i do rang nasctha le scoláirí i scoil eile ar an taobh eile den tír. Iarrtar oraibh ríomhphoist rialta a chur chuig a chéile. Scríobh ríomhphost chuig do nasc – Alex – ag cur síos ar do shaol ar scoil. Luaigh na pointí céanna agus a luaigh Elaine ar leathanach 70.

 Táim in ann ríomhphost a scríobh faoi mo scoil.

SCRÍOBH

Díospóireacht: An Scoil agus an Saol

Sa mhír seo, foghlaimeoidh tú conas díospóireacht a scríobh. Ar dtús, léifidh tú díospóireacht shamplach. Ansin, foghlaimeoidh tú conas do dhíospóireacht féin a scríobh.

  Léigh agus scríobh

Léigh an díospóireacht seo agus freagair na ceisteanna a ghabhann léi.
Treoracha: Scríobh an chaint a dhéanfá i ndíospóireacht scoile ar son nó in aghaidh an rúin seo: '*Ní fhaigheann scoláirí an lae inniu ullmhúchán cuí do shaol an lae amárach.*'

A chathaoirligh, a mholtóirí, a lucht an fhreasúra agus a chomhscoláirí, beidh mise ag labhairt libh anocht **in aghaidh** an rúin seo. Ní aontaím **in aon chor** leis an ráiteas seo.	against at all
Is í mo thuairim láidir phearsanta féin agus tuairim na foirne **i gcoitinne** go bhfaigheann scoláirí an lae inniu ullmhúchán iontach do shaol an lae amárach. Níl aon dabht orm ná go n-aontóidh sibh liom faoi dheireadh na díospóireachta seo.	generally
Ar an gcéad dul síos, pléifidh mé an rogha leathan d'ábhair shuimiúla spreagúla atá ar fáil do scoláirí an lae inniu. Ar an dara dul síos, féachfaidh mé ar na háiseanna nua-aimseartha atá inár scoileanna **fud fad** na hÉireann. Faoi dheireadh, scrúdóidh mé rialacha na scoile.	all over
Ar an gcéad dul síos, níl aon amhras ach go bhfuil rogha leathan ábhar ag scoláirí an lae inniu. **Ní hamháin sin**, ach ullmhaíonn na hábhair scoile muid do shaol an lae amárach. Mar shampla, tá ábhair éagsúla nua-aimseartha ar an gclár ama, amhail Códú, Grafaic agus Gnó.	not only that
Ar an dara dul síos, má bhíonn na háiseanna go breá, tiocfaidh na scoláirí **faoi bhláth**. **Le roinnt blianta anuas**, tá feabhas mór ar fhoirgnimh agus ar áiseanna na scoileanna fud fad na tíre. 'Sea, tuigim go bhfuil go leor **le déanamh**. Níl córas foirfe againn. Is léir, áfach, go bhfuil na háiseanna i bhfad níos fearr ná mar a bhí.	blossom in the last few years to do

Ar deireadh thiar, is fíor go mbíonn roinnt scoileanna an-dian ar chultacha scoile nó ar **sheodra** nó ar smideadh. Mar sin féin, tá gá le rialacha. Bíonn orainn, agus beidh orainn **go deo**, rialacha a leanúint i ngach cuid eile dár saol – sa bhaile, san ollscoil agus san áit oibre. Ullmhaíonn rialacha na scoile muid don domhan mór.

Mar fhocal scoir, a dhaoine uaisle, creidim go láidir go bhfaigheann scoláirí an lae inniu ullmhúchán iontach do shaol an lae amárach, **ar thrí chúis**: tá rogha leathan ábhar ar fáil dúinn, tá áiseanna den scoth againn agus tá gá le rialacha. Tá súil agam go n-aontaíonn sibh go léir liom. Gabhaim buíochas libh go léir as an éisteacht a thug sibh dom anocht. Go raibh míle maith agaibh.

jewellery
forever

as a final word
for three reasons

1. Cén abairt is fearr a mhíníonn tuairim an chainteora agus na foirne (Alt 2)? Cuir **tic** (✔) leis an bhfreagra ceart.

    Tá níos mó míbhuntáistí ná buntáistí ag baint le scoileanna. ☐

    Cabhraíonn scoileanna le scoláirí a bheith réidh don todhchaí. ☐

    Ní chabhraíonn scoileanna le scoláirí a bheith réidh don todhchaí. ☐

2. Cén sórt ábhar atá le feiceáil ar an gclár ama (Alt 4)? Cuir **tic** (✔) leis an bhfreagra ceart.

    meascán mór ☐

    rogha chúng ☐

    ábhair sheanfhaiseanta ☐

3. Cad a deir an cainteoir faoin bhfeabhas atá ar scoileanna ar fud na hÉireann? (Alt 5)? Cuir **tic** (✔) leis an bhfreagra ceart.

    Tá sé foirfe. ☐

    Obair leanúnach atá ann. ☐

    Níl sé thar mholadh beirte. ☐

4. An bhfuil tuairim dhearfach ag an gcainteoir i dtaobh áiseanna na scoile ar fud na hÉireann, meas tú? Tabhair **dhá** fháth le do thuairim. (Alt 5)

5. Cén tuairim atá ag an gcainteoir maidir le rialacha? Is leor pointe **amháin** eolais. (Alt 6)

6. An aontaíonn tú le trí phríomhargóint an chainteora? Cén argóint is fearr, meas tú?

Tá tuilleadh eolais faoin díospóireacht ar leathanach 74.

SCRÍOBH

Díospóireacht: Treoracha

Comhairle

Tá an díospóireacht an-chosúil leis an aiste, seachas dhá rud:

1. Caithfear struchtúr ar leith a úsáid ag tús agus críoch díospóireachta.
2. Caithfidh tú cloí le taobh amháin den argóint i ndíospóireacht.*

*I ndíospóireacht, is féidir leat argóintí an fhreasúra (*the opposition's arguments*) a phlé ach caithfidh tú iad a phlé ó do thaobh féin den díospóireacht.

Struchtúr na díospóireachta

Alt 1: Réamhrá	Beannaigh don lucht éisteachta. (A chathaoirligh …)
	Cuir tú féin in aithne don lucht éisteachta.
	Luaigh an rún agus an taobh atá roghnaithe agat.
	Tabhair aghaidh ar an gceist.
	Samplaí: **Alt oscailte samplach: ag aontú leis an rún** A chathaoirligh, a mholtóirí, a lucht an fhreasúra agus a chomhscoláirí, beidh mise ag labhairt libh anocht ar son an rúin seo. Aontaím go huile is go hiomlán leis an ráiteas seo. Is í mo thuairim láidir phearsanta féin agus tuairim na foirne i gcoitinne go/gur _____. Geallaimse daoibh go mbeidh sibh ar aon intinn liom faoi dheireadh na díospóireachta seo. Ní chloisfidh sibh ach caint gan chiall ó bhéal an fhreasúra. Uainn féin, áfach, cloisfidh sibh argóintí breátha ciallmhara. **Alt oscailte samplach: ag easaontú leis an rún** A chathaoirligh agus a chomhscoláirí, a lucht an fhreasúra agus a chairde Gael, tá mise chun labhairt anocht in aghaidh/i gcoinne an rúin seo. Ní aontaím in aon chor leis an ráiteas seo. Is í mo thuairim láidir phearsanta féin agus tuairim na foirne i gcoitinne nach/nár _____. Níl aon dabht orm ach go dtiocfaidh sibh liom ar fad ar fad faoi dheireadh na díospóireachta seo. Níl i dtuairimí an fhreasúra ach baothchaint agus bladhmann. Aithneoidh sibh go léir go bhfuil ciall agus siosmaid lenár n-argóintí féin.
Alt 2: Leagan amach	Inis don lucht éisteachta cad iad na pointí a luafaidh tú.
Ailt 3–5: Argóintí	Fiafraigh díot féin: Conas a bhuafaidh mé an díospóireacht seo? Conas a léireoidh mé go bhfuil na hargóintí is fearr agamsa?
	Roghnaigh trí phointe thábhachtacha agus pléigh go cruinn ach go gonta iad. Ná caill aird an lucht éisteachta.
	I gcás gach pointe, ceap frása simplí a fhanfaidh i gcuimhne an lucht éisteachta.
Alt 6: Achoimre	Liostaigh na príomhphointí arís. Úsáid na frásaí simplí arís anseo. Úsáid seanfhocal freisin, más féidir.
Alt 7: Críoch	Gabh buíochas leis an lucht éisteachta.
	Sampla: **Críoch shamplach** Tá súil agam go n-aontaíonn sibh go léir liom. Gabhaim buíochas libh go léir as an éisteacht a thug sibh dom anocht. Go raibh míle maith agaibh.

Caibidil 2

Stór focal

cathaoirleach	chairperson
lucht an fhreasúra	opposition
ar son an rúin	for the motion
in aghaidh an rúin	against the motion
aontaím go huile is go hiomlán le	I completely and wholly agree with
ní aontaím in aon chor le	I don't agree at all with
tuairim na foirne i gcoitinne	opinion of the whole team
mo thuairim láidir phearsanta féin	my strong personal opinion
baothchaint agus bladhmann	bluff and bluster
ciall agus siosmaid	sense and reason
ní féidir a shéanadh	it cannot be denied
ní haon ionadh go	it is no wonder that
argóintí cruinne beachta	precise, thorough arguments
argóintí breátha ciallmhara	fine, sensible arguments
caint gan chiall	nonsense talk
caint ar son na cainte	talk for the sake of talk
níl aon dabht orm ach/níl aon amhras orm ach	I have no doubt
tá súil agam	I hope
go dtiocfaidh sibh liom ar fad ar fad	that you will fully agree with me
go n-aontóidh sibh go léir liom	that you will all agree with me
ar aon intinn liom	in full agreement with me
ar dhá/thrí chúis	for two/three reasons
ón méid atá cloiste agaibh	from what you have heard
níl an dara rogha agaibh	you have no choice

Punann 2.5

Scríobh an chaint a dhéanfá i ndíospóireacht scoile ar son nó in aghaidh an rúin seo: 'B'fhearr fáil réidh leis an éide scoile.' Cuir an obair chríochnaithe i do phunann ar leathanach 24.

✓ Táim in ann díospóireacht ar thábhacht na culaithe scoile a scríobh.

seachtó a cúig

BÉALTRIAIL

Dhá Agallamh

🗨️ Labhair

Léirigh an t-agallamh seo leis an duine atá in aice leat.

Liam

1. **Cá bhfuil tú ag freastal ar scoil?**
   Táim ag freastal ar Ardscoil Manhattan i Nua-Eabhrac. Bhog mé go Meiriceá anuraidh. Tá an scoil suite i lár na cathrach. — *city centre*

2. **Cén sórt áiseanna atá ann?**
   Tá trí shaotharlann eolaíochta, saotharlann teanga, dhá sheomra ealaíne, leabharlann ollmhór, bialann dheas agus halla spóirt againn. Úsáidimid na háiseanna poiblí trasna an bhóthair freisin. Tá páirceanna peile, cúirteanna leadóige agus páirc scátála ann. — *public facilities / skate park*

3. **Cad í an áis is fearr leat?**
   An seomra ealaíne. Tá dánlann in aice na scoile freisin agus téimid ann uaireanta. Is í an Ealaín an t-ábhar is fearr liom. — *art gallery*

4. **Céard iad na hábhair eile a bhfuil tú ag déanamh staidéir orthu?**
   Táim ag déanamh staidéar ar an Ealaín, mar a dúirt mé cheana, Béarla, Mata, Eolaíocht, Spáinnis agus Stair. — *as I said already*

5. **An bhfuil aon ábhar ann nach maith leat?**
   Ní maith liom an Mata. Tá sé róchasta agus tugann an múinteoir an iomarca obair bhaile dúinn.

6. **Céard faoi na rialacha? An bhfuil siad dian?**
   Tá a lán rialacha sa scoil ach níl siad míchothrom, chun an fhírinne a rá. Mar shampla, tá cosc ar chaitheamh tobac, ar an mbulaíocht agus ar an gciníochas, ar ndóigh. — *unfair / racism*

7. **Cén sórt éadaí a chaitheann tú ar scoil?**
   Ní chaithimid éide scoile ar scoil. De ghnáth, caithim jíons, T-léine, húdaí nó geansaí, agus seaicéad leathair nó deinime ar scoil.

8. **An dóigh leat gur smaoineamh maith í an éide scoile?**
   Ní dóigh liom gur smaoineamh maith í. Sílim gur drochsmaoineamh í. Cuireann sé isteach ar chruthaitheacht agus ar fhéinléiriú na scoláirí.

✏️ Scríobh

Fíor nó bréagach? Ceartaigh na habairtí bréagacha i do chóipleabhar.   **F**   **B**

1. Freastalaíonn Liam ar scoil i gCeanada.
2. Téann Liam chuig dánlann uaireanta.
3. Tá Liam ag déanamh staidéar ar an bhFraincis.
4. Síleann Liam go bhfuil na rialacha cothrom.
5. Ba bhreá le Liam éide scoile a chaitheamh ar scoil.

✏️ 🗨️ Scríobh agus labhair

Freagair na ceisteanna a d'fhreagair Liam (Ceisteanna 1–8) i do chóipleabhar. Ansin, cuir na ceisteanna seo ar an duine atá in aice leat. Taifead an comhrá ar d'fhón póca nó ar do ríomhaire.

Caibidil 2

Labhair

Léirigh an t-agallamh seo leis an duine atá in aice leat.

Aoife

1. **Cá bhfuil tú ag freastal ar scoil?**
   Tá mé ag freastal ar Mheánscoil na Finne.

2. **Cén sórt scoile í?**
   Is Gaelscoil í. Tá an scoil suite **i gcroílár** na Gaeltachta. Scoil bheag atá inti, chun an fhírinne a rá. **Níl ach** 120 nó 130 scoláire anseo.

in the heart of	there are only

3. **Cé mhéad ábhar a dhéanann tú?**
   Táim ag déanamh staidéar ar thrí ábhar déag. Déanaim Gaeilge, Béarla agus Mata ar ndóigh. Chomh maith leis sin, déanaim Stair, Tíreolaíocht, Eolaíocht, Ealaín, Staidéar Gnó, an Fhraincis, Creideamh, Corpoideachas, OSSP agus OSPS.

4. **Cé na hábhair a thaitníonn leat?**
   Taitníonn Mata go mór liom mar tá an múinteoir cothrom, ach is í an Fhraincis an t-ábhar is fearr liom mar is breá liom **teangacha**.   *languages*

5. **An bhfuil a lán áiseanna maithe i do scoil?**
   Tá, cinnte! **Taobh istigh**, tá seomra ceoil, seomra ealaíne, dhá shaotharlann agus halla spóirt againn. **Taobh amuigh**, tá páirceanna peile agus iománíochta taobh thiar den scoil.   *inside / outside*

6. **Cad a cheapann tú faoi na rialacha?**
   Tuigim an cosc ar an mbulaíocht agus ar thobac, ar ndóigh. Ní maith liom an cosc ar an bhfón póca, áfach. Tá **fón cliste** agam agus tá a lán aipeanna agam air, ach **faraor** ní féidir liom é a úsáid ar scoil.   *smartphone / unfortunately*

7. **Déan cur síos ar d'éide scoile.**
   Caithim sciorta nó bríste dúghorm, blús nó léine bhán agus geansaí dúghorm. **Ní gá** dúinn carbhat a chaitheamh, buíochas le Dia!   *not necessary*

8. **An dtaitníonn d'éide scoile leat?**
   Ní chuireann sé as go mór dom, le bheith **ionraic**. Cothaíonn sé spiorad na scoile.   *honest*

Scríobh

Freagair na ceisteanna seo i do chóipleabhar.

1. Cá dtéann Aoife ar scoil?
2. Liostaigh na hábhair scoile a dhéanann Aoife.
3. Cad a deir Aoife faoin múinteoir Mata?
4. Déan cur síos ar na háiseanna i scoil Aoife.
5. Cén riail nach maith le hAoife?
6. An dtaitníonn a héide scoile le hAoife?

Scríobh agus labhair

Freagair na ceisteanna a d'fhreagair Aoife (Ceisteanna 1–8) i do chóipleabhar. Ansin, cuir na ceisteanna seo ar an duine atá in aice leat. Taifead an comhrá ar d'fhón póca nó ar do ríomhaire.

Táim in ann ceisteanna a bhaineann le mo shaol ar scoil a fhreagairt.

Ar Ais ar Scoil

LITRÍOCHT

Filíocht: Jeaic ar Scoil

   Éist agus labhair

Éist leis an dán 'Jeaic ar Scoil' le Dairena Ní Chinnéide. Ansin, léigh an dán os ard leis an duine atá in aice leat.

Jeaic ar Scoil
le Dairena Ní Chinnéide

Glan díot gaineamh na trá
Is oscail an doras don fhómhar,
Bronn ort féin éide
Go bpriocfaidh sceacha na léine
Do mhuineál óg beag
Is go dtógfar ón mbosca na bróga
A mboladh leathair ina anlann agat.
Tá'n tú sé mbliana d'aois.

D'aithníos le huaibhreacht do chrógacht
Is tú ag déanamh ar stad an bhus.
'Ná póg mé, Mam,' a dúraís,
'I'll wait by myself.'
Chasas mo shála ar mo bháibín óg
Go dtáinig fás aon oíche air
Faoi cheobhrán brothallach na maidine.

Is shiúlaíos isteach abhaile
Go dtugfainn leathshúil fén gcuirtín
Go n-imeodh sé slán
Go slogfadh an fhoghlaim é
Le fiosracht tartmhar gan teorainn.
Tá sé sé mbliana d'aois.

Gluais leat fé cheol
Is fé ghrá do mhuintire.
Feairín beag seanchríonna
A chaith seal anso cheana
Lena shúilibh donna
Ar leathadh le hiontas
As bheith beo sa tsaol.

Nach álainn a bheith
Sé mbliana d'aois.

Stór focal

gaineamh	sand	chasas	I turned (chas mé)
bronn ort féin	bestow upon yourself	mo shála	my heels
sceacha na léine	prickly shirt collar	ceobhrán brothallach	warm mist
boladh leathair	scent of leather	leathshúil	one eye ('half an eye')
ina anlann agat	be a sauce to you (i.e. you can taste it)	slogfadh	would swallow
tá'n tú	you are (tánn = tá)	fiosracht tartmhar	thirsty inquisitiveness
d'aithníos	I recognised (d'aithin mé)	gan teorainn	without boundary
uaibhreacht	pride	anso cheana	here (anseo) already
ag déanamh ar	heading for	lena shúilibh	with his eyes (shúile)
a dúraís	you said (a dúirt tú)	ar leathadh	wide-open

Scéal an dáin: Léigh agus scríobh

Léigh scéal an dáin agus dear scéalchlár.

Sa dán 'Jeaic ar Scoil', tá mac an fhile, Jeaic, á réiteach féin chun dul ar scoil. An chéad lá den bhliain nua atá ann agus tá Jeaic **ag mothú** níos sine anois.

feeling

Ag tús an dáin, deir sí go gcaithfidh Jeaic **rian** an tsamhraidh – 'gaineamh na trá' – **a ghlanadh de** agus ullmhú don fhómhar. **Ní mór dó** anois a éide scoile agus a bhróga nua leathair a chur air. Téann sé amach go stad an bhus ach deir sé lena Mhamaí **gan** é a phógadh agus gan fanacht **in éineacht leis** – tá sé sean go leor anois.

trace
wash off
he must

not to
with him

Féachann a Mham air tríd an bhfuinneog **lena chinntiú** go mbeidh sé slán.

to be sure

Smaoiníonn sí ar an lá scoile **a bheas aige** agus ar a bhfoghlaimeoidh sé. **Ceiliúrann** sí go bhfuil sé ag fás aníos ach **ag an am céanna**, ceiliúrann sí freisin **an t-am i láthair** – is é sin, **a bheith** chomh hóg, chomh dearfach agus chomh **fiosrach** sin.

that he will have
celebrates
at the same time; the present
to be
curious

Scríobh

Cruthaigh scéalchlár faoin dán ar www.storyboardthat.com. Bain úsáid as na habairtí thuas agus/nó na línte sa dán.

Tá samplaí le feiceáil ar www.educate*plus*.ie/go/storyboards.

Táim in ann tuiscint a léiriú ar scéal an dáin.

Teideal an dáin: Léigh

Léigh faoi theideal an dáin.

Tógadh an dán seo ón leabhar filíochta *Máthair an Fhiaigh* le Dairena Ní Chinnéide. 'Jeaic' is teideal do Chaibidil II sa leabhar sin. Tá sraith dánta sa chaibidil sin faoi Jeaic, a mac, ar nós 'Jeaic ar an dTráigh', 'Jeaic agus Mam ar an Oileán' agus 'Breoiteacht agus Súgradh'. Is é 'Jeaic ar Scoil' an chéad dán sa chaibidil.	The Raven's Mother series of poems; such as
Sa chomhthéacs seo, is léir ón teideal seo go mbaineann an dán seo le mac an fhile, Jeaic, agus é ag dul ar scoil.	context; that this poem is about

Mothúcháin an dáin: Meaitseáil agus labhair

Meaitseáil an Ghaeilge leis an mBéarla. Cé mhéad mothúchán ón liosta seo atá sa dán, meas tú? Pléigh do thuairim leis an duine atá in aice leat.

1	áthas	A	sadness
2	brón	B	love
3	bród	C	hope
4	náire	D	happiness
5	grá	E	despair
6	imní	F	pride
7	dóchas	G	shame
8	éadóchas	H	worry

1 = ____   5 = ____
2 = ____   6 = ____
3 = ____   7 = ____
4 = ____   8 = ____

An file

Is as Corca Dhuibhne i gCiarraí í Dairena Ní Chinnéide. Tá deich gcnuasach filíochta foilsithe aici. Ainmníodh *Tairseach* (2021) do ghearrliosta leabhar na bliana.

Tá drámaí scríofa aici freisin. Chomh maith leis an litríocht, tá obair déanta aici mar chraoltóir, mar aistritheoir agus mar ateangaire.

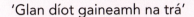 Íomhánna an dáin: Léigh agus labhair

Léigh faoi íomhánna an dáin. Cén íomhá is fearr leat? An bhfeiceann tú aon íomhá eile sa dán? I ngrúpa, pléigh do thuairim.

Tá go leor íomhánna **tuairisciúla** agus íomhánna **mothúchánacha** sa dán 'Jeaic ar Scoil'. In íomhá thuairisciúil, cuirtear brí agus anam san fhilíocht. Spreagtar **ár gcéadfaí**. In íomhá mhothúchánach, **músclaítear** mothúcháin nó braistintí áirithe ionainn.	descriptive; emotive our senses are awakened

'Glan díot gaineamh na trá'

San íomhá thuairisciúil seo, tá Mam ag iarraidh ar Jeaic an gaineamh an ghlanadh **de féin**. Tá an fómhar ann anois agus **ní chaithfidh sé** an lá ar an trá mar beidh sé ag dul ar scoil. Táimid ábalta glanadh an ghainimh sin a shamhlú – **bíodh sé** go fisiciúil nó **go meafarach**.

off himself
he won't spend
be it
metaphorically

Go fisiciúil, is féidir linn **cuimilt** an ghainimh **den chraiceann** a mhothú. Go meafarach, ciallaíonn 'gaineamh na trá' an samhradh. Anseo, tá an samhradh thart agus caithfidh Jeaic ullmhú don fhómhar agus don scoil.

rubbing
from the skin

'D'aithníos le huaibhreacht do chrógacht
Is tú ag déanamh ar stad an bhus.
"Ná póg mé, Mam," a dúraís,
"I'll wait by myself."'

San íomhá mhothúchánach seo, is féidir linn bród na máthar agus bród Jeaic a shamhlú.

Feicimid iad ag siúl síos go dtí an áit a stopfaidh an bus. Tá bród ar mháthair Jeaic as mar tá sé cróga agus **fásta suas**. Tá bród ar Jeaic as féin freisin. Tá sé **ag máirseáil** go bródúil mar tá sé níos sine anois. Fanfaidh sé leis an mbus ina aonar. **Ní gá** é a phógadh **ach oiread**! Iarrann sé ar a Mham dul ar ais go dtí an teach.

grown up
marching
no need; either

Taighde agus scríobh

Roghnaigh íomhá amháin ón dán a thaitníonn leat. Téigh ar líne agus aimsigh pictiúr a léiríonn an íomhá seo. Cuir fotheideal (*caption*) leis an bpictiúr freisin.

Táim in ann tuiscint a léiriú ar theideal, ar mhothúcháin agus ar íomhánna an dáin.

Turas 3

📖 ✏️ Téamaí an dáin: Léigh agus scríobh

Ciallaíonn 'téama an dáin' an smaoineamh is tábhachtaí sa dán. Léigh an dá fhreagra shamplacha seo agus freagair na ceisteanna.

Ceist shamplach:

Cad é príomhthéama an dáin 'Jeaic ar Scoil'? Mínigh do fhreagra.

Freagra samplach:

Measaim gurb é 'grá máthar' an príomhthéama sa dán 'Jeaic ar Scoil'.

Is dán é seo a scríobh máthair faoina mac, Jeaic. Tá go leor samplaí den ghrá atá aici do Jeaic sa dán.

Ar dtús, nuair a shiúlann siad go dtí an bus, féachann sí air go bródúil. Is aoibhinn léi go bhfuil sé ag fás aníos. Deir sí gur 'feairín beag seanchríonna' é. Cé go bhfuil sé fós ina bhuachaill óg, tá **cuma** shean agus chríonna air, agus a éide scoile nua air. **Breathnaíonn** sí air le grá.

cuma	appearance
Breathnaíonn	looks

Chomh maith leis sin, léiríonn sí a grá dó nuair a **amharcann** sí amach faoin gcuirtín air. Tá súil aici go mbeidh sé **slán sábháilte** agus go bhfoghlaimeoidh sé go leor.

amharcann	looks
slán sábháilte	safe and sound

Ar deireadh, tá grá aici don **dearcadh** dearfach ar an saol atá aige. Tá sé fiosrach agus is breá leis a bheith ag foghlaim. Ní bhíonn strus an déagóra ná brú na scrúduithe air. Cuireann sé fáilte roimh gach rud nua ina shaol.

dearcadh	outlook

Ceist shamplach:

An bhfuil nasc idir an téama agus na mothúcháin agus na híomhánna sa dán? Tabhair pointe amháin eolais le do fhreagra.

Freagra samplach:

Tá nasc láidir idir an téama agus na mothúcháin agus na híomhánna sa dán. Cabhraíonn na mothúcháin agus na híomhánna leis an téama a chur i láthair.

Is é 'grá máthar' téama an dáin seo. Mar sin, conas a léiríonn na mothúcháin agus na híomhánna an grá seo?

Is é an bród an príomh-mhothúchán. Tá bród ar an máthair as Jeaic. Tá sé cróga, neamhspleách, fiosrach agus dearfach. **Cuireann na mothúcháin seo leis** an ngrá atá aici dó.

Cuireann na mothúcháin seo leis	these emotions add to

Sa chéad íomhá, cabhraíonn sí le Jeaic **fáil réidh** don scoil. Tá **dáimh ar leith** idir í agus a mac agus tá sé seo le feiceáil sa **chaidreamh** seo.

fáil réidh	get ready; special
dáimh ar leith	bond; interaction
chaidreamh	

Ag deireadh an dáin, déanann sí cur síos grámhar ar a thréithe. Tá sé beag ach críonna, tá a shúile donna **lán den iontas**, agus tá sé bródúil. Tá bród uirthi féin freisin agus cuireann sé sin leis an téama, a grá do Jeaic.

lán den iontas	full of wonder

1. Cad é príomhthéama an dáin, de réir an fhreagra seo?
2. Cén dearcadh ar an saol atá ag Jeaic? Tabhair **dhá** phointe eolais.
3. Cad é an nasc idir na mothúcháin, na híomhánna agus an téama sa dán seo?
4. Tá téama an dáin níos soiléire mar gheall ar na mothúcháin agus na híomhánna. Conas? Is leor **trí** phointe eolais.

Léigh

Léigh na freagraí samplacha seo.

Ceist shamplach:

An dtaitníonn an dán 'Jeaic ar Scoil' leat? Tabhair fáth amháin le do thuairim.

Freagra samplach:

Taitníonn an dán 'Jeaic ar Scoil' go mór liom mar is maith liom an chaoi a léiríonn an file a grá dá mac.

I dtús báire, cruthaíonn sí go leor íomhánna grámhara. Cuireann sí síos go grámhar ar iad ag déanamh réidh don lá scoile. Cabhraíonn sí leis a éide scoile a chur air. Cuireann sí síos go grámhar ar a thréithe fisiciúla – a mhuineál óg beag, a shúile donna agus an chuma fhásta atá air. Cuireann sí síos go grámhar ar a iompar fásta. Ba mhaith leis fanacht leis an mbus ina aonar agus níl aon phóg uaidh ach oiread. Cuireann sí síos go grámhar ar an gcaoi a mbreathnaíonn sí air faoin gcuirtín. Tá sí ag seiceáil go bhfuil sé slán sábháilte. Molann sí a dhearcadh dearfach ar an saol. Guíonn sí go bhfoghlaimeoidh sé go leor ar scoil agus sa saol, faoi ghrá a mhuintire.

Ceist shamplach:

Cad é an mothúchán is láidre sa dán 'Jeaic ar Scoil'? Tabhair fáth amháin le do fhreagra.

Freagra samplach:

Is é an bród an mothúchán is láidre sa dán 'Jeaic ar Scoil', dar liom.

Tá bród ar Jeaic as bheith ag fás aníos. Tá bród ar a Mham as Jeaic a bheith muiníneach, dearfach agus fiosrach.

Tá Jeaic bródúil as bheith sé bliana d'aois. Tá sé bródúil as rang nua a thosú. Tá sé ábalta rudaí áirithe a dhéanamh ina aonar anois – fanacht leis an mbus, mar shampla. Tá sé róshean do phóganna freisin!

Tá a Mham bródúil as bród Jeaic. Is aoibhinn léi a fheiceáil go bhfuil cuma shnasta fhásta air. Is aoibhinn léi a fheiceáil go bhfuil sé féinmhuiníneach. Ba mhaith leis fanacht leis an mbus ina aonar. Is aoibhinn léi go bhfuil sé fiosrach. Tá súil aici go spreagfaidh an fhiosracht seo an fhoghlaim. Ar deireadh, is aoibhinn léi go bhfuil sé dearfach. Tá sé réidh le súp a bhaint as an saol.

 ## Punann 2.6

Samhlaigh gur tusa an file. Scríobh an comhrá a bheadh agat le do mhac sé bliana d'aois. Bíodh mioneolas as an dán san áireamh i do chomhrá, mar shampla:

- Go gcaithfidh sé a éide scoile a chur air
- Go mbeidh sé ag dul ar an mbus
- Go siúlfaidh tú síos leis agus go bhfanfaidh tú leis

Scríobh an chéad dréacht (*draft*) i do chóipleabhar. Ansin, léigh an seicliosta ar leathanach 27 de do phunann agus léigh siar ar do dhréacht. Ansin, athdhréachtaigh (*redraft*) do chuid oibre. Scríobh an leagan deiridh i do phunann ar leathanach 26.

 Táim in ann anailís a dhéanamh ar an dán seo agus idirghníomhú leis.

CLEACHTAÍ ATHBHREITHNITHE

Súil Siar

A. Aistrigh na habairtí seo go Gaeilge.
1. I love/really like History.
2. I don't enjoy Spanish.
3. I really dislike SPHE.
4. Geography is my least favourite subject.
5. I really enjoy practical subjects.
6. I really like Maths.
7. Do you enjoy Irish? – I really enjoy it!
8. Are you interested in Art? – I am!

B. Freagair na ceisteanna seo. Ansin, cuir na ceisteanna ar an duine atá in aice leat.
1. Cén t-ábhar is fearr leat? Cén fáth?
2. An bhfuil aon ábhar ann nach maith leat? Cén fáth?
3. An bhfuil suim agat i dteangacha?
4. An dtaitníonn ábhair phraiticiúla leat?

C. Athscríobh na briathra idir lúibíní san Aimsir Láithreach i do chóipleabhar (sb = saorbhriathar).
1. [Caith: mé] _____ tamall gearr gach lá ag cniotáil agus ag fuáil.
2. An [coinnigh: tú] _____ suas chun dáta leis na faisin is déanaí?
3. I ndiaidh a chéile a [tóg: sb] _____ na caisleáin.
4. Is minic a [bris] _____ béal duine a shrón.
5. [Can: mé] _____ amhráin nuair a [éist: mé] _____ le ceol.
6. Ní [seinn: muid] _____ ceol ach [imir: muid] _____ spórt.
7. Ní [féach: sí] _____ ar chartúin ach [taitin] _____ cláir ghrinn léi.
8. An [buail: sé] _____ leo gach seachtain nó an [fan: sé] _____ sa bhaile?

D. Athscríobh na briathra idir lúibíní san Aimsir Láithreach i do chóipleabhar (sb = saorbhriathar).
1. An [faigh: sibh] _____ sos ón traenáil uair sa tseachtain?
2. Ní [tabhair: mé] _____ aird ar chúrsaí faisin.
3. Ní [feic: muid] _____ greann ar bith sa chlár grinn sin.
4. Is ceoltóirí iad na turasóirí a [tar] _____ anseo.
5. An [faigh: sibh] _____ bhur ndinnéar sula [téigh: sibh] _____ abhaile?
6. [Clois: sb] _____ an t-orgánaí san eaglais ach ní [feic: sb] _____ é nó í.
7. [Abair: sb] _____ go [bí: siad] _____ sa chlub babhlála gach tráthnóna.
8. [Tabhair: sé] _____ obair dúinn ach ní [déan: muid] _____ é.

E. Léigh an t-alt thíos. Déan eagarthóireacht ar na focail a bhfuil cló trom orthu. Scríobh na focail chearta i do chóipleabhar. Tá an chéad cheann déanta duit.

Táim i mo **cónaí** (1) = chónaí i gContae an Chabháin ach freastalaím ar an **méanscoil** (2) áitiúil i gCeanannas. **Éiraím** (3) ag leathuair tar éis a sé, faighim **reidh** (4) agus buailimid an bóthar. **Fhágaimid** (5) mo dheartháir ag an scoil náisiúnta **áitúil** (6) agus ansin téimid go Ceanannas. **Tosáimid** (7) ag a naoi a **clog** (8) agus críochnaímid suas ag **leathair** (9) tar éis a trí. Uaireanta **dhéanaim** (10) spórt um thráthnóna. **Faighaim** (11) bus scoile abhaile. Téim a luí luath go leor.

F. Tá tú ag caitheamh dhá sheachtain sa Ghaeltacht. Scríobh ríomhphost abhaile chuig d'aintín agus d'uncail ag insint dóibh faoin lá scoile. I do ríomhphost, luaigh na pointí seo a leanas:
- An t-am a éiríonn tú ar maidin
- Conas a théann tú ar scoil
- Cathain a thosaíonn agus a chríochnaíonn na ranganna Gaeilge
- Aon spórt a imríonn tú san iarnóin
- An t-am a théann tú a luí.

G. Scríobh an chaint a dhéanfá i ndíospóireacht scoile ar son nó in aghaidh an rúin seo: 'Tá saol na scoile róstrusmhar sa lá atá inniu ann'.

   ## Cluastuiscint

Cloisfidh tú beirt ógánach ag caint faoina saol ar scoil. Cloisfidh tú gach píosa cainte faoi dhó. Beidh sos ann chun do chuid freagraí a scríobh tar éis na chéad éisteachta agus tar éis an dara éisteacht.

Script: leathanach 104 de do Leabhar Gníomhaíochta.

An Chéad Chainteoir

Ainm	Ruth Nic Oibicín
1. Cad as do Ruth?	
2. Cén bhliain ina bhfuil sí?	
3. Cé na tuairimí atá aici faoi chúrsaí scoile? Cuir **tic** (✔) leis an dá fhreagra cearta.	Tá na múinteoirí cothrom ☐ Tá na múinteoirí dian ☐ Tá na rialacha cothrom ☐ Tá na rialacha dian ☐
4. Tabhair **dhá** phointe eolais faoi na rialacha diana atá i bhfeidhm sa scoil.	(i) (ii)

An Dara Cainteoir

Ainm	Réamann Ó Gallchóir
1. Cén bhliain ina bhfuil Réamann?	
2. Cá bhfuil an scoil suite?	
3. Cad a deir sé faoin éide scoile? Cuir **tic** (✔) leis an dá fhreagra chearta.	Caitheann siad geansaí glas ☐ Caitheann siad bríste dúghorm ☐ Caitheann siad léine liath ☐ Caitheann siad stocaí bána ☐
4. Tabhair píosa **amháin** eolais a thugann le fios dúinn go bhfuil bród ar an scoil as a mana.	

Cultúr 2
Na Teangacha Ceilteacha

Stair

Is teangacha ársa iad na teangacha Ceilteacha. Sa bhliain 500 BC, labhair daoine ar fud na hEorpa, ó Éirinn go dtí an Tuirc, teangacha Ceilteacha.

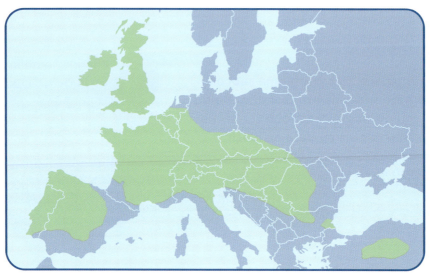

Na teangacha Ceilteacha san Eoraip, 500 B C

Na laethanta seo, níl fágtha sa domhan ach sé theanga Cheilteacha. In Éirinn, sa Bhreatain agus sa Fhrainc a labhraítear iad inniu.

Na teangacha Ceilteacha san Eoraip faoi láthair

Chomh maith leis sin, tá grúpaí beaga daoine a labhraíonn na teangacha seo i gCeanada, sna Stáit Aontaithe, san Astráil agus fiú san Airgintín.

Na teangacha Breatnacha agus na teangacha Gaelacha

Roinntear na teangacha Ceilteacha in dhá ghrúpa: na teangacha Breatnacha, nó 'P-Cheilteacha', agus na teangacha Gaelacha, nó 'Q-Cheilteacha'.

Na teangacha Breatnacha	Na teangacha Gaelacha
An Bhreatnais	An Ghaeilge
An Bhriotáinis	Gaeilge na hAlban
An Choirnis	Gaeilge Mhanann

P-Cheilteach agus Q-Cheilteach

Cén fáth a dtugtar P-Cheilteach agus Q-Cheilteach ar na teangacha seo? Úsáidtear an fhuaim **p** níos minice sna teangacha Breatnacha agus úsáidtear an fhuaim **q** (nó **c**) níos minice sna teangacha Gaelacha.

Féach ar na samplaí seo. Cad iad na difríochtaí idir an Bhreatnais agus an Ghaeilge?

An Béarla	An Ghaeilge (Q-Cheilteach)	An Bhreatnais (P-Cheilteach)
four	ceathair	pedwar
five	cúig	pump
son	mac	map/mab
family	clann	plant
who	cé	pwy

Stór focal

ársa	ancient		úsáidtear	is used
fágtha sa domhan	left in the world		fuaim	sound
roinntear	are divided		níos minice	more often

Taighde agus cur i láthair

Roghnaigh teanga Cheilteach amháin (seachas an Ghaeilge). Téigh ar líne agus faigh amach trí rud faoin teanga sin. Cruthaigh cur i láthair ar PowerPoint nó Prezi.

Déan an cur i láthair os comhair an ranga.

Féinmheasúnú

Cad iad na príomhscileanna a d'úsáid tú nuair a rinne tú an taighde agus an cur i láthair? Roghnaigh **dhá** cheann ón liosta ar leathanach vii agus luaigh conas a d'úsáid tú iad.

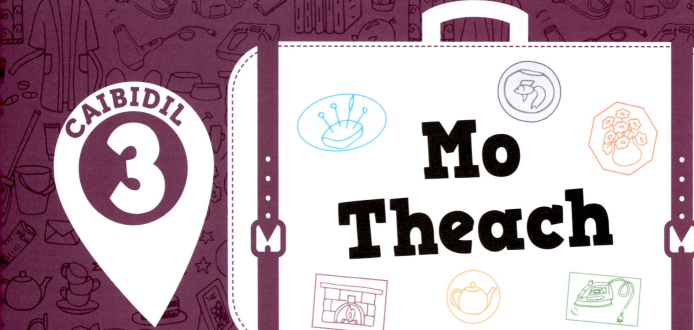

CAIBIDIL 3: Mo Theach

Clár Ábhair

Foclóir	An Teach	90
Foclóir	An Bloc Árasán	91
Foclóir	Cineálacha Tithe agus Pobal	92
Gramadach	Na Bunuimhreacha	94
Gramadach	Na hOrduimhreacha	95
Éisteacht	An Seomra is Fearr Liom	96
Físeán	Yo! Homes: Árasáin na Todhchaí	98
Léamhthuiscint	Teach ar Díol	100
Gramadach	An Aimsir Chaite: Na Briathra Rialta	102
Léamh agus Gramadach	An Aimsir Chaite: Na Briathra Neamhrialta	104
Gramadach	Na Briathra Neamhrialta: Na Foirmeacha	105
Foclóir	Cúraimí an Tí	106
Éisteacht	Dúnmharú i dTeach Tuaithe	108
Léamhthuiscint	Scéal: Fothrach Tí Faoin Tuath	110
Scríobh	Scéal: Treoracha	112
Béaltriail	Dhá Agallamh	116
Litríocht	Úrscéal: Hiúdaí Beag	118
Cleachtaí Athbhreithnithe	Súil Siar	122
Cultúr 3	Ráthanna agus Sióga	124

✓ Faoi dheireadh na caibidle seo, beidh mé in ann:
- Cur síos a dhéanamh ar m'áit chónaithe.
- Cúraimí an tí a phlé.
- Anailís a dhéanamh ar dhúrún dúnmharaithe.
- Scéal mistéire nó eachtraíochta a scríobh.

Príomhscileanna
- Obair le daoine eile
- Eolas agus smaointeoireacht a bhainistiú

Litríocht

Hiúdaí Beag

Ag deireadh na caibidle seo, déanfaimid staidéar ar an úrscéal *Hiúdaí Beag*. Léigh an sliocht gearr thíos agus cuir tús le do chuid machnaimh ar an úrscéal agus ar an topaic seo.

Bhí sé i dtólamh ina luí ar an tolg sa chlúid, a dhá chos spréite amach roimhe agus, nuair a shínfeadh sé é féin, rud a rinne sé anois agus arís, rachadh a chosa amach ar an doras.

Ag tús an úrscéil, faighimid amach gurb é an tolg an áit ab fhearr le Hiúdaí ina theach.

Cén áit i do theach nó árasán féin is fearr leat? Cén fáth? Cad is maith leat a dhéanamh ann? Le linn na caibidle seo, freagair na ceisteanna sin. Ag an deireadh, déan comparáid le daoine eile i do rang.

FOCLÓIR

An Teach

Meaitseáil

Meaitseáil na focail leis an bpictiúr. Bain úsáid as d'fhoclóir nó as www.focloir.ie.

seomra folctha ☐	áiléar athchóirithe ☐	claí ☐
seomra bia ☐	díon ☐	tinteán ☐
seomra codlata ☐	simléar ☐	cistin ☐
seomra suí ☐	doras tosaigh ☐	jacuzzi ☐
oifig ☐	gairdín ☐	staighre ☐

FOCLÓIR

Caibidil 3

An Bloc Árasán

Meaitseáil

Meaitseáil na focail leis na pictiúir. Bain úsáid as d'fhoclóir nó as www.focloir.ie.

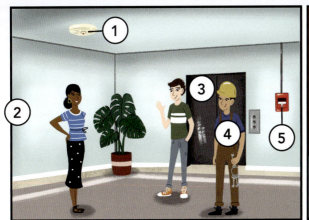

forhalla	☐	idirchum	☐	cloigín dorais	☐	seomra poist	☐
ardaitheoir	☐	feighlí	☐	aláram deataigh	☐	aláram dóiteáin	☐
linn snámha	☐	carrchlós	☐	balcóin	☐	comharsana	☐
pictiúrlann	☐	spórtlann	☐	clós	☐	scairdeán	☐

áiseanna in aice láimhe

Scríobh agus labhair

Freagair na ceisteanna seo. Ansin, cuir na ceisteanna ar an duine atá in aice leat.

1	Cé mhéad seomra atá san árasán/sa teach? Céard iad?	Tá cúig sheomra inár n-árasán. Sin iad: an chistin, an seomra suí, dhá sheomra leapa agus an seomra folctha.
2	Cén seomra is fearr leat? Cén fáth?	An chistin, ar ndóigh! Mar is breá liom bia! Bíonn an cuisneoir i gcónaí lán de bhia blasta!

 Táim in ann ceisteanna bunúsacha a fhreagairt ar m'áit chónaithe.

nócha a haon

FOCLÓIR

Cineálacha Tithe agus Pobal

Meaitseáil

A. Sa phictiúr seo, feicfidh tú pictiúr d'áiteanna cónaithe. Meaitseáil na háiteanna cónaithe leis na huimhreacha. Tá an chéad cheann déanta duit.

teach leathscoite [5]   teach scoite [ ]   bloc árasán [ ]

teach sraithe [ ]   bungaló [ ]   teach feirme [ ]

B. Sa phictiúr seo, feicfidh tú pictiúr de chineálacha pobal. Meaitseáil na pobail leis na huimhreacha. Tá an chéad cheann déanta duit.

eastát tithíochta [4]   an chathair [ ]   láithreán stad [ ]

faoin tuath [ ]   na bruachbhailte [ ]   cois farraige [ ]

Scríobh agus labhair

Freagair na ceisteanna seo. Ansin, cuir na ceisteanna ar an duine atá in aice leat.

1	Cá bhfuil tú i do chónaí?	Tá mé i mo chónaí ar imeall an bhaile mhóir.
2	Cén sórt tí atá agaibh?	Teach feirme atá ann.

   Éist agus scríobh

Éist leis na scoláirí seo ag caint faoin áit ina bhfuil cónaí orthu. I do chóipleabhar, líon isteach an t-eolas atá ar lár.

Patrice

Máirtín

Máirín

Ainm	Cineál tí/árasáin	Cineál pobail	Píosa amháin eolais eile
Patrice			
Máirtín			
Máirín			

 Script: leathanach 105 de do Leabhar Gníomhaíochta.

 Táim in ann cur síos a dhéanamh ar thithe agus ar phobail.

 **Turas 3**

GRAMADACH

Na Bunuimhreacha

Úsáidimid 'na bunuimhreacha' chun rudaí a chomhaireamh.

Ainmfhocail rialta: Rialacha

	Consain	Gutaí		Consain	Gutaí
1	teach amháin	árasán amháin	11	aon teach déag	aon árasán déag
2	dhá theach	dhá árasán	12	dhá theach déag	dhá árasán déag
3	trí theach	trí árasán	13	trí theach déag	trí árasán déag
4	ceithre theach	ceithre árasán	14	ceithre theach déag	ceithre árasán déag
5	cúig theach	cúig árasán	15	cúig theach déag	cúig árasán déag
6	sé theach	sé árasán	16	sé theach déag	sé árasán déag
7	seacht dteach	seacht n-árasán	17	seacht dteach déag	seacht n-árasán déag
8	ocht dteach	ocht n-árasán	18	ocht dteach déag	ocht n-árasán déag
9	naoi dteach	naoi n-árasán	19	naoi dteach déag	naoi n-árasán déag
10	deich dteach	deich n-árasán	20	fiche teach	fiche árasán

Ainmfhocail neamhrialta: Rialacha

Tá roinnt ainmfhocal neamhrialta ann. Seo ceithre cinn: **bliain**, **ceann**, **seachtain**, **uair**.

1	2	3–6	7–10
bliain **amháin**	dhá bhliain	trí bliana	seacht mbliana
ceann **amháin**	dhá cheann	ceithre cinn	ocht gcinn
seachtain amháin	dhá sheachtain	cúig seachtaine	naoi seachtaine
uair **amháin**	dhá uair	sé huaire	deich n-uaire

Scríobh

Athscríobh na giotaí seo i do chóipleabhar.

	Ainmfhocail rialta		Ainmfhocail neamhrialta
1	dhá (seomra)	6	cúig (uair)
2	dhá (aláram)	7	seacht (seachtain)
3	trí (balcóin)	8	dhá (bliain)
4	seacht (doras)	9	deich (bliain)
5	deich (fuinneog)	10	naoi (ceann)

Cuimhnigh! Ní maith le LNR (ELEANOR) séimhiú ná urú!

 Tá tuilleadh cleachtaí ar leathanach 385.

 Táim ábalta rudaí a chomhaireamh.

GRAMADACH

Na hOrduimhreacha

Úsáidimid 'na horduimhreacha' chun sraith (*series*) rudaí nó daoine a chur in ord.

Na horduimhreacha: an chéad

Riail
- Séimhítear an focal 'chéad' i ndiaidh an/na.
- Leanann séimhiú an focal 'chéad', seachas i gcás d, n, t, l, s agus gutaí.

| an chéad bhalcóin | an chéad doras | an chéad urlár |

Na horduimhreacha: an dara–an deichiú

Riail
- Ní athraíonn focal dar tús consan i ndiaidh 'dara–deichiú'.
- Cuirtear 'h' roimh ghutaí.

an dara balcóin	an tríú doras	an ceathrú hurlár
an cúigiú gairdín	an séú seomra	an seachtú hoíche
an t-ochtú bliain	an naoú teach	an deichiú húinéir

Scríobh

Athscríobh na habairtí seo i do chóipleabhar.

1. Tá an t-árasán ar an tríú [urlár] _____.
2. Is í Gráinne an ceathrú [duine] _____ ón taobh clé.
3. Is mise an dara [duine] _____ is sine sa rang.
4. Oscail an chéad [cófra] _____, le do thoil.
5. Tóg an dara [casadh] _____ ar chlé.
6. Tusa an chéad [buaiteoir] _____ eile.
7. Tá an leabhar ar an gcúigiú [seilf] _____ ón mbarr anuas.
8. Is é Mata an seachtú [ábhar] _____ a bheidh againn inniu.

Léigh agus scríobh

Léigh an t-alt thíos. Déan eagarthóireacht ar na focail a bhfuil cló trom orthu. Scríobh na focail chearta i do chóipleabhar. Tá an chéad cheann déanta duit.

Fáilte **romhabh** (1) = romhaibh go dtí Óstán na Mara. Tá súil **agann** (2) go mbainfidh sibh sult as bhur seachtain anseo. Mar eolas, tá na seomraí codlata go léir ar an tríú **urlár** (3) agus ar an ceathrú (4) hurlár. Tá dhá bhialann againn – an chéad **ceann** (5) ar an gcéad **hurlár** (6) agus an dara ceann thuas ar an gcúigiú hurlár. Tá an linn snámha thíos **sa** (7) íoslach. Tá **dá** (8) ardaitheoir in aice linn anseo. Mar eolas, beidh ceolchoirm ar siúl anocht, Dé hAoine, agus ar bhur séú **oíche** (9), sin oíche Dé Céadaoin. Seo bhur **eochracha** (10). Má bhíonn aon **ceisteanna** (11) agaibh, diailígí '9' ón bhfón sa seomra.

 Táim ábalta sraith a chur in ord.

 Turas 3

ÉISTEACHT

An Seomra is Fearr Liom

Meaitseáil

Cad is brí leis na focail sna boscaí thíos? Meaitseáil na focail leis na seomraí seo:

An chistin

An seomra suí

An seomra codlata

An seomra folctha

- ☐ teilifíseán ródaire raidió ríomhaire seinnteoir DVD táibléad cúisín tolg bord/tábla cathaoir uilleach cathaoir luascáin

- ☐ cithfholcadán folcadán báisín leithreas scáthán tuáille

- ☐ cupán, sásar, gloine scian, forc, spúnóg, babhla, pláta citeal, tóstaer, cuisneoir, reoiteoir cócaireán, oigheann, micreathonnán meaisín níocháin, miasniteoir, doirteal

- ☐ braillín piliúr dallóga blaincéad cairpéad duivé vardrús ruga leaba shingil/dhúbailte cuirtíní taisceadán tarraiceáin

Traic 20 Éist agus scríobh

Éist leis an triúr cainteoirí ag caint faoi na seomraí is fearr leo. I do chóipleabhar, líon isteach an t-eolas atá ar lár.

	An seomra is fearr leo	Píosa troscáin/trealaimh/fearais amháin a úsáideann siad go rialta
Keith		
Louise		
Ethan		

 Script: leathanach 105 de do Leabhar Gníomhaíochta.

Éist agus scríobh

Cloisfidh tú comhrá sa cheist seo. Cloisfidh tú an comhrá faoi dhó. Cloisfidh tú an comhrá ó thosach deireadh an chéad uair. Ansin cloisfidh tú ina dhá mhír é. Beidh sos ann leis na freagraí a scríobh tar éis gach míre díobh.

Mír 1

1. Cén fáth a dtaitníonn an seomra suí le Tomás? Is leor fáth **amháin**.
2. Cad a tharla i gcistin Lena inné?

Mír 2

3. Luaigh **trí** rud a raibh orthu a bhogadh go dtí an chúlchistin.
4. Cén chomhairle a chuireann Tomás ar Lena?

Lena

Tomás

Script: leathanach 105 de do Leabhar Gníomhaíochta.

  Bí ag caint!

Cén seomra is fearr leat? Cén fáth a dtaitníonn sé leat? Inis don duine atá in aice leat faoi. Bain úsáid as na ceisteanna samplacha thíos mar chabhair.

1. Cad é an seomra is fearr leat?
2. Cén fáth a dtaitníonn sé leat?
3. Cén troscán/trealamh atá ann?
4. Déan cur síos air.
5. Cad is maith leat a dhéanamh ann?

> Is breá liom mo scíth a ligean ann.

> Déanaim mo chuid obair bhaile ann.

> Is gnách liom an chócaireacht a dhéanamh ann.

> Ithim béilte ann, de ghnáth.

 Táim in ann cur síos a dhéanamh ar an seomra is fearr liom.

nócha a seacht

Turas 3 — **FÍSEÁN**

Yo! Homes: Árasáin na Todhchaí

Léigh agus scríobh

Sa roinn seo, féachfaidh tú ar fhíseán faoi árasán neamhthipiciúil. Léigh an réamhrá agus freagair na ceisteanna.

Creideann Simon Woodroffe gurb iad Yo! Homes árasáin na todhchaí. Árasáin ghalánta chompordacha atá iontu, dar leis. **An lúb ar lár**? Árasáin **mheicniúla** atá iontu.

Nuair a bhí Simon níos óige, d'oibrigh sé mar **dhearthóir seit** agus d'fhoghlaim sé go leor **cleasa** meicniúla. Thosaigh sé ag úsáid na gcleas meicniúil seo chun árasáin nua-aimseartha a **thógáil**.

the catch
mechanical
set designer
tricks
build

1. Cad a chreideann Simon Woodroffe faoi Yo! Homes?
2. Cad atá difriúil faoi na hárasáin seo, meas tú?

Féach agus scríobh

Féach ar an bhfíseán. Cuir tic in aice leis na háiseanna nó na seomraí a luaitear.

 Téigh chuig **www.educateplus.ie/resources/turas-3-nua** chun féachaint ar an bhfíseán. Tá script an fhíseáin ar fáil ann freisin.

1. Balcóin mhór mhillteach ☐
2. Seomra bia suncáilte ☐
3. Seomra codlata beo ☐
4. Áiteanna stórála ☐
5. Garáiste ☐
6. Tobán te ☐

Bí ag caint!

A. I ngrúpa, pléigh na habairtí seo. An bhfuil siad fíor nó bréagach? Bain úsáid as na nathanna úsáideacha ar leathanach 67 freisin.

1. Tá spás an-ghann (*scarce*) i gcathracha ar fud an domhain.
2. Baineann Yo! Homes úsáid chliste as spásanna beaga.
3. Laghdaíonn Yo! Homes an spás in árasáin.
4. Tá deasc faoin leaba dhúbailte.
5. Beidh gach duine ina chónaí in áiteanna mar seo amach anseo.

B. Féach ar an bhfíseán arís agus seiceáil do chuid freagraí.

  Scríobh agus labhair

Tá go leor samplaí de ghluaiseacht (*movement*) san fhíseán seo. I mbeirteanna, cuir na gluaiseachtaí seo in ord croineolaíoch. Bain úsáid as na bolgáin chainte thíos.

1. Tagann an leaba dhúbailte anuas.
2. Osclaíonn leaba shingil amach.
3. Sleamhnaíonn an balla trasna.
4. Ardaítear an bord agus na suíocháin aníos/suas.

Samplaí

 Punann 3.1

Déan cur i láthair ar do theach nó d'árasán. Tá treoracha mionsonraithe agus cur i láthair samplach i do phunann ar leathanach 30.

Cuir an obair chríochnaithe i do phunann ar leathanach 30.

 Táim in ann cur i láthair a dhéanamh ar mo theach / m'árasán.

nócha a naoi

LÉAMHTHUISCINT

Teach ar Díol

📖 ✏️ **Léigh agus scríobh**

Léigh an fógra seo agus freagair na ceisteanna.

Teach álainn faoin tuath: €400,000

Teach álainn 100 m² díreach tagtha ar an margadh. Tá na seomraí go léir geal agus compordach. Tá dhá sheomra codlata agus dhá sheomra folctha sa teach. Tá oifig ann ach is féidir í sin a úsáid mar sheomra codlata breise. Tá fearais nua-aimseartha sa chistin. Tá gairdín mór galánta spásmhar ar chúl an tí agus tá trí stábla, crann darach agus seid adhmaid ann.

Sonraí eile

Seomra suí
- mór, geal, spásmhar
- urlárlach adhmaid déanta as silín Brasaíleach

Príomhsheomra codlata
- vardrús siúil isteach
- urlárach adhmaid
- en suite

Seomra codlata 2
- compordach, teolaí

Seomra folctha
- cith siúil isteach
- folcadán mór
- tíleanna lodálacha

TEAGMHÁIL: Jeaic Mac an tSaoi, Tithe agus Nithe, An tSráid Mhór, Ros Comáin

1. Cá bhfuil an teach suite? Cuir **tic** (✔) leis an bhfreagra ceart.

    ceantar tuaithe ☐   eastát tithíochta ☐   ceantar uirbeach ☐

2. Cén t-achar atá sa teach seo? Cuir **tic** (✔) leis an bhfreagra ceart.

    100 acra ☐   100 ceintiméadar cearnach ☐   100 méadar cearnach ☐

3. Tabhair **dhá** phointe eolais faoin ngairdín.

4. Cén t-urlárach atá sa seomra suí? Is leor pointe **amháin** eolais.

5. Bunaithe ar an bhfógra thuas, an molfá do dhaoine an teach seo a cheannach? Is leor **dhá** fháth.

Stór focal

fearais	appliances	achar	area
urlárlach adhmaid silín	cherrywood flooring	méadar cearnach (m²)	square metres

Labhair agus scríobh

Úsáidtear na noda seo i bhfógraí chun tithe a dhíol. I mbeirteanna, léigh an fógra arís agus tabhair dhá shampla de gach nod. An féidir libh smaoineamh ar noda eile?

Noda!

1. **Úsáid an focal 'nua'**
   - Is aoibhinn le daoine tithe nua a cheannach. Úsáid frásaí ar nós 'nua-aimseartha', 'nua-fheistithe', 'nuálach' agus ' deara nua'.
2. **Tabhair sonraí**
   - Ní leor 'tíleanna deasa'. Abair 'tíleanna Iodálacha'.
   - Ní leor 'urláir adhmaid'. Abair 'urlárach adhmaid silín'.
3. **Luaigh aidiachtaí dearfacha**
   - Luaigh na haidiachtaí seo leis an bhfógra:
     úr, geal, glan, foirfe, spásmhar, gleoite, galánta, inspioráideach, meallacach

  Scríobh agus labhair

A. Samhlaigh go bhfuil tú ag díol teach nua. Scríobh an fógra.
B. Samhlaigh go bhfuil tú ag iarraidh an teach sin a dhíol ar ceant. Léirigh an cur i láthair os comhair an ranga. Is féidir le scoláirí eile tairiscintí a dhéanamh air (*bid for it*).

 Táim in ann fógra le haghaidh teach ar díol a dhearadh.

GRAMADACH

An Aimsir Chaite: Na Briathra Rialta

Cuimhnigh!
An Aimsir Chaite
=
Rudaí a tharla san am atá thart

An chéad réimniú

An Aimsir Chaite	Glan (*clean*)		Fás (*grow*)	
Leathan: briathar + … amar (muid)				
	Uatha	Iolra	Uatha	Iolra
1	Ghlan mé	Ghlanamar	D'fhás mé	D'fhásamar
2	Ghlan tú	Ghlan sibh	D'fhás tú	D'fhás sibh
3	Ghlan sé/sí	Ghlan siad	D'fhás sé/sí	D'fhás siad
Saorbhriathar*	Glanadh		Fásadh	
Diúltach	Níor ghlan/Níor glanadh		Níor fhás/Níor fásadh	
Ceisteach	Ar ghlan?/Ar glanadh?		Ar fhás?/Ar fásadh?	

An Aimsir Chaite	Buail (*hit*)		Úsáid (*use*)	
Caol: briathar + … eamar (muid)				
	Uatha	Iolra	Uatha	Iolra
1	Bhuail mé	Bhuaileamar	D'úsáid mé	D'úsáideamar
2	Bhuail tú	Bhuail sibh	D'úsáid tú	D'úsáid sibh
3	Bhuail sé/sí	Bhuail siad	D'úsáid sé/sí	D'úsáid siad
Saorbhriathar	Buaileadh		Úsáideadh	
Diúltach	Níor bhuail/Níor buaileadh		Níor úsáid/Níor úsáideadh	
Ceisteach	Ar bhuail?/Ar buaileadh?		Ar úsáid?/Ar úsáideadh?	

*Saorbhriathar = ní luaitear an gníomhaí (*the doer of the action isn't mentioned*).

Scríobh

Aistrigh na habairtí seo.
1. Ghlan siad na sráideanna arú inné.
2. Bhuail mé le m'aintín sa bhácús inné.
3. Ar fhás sí aníos i lár an bhaile mhóir?
4. Ar úsáid sibh an trealamh aclaíochta sa pháirc?
5. Sin an buachaill a bhuail an dochtúir!

Scríobh agus labhair

Freagair na ceisteanna seo. Ansin, cuir na ceisteanna ar an duine atá in aice leat.
1. Cad é an uair dheireanach a scuab tú an t-urlár?
2. Cad é an uair dheireanach a chroch tú amach an níochán?
3. Cad é an uair dheireanach a ghearr tú an féar?
4. Cad é an uair dheireanach a chuir tú na gréithe sa mhiasniteoir?
5. Cad é an uair dheireanach a thug tú an madra amach ag siúl?

An dara réimniú

An Aimsir Chaite	Ceannaigh (*buy*)		Fiafraigh (*ask*)	
Leathan: ~~aigh~~; briathar + … aíomar (muid)				
	Uatha	Iolra	Uatha	Iolra
1	Cheannaigh mé	Cheannaíomar	D'fhiafraigh mé	D'fhiafraíomar
2	Cheannaigh tú	Cheannaigh sibh	D'fhiafraigh tú	D'fhiafraigh sibh
3	Cheannaigh sé/sí	Cheannaigh siad	D'fhiafraigh sé/sí	D'fhiafraigh siad
Saorbhriathar	Ceannaíodh		Fiafraíodh	
Diúltach	Níor cheannaigh/Níor ceannaíodh		Níor fhiafraigh/Níor fiafraíodh	
Ceisteach	Ar cheannaigh?/Ar ceannaíodh?		Ar fhiafraigh?/Ar fiafraíodh?	

An Aimsir Chaite	Mínigh (*explain*)		Aimsigh (*find*)	
Caol: ~~igh~~; briathar + … íomar (muid)				
	Uatha	Iolra	Uatha	Iolra
1	Mhínigh mé	Mhíníomar	D'aimsigh mé	D'aimsíomar
2	Mhínigh tú	Mhínigh sibh	D'aimsigh tú	D'aimsigh sibh
3	Mhínigh sé/sí	Mhínigh siad	D'aimsigh sé/sí	D'aimsigh siad
Saorbhriathar	Míníodh		Aimsíodh	
Diúltach	Níor mhínigh/Níor míníodh		Níor aimsigh/Níor aimsíodh	
Ceisteach	Ar mhínigh?/Ar míníodh?		Ar aimsigh?/Ar aimsíodh?	

 ### Scríobh

Aistrigh na habairtí seo.
1. Cheannaigh mé leaba nua.
2. Ceannaíodh leaba nua dom.
3. Ar mhínigh tú an focal sin di?
4. Níor fhiafraigh mé 'cén fáth'!
5. Níor aimsigh mé an sceanra.
6. D'aimsigh mé an focal san fhoclóir.

 ### Scríobh agus labhair

Freagair na ceisteanna seo. Ansin, cuir na ceisteanna ar an duine atá in aice leat.
1. Ar cheannaigh tú CD riamh? Cathain?
2. Ar fhiafraigh tú d'aon turasóir riamh, 'An bhfuil cabhair uait?'
3. Ar aimsigh tú airgead ar an talamh riamh? Cathain?
4. Ar mhínigh tú riamh conas cluiche a imirt? Cathain?
5. Ar ceannaíodh bronntanas duit riamh? Cathain?

Tá liosta dobhriathra ama (inniu, inné, srl.) ar leathanach 56.

 ### Scríobh

Athscríobh na habairtí seo san Aimsir Chaite i do chóipleabhar (sb = saorbhriathar).
1. [Foghlaim: sé] _____ na nathanna nua a [taispeáin: tú] _____ dó.
2. Níor [buail: sí] _____ liom nuair a [sroich: mé] _____ an scoil.
3. Níor [aimsigh: muid] _____ an bealach mar níor [mínigh: sb] _____ dúinn é.
4. [Fás: siad] _____ aníos i nDoire ach [bog: siad] _____ go Maigh Eo anuraidh.
5. [Ceannaigh: sb] _____ bronntanas dom ach níor [oscail: mé] _____ é.

Tá tuilleadh cleachtaí ar leathanach 390.

 Táim in ann briathra rialta san Aimsir Chaite a úsáid i gceart.

LÉAMH AGUS GRAMADACH

An Aimsir Chaite: Na Briathra Neamhrialta

Léigh agus scríobh

Thug Clíona cuairt ar chara léi Dé Sathairn seo caite. Léigh an t-alt seo agus líon na bearnaí i do chóipleabhar.

> dúirt   fuaireamar   rug   chonaic   tháinig   bhí   chuala   thug   d'itheamar   rinne   chuaigh

Dia daoibh! Is mise Clíona. Dé Sathairn seo caite, roimh an gcluiche peile, _____ mé cuairt ar mo chara Aoibhe. _____ mé go dtí a teach am lóin. _____ mé ar an mbus go barr an eastáit tithíochta agus _____ mé an chuid deiridh den turas de shiúl na gcos. Agus mé lasmuigh den teach, _____ mé Aoibhe ina suí tríd an bhfuinneog tosaigh. A luaithe a _____ sí an cloigín dorais ag bualadh, _____ sí amach agus _____ sí heileo liom. _____ ceapaire agus sailéad. _____ sé an-bhlasta go deo. Tar éis am lóin, _____ síob go dtí an cluiche.

Scríobh

Freagair na ceisteanna faoi lá Chlíona.

1. Cathain a thug Clíona cuairt ar a cara Aoibhe?
2. Conas a rinne Clíona a bealach go dtí teach Aoibhe?
3. Cá raibh Aoibhe nuair a tháinig Clíona go dtí an teach?
4. Cad a d'ith siad don lón?

Léigh agus scríobh

Léigh an t-alt seo faoi chúl a scóráil Clíona. Athscríobh na briathra san Aimsir Chaite i do chóipleabhar. Bain úsáid as na foirmeacha ar leathanach 105.

Nuair a bhí mé ag imirt, thug mé deis ar chúl do mo chara Muireann. Seo mar a tharla sé: [Beir: mé] _____ ar an liathróid. [Tabhair: mé] _____ cic mór láidir di. [Téigh] _____ an liathróid suas san aer. [Bí] _____ Muireann ag fanacht léi. [Tar] _____ an liathróid chuici. [Abair: sí] _____ 'Muireann!' [Clois: sí] _____ an bainisteoir ag screadach. [Feic: sí] _____ bearna. [Déan: sí] _____ a slí tríd. [Faigh: sí] _____ cúl iontach. [Ith: muid] _____ go léir lón deas tar éis an chluiche.

Punann 3.2

Cad a rinne tú an deireadh seachtaine seo caite? Scríobh alt gairid faoi na rudaí a rinne tú Dé Sathairn nó Dé Domhnaigh seo caite. Cuir an obair chríochnaithe i do phunann ar leathanach 32.

GRAMADACH

Caibidil 3

Na Briathra Neamhrialta: Na Foirmeacha

Abair

1	Dúirt mé	Dúramar
2	Dúirt tú	Dúirt sibh
3	Dúirt sé/sí	Dúirt siad
Saorbhriathar	Dúradh	
Diúltach	Ní dúirt/Ní dúradh	
Ceisteach	An ndúirt?/An ndúradh?	

Beir

1	Rug mé	Rugamar
2	Rug tú	Rug sibh
3	Rug sé/sí	Rug siad
Saorbhriathar	Rugadh	
Diúltach	Níor rug/Níor rugadh	
Ceisteach	Ar rug?/Ar rugadh?	

Clois

1	Chuala mé	Chualamar
2	Chuala tú	Chuala sibh
3	Chuala sé/sí	Chuala siad
Saorbhriathar	Chualathas	
Diúltach	Níor chuala/Níor chualathas	
Ceisteach	Ar chuala?/Ar chualathas?	

Déan

1	Rinne mé	Rinneamar
2	Rinne tú	Rinne sibh
3	Rinne sé/sí	Rinne siad
Saorbhriathar	Rinneadh	
Diúltach	Ní dhearna/Ní dhearnadh	
Ceisteach	An ndearna?/An ndearnadh?	

Faigh

1	Fuair mé	Fuaireamar
2	Fuair tú	Fuair sibh
3	Fuair sé/sí	Fuair siad
Saorbhriathar	Fuarthas	
Diúltach	Ní bhfuair/Ní bhfuarthas	
Ceisteach	An bhfuair?/An bhfuarthas?	

Feic

1	Chonaic mé	Chonaiceamar
2	Chonaic tú	Chonaic sibh
3	Chonaic sé/sí	Chonaic siad
Saorbhriathar	Chonacthas	
Diúltach	Ní fhaca/Ní fhacthas	
Ceisteach	An bhfaca?/An bhfacthas?	

Ith

1	D'ith mé	D'itheamar
2	D'ith tú	D'ith sibh
3	D'ith sé/sí	D'ith siad
Saorbhriathar	Itheadh	
Diúltach	Níor ith/Níor itheadh	
Ceisteach	Ar ith?/Ar itheadh?	

Tabhair

1	Thug mé	Thugamar
2	Thug tú	Thug sibh
3	Thug sé/sí	Thug siad
Saorbhriathar	Tugadh	
Diúltach	Níor thug/Níor tugadh	
Ceisteach	Ar thug?/Ar tugadh?	

Tar

1	Tháinig mé	Thángamar
2	Tháinig tú	Tháinig sibh
3	Tháinig sé/sí	Tháinig siad
Saorbhriathar	Thángthas	
Diúltach	Níor tháinig/Níor thángthas	
Ceisteach	Ar tháinig?/Ar thángthas?	

Téigh

1	Chuaigh mé	Chuamar
2	Chuaigh tú	Chuaigh sibh
3	Chuaigh sé/sí	Chuaigh siad
Saorbhriathar	Chuathas	
Diúltach	Ní dheachaigh/Ní dheachthas	
Ceisteach	An ndeachaigh?/An ndeachthas?	

Bí

1	Bhí mé	Bhíomar
2	Bhí tú	Bhí sibh
3	Bhí sé/sí	Bhí siad
Saorbhriathar	Bhíothas	
Diúltach	Ní raibh/Ní rabhthas	
Ceisteach	An raibh?/An rabhthas?	

Mo Theach

Tá tuilleadh cleachtaí ar leathanach 391.

 Táim in ann briathra neamhrialta san Aimsir Chaite a úsáid i gceart.

céad a cúig

FOCLÓIR

Cúraimí an Tí

 Meaitseáil agus scríobh

Meaitseáil na pictiúir leis na habairtí. Ansin, scríobh na cúig chúram is fearr leat agus na cúig chúram is measa leat i do chóipleabhar. Déan comparáid leis an duine atá in aice leat.

Dhustáil mé na seilfeanna. ☐	Chuir mé an bruscar amach. ☐
Nigh mé na gréithe. ☐	Nigh mé an carr. ☐
Rinne mé an folúsghlanadh. ☐	Ghlan mé an t-urlár (le mapa). ☐
Scuab mé an t-urlár. ☐	Chroch mé na héadaí amach. ☐
Thug mé bia do mo pheata. ☐	Ghlan mé amach an miasniteoir. ☐
Réitigh mé an dinnéar. ☐	Chóirigh mé mo leaba. ☐
Ghlan mé an seomra folctha. ☐	Rinne mé an iarnáil. ☐
Ghearr mé an féar. ☐	Thug mé an madra amach ag siúl. ☐

Caibidil 3

✏️ Scríobh

Aimsigh na focail seo sa cheistneoir thíos. Scríobh na focail i do chóipleabhar.

> important   I try   to avoid   efficiently   perfect   badly   messy   war

✏️ Ceistneoir

Cad a léiríonn cúraimí an tí fútsa? Líon isteach an ceistneoir. An aontaíonn tú leis na torthaí?

A. Cad a cheapann tú faoi chúraimí an tí?
1. Is aoibhinn liom iad! ☐
2. Déanaim iad mar tá siad tábhachtach. ☐
3. Déanaim iarracht iad a sheachaint. ☐
4. Is gráin liom iad! ☐

B. Cé chomh tapa is a dhéanann tú iad?
1. Déanaim an obair go tapa agus go héifeachtúil. ☐
2. Oibrím go tapa. Is fearr déanta ná foirfe. ☐
3. Oibrím go mall ach críochnaím an obair. ☐
4. Déanaim an obair go mall agus go holc. ☐

C. Cén sórt seomra leapa atá agat?
1. Glan agus néata, i gcónaí. ☐
2. Glan agus néata, uair amháin sa tseachtain. ☐
3. Trína chéile ach níl sé salach. ☐
4. Ná luaigh an cogadh! ☐

D. Cad é an cúram tí is tábhachtaí a rinne tú le déanaí?
1. Ghlan mé an seomra folctha agus chuir mé an bruscar amach. ☐
2. Chóirigh mé na leapacha agus rinne mé an folúsghlanadh. ☐
3. Chuir mé na gréithe sa mhiasniteoir. ☐
4. Thug mé mo mhadra amach ag siúl. ☐

Torthaí

1 den chuid is mó	2 den chuid is mó	3 den chuid is mó	4 den chuid is mó
Tá an-dul chun cinn ionat. Oibríonn tú go dian dícheallach díograiseach. Éireoidh go hiontach leat i do shaol.	Tá tú ábalta tosaíochtaí a aithint agus iltascáil a dhéanamh. Déanfaidh tú go leor rudaí difriúla i do shaol.	Oibríonn tú go stuama ach tuigeann tú go bhfuil am saor tábhachtach freisin. Tá tú cruthaitheach agus nuálaíoch.	Oibríonn tú ar do luas féin. Is breá leat do scíth a ligean freisin. Beidh tú lánsásta nuair a bheidh do theach féin agat!

🔤 Stór focal

tá an-dul chun cinn ionat	you are a high achiever	iltascáil	multitasking
dícheallach	diligently	nuálaíoch	innovative
díograiseach	enthusiastically	do luas féin	your own pace
tosaíochtaí	priorities	lánsásta	fully satisfied

Mo Theach

✅ Táim in ann labhairt faoi na cúraimí tí a dhéanaim (agus nach ndéanaim).

céad a seacht

ÉISTEACHT

Dúnmharú i dTeach Tuaithe

Sa mhír seo, beidh ort anailís a dhéanamh ar dhúrún dúnmharaithe (*murder mystery*). Ba é Ernest Ó Cearúil, seanfhear saibhir, a dúnmharaíodh. Tá ceathrar faoi amhras (*suspected*) sa chás.

Cigire

Ernest

Ailbhe

Seoirse

Uilliam

Carla

Léigh, éist agus scríobh

Léigh agus éist leis an bprólóg. Ansin, freagair na ceisteanna a ghabhann leis.

Prólóg

Ag a haon a chlog ar maidin, chuaigh Ailbhe isteach sa seomra codlata agus lig sí scread aisti. Bhí Ernest marbh … dúnmharaithe ….

Cúpla uair roimhe sin, bhí Ernest, fear gnó saibhir, ag ceiliúradh a 60ú breithlá ina theach tuaithe lena bhean chéile, Ailbhe, a bheirt pháistí, Uilliam agus Carla, agus a dhearthráir agus **comhpháirtí gnó**, Seoirse, a bhí **ar cuairt**. — business partner / visiting

Shroich an **Cigire** Ó Cléirigh an teach tuaithe ag a dó a chlog ar maidin. Fear ard tanaí a bhí ann agus bhí **croiméal** mór dubh air. Bhí Ailbhe, Uilliam, Carla agus Seoirse sa seomra suí. Tháinig an cigire isteach. — inspector / moustache

'Fuair an tUasal Ó Cearúil bás idir a deich a chlog aréir agus a haon a chlog ar maidin,' a dúirt sé. '**Dúnmharaigh** duine éigin sa seomra seo é.' — murdered

D'fhéach sé orthu, **duine ar dhuine**, ach níor labhair aon duine acu. — one by one

'A Bhean Uí Chearúil, ba mhaith liom labhairt leatsa ar dtús. Tar isteach sa leabharlann liom, le do thoil.'

Lean Ailbhe Uí Chearúil an cigire isteach sa leabharlann agus shuigh siad síos. — followed

1. Cé hé Ernest?
2. Cé hí Ailbhe?
3. Cé hé Uilliam?
4. Cé hí Carla?
5. Cé hé Seoirse?
6. Cé a dhúnmharaigh Ernest, meas tú?

Punann 3.3

A. Léigh agus éist le hAgallamh 1 agus Agallamh 2. Agus tú ag léamh agus ag éisteacht, líon isteach an tábla ar leathanach 34 de do phunann.

	Agallamh 1: Ailbhe (Bean chéile Ernest)	
Cigire:	Cad a rinne d'fhear céile tar éis an dinnéar a ithe sa seomra bia aréir?	
Ailbhe:	Ag a deich a chlog, dúirt Ernest go raibh tuirse air agus chuaigh sé a luí.	
Cigire:	Cad a rinne tusa?	
Ailbhe:	Léigh mé leabhar sa seomra suí. Ag a haon a chlog, nuair a chuaigh mé suas staighre go dtí an seomra leapa, chonaic mé nach raibh sé ag análú.	breathing
Cigire:	Cad a rinne tú ansin?	
Ailbhe:	Lig mé scread asam. Rith Uilliam isteach sa seomra. Chuir sé glao ar 999.	scream
Cigire:	Ar chuala tú aon rud nuair a bhí tú sa seomra suí?	
Ailbhe:	Níor chuala. Tá ár seomra leapa ar an tríú hurlár, a Chigire.	
Cigire:	Cén sórt duine ab ea Ernest?	
Ailbhe:	Fear santach suarach ab ea é. Ach ní mise a mharaigh é.	killed
	Agallamh 2: Uilliam (Mac Ernest)	
Cigire:	Inis dom, a Uilliam, cad a rinne tú tar éis am dinnéir inné?	
Uilliam:	Rinne mé mo chuid obair bhaile sa seomra staidéir. Chuaigh mé a chodladh timpeall a haon déag a chlog.	
Cigire:	Ar réitigh tú go maith le d'athair?	
Uilliam:	Ó, réitigh, cinnte. Bhí sé an-chineálta.	
Cigire:	An raibh sé cineálta le do dheirfiúr Carla?	
Uilliam:	Ní raibh.	
Cigire:	Cé leis an comhlacht anois?	who owns; company
Uilliam:	Níl a fhios agam, a Chigire.	
Cigire:	Go raibh maith agat, a Uilliam.	

B. Éist le hAgallamh 3 agus Agallamh 4. Agus tú ag éisteacht, líon isteach an tábla ar leathanach 35 de do phunann.

 Script: leathanach 106 de do Leabhar Gníomhaíochta.

Éist agus scríobh

I ngrúpa, éist lenar tharla dáiríre. Ansin, freagair na ceisteanna seo.
1. Cén fáth ar shocraigh Ernest éirí as an gcomhlacht?
2. Cén fáth ar shocraigh Ernest an comhlacht a thabhairt dá mhac?
3. Cad a deir Carla faoi Uilliam?
4. Cén plean a bhí ag Carla, meas tú?

Script: leathanach 107 de do Leabhar Gníomhaíochta.

Scríobh agus labhair

Cad a tharla sa deireadh? Ar mharaigh Seoirse Ernest? I ngrúpa, breac síos nótaí. Déan comparáid le grúpaí eile.

 Táim in ann anailís a dhéanamh ar dhúrún dúnmharaithe.

LÉAMHTHUISCINT

Scéal: Fothrach Tí Faoin Tuath

 Léigh agus scríobh

Beidh ort scéal mistéire nó scéal eachtraíochta a chumadh. Ar dtús, léigh an scéal seo agus freagair na ceisteanna a ghabhann leis.

Fothrach Tí Faoin Tuath

'Ar chuala tú an **fothram** sin, a Sheáin? Céard ba **chúis** leis?' — noise; cause

'Chuala, a Léan', arsa Seán de chogar. 'Ón **dorchla** a tháinig sé.' D'fhéach Seán agus a dheirfiúr amach as an seanseomra **lán deannaigh**. Ní fhaca siad rud ar bith sa dorchla. Ansin, **théaltaigh** siad isteach sa chéad seomra eile. Arís, ní fhaca siad aon rud. Go tobann, chuala siad an fothram arís. **Bhioraigh** siad a gcluasa. Cniogaide, Cnagaide. Gliog, Gleaig. Trut, Trat. Cniogaide, Cnagaide ….

— corridor
— dusty
— crept
— pricked

Bhí a fhios acu **nár chóir** dóibh a bheith ann. Dúirt a dtuismitheoirí go mbíodh daoine **aisteacha** ag teacht agus ag imeacht ón seanteach **tréigthe** seo go déanach san oíche. Ní raibh a fhios ag aon duine cén fáth ach **ba léir** dóibh go raibh rudaí aisteacha ar siúl acu.

— shouldn't
— strange
— abandoned
— it was clear

Cúpla mí ó shin, chonaic a n-athair soilse ó **thóirsí** agus ó charranna ar an taobh eile den **ghort**. Ar dtús, cheap sé go raibh **comharsana** nua ag bogadh isteach. Ach tar éis cúpla lá, bhí an fothram fós le cloisteáil agus na soilse fós le feiceáil.

— torches
— field
— neighbours

Dúirt Daid go bhfaca sé beirt fhear ag tiomáint cairr **ar luas lasrach** síos an bóthar tráthnóna amháin. Bhí gruaig dhorcha ar an tiománaí. Cheap Daid go raibh croiméal mór dubh air freisin.

— at breakneck speed

Go tobann, chuala Seán agus Léan **guth**. Beirt fhear. Bhí siad faoin urlár. Ní raibh a fhios acu go raibh **íoslach** sa teach. Chuir siad a gcluas leis an urlár.

— voice
— basement

'Cá bhfuil na málaí eile?' arsa **duine acu**. 'Bhí siad anseo inné. **Súil** agam nár ghoid éinne iad.'

one of them
hope

'Dúirt Malone gur fhág sé anseo iad,' arsa an fear eile. 'D'inis sé dom gur chuir sé san íoslach iad.'

'B'fhéidir gur inis sé **bréag** dúinn,' a dúirt an chéad fhear. 'Tá súil agam nár thóg sé an t-airgead ar fad.'

a lie

Go tobann, bhuail fón Sheáin. Pinnnng! Teachtaireacht! 'A dhiabhail!' ar seisean **faoina anáil**.

under his breath

'Céard é sin?' a dúirt na fir. 'Suas staighre leat, go tapa!' ar dhuine acu. 'Rith!' a scread Léan.

Leis sin, léim Seán agus Léan **de gheit** agus thosaigh siad ag rith síos an dorchla. Chuala siad **coiscéimeanna** na bhfear. Bhí a fhios acu nach raibh ach soicind acu. D'oscail siad an príomhdhoras agus thosaigh siad ag rith i dtreo an bhóthair.

at once
footsteps

B'ansin a chuala Léan scread ….

1. Cad a rinne Seán agus Léan nuair a chuala siad an fothram den chéad uair? Cuir tic (✔) leis an bhfreagra ceart.
    D'fhan siad ina seasamh go ciúin. ☐
    Ní dhearna siad tada. ☐
    D'fhéach siad isteach sa dorchla. ☐

2. Cén fáth nár chóir dóibh a bheith sa teach? Cuir tic (✔) leis an bhfreagra ceart.
    Bhí rudaí aisteacha ag tarlú ann gach oíche. ☐
    Bhí an teach ar tí titim anuas. ☐
    Bhí comharsana nua ina gcónaí ann. ☐

3. Cad a chonaic a n-athair cúpla mí ó shin? Cad a cheap sé ar dtús? Is leor **dhá** phointe eolais.

4. Déan cur síos ar an bhfadhb a bhí ag an mbeirt fhear. Is leor pointe **amháin** eolais.

5. Cad a rinne na fir nuair a chuala siad an fón? Cuir tic (✔) leis an bhfreagra ceart.
    Rith siad amach cúldoras. ☐
    D'fhan siad ina seasamh. ☐
    Rith siad suas go dtí an bunurlár. ☐

6. Bunaithe ar an méid a tharla sa scéal thuas, an dóigh leat go raibh an ceart ag Seán agus Léan dul isteach sa seanteach tréigthe seo? Is leor **dhá** fháth i d'fhocail féin.

 Bí ag caint!

Cad a tharlaíonn ag deireadh an scéil, dar leat? Pléigh i ngrúpa é.

SCRÍOBH

Scéal: Treoracha

Comhairle: Modhanna pleanála

I gCaibidil 1, scríobh tú aiste bunaithe ar phlean céim ar chéim. Leis an scéal, áfach, ní bhíonn an struchtúr chomh docht (*rigid*) sin. Bíonn scéalta samhlaíoch agus siamsúil. Uaireanta, léimeann an scéal ar aghaidh agus ar gcúl.

Sa mhír seo, cuirfear i láthair modhanna pleanála éagsúla chun scéal a scríobh. Cuimhnigh: Má dhéanann tú plean, beidh tú ábalta (i) do chuid smaointe a eagrú agus (ii) teacht ar smaointe nua.

Agus tú ag scríobh plean, smaoinigh ar dhá rud:

1. Cén fáth a bhfuil mé ag scríobh an phíosa seo? Samplaí ná: siamsaíocht a chur ar fáil do dhuine (scéal), dul i bhfeidhm ar dhuine (díospóireacht) nó eolas a thabhairt do dhuine (aiste nó alt).
2. Cé a bheidh ag léamh an phíosa scríbhneoireachta?

Sa mhír seo, foghlaimeoidh tú trí mhodh pleanála:

1. Meabhairmhapaí
2. Fráma scríbhneoireachta
3. Sraitheanna pictiúr

1. Meabhairmhapaí

Seo imlíne de mheabhairmhapa bunaithe ar 'Fothrach Tí Faoin Tuath' (leathanach 110).

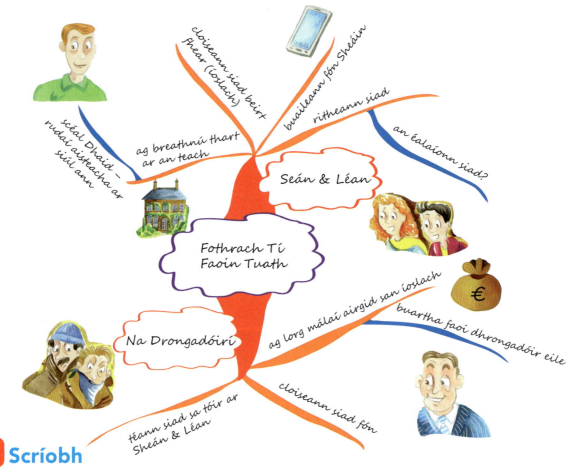

✏️ Scríobh

Cruthaigh meabhairmhapa don scéal 'Dúnmharú i dTeach Tuaithe' (leathanach 108) i do chóipleabhar.

✅ Táim in ann meabhairmhapa a úsáid chun scéal a phleanáil.

Caibidil 3

2. Fráma scríbhneoireachta

Cabhraíonn frámaí scríbhneoireachta go mór leis an bpleanáil. Cuireann tú agus freagraíonn tú ceisteanna chun an scéal a phleanáil. Tá an fráma scríbhneoireachta seo bunaithe ar an scéal 'Fothrach Tí Faoin Tuath' (leathanach 110).

Cad is teideal don scéal?	Fothrach Tí Faoin Tuath
Cá dtarlaíonn an scéal?	Fothrach tí faoin tuath, trasna an ghoirt ó theach Sheáin agus Léan, príomhcharachtair an scéil
Cathain a tharlaíonn an scéal?	Oíche Lár an gheimhridh
Cé hiad na carachtair sa scéal?	Seán agus Léan, deartháir agus deirfiúr Beirt drongadóirí
Scríobh an chéad chúpla líne den scéal. Conas a bheireann sé greim ar aird an léitheora? (suimiúil, gearr, éasca le tuiscint)	'Ar chuala tú an fothram sin, a Sheáin? Céard ba chúis leis?' 'Ní cheapaim gur ón seomra seo a tháinig sé, a Léan. Ceapaim gur ón dorchla a tháinig sé.'
Cad a tharlaíonn ar dtús?	Tá Seán agus Léan ag féachaint thart ar an seanteach iargúlta seo nuair a chloiseann siad beirt drongadóirí ag teacht.
Cad a tharlaíonn ina dhiaidh sin?	Cloiseann Seán agus Léan na drongadóirí ag caint faoi mhálaí airgid san íoslach.
Agus ina dhiaidh sin? (2–4 phointe más gá)	Buaileann fón Sheáin. Cloiseann na drongadóirí an fón. Tosaíonn na déagóirí ag rith.
Déan cur síos ar an mbuaicphointe (*climax*).	Ritheann na drongadóirí sa tóir ar Sheán agus Léan.

Mo Theach

Punann 3.4

Déan fráma scríbhneoireachta bunaithe ar an dúrún dúnmharaithe 'Dúnmharú i dTeach Tuaithe' (leathanach 108). Tá teimpléad ar leathanach 36 de do phunann.

 Táim in ann fráma scríbhneoireachta a úsáid chun scéal a phleanáil.

3. Sraitheanna pictiúr

Is féidir leat sraitheanna pictiúr a úsáid chun scéal a scríobh. Léiríonn an tsraith pictiúr seo cad a tharlaíonn sa chéad chuid eile den scéal 'Fothrach Tí Faoin Tuath' (leathanach 110). I gCuid 3, is tusa a chinnfidh (*will decide*) cad a tharlóidh.

Cuid 1

Cuid 2

Cuid 3

Cuid 4

📓 Punann 3.5

Scríobh an chéad chuid eile den scéal 'Fothrach Tí Faoin Tuath' i do phunann ar leathanach 38 Bain úsáid as an tsraith phictiúr seo mar chabhair. Léigh an scéal 'Fothrach Tí Faoin Tuath' ar leathanach 110 arís agus na nótaí ar leathanach 112 sula dtosaíonn tú ag scríobh. Bain úsáid as na nathanna úsáideacha ar leathanach 115.

Nathanna úsáideacha

Baineadh siar astu.	They were taken aback.
Tháinig siad aniar aduaidh air.	They took him by surprise.
Rug sé/sí greim ar …	He/she grabbed …
Bhí an t-ádh dearg air/uirthi.	He/she was dead lucky.
Thosaigh siad an t-inneall agus thiomáin siad leo.	They started the engine and drove away.
D'éalaigh siad faoi choim na hoíche.	They escaped under the cover of night.
Tháinig meangadh mór gáire air/uirthi.	He/she broke into a wide smile.
Bhí mearbhall/ionadh orthu.	They were confused/surprised.
Níor tharraing sé/sí na cosa.	He/she didn't drag his/her heels.
Chuir sé/sí glao ar na seirbhísí éigeandála.	He/she called the emergency services.
Ní raibh tásc ná tuairisc air/uirthi.	There was neither sight nor sound of him/her.
Níor thit an lug ar an lag aige/aici. Níor thit an drioll ar an dreall aige/aici.	He/she didn't lose courage.
Níor chaith siad go dona leis/léi.	They didn't treat him/her badly.
Bhí sé/sí in ísle brí.	He/she was down in the dumps.
Ba faoi/fúithi féin a bhí sé.	It was up to him/her.
Ní raibh an dara rogha aige/aici.	He/she didn't have any other choice.
Thit néal codlata orthu.	They fell asleep.
Ní raibh gíog ná míog astu.	There wasn't a sound out of them.
Bhí sé idir dhá cheann na meá.	It was hanging in the balance.
Bhí siad i sáinn/i bponc.	They were in a fix.
Ní mó ná sásta a bhí siad nuair a chonaic siad cad a tharla.	They weren't happy when they saw what happened.
Bhí sé tábhachtach an deis a thapú.	It was important to seize the opportunity.
Thimpeallaigh siad an teach.	They surrounded the house.
Ba mhór an faoiseamh é.	It was a great relief.
Nuair a tháinig an crú ar an tairne, d'fhéadfaí brath air/uirthi.	When push came to shove, he/she could be depended on.
Gabhadh iad.	They were arrested.

 Táim in ann sraith pictiúr a úsáid chun scéal a phleanáil.

BÉALTRIAIL

Dhá Agallamh

🗨️ Labhair

Léirigh an t-agallamh seo leis an duine atá in aice leat.

Patrice

1. **Cá bhfuil tú i do chónaí?**
   Táim i mo chónaí i Ros Comáin, an contae is áille sa tír.

2. **Cén sórt tí atá agaibh?**
   Teach mór feirme. Tá feirm mhór againn freisin. Tá go leor caorach agus ba ar an bhfeirm.

3. **Cé mhéad seomra atá ann?**
   Bhuel, thuas staighre tá ceithre sheomra leapa agus seomra folctha, agus thíos staighre tá seomra suí, seomra bia, oifig, seomra folctha agus cistin mhór álainn.

4. **Cén seomra is fearr leat?**
   An chistin ar ndóigh. Is breá liom a bheith ag caint agus ag comhrá leis na **comharsana** thart ar an tábla mór. Tá **sorn** agus cócaireán mór againn sa chistin freisin – bíonn sé i gcónaí te ann. — neighbours; stove

5. **An gcabhraíonn tú le cúraimí an tí?**
   Cinnte, cabhraím. Bíonn mo Mham agus mo Dhaid an-ghnóthach ar an bhfeirm. Mar sin, déanann mise agus mo shiblíní cúraimí an tí.

6. **Conas a roinneann sibh na cúraimí?**
   Glanaimse an chistin, déanann mo dhearthair na seomraí eile thíos staighre agus déanann mo dheirfiúracha na seomraí thuas staighre.

7. **Cad a bhíonn le déanamh sa chistin?**
   Bíonn go leor le déanamh. Mar shampla, inné, nigh mé na gréithe agus chuir mé an bruscar amach. Agus Dé Sathairn, **sciúr** mé an chistin ó **bhun go barr**! — scrubbed; from top to bottom

8. **An ndéanann tú aon obair sa ghairdín nó ar an bhfeirm?**
   Déanaim beagán oibre ar an bhfeirm. Tugaim bia do na ba agus uaireanta tugaim aire do na h**uain**. — lambs

✏️ Scríobh

Tá na habairtí seo bréagach. Scríobh an leagan ceart i do chóipleabhar.

1. Tá go leor capall, asal agus muc ar fheirm Patrice.
2. Tá cistin bheag mhíchompordach i dteach Patrice.
3. Ní chabhraíonn Patrice le cúraimí an tí.
4. Ní roinneann Patrice agus a siblíní na cúraimí.
5. Ghlan Patrice na seomraí folctha ó bhun go barr Dé Sathairn.

✏️🗨️ Scríobh agus labhair

Freagair na ceisteanna a d'fhreagair Patrice (Ceisteanna 1–8) i do chóipleabhar. Ansin, cuir na ceisteanna seo ar an duine atá in aice leat. Taifead an comhrá ar d'fhón póca nó ar do ríomhaire.

 **Labhair**

Léirigh an t-agallamh seo leis an duine atá in aice leat.

Rodrigo

1. **Cár rugadh agus tógadh thú?**
   Bhuel, creid é nó ná creid, rugadh sa Bhrasaíl mé ach bhogamar go Baile Átha Cliath nuair a bhí mé cúig bliana d'aois.

2. **Cén sórt tí atá agaibh?**
   Tá árasán againn, árasán dhá stór.

3. **Cá bhfuil sé suite?**
   Tá sé suite ar bhóthar gnóthach i lár na cathrach.

4. **Cé mhéad seomra atá ann?**
   Tá seacht seomra ann: cistin, dhá sheomra folctha, seomra suí agus trí sheomra codlata.

5. **Cén seomra is fearr leat?**
   An seomra codlata. Is breá liom mo scíth a ligean ann tar éis lá fada scoile!

6. **Cén troscán atá agat i do sheomra codlata?**
   Bhuel, tá leaba shingil ann, chomh maith le vardrús, leabhragán agus taisceadán. Tá ríomhaire agus deasc ann freisin.

7. **Arbh fhearr leat a bheith i do chónaí i dteach ná in árasán?**
   Tá **buntáistí** agus míbhuntáistí ag baint leis an dá cheann ach is breá liom a bheith i mo chónaí in árasán.   advantages

8. **Cad iad na difríochtaí, meas tú?**
   Bhuel, i dteach, mar shampla, bíonn gairdín agat. Is minic a bhíonn tithe níos ciúine freisin, **go háirithe** faoin tuath nó in eastáit tithíochta. In árasáin, áfach, bíonn go leor siopaí agus páirceanna in aice láimhe. Bíonn **níos lú** cúraimí tí le déanamh in árasán freisin! Tá go leor cairde agam sa bhloc árasán seo freisin agus is breá liom sin.   especially / less

 Scríobh

Freagair na ceisteanna seo i do chóipleabhar.

1. Cár rugadh Rodrigo?
2. Cad iad na seomraí in árasán Rodrigo?
3. Cén seomra is fearr le Rodrigo? Cén fáth?
4. Arbh fhearr le Rodrigo a bheith ina chónaí i dteach ná in árasán?
5. Luaigh buntáiste **amháin** a bhaineann le hárasáin agus buntáiste **amháin** a bhaineann le tithe.

  **Scríobh agus labhair**

Freagair na ceisteanna a d'fhreagair Rodrigo (Ceisteanna 1–8) i do chóipleabhar. Ansin, cuir na ceisteanna seo ar an duine atá in aice leat. Taifead an comhrá ar d'fhón póca nó ar do ríomhaire.

 Táim in ann ceisteanna faoi m'áit chónaithe a fhreagairt.

céad a seacht déag

LITRÍOCHT

Úrscéal: Hiúdaí Beag

Déanfaidh tú staidéar ar úrscéal sa tSraith Shóisearach. Tá *Hiúdaí Beag* le hEithne Ní Ghallchobhair ar cheann de na húrscéalta a d'fhéadfá a léamh.

An scríbhneoir

Is as Ard an Rátha, Dún na nGall, í Eithne Ní Ghallchobhair. Oibríonn sí le hAcadamh Ríoga na hÉireann. Is scríbhneoir agus scéalaí í agus tá duaiseanna Oireachtais buaite aici sa scríbhneoireacht agus sa scéalaíocht.

 Léigh

Léigh cúlra an úrscéil seo.

Cúlra an úrscéil

Is úrscéal é seo faoi fhear óg darb ainm Hiúdaí Beag. Tugadh Hiúdaí Beag air mar Hiúdaí Mór ab ainm dá athair. Mar sin féin, níl Hiúdaí Beag beag ar chor ar bith. Tá sé níos airde agus níos láidre ná a athair. Duine an-leisciúil é, áfach, agus lá amháin, socraíonn a Dhaid **bata is bóthar a thabhairt dó**. — kick him out

Sna **sleachta** seo, tugtar **léargas** ar thréithe éagsúla Hiúdaí. Sa chéad sliocht, feicimid **cé chomh leisciúil agus atá sé**. Ní dhéanann sé tada seachas fanacht ina shuí ar an tolg. Sa dara sliocht, áfach, feicimid cé chomh láidir agus diongbháilte atá sé. Tá sé ag obair d'fheirmeoir **garbh giobach**. Cuireann a **neart neamhghnách** iontas ar an bhfeirmeoir. — excerpts; insight / how lazy he is / rough and scruffy / unusual strength

 Scríobh

Tá an t-úrscéal seo bunaithe ar na seanscéalta béaloidis (*folk tales*) a bhíodh againn in Éirinn fadó. Tá roinnt tréithe de na scéalta seo le feiceáil sa leabhar *Hiúdaí Beag*. Cad is brí leis na tréithe seo? Bain úsáid as d'fhoclóir nó as www.focloir.ie.

> áibhéil   carachtair shimplí   uaim   crógacht   laochas   gaisce

Léigh, éist agus scríobh

Léigh agus éist leis na sleachta as *Hiúdaí Beag* le hEithne Ní Ghallchobhair agus freagair na ceisteanna.

Hiúdaí Beag
le hEithne Ní Ghallchobhair

Sliocht 1

Bhí sé ann i bhfad ó shin agus i bhfad ó shin féin é. Bhí fear ina chónaí ar an mbaile seo agus Hiúdaí Beag an t-ainm a bhí air. **Tugadh** Hiúdaí Beag air de bharr go raibh Hiúdaí Mór ar a athair. **Bíodh sin amhlaidh**, bhí Hiúdaí Beag níos airde ná a athair, bhí sé níos leithne ná a athair agus bhí sé níos LÁIDRE ná a athair. Déanta na fírinne, ní raibh Hiúdaí Mór rómhór ar chor ar bith.

	it happened long ago and long ago it was; called
	be that as it may

Bhí Hiúdaí Beag **ag tarraingt ar** naoi mbliana déag d'aois ach **lá oibre ní dhearna sé** riamh ina shaol. Ní fhaca duine ar bith Hiúdaí Beag ag siúl **oiread agus aon choiscéim** riamh ach, muna raibh luas na gcos féin ag Hiúdaí Beag, d'fhás sé mór agus d'fhás sé fada agus **ní raibh i bhfad ann go** raibh sé níos airde ná an díon tí. Bhí sé **i dtólamh** ina luí ar an tolg **sa chlúid**, a dhá chos **spréite** amach roimhe agus, nuair a **shínfeadh** sé é féin, rud a rinne sé anois agus arís, rachadh a chosa amach ar an doras.

	approaching
	a day of work he did not do
	as much as one step
	it wasn't long until
	always
	beside the fire; sprawled
	would stretch

Lá amháin garbh gaofar i lár an gheimhridh tháinig Hiúdaí Mór isteach sa teach agus **cliabh móna** aige le cur ar an tine. Isteach leis **de rúid**, thit sé béal faoi ar chosa Hiúdaí Bhig agus thuirling sé le PREAB caol díreach ar an urlár. Lig sé SCREAD FÍOCHMHAR as féin. **Chrap** Hiúdaí Beag é féin suas mar a bheadh liathróid peile ann.

	creel (basket) of turf
	in a rush
	ferocious; hunched

'**Coimheád** mo chosa!' arsa seisean go feargach lena athair.

Ní mó ná sásta a bhí a athair nuair a chuala sé na focail sin **ag sileadh** amach as béal a mhic. Bhí sé AR BUILE. Bhí sé **le CEANGAL**!

	watch out for
	not very happy
	trickling
	furious

'An bhfuil a fhios agat seo, a Hiúdaí Bhig,' arsa seisean, agus é ag cuimilt a ghlúin, 'tá tusa fada go leor i do luí ar an diabhal tolg ansin. Níl ionat ach… ach… bolg ar tholg. Is LIOMSA an tolg sin agus ní raibh **faill** agam suí air le cúig bliana déag anuas.'

	a chance

1. Cén fáth ar tugadh Hiúdaí 'Beag' ar Hiúdaí?
2. Cén aois a bhí ag Hiúdaí?
3. Cén sórt saoil a bhí ag Hiúdaí Beag? Cad a rinne sé gach lá?
4. Déan cur síos ar an eachtra a chuir racht feirge ar athair Hiúdaí?
5. Cad a dúirt sé le Hiúdaí Beag? Is leor dhá phointe eolais.

Sliocht 2

Thosaigh an feirmeoir ag caint **ar an móin**. Dúirt sé nach raibh an mhóin a bhí acu **ach go leath-mheasartha** agus **nach dtiocfadh leo** tine a lasadh léi.

about the turf; only average; that they couldn't

'Ba chóir duit,' arsa seisean le Hiúdaí Beag, 'dul síos chun na coille agus **ualach breá brosna** a bhaint **a chuirfidh an geimhreadh isteach dúinn**'.

a fine load of firewood; get us through the winter

'Tá go maith,' arsa Hiúdaí Beag leis an bhfeirmeoir.

Chuaigh Hiúdaí Beag **a fhad leis an scioból**, fuair sé rópa agus **tua** agus as go brách leis. **Ní raibh i bhfad ann gur bhain sé an choill amach**. Thosaigh Hiúdaí Beag ar na crainn mar a bheadh **fear ar mire** ann. Ní raibh buille a tharraing sé den tua nach raibh crann ar lár aige. Ghearr sé agus ghearr sé agus nuair a mheas sé go raibh go leor bainte aige fuair sé an rópa agus **cheangail** sé an t-ualach. **Ba bheag an mhoill a bhí ar** Hiúdaí Beag; **thug sé aghaidh ar** an mbaile.

as far as the barn; axe; it wasn't long before he reached the forest; a man enraged; tied; it didn't take long for; he headed for

Chonaic an feirmeoir Hiúdaí Beag **ag tarraingt** ar an teach agus na crainn ar fad ag teacht ina dhiaidh. **Dóbair** go raibh **TAOM CROÍ** aige. Shíl sé go raibh iomlán na coille le Hiúdaí Beag ar a mhuin. Ní raibh i bhfad go raibh Hiúdaí Beag suas a fhad leis. Bheannaigh Hiúdaí Beag don fheirmeoir agus bheannaigh an feirmeoir dó. **Scaoil** sé an t-ualach ollmhór agus **spréigh** sé amach ar an talamh é. Bhuel, bhí an teach agus an clós thart timpeall air **clúdaithe** le crainn agus le duilleoga. Níor bhac Hiúdaí Beag leis na duilleoga a bhaint de na crainn agus **ní raibh oiread agus orlach** den talamh nach raibh crann nó craobh ina luí air.

approaching; nearly; heart attack; released; spread; covered; there wasn't even an inch

1. Cén sórt oibre a luaigh an feirmeoir an chéad rud ar maidin?
2. Tabhair pointe **amháin** eolais a léiríonn gur oibrigh Hiúdaí go dian.
3. Cén fáth gur dhóbair go raibh taom croí ag an bhfeirmeoir nuair a chonaic sé Hiúdaí ag teacht?
4. Cén áit ar fhág Hiúdaí na crainn agus na duilleoga?
5. Luaigh sampla **amháin** d'áibhéil (*exaggeration*) sa sliocht seo.

 **Bí ag caint!**

Cad a tharla ina dhiaidh seo, meas tú? I ngrúpa, pléigh do thuairim. Ansin, léigh an t-úrscéal *Hiúdaí Beag* chun fáil amach.

Na carachtair san úrscéal: Léigh

Léigh an freagra samplach seo.

Ceist shamplach:

Déan cur síos ar charachtar amháin san úrscéal.

Freagra samplach:

Is carachtar casta é Hiúdaí Beag. Duine mór millteach atá ann, go fisiciúil agus go meafarach. Cabhraíonn an áibhéil sa scéal le tréithe Hiúdaí a chur i láthair. — *metaphorically; exaggeration*

Ag tús an scéil, cuirtear síos air mar dhéagóir leisciúil, nach ndéanann aon rud seachas fanacht ina shuí ar an tolg an lá ar fad. Tá sé suarach agus leithleasach agus is cuma sa sioc leis faoi dhuine ar bith eile. Mar shampla, nuair a bhaineann a chosa tuisle as a athair, béiceann sé air seachas 'Tá brón orm!' a rá. Go fisiciúil, tá sé an-láidir agus an-ard ar fad – chomh hard leis an díon, fiú. — *he is described as; mean; selfish; doesn't care at all*

Níos déanaí sa scéal, éiríonn le Hiúdaí leas a bhaint as a thréithe fisiciúla. Nuair a iarrann an feirmeoir air beart brosna a fháil, faigheann Hiúdaí rópa agus tua, agus as leis go dtí an choill. Ní le beart brosna a thagann sé ar ais, áfach, ach leath na coille ar a dhroim! — *make use of; bundle of firewood; half the forest*

Tuigimid go mbíonn carachtar i scéalta mar seo áibhéileach agus éiríonn le hEithne Ní Ghallchobhair an áibhéil seo a chur i gcrích go héifeachtach agus go greannmhar.

Tréithe an bhéaloidis: Meaitseáil

I scéalta béaloidis mar seo, bíonn roinnt tréithe le feiceáil go soiléir. Meaitseáil na tréithe thíos le sampla ón úrscéal.

	Tréithe		Sampla ón úrscéal
1	gaisce/laochas	A	'Lá amháin garbh gaofar …'
2	áibhéil	B	Tagann Hiúdaí Beag ar ais ón gcoill agus leath na coille ar a dhroim.
3	carachtair shimplí	C	Tá Hiúdaí Beag níos airde ná díon an tí.
4	uaim	D	'Bhí sé ann i bhfad ó shin agus i bhfad ó shin féin é.'
5	líne oscailte á rá gur fadó a tharla an scéal	E	Tá an feirmeoir suarach agus giobach.

1 = ____   2 = ____   3 = ____   4 = ____   5 = ____

 # Punann 3.6

Tá go leor samplaí de scéalta béaloidis ar www.duchas.ie. Cuardaigh 'béaloideas' agus roghnaigh scéal amháin a thaitníonn leat. Dear leagan digiteach den scéal ar www.storyboardthat.com. Cuir na híomhánna críochnaithe isteach i do phunann ar leathanach 40.

 Táim in ann anailís a dhéanamh ar shliocht as úrscéal béaloidis.

CLEACHTAÍ ATHBHREITHNITHE

Súil Siar

A. Freagair na ceisteanna seo.
1. Cá bhfuil tú i do chónaí?
2. Cén sórt tí atá agaibh?
3. Cé mhéad seomra atá ann? Céard iad?
4. Cén seomra is fearr leat? Cén fáth?

B. Líon na bearnaí i do chóipleabhar.

> ón gcuisneoir   an teach   sa seomra bia   mo bhricfeasta   sa seomra suí
> sa seomra folctha   mo chuid obair bhaile   m'éide scoile

D'éirigh mé ag a seacht a chlog ar maidin. D'ith mé _____ sa chistin agus ansin, bhí cith agam _____. Chuir mé _____ orm i mo sheomra codlata, fuair mé bia _____ atá sa chúlchistin agus d'fhág mé _____.

Nuair a tháinig mé abhaile, rinne mé _____ sa seomra staidéir. D'ith mé mo dhinnéar _____ agus sula ndeachaigh mé a luí, chaith mé tamall ag féachaint ar an teilifís _____.

C. Meaitseáil na hearraí tí leis an seomra.

1	gréithe agus sceanra	A	seomra suí
2	tolg agus cathaoir luascáin	B	seomra codlata
3	braillíní, dallóga agus taisceadán	C	seomra folctha
4	báisín agus scáthán	D	cistin

1 = ___   2 = ___   3 = ___   4 = ___

D. Athscríobh na briathra idir lúibíní san Aimsir Chaite i do chóipleabhar (sb = saorbhriathar).

1. [Oscail: mé] _____ an fhuinneog.
2. Cár [ceannaigh: tú] _____ d'uaireadóir?
3. Cathain a [fág: sibh] _____ an teach?
4. Ar [mínigh: sb] _____ an scéal duit?
5. [Dún: sb] _____ an doras.
6. Níor [caith: mé] _____ ach tamall ann.
7. Níor [aimsigh: sí] _____ m'eochair.
8. [Brúigh: sé] _____ ar an idirchum.
9. Ar [ól: sb] _____ an t-uisce ar fad?
10. Níor [líon: mé] _____ mo phócaí le seacláid!

E. Athscríobh na briathra idir lúibíní san Aimsir Chaite i do chóipleabhar (sb = saorbhriathar).

1. An [abair: sb] _____ leat go mbeidh mé ann?
2. [Faigh: sibh] _____ tolg nua inné.
3. Ní [bí: mé] _____ sásta ar chor ar bith.
4. Níor [tar: siad] _____ abhaile go dtí a naoi.
5. Cathain a [bí: sí] _____ ann?
6. Cén fáth ar [tabhair: siad] _____ na gréithe leo?
7. [Beir: sí] _____ ar a mála agus [téigh: sí] _____ abhaile.
8. Ní [feic: sí] _____ tada ach [feic: mise] _____ é.
9. Níor [clois: sb] _____ an fothram ach [feic: sb] _____ an solas.
10. [Tabhair: sé] _____ obair dúinn ach ní [déan: muid] _____ é.

F. Meaitseáil na pictiúir leis na cúraimí.

Chroch mé na héadaí. ☐   Réitigh mé an dinnéar. ☐

Ghearr mé an féar. ☐   Nigh mé an carr. ☐

Rinne mé an iarnáil. ☐   Thug mé an madra amach ag siúl. ☐

G. Ceap scéal a mbeadh an giota seo thíos oiriúnach mar thús leis:

'Fuair mé an glao fóin am lóin. Níor chreid mé an rud a chuala mé.'

Ar dtús, déan plean. Ansin scríobh an scéal.

Cluastuiscint

Traic 29–30

Cloisfidh tú fógra agus píosa nuachta sa cheist seo. Cloisfidh tú an fógra agus píosa nuachta faoi dhó. Beidh sos ann leis na freagraí a scríobh tar éis na chéad éisteachta agus tar éis an dara héisteacht.

Script: leathanach 107 de do Leabhar Gníomhaíochta.

Fógra

1. Conas is féidir cur isteach ar an gcomórtas seo?
2. Cathain a fhógrófar an buaiteoir?
3. Ar mhaith leat féin cur isteach ar an gcomórtas seo? Tabhair pointe **amháin** eolais mar thacaíocht le do fhreagra.

Píosa Nuachta

1. Cén cineál comhlachta inar tharla an bhuirgléireacht seo?
2. Conas a bhí an buachaill gléasta nuair a chuaigh sé isteach san fhoirgneamh?
3. Luaigh **trí** phíosa glantóireachta a rinne an buachaill.
4. Cad a ghoid an buachaill ón gcomhlacht?
5. Cé a thug an buachaill faoi deara?

Cultúr 3
Ráthanna agus Sióga

Ráthanna

Thart ar 500 AD, bhí cónaí ar go leor Éireannach i lonnaíochtaí ciorclacha. Tugaimid 'ráth' nó 'lios' ar an gcineál lonnaíochta seo. Bhíodh banc cré timpeall an rátha chun na daoine agus na hainmhithe a chosaint ó chreachadóirí, cosúil le mic tíre.

Ráth an tSratha, Co. Ros Comáin

In iarthar na hÉireann, thógadh daoine ráthanna le clocha. Tugaimid 'caiseal' nó 'cathair' ar an sórt lonnaíochta seo.

Grianán Ailigh, Co. Dhún na nGall

Bhí roinnt lonnaíochtaí an-tábhachtach, mar shampla lonnaíochtaí na ríthe. Tugaimid 'dún' ar an sórt seo lonnaíochta.

Dún Pádraig, Co. an Dúin

Is ó na lonnaíochtaí seo a fhaigheann go leor bailte in Éirinn a n-ainm. Mar shampla, Ráth Fearnáin, Caiseal, Cathair na Mart agus Dún Pádraig.

Sióga

Nuair a bhog daoine amach as na ráthanna, chreid siad gur bhog na 'sióga', nó 'fairies', isteach. B'fhéidir go bhfuil an focal 'banshee' cloiste agat. 'Bean sí' ('fairy woman') a thugtar ar an mbean seo sa Ghaeilge.

Uaireanta, bhíodh na sióga cineálta ach is minic a bhídís go holc freisin. De réir na seanscéalta, d'fhuadaíodh na sióga daoine agus uaireanta, ghortaíodh na sióga go dona iad. Mar sin, bhí eagla ar go leor de mhuintir na hÉireann rompu.

Bean sí

Thaitin im agus bainne leis na sióga agus uaireanta, d'fhágadh daoine bainne nó im amach dóibh.

Scaipeadh go leor scéalta faoi na sióga ó ghlúin go glúin. Mar thoradh ar na scéalta seo, chreid go leor de mhuintir na hÉireann go raibh sióga ann suas go dtí lár na 1900í.

Stór focal

lonnaíochtaí ciorclacha	circular settlements	go holc	evil
banc cré	bank of clay	d'fhuadaíodh	used to kidnap
a chosaint	to defend	ghortaíodh	used to injure
creachadóirí	predators	scaipeadh	were spread
mic tíre	wolves (sons of the land)	glúin	generation
bhídís	they used to be	mar thoradh ar	as a result of

Taighde agus cur i láthair

Téigh chuig www.duchas.ie agus cuardaigh 'sióga' nó 'fairies'. Léigh scéal **amháin** ón liosta. Breac síos nótaí. Ansin, cruthaigh leagan digiteach den scéal ar www.storyjumper.com.

Cuir an scéal i láthair an ranga.

Féinmheasúnú

1. Samhlaigh go mbeidh ort leagan digiteach eile den scéal a chruthú. An ndéanfaidh tú aon rud difriúil? Tabhair fáth **amháin** le do fhreagra.
2. I do thuairim, an raibh an cur i láthair seo deacair? Cén fáth? Tabhair **dhá** fháth le do thuairim.

CAIBIDIL 4

Mo Cheantar

Clár Ábhair

Foclóir	An Baile Mór	128
Foclóir	Cineálacha Siopaí	130
Foclóir	Amuigh sa Bhaile Mór	132
Foclóir	Gnóthach sa Bhaile Mór	133
Léamhthuiscint	Ionaid Siopadóireachta	134
Físeán	An Siopa Gaeilge	136
Léamh agus Gramadach	An Chopail 'is'	138
Léamhthuiscint	Triúr Ciarraíoch Cáiliúil	140
Éisteacht	Fadhbanna i Mo Cheantar	142
Léamhthuiscint	An Comhshaol a Chosaint	144
Scríobh	Ríomhphost: Mo Bhaile	146
Béaltriail	Dhá Agallamh	148
Litríocht	Dráma: Gleann Álainn	150
Cleachtaí Athbhreithnithe	Súil Siar	172
Cultúr 4	Ogham	174

✓ Faoi dheireadh na caibidle seo, beidh mé in ann:
- Cur síos a dhéanamh ar mo cheantar.
- Treoracha a thabhairt agus a lorg.
- Ríomhphost a scríobh faoi mo cheantar.

🔑 Príomhscileanna
- Cumarsáid
- A bheith liteartha
- A bheith uimheartha
- Obair le daoine eile

Litríocht
Gleann Álainn

Ag deireadh na caibidle seo, déanfaimid staidéar ar an dráma *Gleann Álainn*. Léigh an sliocht gearr thíos agus cuir tús le do chuid machnaimh ar an dráma agus ar an topaic seo.

PÁDRAIG: Tá sé go hálainn … An dtaitníonn an áit seo le gach uile dhuine?

GACH DUINE: Taitníonn!

PÁDRAIG: Go hiontach!

SEOSAMH: Sílim go rachaidh mise suas ar an ard, beidh radharc níos fearr ar na sléibhte ón áit sin.

Sa drama *Gleann Álainn* socraíonn beirt de na déagóirí dul suas ar chnoc agus pictiúr den radharc a tharraingt. Is ansin a fheiceann siad beirt fhear ag dumpáil sa ghleann.

Cá bhfuil an radharc is fearr i do cheantar féin? Céard iad na rudaí is féidir a fheiceáil ón áit sin? Le linn na caibidle seo, freagair na ceisteanna sin. Ag an deireadh, déan comparáid le daoine eile i do rang. Cén cur síos is fearr?

An Baile Mór

  Scríobh agus labhair

Féach ar an bpictiúr agus déan liosta de na rudaí atá i do bhaile féin agus na rudaí nach bhfuil i do bhaile féin. Déan comparáid leis na daoine atá in aice leat.

Dia daoibh. Is mise Muireann. Seo mo bhaile mór i dTiobraid Árann.

- séipéal agus reilig
- bialann
- busáras
- siopa caife
- teach cúirte
- scairdeán
- stáisiún na nGardaí
- ollmhargadh
- banc
- stáisiún traenach

 Stór focal

baile cois farraige	seaside/coastal town	bruachbhaile	suburb
baile tuaithe	rural town	baile beag iargúlta	small remote town
baile mór tionsclaíoch	big industrial town	príomhchathair	capital city
baile ilchultúrtha	multicultural town	cathair ghnóthach	busy city

Scríobh agus labhair

Freagair na ceisteanna seo. Ansin, cuir na ceisteanna ar an duine atá in aice leat.

1	Cén sórt ceantair é do cheantar?	Ceantar deas ciúin is ea é, chun an fhírinne a rá. Ach bíonn sé beo bríomhar ag an deireadh seachtaine.
2	An bhfuil a lán áiseanna i do cheantar?	Tá go leor leor áiseanna i mo cheantar. Ina measc, tá club óige, ionad siopadóireachta agus cúirteanna leadóige.

✓ Táim in ann cur síos a dheanamh ar an mbaile mór.

céad fiche a naoi

Turas 3

FOCLÓIR

Cineálacha Siopaí

  Scríobh agus labhair

I ngrúpa, smaoinigh ar aon chineál siopa nach bhfuil sna pictiúir thíos. Téigh chuig www.tearma.ie nó www.focloir.ie. Scríobh na cineálacha siopaí nua i do chóipleabhar.

 bácús	 siopa éadaí	 siopa crua-earraí	 siopa sceallóg
 ollmhargadh	 siopa éisc	 stalla nuachtán	 siopa bronntanas
 siopa ceoil	 siopa grósaera	 siopa spóirt	 siopa bréagán
 gruagaire	 siopa guthán	 siopa torthaí agus glasraí	 siopa peataí
 siopa búistéara	 siopa poitigéara	 siopa caife	 siopa bróg

céad tríocha

Éist agus scríobh

Chuaigh an ceathrar déagóirí seo ag siopadóireacht. Cá ndeachaigh siad agus cén fhadhb a bhí acu? Scríobh na freagraí i do chóipleabhar.

Ainm	Siopa	Fadhb
Póilín		
Sam		
Anraí		
Aifric		

 Script: leathanach 108 de do Leabhar Gníomhaíochta.

Stór focal

Rinne mé iarracht ticéad a cheannach ach bhí siad go léir díolta amach.	I tried to buy a ticket but they were all sold out.
Cheannaigh mé cóta nua ar €70.	I bought a new coat for €70.
D'íoc sí as an tsiopadóireacht ar fad.	She paid for all the shopping.
Bhain sé triail as a rothar nua ach thit sé de.	He tried out his new bike but he fell off it.
Thriail mé orm an gúna dearg ach bhí sé rómhór.	I tried on the red dress but it was too big.
Chuir mé orm an cóta agus d'oir sé go breá dom.	I put the coat on and it fit me very well.
Bhain mé díom na bróga mar níor fheil siad dom.	I took off the shoes because they did not fit/suit me.
D'fhan mé 20 nóiméad sa scuaine.	I waited 20 minutes in the queue.

Punann 4.1

Rangaigh na siopaí i do cheantar de réir na gcatagóirí thíos. Dear píchairt chun céatadán na gcineálacha éagsúla siopaí a léiriú. Tá sampla agus tuilleadh treoracha i do phunann ar leathanach 44.

Catagóirí	Siopaí earraí (seachas bia)	Siopaí grósaera	Seirbhísí	Bialanna/Bialanna beir leat/Siopaí caife/Tithe tábhairne
Samplaí	Ceol-Ceol (siopa ceoil)	Ollmhargadh Uí Shé (ollmhargadh)	An Post (oifig an phoist)	La Pizzeria (bialann Iodálach)

 Táim in ann cur síos a dhéanamh ar na siopaí i mo cheantar.

céad tríocha a haon

Turas 3

FOCLÓIR

Amuigh sa Bhaile Mór

Tosaigh anseo

stáisiún na nGardaí · banc · stáisiún traenach · bialann · siopa éadaí · ollmhargadh · oifig an phoist · club óige · ionad fóillíochta

Bí ag caint!

I mbeirteanna, féach ar an léarscáil thuas. Tabhair treoracha go dtí na háiteanna seo. Tosaigh ag an mbanc. Bain úsáid as an stór focal thíos.

> Gabh mo leithscéal, an bhféadfá a rá liom cá bhfuil an t-ollmhargadh?

> Ó, tá sé sin an-éasca. Siúil díreach ar aghaidh agus tóg an chéad chasadh ar dheis. Feicfidh tú ar dheis é.

1. Oifig an phoist
2. An bhialann
3. An stáisiún traenach
4. An t-ionad fóillíochta

 Stór focal

téigh díreach ar aghaidh	go straight on	timpeallán	roundabout
gabh suas/síos an bóthar sin	go up/down that road	crosbhóthar	crossroad
tóg/glac an chéad chasadh ar dheis	take the first turn right	is é an chéad fhoirgneamh ar chlé é	it is the first building on the left
cas ar dheis/chlé	turn right/left	feicfidh tú	you will see
téigh thar an droichead	go over the bridge	ar an gcoirnéal/gcúinne	on the corner
téigh trasna na sráide	cross the street	an dara siopa ar chlé/ar dheis	the second shop on the left/on the right
siúil i dtreo an ollmhargaidh	walk towards the supermarket	tiontaigh/cas ar dheis ag an gcrosbhóthar	turn right at the crossroads

 Táim in ann treoracha a thabhairt agus a lorg.

FOCLÓIR

Gnóthach sa Bhaile Mór

Meaitseáil

Meaitseáil na giotaí le chéile.

1	Chuaigh mé go dtí an siopa nuachtán	A	chun bearradh gruaige a fháil.
2	Chuaigh mé go dtí an gruagaire	B	chun cuairt a thabhairt ar m'aintín thinn.
3	Chuaigh mé go dtí an stáisiún traenach	C	chun éadaí nua a thriail orm/a cheannach.
4	Chuaigh mé go dtí an abhainn nó an pháirc	D	chun béile deas a ithe.
5	Chuaigh mé go dtí an siopa éadaí	E	chun páipéar nuachta a cheannach.
6	Chuaigh mé go dtí an bhialann áitiúil	F	chun mo scíth a ligean.
7	Chuaigh mé go dtí an t-ospidéal	G	chun an traein go Luimneach a fháil.

1 = ___   2 = ___   3 = ___   4 = ___   5 = ___   6 = ___   7 = ___

Bí ag caint!

Cén áit ar féidir leat na rudaí seo a dhéanamh? Cuir ceisteanna ar an duine atá in aice leat.

Sampla: 'Cén áit ar féidir leat cupán caife a ól?' – 'Is féidir leat cupán caife a ól sa siopa caife.'

1	cupán caife a ól	3	páipéar nuachta a cheannach	5	cluiche púil a imirt
2	arán a cheannach	4	do scíth a ligean	6	bearradh gruaige a fháil

Bí ag caint!

Cuir na ceisteanna seo ar an duine atá in aice leat. Bain úsáid as na freagraí samplacha thíos.

1	Cad é an uair dheireanach a chuaigh tú go dtí an baile mór?	Chuaigh mé go dtí an baile mór Dé Sathairn seo caite.
2	Cá ndeachaigh tú? Cén fáth?	Chuaigh mé go bialann chun bualadh le cara liom. Chuaigh mé go dtí an phictiúrlann chun scannán a fheiceáil.

Tá tuilleadh cleachtaí ar an Ainm Briathartha ar leathanach 412.

Táim in ann caint faoi na rudaí a dhéanaim sa bhaile mór.

Mo Cheantar

LÉAMHTHUISCINT

Ionaid Siopadóireachta

   Léigh, éist agus scríobh

Léigh agus éist leis an tuairisc seo agus freagair na ceisteanna a ghabhann leis.

Sleamhnán Cúig Urlár in Ionad Siopadóireachta

Creid é nó ná creid, tá sleamhnán cúig urlár in ionad siopadóireachta Printemps Shanghai. Is féidir le custaiméirí sleamhnú síos cúig urlár ar luas marfach. Chuaigh Caral Ní Cheannanáin go dtí an tSín chun níos mó a fháil amach.

Ionad siopadóireachta Printemps

Bunaíodh Printemps i bPáras na Fraince in 1865. Anois, tá clú agus cáil air ar fud an domhain agus tá Printemps le fáil i gcathracha amhail Tóiceo, Dubai, agus anois, Shanghai.

Ba é Printemps an chéad ionad siopadóireachta a chuir **praghas socraithe** ar **gach earra**. Roimhe sin, bhí ar chustaiméirí **margáil** faoi na praghsanna. Bhí ar chustaiméirí **dea-ghléasta** praghsanna **níos airde** a íoc!

praghas socraithe	fixed price
gach earra	every good; haggle
dea-ghléasta; níos airde	well-dressed; higher

B'iomaí dúshlán mór a bhí roimh Printemps, áfach. Ní raibh sé i gcónaí breá éasca dóibh! In 1881, **dódh** Printemps go talamh. Roinnt blianta ina dhiaidh sin, in 1904, **ba bheag nár thit an gnólacht as a chéile**. Agus creid é nó ná creid, in 2008 aimsíodh **buama** sa leithreas!

B'iomaí	there were many
dódh	burnt
ba bheag nár thit an gnólacht as a chéile; buama	the business nearly collapsed; bomb

Na siopaí

Cosúil le Printemps na Fraince, tá **réimse leathan** siopaí in Printemps Shanghai: búitící faisin ina ndíoltar **lipéid** ghalánta Eorpacha, siopaí earraí leictreonacha ina ndíoltar **brandaí** móra Seapánacha, chomh maith le siopaí **seodra**, siopaí éadaí, siopaí spóirt agus go leor eile. Tá bialanna agus siopaí caife anseo freisin chomh maith le clós spraoi do pháistí.

réimse leathan	wide range
lipéid	labels
brandaí	brands
seodra	jewellery

An sleamhnán

Níl aon **amhras**, áfach, gurb é an **sleamhnán cúig urlár** an rud is fearr faoin ionad siopadóireachta seo! Mura dtaitníonn an t-**ardaitheoir** ná an **staighre beo** mall gnóthach leat, **níl le déanamh agat** ach léim síos an sleamhnán seo ar an gcúigiú hurlár agus tar éis 16 soicind agus 54 m, beidh tú ar ais ar an **mbunurlár**.

amhras; sleamhnán cúig urlár	doubt; five-storey slide; elevator
ardaitheoir	
staighre beo	escalator;
níl le déanamh agat	all you have to do
bunurlár	ground floor

Tá **meascán tuairimí** ag custaiméirí rialta faoin sleamhnán. Dúirt Zhao Liyuan, custaiméir rialta de chuid Printemps, go dtaitníonn an sleamhnán go mór léi. D'úsáid sí an sleamhnán deich n-uaire an tseachtain seo caite! 'Tá sé thar a bheith praiticiúil,' arsa sise. Ceapann Lin Zhang, custaiméir eile, áfach, go bhfuil an sleamhnán ródhainséarach. 'Níl sé sábháilte ar chor ar bith!' arsa seisean.

Caithfidh mé a admháil go raibh eagla an domhain orm ag sleamhnú síos an sleamhnán **spleodrach** seo ach bhain mé an-sult as. **Molaim go spéir** é!

mix of opinions

exciting
I highly recommend

1. Cén fáth a ndeachaigh Caral Ní Cheannanáin go dtí an tSín?
   Cuir **tic** (✔) leis an bhfreagra ceart.
   - chun Balla Mór na Síne a fheiceáil ☐
   - chun bialanna na Síne a thriail ☐
   - chun cuairt a thabhairt ar ionad siopadóireachta ☐

2. Cén abairt is fearr a mhíníonn an t-ionad siopadóireachta Printemps?
   Cuir **tic** (✔) leis an bhfreagra ceart.
   - ionad siopadóireachta galánta atá ann ☐
   - ionad siopadóireachta measartha atá ann ☐
   - ionad siopadóireachta leadránach atá ann ☐

3. Conas a d'athraigh Printemps praghsáil na n-earraí?
   Cuir **tic** (✔) leis an bhfreagra ceart.
   - Chuir siad praghas socraithe ar gach earra. ☐
   - Rinne siad margáil faoi gach praghas. ☐
   - Bhain siad an praghas de gach earra. ☐

4. Céard iad na dúshláin a bhí roimh Printemps san am atá thart. Is leor **dhá** phointe eolais.

5. Conas a mhothaigh Caral agus í ag sleamhnú síos an sleamhnán? Is leor **dhá** phointe eolais.

6. 'Tá meascán tuairimí ag custaiméirí rialta faoin sleamhnán.' Bunaithe ar an sliocht thuas, tabhair sampla **amháin** de thuairim dhearfach agus sampla **amháin** de thuairim dhiúltach atá ag custaiméirí faoin sleamhnán.

Bí ag caint!

I ngrúpa, pléigh na ceisteanna seo.
1. Ar spéis leat triail a bhaint as an sleamhnán seo?
2. Cad iad na difríochtaí idir an t-ionad siopadóireachta Printemps agus an t-ionad siopadóireachta is gaire do bhur scoil.

 Táim in ann scríobh faoin ionad siopadóireachta agus na siopaí atá ann.

FÍSEÁN

An Siopa Gaeilge

📖 ✏️ Léigh agus scríobh

Sa roinn seo, féachfaidh tú ar fhíseán faoi shiopa leabhar Gaeilge in iardheisceart Dhún na nGall. Léigh an réamhrá agus freagair na ceisteanna.

Réamhrá

Tá an Siopa Gaeilge, nó an Siopa 'Gaidhlig' mar a deir siad **ó thuaidh**, lonnaithe i nGleann Cholm Cille, in **iardheisceart** Dhún na nGall. Tá sé mar chuid d'Oideas Gael, ceann de na h**ionaid chultúir** agus teanga is mó sa tír.

Tá 'an Gleann' lonnaithe i réigiún mór cultúir agus tá go leor áiseanna ann. Ina measc, tá bialanna, óstáin, siopaí caife agus clubanna spóirt. Chomh maith leis sin, tá **tírdhreach** an cheantair go hálainn. Tá tránna **rúnda**, sléibhte arda agus **aillte buacacha** san áit.

Sa **ghearrthóg** seo, pléann Gearóidín Ní Ardaigh an obair a dhéanann sí sa siopa chomh maith le ról an tsiopa sa cheantar.

in the north; southwest
cultural centres
landscape
secret
towering cliffs
clip

1. Cá bhfuil an Siopa Gaeilge lonnaithe?
2. Tabhair **dhá** phointe eolais faoi Ghleann Cholm Cille.
3. Cé a bheidh ag caint sa ghearrthóg seo?

Nóta beag faoin gcanúint

Athraíonn focail i nGaeilge ó réigiún go réigiún Mar shampla, deir siad 'Gaelainn' i gCúige na Mumhan, 'Gaeilge' i gCúige Chonnachta agus 'Gaidhlig' i gCúige Uladh.

Úsáidtear na focail seo a leanas sa ghearrthóg:

- domh (dom)
- leabharthaí (leabhair)
- graithe (gnóthach)
- iontach maith (an-mhaith)
- achan (gach)
- leofa (leo)
- rud inteacht (rud éigin)
- daofa (dóibh)
- ag dul 'na bhaile (ag dul abhaile)

  Féach agus scríobh

Féach ar an bhfíseán. San fhíseán seo, freagraíonn Gearóidín na ceisteanna thíos. Cad iad na freagraí a thugann sí? Bain úsáid as na focail tar éis gach ceist chun a cuid freagraí a achoimriú (*summarise*).

 Téigh chuig www.educate*plus*.ie/go/molsceal chun féachaint ar an bhfíseán. Tá script an fhíseáin ar fáil ar www.educate*plus*.ie/go/turas-3-nua.

1. Cá bhfuil an Siopa Gaeilge lonnaithe?

   lonnaithe   i nGleann Cholmcille   iardheisceart

2. Inis dúinn fút féin agus faoin obair a dhéanann tú sa siopa seo.

   rugadh   cúpla bliain   leabharthaí

3. Cén sórt earraí atá ar díol agaibh anseo?

   iontach graithe   cluichí   le linn na dianghlasála

4. An ndíolann sibh earraí ar líne freisin?

   seolann   cearn   orduithe

5. Cén tairbhe a bhaineann daoine as teacht isteach sa siopa?

   blaiseadh   ceannaíonn   cuimhní cinn beaga

6. Cén fáth a dtaitníonn an post seo leat?

   teacht isteach   ag plé le   sa bhaile

 Punann 4.2

Déan cur i láthair ar shiopa amháin nó ionad siopadóireachta amháin i do cheantar. Is féidir leat labhairt le duine atá ag obair sa siopa sin nó labhairt faoin siopa go ginearálta. Bain úsáid as na ceisteanna thuas chun struchtúr a chur ar an gcur i láthair. Tá treoracha mionsonraithe agus cur i láthair samplach i do phunann ar leathanach 46.

 Táim in ann cur i láthair a dhéanamh ar shiopa nó ionad siopadóireachta i mo cheantar.

An Chopail 'is'

An chopail

Uaireanta, úsáidimid na focail **is**, **ní** agus **an** in ionad **tá**, **níl** agus **an bhfuil**. Sna cásanna sin, athraímid ord na bhfocal.

Mar shampla, deirimid **Is múinteoir é** ach ní deirimid **Tá sé múinteoir**.

Mar shampla, deirimid **Is dochtúir í** ach ní deirimid **Tá sí dochtúir**.

An riail

Ní féidir dhá ainmfhocal (e.g. cailín, Seán, scoil) nó dhá fhorainm (e.g. mé, tú, sé) a úsáid le chéile tar éis **tá** nó **níl** nó **an bhfuil** (nó aon fhoirm eile den bhriathar 'bí').

You cannot use two nouns (e.g. cailín, Seán, scoil) or two pronouns (e.g. mé, tú, sé) in sequence after tá or níl or an bhfuil (or any other form of the verb 'to be').

Mícheart	Fáth	Ceart
Tá Biorra baile. ✗	Is ainmfhocail iad **Biorra** agus **baile**.	Is baile é Biorra. ✓
Ní an siopa bácús. ✗	Is ainmfhocail iad **(an) siopa** agus **bácús**.	Ní bácús é an siopa. ✓
An Síle díoltóir? ✗	Is ainmfhocail iad **Síle** agus **díoltóir**.	An díoltóir í Síle? ✓

Ná déan dearmad, 'Is é an cleachtadh a dhéanann máistreacht.'

Léigh agus scríobh

Léigh an píosa seo agus déan an cleachtadh a ghabhann leis.

Dia dhaoibh. Inga is ainm dom. Is as Biorra ó dhúchas mé. Tá Biorra suite i gcroílár na hÉireann. Is é an tríú baile is mó in Uíbh Fhailí é.

Is aoibhinn liom an ceantar seo. Baile bríomhar is ea é. Is baile cairdiúil é freisin.

Is áit mhór stairiúil é Caisleán Bhiorra. Tógadh an chéad chaisleán anseo in 1170 agus tógadh an caisleán atá ann inniu sa bhliain 1620.

Ba naomh cáiliúil é Breandán agus bhí cónaí air i mainistir i mBiorra. Ba dhuine de 'Dhá Aspal Déag na hÉireann' (*12 Apostles of Ireland*) é freisin.

Tá go leor áiseanna anseo freisin. Ina measc, tá bialanna agus siopaí caife, clós súgartha mór, páirc pheile agus raon cairtíní. Is é an raon cairtíní an áis is fearr liom.

Is baile álainn é Biorra. Is é an baile is deise in Éirinn é, i mo thuairim.

Scríobh

Tá na habairtí seo bréagach. Scríobh an leagan ceart i do chóipleabhar.

1. Ní baile bríomhar é Biorra.
2. Ní áit mhór stairiúil é Caisleán Bhiorra.
3. Is baile gránna é Biorra.

Léigh agus scríobh

Léigh an t-alt thíos. Déan eagarthóireacht ar na focail a bhfuil cló trom orthu. Scríobh na focail chearta i do chóipleabhar. Tá an chéad cheann déanta duit.

Is **ait** (1) = áit stairiúil é Biorra. Is áit **bríomhar** (2) é freisin. Tá go leor le **deanamh** (3) sa **chantar** (4). Tá go leor páirceanna, siopaí agus áiseanna spóirt ann. Téann go **lór** (5) cuairteoirí go Caisleán Bhiorra. **Tá** (6) seanchaisleán é agus **ta** (7) sé suite cóngarach do lár an bhaile. Ar **cúl** (8) an chaisleáin, tá ionad eolaíochta ann **freshin** (9). Is ionad fíorshuimiúil **iad** (10). **Ar** (11) é Biorra an baile is fearr in Éirinn? Is é, gan dabht!

Is féidir an chopail a úsáid san Aimsir Chaite freisin. Mar shampla:
- 'Ba naomh cáiliúil é Breandán.'
- 'Ba dhuine de "Dhá Aspal Déag na hÉireann" é.'

Tá tuilleadh cleachtaí ar leathanach 409.

Tá an struchtúr beagán difriúil nuair a chuirimid an focal 'an' leis. Mar shampla:
- 'Is é an raon cairtíní an áis is fearr liom.'
- 'Is é an baile is deise in Éirinn é.'

Tá tuilleadh cleachtaí ar leathanach 411.

Táim in ann an chopail 'is' a úsáid san Aimsir Láithreach.

LÉAMHTHUISCINT

Triúr Ciarraíoch Cáiliúil

  Léigh agus scríobh

Léigh na píosaí seo agus déan an cleachtadh a ghabhann leo.

Michael Fassbender

Rugadh an t-aisteoir cáiliúil Michael Fassbender in Heidelberg na Gearmáine sa bhliain 1977. Is as an nGearmáin é a athair agus is as Contae Aontroma a mháthair. De réir dealraimh, ba é Mícheál Ó Coileáin a shin-seanuncail. **Chas** a thuismitheoirí ar a chéile i Londain. Nuair a bhí sé dhá bhliain d'aois, d'aistrigh siad go Cill Airne. D'oscail siad bialann nua darbh ainm West End House. D'oibrigh a athair mar chócaire sa bhialann.

Chas	met

Nuair a bhí Michael óg, chaith sé a chuid laethanta samhraidh sa Ghearmáin. D'fhoghlaim sé Gearmáinis nuair a bhí sé ansin, agus anois tá an Ghearmáinis ar a thoil aige. Labhair siad Gearmáinis in Éirinn freisin. Deir daoine go bhfuil sé dathúil, stuama agus cliste.

D'éirigh leis áit a fháil in go leor scannán éagsúil. Ainmníodh i gcomhair Oscar é don scannán *12 Years a Slave*. Tá sé ina chónaí i Liospóin faoi láthair.

D'éirigh leis	he managed to

Tom Crean

Rugadh Tom Crean i gCiarraí sa bhliain 1877. D'fhás sé aníos ar fheirm bheag in Abhainn an Scáil in iarthar Chiarraí ar **leithinis** Chorca Dhuibhne. Bhí deichniúr sa teaghlach. Chabhraigh Tom lena athair ar an bhfeirm. Labhair siad Gaeilge agus Béarla sa bhaile. Bhí sé **réchúiseach** agus éirimiúil.

leithinis	peninsula
réchúiseach	easy-going

Thug sé trí thuras ar an Antartach ina shaol. Nuair a bhí sé cúig bliana déag d'aois, chuaigh sé isteach sa **Chabhlach Ríoga**. **Lig sé air** go raibh sé sé bliana déag d'aois. In 1911, rinne sé iarracht an **Mol Theas** a bhaint amach. Bronnadh 'Bonn Albert' air tar éis an turais sin toisc go raibh sé chomh **diongbháilte**, cróga agus **neamhleithleasach**.

Chabhlach Ríoga; Lig sé air	Royal Navy; he let on
Mol Theas	South Pole
diongbháilte; neamhleithleasach	determined; unselfish

Nuair a tháinig deireadh lena chuid ama sa Chabhlach, d'fhill sé ar Chontae Chiarraí. D'oscail seisean agus a bhean chéile teach tábhairne nua darbh ainm South Pole Inn. **Chaith sé** saol ciúin ann agus fuair sé bás in 1938.

Chaith sé	he spent

Scríobh agus labhair

Scríobh na ceisteanna seo agus na freagraí cearta i do chóipleabhar. Ansin, cuir na ceisteanna ar an duine atá in aice leat.

1. Ar rugadh an bheirt acu i gCiarraí?   Rugadh/Níor rugadh
2. Ar fhás an bheirt acu aníos i gCiarraí?   D'fhás/Níor fhás
3. Ar aistrigh an bheirt acu go Sasana?   D'aistrigh/Níor aistrigh
4. Ar labhair an bheirt acu dhá theanga sa bhaile?   Labhair/Níor labhair

Léigh agus scríobh

Léigh an píosa seo faoi Nuala Moore agus líon na bearnaí i do chóipleabhar.

| shnámh | thosaigh | rugadh | sheol | d'fhás | d'éirigh léi | thaitin | labhair |

Nuala Moore

Is **oighear-shnámhóir** cáiliúil í Nuala Moore. _____ sa Daingean, Co. Chiarraí í agus _____ sí aníos ann. _____ sí Gaeilge agus Béarla sa bhaile. B'iascairí i nDún na nGall agus i gCiarraí iad a hathair agus a seanathair agus mar sin, bhí an fharraige **san fhuil iontu**. Nuair a bhí Nuala óg, _____ sé go mór léi dul ag snámh san Atlantach. Deir daoine go bhfuil sí cróga agus diongbháilte ach ciúin agus **umhal** freisin.

In 2006, _____ sí 1,300 km timpeall na hÉireann i bh**foireann seisir**. In 2013, _____ 1,000 m a shnámh in uiscí **reoite** na Sibéire. Ghearr meaisín tríd an oighear sular _____ sí! In 2013, shnámh Nuala agus a cara Anne Marie Ward as Dún na nGall 86 km trasna **Chaolas Bheiring** ón Rúis go hAlasca i bhfoireann **sealaíochta**. In 2018, bhain sí **curiarracht** eile amach nuair a shnámh sí i bPasáiste Drake in Antartaice – na huiscí céanna inar _____ Tom Crean 100 bliain roimpi.

- ice-swimmer
- in their blood
- humble
- team of six
- frozen
- Bering Strait
- relay
- record

Scríobh agus labhair

Scríobh síos trí cheist a chuirfeá ar dhuine amháin de na Ciarraígh thuas maidir lena saol/shaol agus na trí fhreagra is dóigh leat a thabharfadh sí/sé. Cuir na ceisteanna ar an duine atá in aice leat.

✓ Táim in ann cur síos gairid a dhéanamh ar shaol duine cháiliúil.

ÉISTEACHT

Fadhbanna i Mo Cheantar

Meaitseáil

Meaitseáil na pictiúir leis na fadhbanna.

bruscar	☐	truailliú	☐
loitiméireacht	☐	buirgléireacht	☐
graifítí	☐		

Scríobh

Freagair na ceisteanna seo i do chóipleabhar. Bain úsáid as an stór focal thíos.

1. Conas is féidir **fadhb an bhruscair** a réiteach?
2. Conas is féidir **fadhb na loitiméireachta** a réiteach?
3. Conas is féidir **fadhb an ghraifítí** a réiteach?
4. Conas is féidir **fadhb an truaillithe** a réiteach?
5. Conas is féidir **fadhb na buirgléireachta** a réiteach?

Stór focal

Ba chóir dúinn …	We should …
… an bruscar a ghlanadh suas.	… clean up the rubbish.
… níos mó Gardaí a chur ar na sráideanna.	… put more Guards on the streets.
… téarmaí príosúin fada a ghearradh ar chiontóirí.	… give long prison sentences to offenders.
… níos mó airgid a chaitheamh ar an oideachas.	… spend more money on education.
… an rothaíocht a chur chun cinn.	… promote cycling.

Éist agus scríobh

Sa cheist seo, cloisfidh tú trí chomhrá ghearra ina bpléann na cainteoirí na fadhbanna ina gceantar. Cloisfidh tú gach comhrá faoi dhó. Cloisfidh tú na comhráite ó thosach deireadh an chéad uair. Ansin cloisfidh tú ina ndá mhír iad. Beidh sos ann leis na freagraí a scríobh tar éis gach míre díobh.

Comhrá a hAon

Mir 1

1. Cad a deir Áine faoi na bóithre sa bhaile mór?
2. An aontaíonn Ivor léi?

Mir 2

3. Cén moladh atá ag Áine?
4. An aontaíonn Ivor leis an moladh?

Comhrá a Dó

Mir 1

1. Cad a deir Denis faoin ngraifítí?
2. Cá bhfuil sé le feiceáil, dar le Siún?

Mir 2

3. Cad ba chóir don chomhairle contae a dhéanamh, dar le Denis?
4. An bhfuil Siún ar aon intinn leis?

Comhrá a Trí

Mir 1

1. Cad a goideadh ó Mhánas? Luaigh rud amháin.
2. An bhfuil Éilidh báúil nó neamhbháúil leis?

Mir 2

3. Céard atá ag tarlú sa cheantar seo le déanaí, dar le hÉilidh?
4. Cad ba chóir a dhéanamh, dar le Mánas?

 Script: leathanaigh 108–109 de do Leabhar Gníomhaíochta.

Scríobh

Scríobh trí chomhrá ina bhfuil daoine óga ag labhairt faoi fhadhbanna ina gceantar. Bain úsáid as an script ar leathanaigh 108–109 de do Leabhar Gníomhaíochta.

Taighde agus cur i láthair

Déan taighde ar na fadhbanna atá i do cheantar. Cad atá muintir na háite ag déanamh chun iad a réiteach? Ullmhaigh cur i láthair PowerPoint nó Prezi agus léirigh os comhair an ranga é.

 Táim in ann na fadhbanna atá i mo cheantar a phlé agus a réiteach.

Turas 3

LÉAMHTHUISCINT

An Comhshaol a Chosaint

💬 Bí ag caint!

I ngrúpa, pléigh na ceisteanna seo:
1. Céard atá ar eolas agat faoin athrú aeráide?
2. Cén tionchar atá ag an athrú aeráide ar an gcomhshaol/timpeallacht?

Meaitseáil

Meaitseáil na pictiúir leis na fadhbanna.

báisteach agus tuilte	☐	triomach	☐
tonnta teasa	☐	leibhéil na mara ag ardú	☐
oighearshruthanna ag leá	☐	níos mó stoirmeacha agus spéirlingí	☐

Meaitseáil agus labhair

I gColún 1, tá liosta de rudaí is cúis leis an athrú aeráide. I gColún 2, tá liosta de réitigh.

A. I mbeirteanna, meaitseáil na cúiseanna leis na réitigh.
B. An aontaíonn tú leis na réitigh? Cén fáth? Pléigh do thuairim.

	Colún 1: Níor cheart dúinn		Colún 2: Ba cheart dúinn
1	Breoslaí iontaise a dhó	A	Siúl agus rothaíocht
2	Tiomáint agus eitilt	B	Páipéar agus canbhás a úsáid
3	An iomarca feola a ithe	C	Crainn a phlandú
4	Crainn a ghearradh anuas	D	Fuinneamh gréine agus gaoithe a úsáid
5	Plaisteach a úsáid	E	Aiste bia veigeatórach a chleachtadh

1 = ___   2 = ___   3 = ___   4 = ___   5 = ___

 Léigh agus scríobh

Léigh an píosa seo agus freagair na ceisteanna a ghabhann leis.

Ag Gníomhú go Domhanda

In 2018, thosaigh scoláire 15 bliana d'aois as an tSualainn, Greta Thunberg, **gluaiseacht dhomhanda** chun an comhshaol a chosaint. Na '**stailceanna** scoile' a thugtar ar an ngluaiseacht seo.

global movement; strikes

Chuir na hagóidí seo **misneach** san aos óg. Ar deireadh, thosaigh na rialtais ag éisteacht leo. Labhair daoine óga leis na **Náisiúin Aontaithe**. Thug Timoci Naulusala, scoláire 14 bliana d'aois as Fidsí, **óráid** cháiliúil, á rá:

courage
United Nations
speech

*Tá an fharraige **ag slogadh** sráidbhailte, **ag creimeadh** an chósta, **ag feo** na mbarr ... Ceapann sibh go mbeidh na náisiúin mhóra slán sábháilte. Tá sibh mícheart.*

swallowing; eroding withering

Ag Gníomhú go hÁitiúil

Le **roghanna** laethúla níos fearr, is féidir linn gníomhú go háitiúil freisin.

choices

Ar an suíomh gréasáin www.thegoodshoppingguide.com, mar shampla, is féidir linn **cinntí** eiticiúla siopadóireachta a dhéanamh. Tá **tábla rátála** speisialta ann freisin le heolas faoi gach siopa éadaí agus gach comhlacht bia.

decisions; rating table

Mar shampla, an bhfuil na **monarchana** glan agus sábháilte? An úsáideann siad an iomarca plaistigh? An bhfuil meas acu ar an gcomhshaol?

factories

1. Cén fáth ar thosaigh Greta Thunberg na stailceanna scoile in 2018?
   Cuir tic (✔) leis an bhfreagra ceart.
   - chun agóid in aghaidh múinteoirí ☐
   - chun fadhb an fhoréigin a réiteach ☐
   - chun an comhshaol a shábháil ☐
2. Cén damáiste atá á dhéanamh ag an bhfarraige, dar le Timoci Naulusala?
3. Cén chaoi a gcabhraíonn an suíomh www.thegoodshoppingguide.com le daoine?
4. Cad is féidir leat a fhoghlaim faoi ghnólachtaí móra? Is leor **dhá** phointe eolais.
5. Bunaithe ar an eolas thuas, cén ghluaiseacht is éifeachtaí, meas tú?
   Is leor **dhá** fháth i d'fhocail féin.

Taighde agus cur i láthair

Téigh chuig www.thegoodshoppingguide.com. **Roghnaigh siopa éadaí amháin nó ollmhargadh amháin agus déan taighde air. Ullmhaigh cur i láthair PowerPoint nó Prezi agus léirigh os comhair an ranga é.**

✓ Táim in ann na fadhbanna a bhaineann leis an gcomhshaol a phlé.

céad daichead a cúig

SCRÍOBH

Ríomhphost: Mo Bhaile

📖 ✏️ Léigh agus scríobh

Léigh an ríomhphost seo agus freagair na ceisteanna a ghabhann leis.

Treoracha: Tá cara leat ag teacht ar ais go hÉirinn ó Londain um Cháisc. Scríobh ríomhphost chuige/chuici. Bíodh na pointí seo a leanas san áireamh sa ríomhphost.

- An fáth a raibh tú gnóthach

- Pointe amháin faoi do theach

- Cuireadh chun fanacht leat

- Dhá phointe faoi áiseanna sa bhaile.

Ó: ciaraanseo@gaeilgemail.com
Chuig: nari-nasc@gaeilgemail.com
Ábhar: Do chuairt
Seolta: 14 Feabhra

A Nari, a chara,

Conas taoi? Conas atá Londain? Tá súil agam go bhfuil tú i mbarr na sláinte! Tá ag éirí go breá liom anseo i mBaile na mBánta. Tá brón orm nár scríobh mé níos luaithe ach bhí mé an-ghnóthach ag ullmhú do Chomórtas na mBailte Slachtmhara! Agus bhuamar!

Ar aon chaoi, chuala mé go mbeidh tú ag teacht ar ais go Corcaigh um Cháisc. An dtabharfaidh tú cuairt orainn? Is féidir leat fanacht linn thar oíche, más maith leat. Tá go leor spáis anseo. Teach feirme atá ann agus tá go leor seomraí againn.

Tá a fhios agam nach bhfuil sé chomh mór ná chomh gnóthach le Londain ach beidh go leor le déanamh againn anseo. Tá bialanna deasa, an club óige, páirceanna peile agus áiseanna eile againn. Beidh ort Caisleán a' Phúca a fheiceáil freisin – deirtear go bhfuil taibhsí ann!

Cogar, caithfidh mé dul ag traenáil. Abair le gach duine go raibh mé ag cur a dtuairisce.

Ádh mór,

Ciara

---

1. Cén fáth a raibh Ciara gnóthach le déanaí?
2. Cén cuireadh a thug Ciara do Nari?
3. Déan cur síos ar theach Chiara.
4. Déan cur síos ar na háiseanna i mBaile na mBánta.

🧳 Punann 4.3

Chas tú ar chara nua nuair a bhí tú ar saoire sa Fhrainc. Scríobh ríomhphost chuige/chuici agus tabhair cuireadh dó/di teacht go hÉirinn. Cuir an obair chríochnaithe i do phunann ar leathanach 48.

Léigh agus scríobh

Léigh an freagra a scríobh Nari agus freagair na ceisteanna a ghabhann leis.

Ó: nari-nasc@gaeilgemail.com
Chuig: ciaraanseo@gaeilgemail.com
Ábhar: Do chuairt
Seolta: 22 Feabhra

Nari

A Chiara, a chara,

Bhuel, cén scéal? Go raibh maith agat as do ríomhphost. Deas cloisteáil uait! Comhghairdeas libh ar Chomórtas na mBailte Slachtmhara a bhuachan. Go raibh míle maith agat as an gcuireadh. Ba bhreá liom teacht chuig Baile na mBánta. Beidh mé in ann fanacht thar oíche freisin.

Tá an ceart agat, tá an-chuid rudaí le déanamh anseo i Londain. Ar ndóigh, tá radhairc mhóra anseo, ar nós Ben Mór, Súil Londan, an Shard agus Gailearaí Tate. Tá an Bruach Theas (*South Bank*) an-bheomhar freisin. Chomh maith leis na bialanna, siopaí agus stallaí bia, bíonn go leor siamsóirí le feiceáil ansin.

Faraor, bíonn sé dainséarach ó am go chéile. Uaireanta, cloiseann tú drochscéalta faoi dhronga drugaí. Ar an lámh eile, níl Londain chomh salach le cathracha eile, caithfidh mé a rá.

Caithfidh mé imeacht anois ach cuirfidh mé glao ort.

Slán agus go raibh maith agat arís,

Nari

1. Ar ghlac Nari leis an gcuireadh?
2. Cén fáth a bhfuil an Bruach Theas beomhar?
3. Luaigh fadhb **amháin** atá i Londain, dar le Nari.

Scríobh

Úsáideann Ciara agus Nari roinnt comparáidí ina ríomhphoist, mar shampla, 'chomh mór nó chomh gnóthach le Londain' agus 'chomh salach le cathracha eile'.

A. Féach ar na comparáidí seo. Cén ceann is fearr leat?

chomh crua le cloch	as hard as a rock	chomh hard leis an spéir	as high as the sky
chomh te leis an tine	as hot as the fire	chomh glic le madra rua	as clever as a fox
chomh láidir le capall	as strong as a horse	chomh tirim le fásach	as dry as a desert

B. I do chóipleabhar, críochnaigh na frásaí seo chun comparáidí nua a chumadh.

1. chomh sean le/leis _____
2. chomh saibhir le/leis _____
3. chomh leadránach le/leis _____
4. chomh mór le/leis _____

Táim in ann ríomhphost a scríobh faoi mo theach agus mo cheantar.

 Turas 3

BÉALTRIAIL

Dhá Agallamh

💬 👥 Labhair

Léirigh an t-agallamh seo leis an duine atá in aice leat.

Samantha

1. **Cár rugadh agus tógadh thú?**
   Rugadh i gCathair Chill Chainnigh mé ach bhog mé go Learpholl dhá bhliain ó shin.

2. **Cá bhfuil sin go díreach?**
   In iarthuaisceart Shasana.

3. **An áit dheas í?**
   Cinnte, cathair bhreá bhríomhar is ea é. Tá go leor le déanamh anseo.

4. **An bhfuil a lán áiseanna sa cheantar?**
   Tá, go cinnte. Tá páirceanna imeartha, clubanna óige, bialanna, pictiúrlanna, dánlanna, siopaí, ionaid siopadóireachta anseo – is liosta le háireamh é! — *art galleries*

5. **Cén ceann is fearr leat?**
   Is breá liom na pictiúrlanna agus na páirceanna imeartha – go háirithe Páirc Prenton!

6. **An bhfuil fadhbanna sóisialta sa cheantar?**
   Tá, faraor, cosúil le gach cathair eile. Feiceann tú bruscar ar na sráideanna. Tá a lán daoine gan dídean ina gcónaí ar na sráideanna freisin. — *homeless*

7. **An bhfuil daoine ag iarraidh iad a réiteach?**
   Tá, cinnte. Tá an chomhairle cathrach agus na carthanais ag déanamh a seacht ndícheall. — *city council / their very best*

8. **An maith leat do cheantar?**
   Is aoibhinn liom é. Tháinig mo chairde ar cuairt anseo an samhradh seo caite agus bhain siad an-taitneamh as.

✏️ Scríobh

Fíor nó bréagach? F B

1. Tá Samantha ina cónaí i ndeisceart Shasana.
2. Deir Samantha gur cathair ghránna ghruama í Learpholl.
3. Tá réimse leathan áiseanna i Learpholl.
4. Tá roinnt fadhbanna sóisialta sa chathair.
5. Ní thaitníonn an chathair go mór léi.

💬 👥 Scríobh agus labhair

Freagair na ceisteanna a d'fhreagair Samantha (Ceisteanna 1–8) i do chóipleabhar. Ansin, cuir na ceisteanna seo ar an duine atá in aice leat. Taifead an comhrá ar d'fhón póca nó ar do ríomhaire.

Labhair

Léirigh an t-agallamh seo leis an duine atá in aice leat.

Cormac

1. **Cá bhfuil tú i do chónaí?**
   I gCúil Aodh in iarthuaisceart Chorcaí. Rugadh anseo mé.

2. **An baile mór nó beag é?**
   Sráidbhaile beag is ea é. Tá beagán os cionn dhá chéad duine ina chónaí anseo.

3. **Cén sórt tí atá agaibh?**
   Tá bungaló mór againn ar imeall an bhaile mhóir. Tá deich seomra ann: cistin, cúlchistin, dhá sheomra folctha, seomra suí, seomra bia agus ceithre sheomra codlata.

4. **Cén sórt ceantair é?**
   Ceantar deas ciúin is ea é, chun an fhírinne a rá. Ach bíonn sé beo beomhar ag an deireadh seachtaine.

5. **Cad é an rud is fearr leat faoin áit?**
   Na daoine, ar ndóigh. Tá muintir an bhaile an-chairdiúil. Réitímid go han-mhaith le chéile.

6. **Cén sórt rudaí is maith leat a dhéanamh ann?**
   Is aoibhinn liom an club óige. Bíonn go leor le déanamh ann.

7. **Arbh fhearr leat a bheith i do chónaí i gcathair nó faoin tuath?**
   Tá buntáistí agus míbhuntáistí ag baint leis an dá cheann ach b'fhearr liom a bheith i mo chónaí i gcathair.

8. **Cad iad na difríochtaí, meas tú?**
   Sa chathair, bíonn níos mó áiseanna ar fáil. Bíonn sé níos gnóthaí freisin. Bíonn níos mó le déanamh i gcathair. Faoin tuath, bíonn **suaimhneas** ann. Bíonn aithne ag gach duine ar a chéile. Bíonn an t-aer glan agus **folláin** freisin.

peace
healthy

Scríobh

Freagair na ceisteanna seo i do chóipleabhar.

1. Cár rugadh Cormac?
2. Cá bhfuil an baile sin?
3. Déan cur síos ar cheantar Chormaic.
4. Cén áis is fearr le Cormac? Cén fáth?
5. Luaigh buntáiste **amháin** a bhaineann le saol na cathrach agus buntáiste **amháin** a bhaineann le saol na tuaithe, dar le Cormac.

Scríobh agus labhair

Freagair na ceisteanna a d'fhreagair Cormac (Ceisteanna 1–8) i do chóipleabhar. Ansin, cuir na ceisteanna seo ar an duine atá in aice leat. Taifead an comhrá ar d'fhón póca nó ar do ríomhaire.

Táim in ann ceisteanna faoi mo cheantar a fhreagairt.

LITRÍOCHT

Dráma: Gleann Álainn

Bí ag caint!

I ngrúpa, pléigh na ceisteanna seo.
1. An bhfaca tú aon dumpáil i do cheantar riamh?
2. Cad a bhí ann? An ndearna tú aon rud faoi?

Léigh agus éist

Léigh agus éist leis an dráma *Gleann Álainn* le Brian Ó Baoill.

Gleann Álainn
le Brian Ó Baoill

FOIREANN

Déagóirí óga:
- PÁDRAIG
- EILÍS
- ÉAMONN BEAG
- PÁDRAIGÍN
- SEOSAMH
- SINÉAD
- SLUA AR PHICÉAD

Daoine fásta:
- SÉAMUS
- PEADAIRÍN
- BREITHEAMH
- TADHG Ó CUILL
  oifigeach sa Chomhairle Chontae
- SEÁN MAC AN MHÁISTIR
  polaiteoir
- CLÉIREACH NA CÚIRTE
- MAC UÍ DHROMA
- MAC UÍ GHRÍOFA
- DOIRSEOIR

Fógraí agus bratacha faoi thruailliú.

Radharc 1

Suíomh:

Ar cúl ar clé, radharc tíre, portach, sliabh, coill, nó trá. Sceacha, crainn, dumhcha nó carraigeacha, de réir mar a fheileann. Ar deis, chun tosaigh, seomra le bord agus le dhá chathaoir. Bainfear feidhm as an seomra seo mar aonaid éagsúla, seomra i dteach, oifig, cúirt. Dhá radharc éagsúla iad seo agus lonróidh an solas ar an gceann a bhíonn in úsáid ag an am. Ar cúl ar clé, rud éigin ar féidir le daoine seasamh air, ba leor bosca nó dhó.

Tagann seisear daoine óga ar an stáitse ón taobh clé, iad ag iompar málaí agus ábhar péinteála, go dtí an radharc tíre álainn, loch agus sléibhte. Sceach aitinn agus carraig nó dhó ar an ardán, más féidir.

portach	bog; bushes
Sceacha, dumhcha, de réir mar a fheileann	dunes; as appropriate use
feidhm	
ag iompar	carrying
Sceach aitinn	gorse bush

EILÍS (*ag díriú méire ar an radharc*):	Céard faoin áit seo?	
PÁDRAIG:	Tá sé go hálainn. Céard a dúirt an múinteoir linn? Áit a thaitníonn linn a roghnú. An dtaitníonn an áit seo le gach uile dhuine?	
GACH DUINE:	Taitníonn!	
PÁDRAIG:	Go hiontach!	

(*Osclaíonn daoine a leabhair sceitseála, duine nó beirt ag cur suas* **tacas** *agus bord bán. Socraíonn ceathrar acu síos.*) — **easels**

SEOSAMH:	Sílim go rachaidh mise suas ar an **ard**, beidh radharc níos fearr ar na sléibhte ón áit sin. Céard fútsa, a Shinéad?

— **hill**

(*Breathnaíonn an chuid eile ar Shinéad, iad fiosrach. Tá* **SINÉAD** *beagán* **trína chéile**.) — **addled**

PÁDRAIG (*ag magadh*):	Bhuel, a Shinéad?
SINÉAD:	Ó! (*Éiríonn sí, tógann léi a cuid stuif agus leanann Seosamh.*)
PÁDRAIG:	Ahá! Grá don ealaín nó, b'fhéidir, grá don ealaíontóir!

(*Gáire ón chuid eile. Feictear Seosamh agus Sinéad ag dul as radharc.*)

EILÍS:	**Ní cóir** bheith ag magadh fúthu.	**it's not right**
PÁDRAIG (*le gáire beag*):	Ó! Nach cuma. Bheadh siad féin sásta bheith ag magadh fúinne, dá mbeadh an seans acu.	

(*Socraíonn siad síos arís agus bíonn siad ag péinteáil agus ag sceitseáil. Feictear* **SINÉAD** *ag teacht ar ais* **go sciobtha**. *Breathnaíonn an chuid eile suas agus iontas orthu.*) — **quickly**

PÁDRAIG:	Ní raibh muid ag súil libhse go fóill. Titim amach idir ealaíontóirí nó … céard é seo … ar chaill tú Seosamh?

(*Briseann* **SINÉAD** *isteach ar a chuid cainte.*)

SINÉAD:	**Éirigh as an tseafóid**, a Phádraig, tá rud gránna éigin thuas ansin.	**stop the nonsense**
PÁDRAIG:	Ó, céard é féin? Seosamh?	

(*Gáire ón chuid eile*)

SINÉAD (*go feargach*):	Éirigh as, a dúirt mé! Tá Seosamh thuas ann go fóill. Tá bruscar caite ag amadán éigin thuas ansin!
EILÍS:	Bruscar. Cén sórt bruscair?

Turas 3

SINÉAD:	**Gabhaigí i leith** go bhfeicfidh sibh féin.	**come on**

(Bailíonn siad go léir ar an taobh clé ar cúl agus breathnaíonn siad uathu. Casann SEOSAMH leo.)

SEOSAMH: Ansin, in aice an locha. An bhfeiceann sibh?

SINÉAD: Go hálainn, nach bhfuil? Málaí móra plaisteacha, cannaí stáin, buidéil, seanleapacha.

PÁDRAIGÍN (*ag bogadh go dtí áit eile*): Féach, tá tuilleadh anseo, sna sceacha. Málaí plaisteacha stróicthe. An bruscar lofa seo ar fad ar fud na háite! Tá sé gránna! Milleann sé áilleacht na háite.

(*Filleann siad ar na tacais.*)

PÁDRAIG: Tá sé uafásach, ach céard is féidir linne a dhéanamh faoi?

SINÉAD: Caithfimid rud éigin a dhéanamh!

SEOSAMH (*ag machnamh*):	Bhuel, má tá daoine ag cur stuif amach anseo, **bíonn orthu** teacht anseo leis.	**they have to**
SINÉAD:	Sin é! (*Go ciúin*) Is féidir linn **súil a choinneáil** ar an áit.	**keep an eye**

(*Breathnaíonn siad ar a chéile.*)

EILÍS: Ach … an mbeadh sé sin dainséarach?

SINÉAD: Cén chaoi, dainséarach?

EILÍS:	**Dá bhfeicfidís** muid?	**if they were to see**

(*Sos nóiméid*)

SINÉAD:	Caithfimid **dul sa seans**.	**take a chance**

SEOSAMH: An bhfuil gach duine sásta fanacht?

GACH DUINE: Tá.

(Téann siad i bhfolach taobh thiar de na sceacha in áiteanna éagsúla ón lár go dtí an taobh deas den stáitse. Seosamh agus Sinéad le chéile.)

SINÉAD (*de chogar, ach an-díograiseach*): A Sheosaimh, an mbeifeá sásta bheith páirteach in agóid i gcoinne na dumpála seo? — *in a whisper; enthusiastic; protest*

SEOSAMH (*ag breathnú uirthi, miongháire ar a bhéal*): An bhfuil tú ag iarraidh an domhan a athrú arís? Ní féidir é a dhéanamh, tá a fhios agat.

SINÉAD: Is féidir iarracht a dhéanamh feabhas éigin a chur ar an domhan.

SEOSAMH: Tá an ceart agat. Beidh mé leat.

(Beireann SEOSAMH greim láimhe ar Shinéad agus suíonn siad síos taobh thiar de sceach.

Cloistear fuaim ghluaisteáin ag teacht agus ag stopadh.

Fanann na gasúir uile taobh thiar de na sceacha, ach iad ag faire go cúramach. — *watching*

Feictear beirt fhear, ar clé, ag iompar stuif ón veain, nach bhfuil le feiceáil, go dtí áit ar clé agus carn de mhálaí plaisteacha, d'adhmad, srl, á dhéanamh acu. — *pile*

Glacann SEOSAMH grianghraf faoi rún, feiceann SINÉAD é á dhéanamh seo. Cuireann SEOSAMH an ceamara síos ar an talamh taobh thiar den sceach.

Feiceann SINÉAD na fir agus cuireann sí lámh lena béal.)

SEOSAMH (*de chogar*): Céard tá cearr?

SINÉAD: Aithním na fir sin.

SEOSAMH: Aithním féin iad, Séamus agus Peadairín, céard fúthu?

SINÉAD: Dada, ach go mbíonn siad ag tacú le m'athair, is baill den chumann áitiúil iad. — *supporting*

SEOSAMH (*go báúil*): An bhfuil tú ag iarraidh éirí as an bhfeachtas, mar sin? Bheadh sé an-deacair ort, nach mbeadh? — *sympathetically*

SINÉAD: Beidh m'athair ar buile, níl a fhios agam céard a dhéanfaidh sé … ach caithfimid dul ar aghaidh.

(Críochnaíonn SÉAMUS agus PEADAIRÍN a gcuid oibre agus seasann siad, ag breathnú thart.)

PEADAIRÍN: Meas tú, a Shéamuisín, an bhfuil aon seans go mbéarfar orainn? — *that we'll be caught*

SÉAMUS:	Go mbéarfar orainn! Céard sa diabhal atá i gceist agat, a mhac?	
PEADAIRÍN:	Muise, an fógra sin thoir go gcaithfidh tú €800 a íoc má bheirtear ort ag dumpáil.	that you have to
SÉAMUS:	€800, mo thóin. Nach raibh muide ag dumpáil anseo sular rugadh cibé clabhta a chuir an fógra sin in airde?	muppet
PEADAIRÍN:	Bhí muid, ó bhí, tá an ceart agat. Ach tá fógra ann anois agus …	
SÉAMUS (*ag briseadh isteach air*):	Dhera, éirigh as mar scéal, cén chaoi a mbeadh a fhios acu gur muide a rinne é?	
PEADAIRÍN (*ag casadh chun imeachta*):	Tá an ceart agat, tá an ceart agat.	
SÉAMUS:	Agus fiú dá mbeadh a fhios acu, nach bhfuil na cairde cearta againne?	
PEADAIRÍN:	Ar ndóigh, tá, Mac an Mháistir, nach Teachta Dála é? Ní féidir dul thairis sin.	get better than that
SÉAMUS:	Sin é an buachaill a choinneoidh smacht ar na hoifigigh sin!	

(*Imíonn an bheirt acu.*

Breathnaíonn **SINÉAD** ar Sheosamh, uafás ina súile.*)

SINÉAD (*de chogar*): Mo Dhaide!

(*Cuireann **SEOSAMH** a lámh timpeall ar ghualainn Shinéad.*)

SEOSAMH:	Níl tada mícheart déanta ag do Dhaide. Ná bí buartha.
SINÉAD:	Ach ceapann siad sin …

SEOSAMH:	Ná bac leo, seans nach bhfuil ann ach **bladar**, tá a fhios agat an bheirt sin.	nonsense talk
SINÉAD:	Ach tá imní orm.	
SEOSAMH:	Céard faoi?	
SINÉAD (*de chogar buartha*):	Céard a dhéanfas muid mura seasann an chuid eile linn?	
SEOSAMH (*de chogar*):	Tuige nach seasfadh?	
SINÉAD (*de chogar*):	Uncail le hÉamonn Beag is ea Séamus.	
SEOSAMH (*de chogar*):	Tuigim. Ní mór dúinn bheith an-chúramach.	

(Tagann an chuid eile as na háiteanna ina raibh siad i bhfolach.)

PÁDRAIG:	An bhfuil an bheirt agaibhse ag teacht nó an bhfuil sé i gceist agaibh an oíche a chaitheamh anseo?	
PÁDRAIGÍN:	Bhuel, tá a fhios againn cé a rinne é. Céard é an chéad chéim eile?	
EILÍS (*go gliondrach*):	Séamus agus Peadairín.	
SINÉAD:	Agóid! Agus an **dlí** a chur orthu!	law
ÉAMONN BEAG (*cuma bhuartha air*):	Ní bhíonn sé ciallmhar … **sceitheadh ar** chomharsana.	telling on

(Caitheann sé cúpla nóiméad **ag fústráil** anseo agus ansiúd, an chuid eile ag breathnú air. Ansin déanann sé cinneadh.)   fidgeting

Feicfidh mé ar ball sibh.

(Imíonn ÉAMONN BEAG ina aonar. Breathnaíonn an chuid eile ina dhiaidh.

Breathnaíonn SINÉAD agus SEOSAMH ar a chéile.

Imíonn siad uile amach go ciúin, ar clé.)

(Soilse múchta)

Radharc 2

Soilse ag lasadh ar thaobh na láimhe deise den stáitse.

Suíomh:

Oifig sa Chomhairle Chontae. Fuinneog ar an mballa ar cúl. Oifigeach na Comhairle, TADHG Ó CUILL, ina shuí ag an mbord.

Cloistear béicíl taobh amuigh.

GUTHANNA:	Deireadh le dumpáil! An dlí ar **lucht na dumpála**.	dumpers

A LÁN GUTHANNA LE CHÉILE:

    Hurú! Hurú! Hurú!

    Deireadh le truailliú! — pollution

    Deireadh le dumpáil,

    Deireadh le dumpáil,

    Fíneáil mhór inniu! — fine

(*Éiríonn TADHG agus breathnaíonn sé an fhuinneog amach. Feiceann sé rud éigin a bhaineann geit as agus léiríonn sé é seo trí chnead beag a ligean agus lámh a chur lena smig.*) — gasp

Tagann DOIRSEOIR agus fógraíonn go bhfuil cuairteoir aige.)

DOIRSEOIR: An tUasal Seán Mac an Mháistir.

(*Tagann SEÁN MAC AN MHÁISTIR isteach ag baint stuif buí dá aghaidh, é trí chéile agus ar buile.*)

SEÁN (*fós á ghlanadh féin*): An bhfaca tú é sin? Na dailtíní sráide sin? Daoscarshlua! Ní féidir le comhairleoir siúl isteach ina oifig féin gan bheith faoi ionsaí! Céard tá á dhéanamh ag na tuismitheoirí? Easpa smachta! Céard tá ar siúl? — mob

TADHG (*duine tirim oifigiúil*): De réir mar a thuigim, a Sheáin, tá siad ag éileamh go gcuirfí an dlí ar an dream a bhíonn ag dumpáil go mídhleathach. Ní ormsa an locht faoi sin. — demanding; group illegally; fault

SEÁN: An dlí? Cén meas atá acu siúd ar an dlí? Nach féidir leat fáil réidh leo? — get rid

TADHG: Tá na Gardaí ag teacht le súil a choinneáil orthu.

SEÁN (*le drochmheas*): Le súil a choinneáil orthu. Dhéanfadh trí mhí i bpríosún maitheas don daoscarshlua sin.

TADHG (*le miongháire rúnda*): Tá mé ag ceapadh go bhfaca mé
d'iníon ina measc.

SEÁN (*preab bainte as*): M'iníonsa! Ní féidir. Ag dul **thar bráid** a bhí sí, tá mé cinnte. — past

(*Déanann TADHG miongháire ach ní deir sé dada.*)

SEÁN: Ach ní faoi sin a tháinig mé isteach. De réir mar a thuigim, tá seanchairde liom, Séamus agus Peadairín, le bheith os comhair na cúirte **gan mhoill**. Daoine an-mhaith iad agus … bheinn an-bhuíoch … um … á … **dá bhféadfadh an Chomhairle** an cás a tharraingt siar … um … **fianaise** bhréige atá á cur **ina gcoinne**, tá mé cinnte. Tuigim, dár ndóigh, go mbíonn costas ag baint le cás mar seo, obair bhreise, agus mar sin de.

— soon
— if the Council could
— evidence; against them

(*Tógann sé clúdach beag donn as a phóca agus cuireann sé síos ar an mbord os comhair Thaidhg é.*)

TADHG (*ag déanamh neamhshuime den chlúdach agus ag caint **go tomhaiste***): Bhuel, a Sheáin, caithfidh an cás dul ar aghaidh … ach … b'fhéidir go bhféadfaí pointí ina bhfabhar a lua, nó finné ina bhfabhar a aimsiú. Labhróidh mé lenár ndlíodóir. Ach tá mé cinnte go dtuigeann tú nach í an Chomhairle, ach na daoine óga seo, atá ag cur an dlí orthu. Beidh sé deacair.

— measuredly

SEÁN: Fágfaidh mé **fút féin** é. Tá mé cinnte go ndéanfaidh tú an rud ceart, mar a rinne tú riamh, a Thaidhg.

— up to you

(*Déanann TADHG miongháire.*)

(*Íslítear na soilse*)

Radharc 3

An chúirt. Bord bogtha isteach sa lár.

Spotsolas ar an gcúirt.

Séamus, Peadairín agus Mac Uí Dhroma, a ndlíodóir, ar clé. Mac Uí Ghríofa, dlíodóir na ndaoine óga, ar clé. Níl Seosamh ann. Tá Pádraig, Eilís, agus Pádraigín níos faide ar clé. Níl Éamonn Beag ann. Tá Cléireach na Cúirte ina shuí.

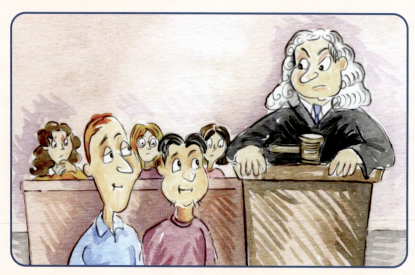

SINÉAD (*ag breathnú thart, agus ag caint lena dlíodóir*): Níl Seosamh tagtha fós.

(*Siúlann sí sall le labhairt leis na hógánaigh eile.*)

SINÉAD: Cá bhfuil Seosamh?

PÁDRAIG: Bhí mé ag caint leis ar maidin agus dúirt sé rud éigin faoina cheamara agus rith sé leis.

SINÉAD (*imní uirthi*): An ceamara! Bhí dearmad déanta agam de sin! Tá mé cinnte gur fhág sé ar an bportach é!

(*Ní thuigeann Pádraig an chaint seo faoi cheamara agus casann sé ar ais chuig na hógánaigh eile le searradh dá ghuaillí. Téann SINÉAD ar ais go dtí a dlíodóir agus cuma bhuartha uirthi.*

Éiríonn CLÉIREACH NA CÚIRTE.)

CLÉIREACH: Seasaigí don Bhreitheamh!

(*Tagann an BREITHEAMH isteach. Seasann sé taobh thiar den bhord ar feadh nóiméid. Suíonn sé. Suíonn na daoine eile a bhfuil suíocháin ann dóibh.*)

BREITHEAMH: **Móra dhaoibh**! Cad é an chéad chás ar maidin? — *good morning all*

CLÉIREACH: Cás dumpála. Is iad Séamus agus Peadairín na **cosantóirí**, a Dhuine Uasail. — *defendants*

BREITHEAMH: Céard é an cás in aghaidh na ndaoine ainmnithe?

MAC UÍ GHRÍOFA: Is é an cás, a Dhuine Uasail, gur chaith na daoine ainmnithe bruscar ar an bportach go mídhleathach, agus go bhfaca scata daoine óga iad á dhéanamh.

BREITHEAMH: An bhfuil na daoine óga sin i láthair?

(Breathnaíonn MAC UÍ GHRÍOFA ar Shinéad agus cuireann ceist uirthi os íseal. Freagraíonn sí é os íseal.)

MAC UÍ GHRÍOFA: Tá ceathrar den seisear a chonaic iad anseo, a Dhuine Uasail.

BREITHEAMH: Ceathrar den seisear. Tuigim. Lean ort.

MAC UÍ GHRÍOFA: Bhí an seisear ag péintéireacht ar an bportach ar an 20ú lá den mhí agus chonaic siad an bheirt chosantóirí seo ag dumpáil go mídhleathach.

BREITHEAMH: Agus aontaíonn an seisear go bhfaca siad an bheirt ainmnithe ag dumpáil?

MAC UÍ GHRÍOFA: Aontaíonn an ceathrar atá anseo.

BREITHEAMH: Tuigim. Ceathrar. Go raibh maith agat. Anois, an bhfuil aon rud le rá ag an dream atá cúisithe? — accused

MAC UÍ DHROMA: Ba mhaith liom ceist a chur ar Shinéad Nic an Mháistir. Tuige nach bhfuil an seisear a chonaic na daoine ainmnithe ag dumpáil, mar dhea, anseo?

MAC UÍ GHRÍOFA: Tá duine amháin acu, Seosamh Mac Domhnaill, ag cuardach fianaise atá fíorthábhachtach.

MAC UÍ DHROMA: Sin cúigear. Céard faoin séú duine?

MAC UÍ GHRÍOFA: Tá muid ag súil leis aon nóiméad feasta.

MAC UÍ DHROMA: Bhuel, b'fhéidir gur féidir liom lámh chúnta a thabhairt daoibh. Glaoim ar Éamonn Beag Ó Murchú.

DOIRSEOIR: Éamonn Beag Ó Murchú.

(Tagann ÉAMONN BEAG isteach agus seasann taobh le Mac Uí Dhroma.
Breathnaíonn NA hÓGÁNAIGH ar a chéile agus uafás orthu.)

MAC UÍ GHRÍOFA (de chogar le Sinéad): Ní maith liom é seo. Níl ag éirí go rómhaith le cúrsaí, tá faitíos orm.

MAC UÍ DHROMA: Is tusa Éamonn Beag Ó Murchú.

ÉAMONN BEAG (ag caint os íseal): Is mé.

MAC UÍ DHROMA: An raibh tú ar an turas péintéireachta seo leis an gcúigear eile?

ÉAMONN BEAG (*os íseal*): Bhí.

MAC UÍ DHROMA: An bhfaca tú daoine agus iad ag dumpáil bruscair?

ÉAMONN BEAG (*os íseal*): Chonaic.

MAC UÍ DHROMA: Agus arbh iad seo, na daoine ainmnithe, na daoine a rinne an dumpáil?

ÉAMONN BEAG (*go neirbhíseach agus go héiginnte*): Ní … ní féidir liom a bheith cinnte.

MAC UÍ DHROMA: Agus tuige nach féidir leat a bheith cinnte?

ÉAMONN BEAG (*trí chéile*): E … bhí sceach ann … ní cuimhin … ní raibh mé ábalta iad a fheiceáil i gceart.

MAC UÍ DHROMA: Mar sin, ní féidir leat a rá gurbh iad seo na daoine a rinne an dumpáil?

ÉAMONN BEAG: Ní féidir.

MAC UÍ DHROMA: Is dóigh liomsa, a Dhuine Uasail, nach féidir na daoine seo a **chúiseamh** gan fianaise níos cinnte. — *prosecute*

SINÉAD (*de chogar lena dlíodóir*): Iarr sos cúig nóiméad.

MAC UÍ GHRÍOFA: A Dhuine Uasail, iarraim ort sos cúig nóiméad a cheadú dom le dul i gcomhairle le mo chuid cliant.

BREITHEAMH: Tá go maith. Cúig nóiméad.

CLÉIREACH NA CÚIRTE: Seasaigí don Bhreitheamh!

(*Seasann gach duine.*

Imíonn an BREITHEAMH.

*Labhraíonn MAC UÍ DHROMA le Séamus agus le Peadairín agus tagann cuma an-*__ríméadach__ *orthu, iad ag caint agus ag gáire. Is léir nach bhfuil ÉAMONN BEAG sona, áfach, agus seasann sé ar leataobh uathu.* — *excited*

Bailíonn NA hÓGÁNAIGH le chéile lena ndlíodóir siúd, iad an-chiúin.)

MAC UÍ GHRÍOFA: **Tá ár gcosa nite** murar féidir linn teacht ar fhianaise chinnte. — *our goose is cooked*

PÁDRAIG: An **cladhaire** sin Éamonn Beag, **ag cliseadh orainn** mar sin! — *coward; letting us down*

EILÍS: Ach cén rogha a bhí aige, is é Séamus a uncail.

PÁDRAIG (*feargach*): Tá a fhios aige chomh maith is atá a fhios againne gurbh iad a bhí ann!

MAC UÍ GHRÍOFA: Is cuma faoi sin anois, mar níl sé sásta é a rá.

PÁDRAIGÍN: Ach cá bhfuil Seosamh?

SINÉAD: Nuair a bhí muid ar an bportach, ghlac Seosamh cúpla grianghraf de na daoine a bhí ag dumpáil. Ach tá mé ag ceapadh gur fhág sé an ceamara san áit ina raibh muid. Chuir sé síos é, ach ní fhaca mé é á thógáil leis. Rinne muid dearmad.

(Cuireann SINÉAD a lámha lena cloigeann go héadóchasach.)

PÁDRAIGÍN: Caithfidh sé go ndeachaigh sé suas ansin ar maidin á lorg.

EILÍS: Má éiríonn leis …

MAC UÍ GHRÍOFA: Beidh linn.

EILÍS *(go mall)*: Ach … mura n-éiríonn …

*(Breathnaíonn siad ar a chéile gan focal a rá ach iad **ag breathnú sall** ar an ngrúpa eile.)* — looking over

CLÉIREACH NA CÚIRTE: Seasaigí don Bhreitheamh!

(Éiríonn gach duine.

Tagann an BREITHEAMH isteach agus suíonn sé síos.)

BREITHEAMH: An bhfuil aon rud breise le rá ag taobh ar bith sa chás seo?

(Breathnaíonn an BREITHEAMH ó ghrúpa go grúpa.)

BREITHEAMH: Níl? Bhuel, sa chás …

*(Go tobann, cloistear **coiscéimeanna** agus briseann SEOSAMH isteach ar an gcúirt, cuma fhiáin air, é **stróicthe** ag **driseacha**, a chuid gruaige **in aimhréidh**, a léine stróicthe agus salach, **saothar air**.)* — footsteps; torn; brambles in a mess; out of breath

BREITHEAMH *(ag glaoch amach)*: Stop an duine sin!

(Léimeann an DOIRSEOIR agus beireann greim ar Sheosamh.)

Turas 3

MAC UÍ GHRÍOFA: A Dhuine Uasail, creidim go bhfuil fianaise atá fíorthábhachtach ag an duine sin, Seosamh Mac Domhnaill. Iarraim cead í a ghlacadh uaidh.

(Tá na PÁISTÍ go léir ar bís. Tá Séamus agus a bhuíon ag breathnú ar Sheosamh agus iontas orthu. Níl a fhios acu céard tá ag tarlú.)

BREITHEAMH: Tá go maith. Tá súil agam gur fiú é.

*(Faoin am seo tá SEOSAMH ar tí titim ach síneann sé cúpla grianghraf chuig dlíodóir na n-óganach. Breathnaíonn an DLÍODÓIR orthu, déanann miongháire agus síneann chuig an mBreitheamh iad. Breathnaíonn an BREITHEAMH orthu agus déanann **comhartha** do Mhac Uí Dhroma teacht chuige. Tagann MAC UÍ DHROMA. Taispeánann an BREITHEAMH na grianghraif dó. **Baintear preab uafásach** as Mac Uí Dhroma.* — sign / startled

Téann MAC UÍ DHROMA ar ais chuig a ghrúpa féin, agus deir cúpla focal leo go ciúin.

Tagann dreach scanraithe ar Shéamus agus ar Pheadairín.

Casann MAC UÍ DHROMA i dtreo an Bhreithimh.)

MAC UÍ DHROMA: Tá na cosantóirí ag tarraingt a gcáis siar agus ag admháil go bhfuil siad ciontach, a Dhuine Uasail.

BREITHEAMH: **Gearraim fíneáil** ocht gcéad euro an duine oraibh. — I impose a fine

(Imíonn MAC UÍ DHROMA, SÉAMUS agus PEADAIRÍN as an gcúirt.

*Bualadh bos mór ó na hógánaigh, **liú buach**, agus ardaíonn siad a gcuid bratach.* — victorious roar

Téann SINÉAD chuig Seosamh agus tugann lámh chúnta dó lena choinneáil ar a chosa agus iad ar an mbealach amach.

Breathnaíonn SINÉAD siar ar Éamonn Beag atá ina sheasamh leis féin agus cuma an-uaigneach air. Tugann sí comhartha dó lena cloigeann teacht leo agus ritheann sé chucu go háthasach.

Casann na gasúir uile a n-amhrán ar an mbealach amach, bratacha ar crochadh.)

> Hurú! Hurú! Hurú!
> Cosc ar thruailliú!
> Deireadh le dumpáil,
> Deireadh le dumpáil,
> Fíneáil mhór inniu!

CRÍOCH

 **Scríobh**

Freagair na ceisteanna seo.

Radharc 1
1. Céard atá an seisear déagóirí ag iompar?
2. Cad a fheiceann siad in aice an locha?
3. Cén fáth a raibh imní ar Eilís faoi shúil a choinneáil ar an áit?
4. An aithníonn Sinéad an lucht dumpála?
5. Cén fáth nach seasann Éamonn Beag leo?

Radharc 2
1. Céard atá le cloisteáil taobh amuigh d'oifig sa Chomhairle Contae?
2. Cad a thógann Seán Mac an Mháistir as a phóca?

Radharc 3
1. Cad a d'fhág Seosamh ar an bportach?
2. Cén chuma atá ar Sheosamh nuair a bhriseann sé isteach sa chúirt?
3. Cad a ghearrann an Breitheamh ar na cosantóirí?

 **Bí ag caint!**

I ngrúpa, pléigh na ceisteanna seo: An smaoineamh maith í fíneáil de €800 a bheith ann as bheith ag dumpáil? Cén fáth?

 Táim in ann ceisteanna a fhreagairt ar an dráma *Gleann Álainn*.

Achoimre an dráma: Léigh agus scríobh

Léigh achoimre an dráma agus freagair na ceisteanna.

Radharc 1

Téann seisear déagóirí amach faoin tuath chun **tionscadal ealaíne** a dhéanamh – **sceitse** de **radharc tíre** álainn.

art project
sketch; landscape

Níl Sinéad agus Seosamh leis an ngrúpa mar **teastaíonn uathu** a bheith ina n-aonar. Cúpla nóiméad ina dhiaidh sin, áfach, ritheann Sinéad ar ais agus insíonn sí dóibh teacht léi chun féachaint ar rud uafásach. Téann siad go léir go dtí an áit ina bhfuil Seosamh agus feiceann siad **radharc gránna** – tá líon mór bruscair caite ag duine éigin in aice leis an loch.

they want

an ugly sight

Socraíonn an seisear fanacht i bhfolach. Beidh siad ábalta a fheiceáil cé a bhíonn ag dumpáil. Tar éis tamaill, feiceann siad beirt fhear áitiúil ag iompar málaí bruscair ó veain agus á ndumpáil in aice leis an loch. Glacann Seosamh cúpla grianghraf de na fir.

Aithníonn siad go léir iad. Séamus agus Peadairín is ainm dóibh. Tá imní ar Shinéad mar is cairde lena Daid, an Teacht Dála áitiúil iad. Nuair a thosaíonn Séamus agus Peadairín ag caint, luann siad Daid Shinéad. Níl imní orthu. Deir siad go gcabhróidh sé leo **má bheirtear orthu**. Cuireann an chaint seo uafás ar Shinéad. Tá imní ar Éamonn Beag freisin mar is uncail leis é Séamus. Socraíonn gach duine, seachas Éamonn Beag, rud a dhéanamh faoin dumpáil.

if they are caught

Radharc 2

Tá na déagóirí **ag agóidíocht** taobh amuigh d'oifig sa Chomhairle Contae. Siúlann Seán Mac an Mháistir, Daid Shinéad, isteach san oifig. Tosaíonn sé **ag gearán** faoi na hagóideoirí. Ansin, labhraíonn sé le Tadhg Ó Cuill faoin gcás dumpála. Beidh Séamus agus Peadairín **os comhair na cúirte** de bharr dumpála. Iarrann sé cabhair ar Thadhg agus tugann sé airgead i gclúdach donn dó. Geallann Tadhg go gcabhróidh sé leis.

protesting

complaining

before the court

Radharc 3

Tosaíonn an cás cúirte. Cuireann ceathrar de na déagóirí síos ar an eachtra a tharla. Deir siad go bhfaca siad Séamus agus Peadairín ag dumpáil. Faraor, níl grianghraif acu mar d'fhág Seosamh a cheamara san **áit folaigh**. Tá Seosamh ag cuardach an cheamara faoi láthair. Tá an Breitheamh **in amhras** faoina scéal.

hiding place
doubtful

Ansin, deir **dlíodóir** Shéamuis agus Pheadairín go bhfuil **finné** eile acu. Tosaíonn Éamonn Beag ag caint agus deir sé go raibh sé deacair aon rud a fheiceáil agus nach féidir le héinne a bheith cinnte cé a bhí ag dumpáil.

solicitor; witness

Go tobann, ritheann Seosamh isteach i seomra na cúirte. Tá an ceamara aige. Taispeánann dlíodóir na ndéagóirí na pictiúir don Bhreitheamh. **Gearrann** an Breitheamh fíneáil €800 an duine ar Shéamus agus ar Pheadairín. Tá áthas an domhain ar na déagóirí.

imposes

1. Cén fáth a bhfuil an seisear déagóirí amuigh faoin tuath?
2. Cén fáth a ritheann Sinéad ar ais go dtí an grúpa?
3. Cén fáth a socraíonn an seisear fanacht i bhfolach?
4. Cén fáth nach bhfuil imní ar an lucht dumpála?
5. Cad a iarrann Daid Shinéad ar Thadhg?
6. Cén fáth nach bhfuil grianghraif ag na déagóirí sa chúirt?
7. Cé hé an finné atá ag Séamus agus Peadairín? Cad a deir sé?
8. Cad a ghearrann an Breitheamh ar Shéamus agus ar Pheadairín?

Scríobh

Cruthaigh scéalchlár faoin dráma ar www.storyboardthat.com.
Bain úsáid as an achoimre thuas.
Tá samplaí le feiceáil ar www.educate*plus*.ie/go/storyboards.

 Bí ag caint!

I ngrúpa de naonúr, déan dráma den radharc sa chúirt. Is iad seo na príomhcharachtair: Sinéad, Seosamh, Éamonn Beag, Séamus, Peadairín, An Breitheamh, An Bheirt Dlíodóirí agus An Doirseoir.

An scríbhneoir

Rugadh Brian Ó Baoill i Ros Comáin in 1929. Tá go leor duaiseanna buaite aige as a scéalta agus drámaí. Bhuaigh a dhráma *Sútha Talún* Duais Oireachtais in 1995.

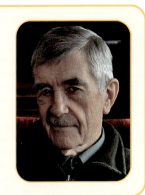

 Táim in ann páirt a ghlacadh i ndráma bunaithe ar an dráma *Gleann Álainn*.

📖 Na carachtair sa drama: Léigh

Léigh an freagra samplach seo.

Ceist shamplach:

Déan cur síos ar bheirt charachtar sa dráma.

Freagra samplach:

Sinéad

Is duine cróga í Sinéad. Tagann uafás uirthi nuair a fheiceann sí an bruscar cois locha. Tosaíonn sí **ag spiaireacht** ar an lucht dumpála. Ba mhaith léi agóid a eagrú in aghaidh na dumpála freisin.

spying

Faigheann Sinéad amach gur duine mímhacánta é a Daid. **Ina ainneoin sin**, déanann sí an rud ceart. Beidh a Daid ar buile ach **is cuma léi**.

despite that
she doesn't care

Téann sí ag agóidíocht taobh amuigh d'oifig sa Chomhairle Contae. Téann sí os comhair na cúirte chun an scéal a insint. Ar deireadh, éiríonn le Sinéad agus leis na déagóirí eile.

Seosamh

Is duine cliste agus **diongbháilte** é Seosamh. Tá a fhios aige go dtiocfaidh an lucht dumpála ar ais. Tá a fhios aige go mbeidh siad ábalta súil a choinneáil ar an áit.

determined

Chomh maith leis sin, glacann sé grianghraif den **choir**. Tá a fhios aige go mbeidh siad úsáideach mar **fhianaise**.

crime
evidence

Faraor, déanann sé dearmad ar a cheamara. Mar sin féin, **déanann sé cúiteamh** nuair a aimsíonn sé a cheamara arís.

he redeems
himself

✏️ Scríobh

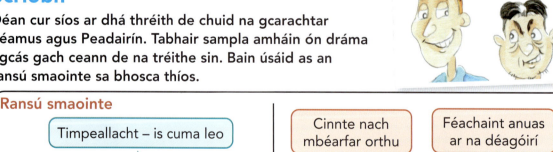

Déan cur síos ar dhá thréith de chuid na gcarachtar Séamus agus Peadairín. Tabhair sampla amháin ón dráma i gcás gach ceann de na tréithe sin. Bain úsáid as an ransú smaointe sa bhosca thíos.

Ransú smaointe

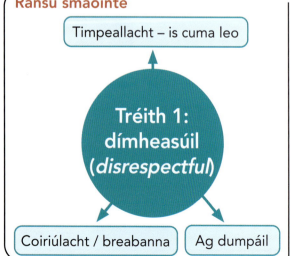

Tréith 1: dímheasúil (*disrespectful*)
- Timpeallacht – is cuma leo
- Coiriúlacht / breabanna
- Ag dumpáil

Tréith 2: sotalach (*arrogant*)
- Cinnte nach mbéarfar orthu
- Féachaint anuas ar na déagóirí
- Cinnte go ligfear leo

Léigh agus scríobh

A. Léigh an t-agallamh thíos a rinne Daid Shinéad faoina ról sa dráma.

Ainm an charachtair:
Daid Shinéad

Ceist 1: An raibh tú sásta faoin gcaoi ar cuireadh síos ar do ról sa dráma seo?

Freagra: Ní raibh. Is polaiteoir macánta mé. Dúradh go ndeachaigh mé go hoifigí na Comhairle agus gur thug mé breab dóibh! Ní dhearna. Rinne mé dearmad ar mo chlúdach litreach, sin uile!

Ceist 2: An raibh tú sásta le deireadh an dráma?

Freagra: Ní raibh. Is daoine maithe iad Séamus agus Peadairín. Bhí siad san áit mhícheart ag an am mícheart, sin uile.

Ceist 3: An mbeidh tionchar ag deireadh an dráma ort?

Freagra: Beidh mé níos cúramaí amach anseo. Gearradh fíneáil ar Shéamus agus ar Pheadairín agus tá súil agam nach dtosóidh siad ag cur ceisteanna orm toisc gur cairde liom iad. Baile beag atá ann. Tá aithne ag gach duine ar a chéile.

B. Scríobh síos trí cheist a chuirfeá ar Éamonn Beag maidir lenar tharla dó sa dráma agus na trí fhreagra is dóigh leat a thabharfadh sé. Bain úsáid as an agallamh le Daid Shinéad chun cabhrú leat.

Noda!

- Is féidir leat do chuid ceisteanna a bhunú ar na focail sa liosta thíos, más mian leat: do ról, ról na gcarachtar eile, tréith, tionchar, ceacht, mothúchán, tábhacht.
- Bíodh mioneolas as an dráma i ngach aon fhreagra.
- Is féidir leat ceisteanna ginearálta nó ceisteanna sonracha a scríobh.

  ## Scríobh agus labhair

Freagair na ceisteanna seo. Déan comparáid leis an duine atá in aice leat.

1. Cén carachtar is fearr leat? Cén fáth? Tabhair **dhá** fháth le do thuairim.
2. Roghnaigh carachtar spéisiúil **amháin**. Liostaigh cosúlacht **amháin** agus difríocht **amháin** idir tú féin agus an carachtar sin.

 Táim in ann anailís a dhéanamh ar charachtair sa dráma *Gleann Álainn*.

Téamaí an dráma: Léigh agus scríobh

Is éard is brí le téama an dráma ná an smaoineamh is tábhachtaí atá sa dráma. Léigh an freagra samplach seo agus freagair na ceisteanna.

Ceist shamplach:

Luaigh dhá théama atá le brath go soiléir sa dráma atá roghnaithe agat. Scríobh anailís ghearr ar an dá théama sin. Bain úsáid as an ransú smaointe sa bhosca thíos.

Ransú smaointe

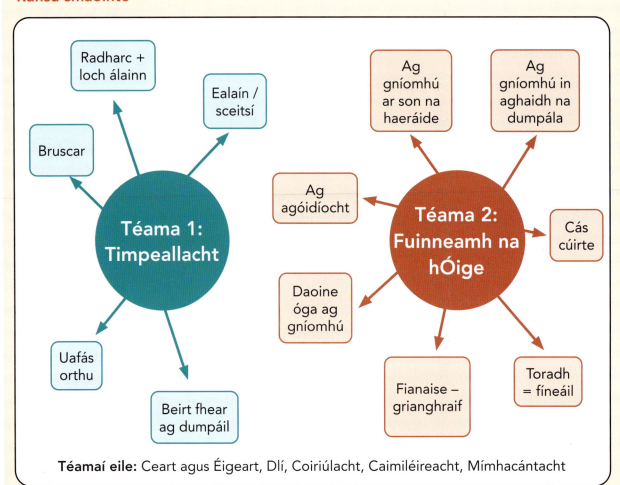

Téamaí eile: Ceart agus Éigeart, Dlí, Coiriúlacht, Caimiléireacht, Mímhacántacht

Freagra samplach:

An timpeallacht

Tá téama na timpeallachta an-tábhachtach sa dráma *Gleann Álainn*. Ag tús an dráma, téann na déagóirí amach faoin tuath chun sceitsí a dhéanamh. Tá an radharc tíre go hálainn. Tá loch agus sléibhte áille ann.

Faraor, níl meas ag gach duine ar an timpeallacht. Tagann beirt fhear go dtí an loch chun málaí bruscair a fhágáil ann. Is cuma leo faoin timpeallacht.

Tá meas ag na déagóirí ar an dúlra, áfach. Nuair a fheiceann siad an lucht dumpála, tagann uafás orthu. Tá a fhios acu go bhfuil coir á déanamh ag na fir.

Fuinneamh na hóige

Tá fuinneamh na hóige le feiceáil go soiléir sa dráma seo. Feiceann grúpa déagóirí beirt fhear ag dumpáil bruscair in aice le loch in áit álainn. Tá a fhios acu go bhfuil sé mícheart agus socraíonn siad rud a dhéanamh faoi.

I dtús báire, tosaíonn siad ag spiaireacht ar an áit. Nuair a fheiceann siad na fir ag dumpáil, glacann Seosamh grianghraf.

Ansin, eagraíonn siad agóid in aghaidh na dumpála. Tosaíonn siad ag agóidíocht taobh amuigh d'oifig sa Chomhairle Contae.

Ar deireadh, tugtar an bheirt fhear os comhair na cúirte. Buann na déagóirí an cás.

1. Cad a tharlaíonn ag tús an dráma?
2. 'Níl meas ag gach duine ar an timpeallacht.' Cén fhianaise atá ann a thacaíonn leis an tuairim sin?
3. Conas a mhothaíonn na déagóirí faoin dumpáil ag tús an dráma?
4. Cad a dhéanann siad chun deireadh a chur leis an dumpáil? Luaigh **trí** chéim a thóg siad.

Bí ag caint!

Cén téama is láidre, meas tú? Nó an gceapann tú go bhfuil téama eile níos láidre? I ngrúpa, pléigh do thuairim.

 Táim in ann anailís a dhéanamh ar na téamaí sa dráma *Gleann Álainn*.

Na mothúcháin sa dráma: Léigh

Léigh an freagra samplach seo.

Ceist shamplach:

Déan cur síos ar mhothúchán amháin sa dráma atá roghnaithe agat.

Freagra samplach

Tá an mothúchán 'uafás' le brath go soiléir sa dráma *Gleann Álainn*.

Nuair a fheiceann na déagóirí an bruscar in aice leis an loch, agus an bheirt fhear ag dumpáil, tagann uafás orthu. **Baintear siar** as Sinéad nuair a thosaíonn na fir ag caint faoina Daid. Tá uafás uirthi a chloisteáil go bhfuil a Daid mímhacánta.

taken aback

Tagann uafás ar na déagóirí freisin nuair a thosaíonn Éamonn Beag ag tabhairt fianaise. Deir Pádraig gur **cladhaire** é Éamonn Beag.

coward

Cuireann na grianghraif uafás ar an mBreitheamh. Ar ndóigh, cuireann an fhíneáil uafás ar Shéamus agus ar Pheadairín!

Mothúcháin eile: Sásamh, Eagla, Meas, Déistin, Áthas, Dóchas, Éadóchas

 ## Scríobh

Déan cur síos ar mhothúchán amháin sa dráma atá roghnaithe agat. Bain úsáid as an ransú smaointe sa bhosca thíos.

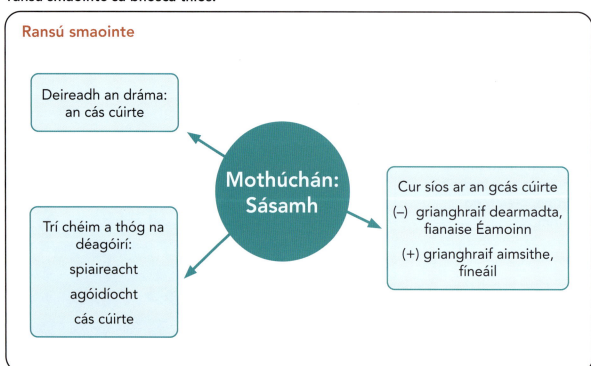

 Táim in ann anailís a dhéanamh ar na mothúcháin sa dráma *Gleann Álainn*.

Buaicphointe an drama: Léigh

Léigh na freagraí samplacha seo.

Ceist shamplach:
Déan cur síos ar bhuaicphointe an dráma.

> **Noda!**
> Bain úsáid as an achoimre ar leathanach 164 chun cabhrú leat cur síos a dhéanamh ar aon chuid den phlota.

Freagra samplach:

Tarlaíonn buaicphointe an dráma i dteach na cúirte. Cuireann ceathrar de na déagóirí síos ar an eachtra a tharla. Deir siad go bhfaca siad Séamus agus Peadairín ag dumpáil. Faraor, níl grianghraif acu mar d'fhág Seosamh a cheamara san **áit folaigh**. Tá Seosamh ag cuardach an cheamara faoi láthair. — *hiding place*

Tá an Breitheamh in amhras faoina scéal. Ansin, deir dlíodóir Shéamuis agus Pheadairín go bhfuil finné eile acu. Tosaíonn Éamonn Beag ag caint agus deir sé go raibh sé deacair aon rud a fheiceáil agus nach féidir le héinne a bheith cinnte cé a bhí ag dumpáil.

Go tobann, ritheann Seosamh isteach i seomra na cúirte. Tá an ceamara aige. Taispeánann dlíodóir na ndéagóirí na pictiúir don Bhreitheamh. Gearrann an Breitheamh fíneáil €800 an duine ar Shéamus agus ar Pheadairín. Tá áthas an domhain ar na déagóirí.

Ceist shamplach:
Cad a mhothaigh tú féin faoi bhuaicphointe an dráma?
Cuir fáthanna le do fhreagra.

Freagra samplach:

Taitníonn buaicphointe an dráma *Gleann Álainn* go mór liom mar is breá liom na **teachtaireachtaí** atá ann. — *messages*

Sa chás cúirte, ní chailleann siad misneach nuair a labhraíonn Éamonn Beag ná nuair a dhéanann Seosamh dearmad ar a cheamara. Ar deireadh, buann siad an cás cúirte.

Léiríonn an buaicphointe dúinn **nár cheart dúinn tabhairt isteach**. Léiríonn sé dúinn freisin gur cheart dúinn **beart a dhéanamh de réir ár mbriathair**. — *that we shouldn't give in* / *have the courage of our convictions*

 ## Punann 4.4

Tá RTÉ chun scannán a dhéanamh den dráma atá ainmnithe agat ach níl siad sásta le críoch an dráma mar atá. Scríobh críoch eile le haghaidh an dráma don scannán. Tá tuilleadh treoracha i do phunann ar leathanach 50.

 Táim in ann anailís a dhéanamh ar an dráma seo agus idirghníomhú leis.

CLEACHTAÍ ATHBHREITHNITHE

Súil Siar

A. Freagair na ceisteanna seo.
1. Cá bhfuil tú i do chónaí?
2. Cén sórt ceantair é?
3. An bhfuil a lán áiseanna ann? Cad iad?
4. An bhfuil fadhbanna ar bith ann? Cad iad?

B. Meaitseáil na giotaí le chéile.

1	Chuaigh mé go dtí an gruagaire	A	chun deoch a ól.
2	Chuaigh mé go dtí an siopa grósaera	B	chun mo mhadra a thabhairt amach ag siúl.
3	Chuaigh mé go dtí an siopa caife	C	chun torthaí agus glasraí a cheannach.
4	Chuaigh mé go dtí an pháirc áitiúil	D	chun bearradh gruaige a fháil.

1 = ____   2 = ____   3 = ____   4 = ____

C. Meaitseáil an Ghaeilge leis an mBéarla.

1	lipéid	A	a business
2	ardaitheoir	B	ground floor
3	staighre beo	C	lift/elevator
4	bunurlár	D	brands
5	brandaí	E	labels
6	gnólacht	F	escalator

1 = ____   2 = ____   3 = ____   4 = ____   5 = ____   6 = ____

D. Freagair na habairtí seo. Tabhair freagra dearfach agus diúltach. Tá sampla amháin déanta duit.

Sampla: An árasán compordach é? →	Is árasán compordach é.
	Ní árasán compordach é.

1. An páirc ghlan í?
2. An siopa deas é?
3. An caife blasta é?
4. An droichead fada é?
5. An cathair mhór í?

E. Tá na habairtí seo lochtach. Ceartaigh iad. Tá sampla amháin déanta duit.

Sampla: Tá Biorra baile mór. [✘] → Is baile mór é Biorra. [✔] (nó 'Baile mór is ea Biorra.'/ 'Baile mór atá i mBiorra.')

1. Tá Seán scoláire.
2. Tá Síle scoláire.
3. Tá an caisleán áit stairiúil.
4. Tá an pháirc áit chiúin.
5. Tá Emma agus Aaron ceoltóirí.
6. Tá na bailte áiteanna glana.

F. Tá tú ag caitheamh trí mhí i bPáras le do theaghlach. Scríobh ríomhphost chuig do chara ag insint dó/di faoin gcathair. Téigh ar líne chun tuilleadh eolais faoi Pháras a léamh.

Luaigh na pointí seo:
- Dhá phointe dhearfacha faoin gcathair
- Na háiseanna is fearr leat.
- Pointe amháin diúltach faoin gcathair
- Cathain a bheidh tú ar ais in Éirinn.

   Cluastuiscint

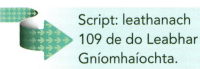

Script: leathanach 109 de do Leabhar Gníomhaíochta.

Cloisfidh tú beirt ógánach ag caint faoina gceantar. Cloisfidh tú gach píosa cainte faoi dhó. Beidh sos ann chun do chuid freagraí a scríobh tar éis na chéad éisteachta agus tar éis an dara éisteacht.

An Chéad Chainteoir

Ainm	Tadhg Ó hUiginn
1. Cén contae ina bhfuil Tadhg ina chónaí?	
2. Cén sórt baile é Luíne?	
3. Cá dtéann siad chun an tsiopadóireacht a dhéanamh?	
4. Tabhair píosa **amháin** eolais a thugann le fios dúinn gur áit álainn é an contae.	

An Dara Cainteoir

Ainm	Eibhlín Ní Chonaill	
1. Cén contae ina bhfuil Doire Fhíonáin suite?		
2. Cad is maith le hEibhlín a dhéanamh chun an t-am a mheilt. Cuir tic (✔) leis an dá fhreagra chearta.	ag iascaireacht ag imirt eitpheile ag siúl ag scríobh	☐ ☐ ☐ ☐
3. Tabhair píosa **amháin** eolais a léiríonn gur duine ealaíonta í Eibhlín.		
4. Cad a thruaillíonn an t-aer, dar le hEibhlín?		

Cultúr 4
Ogham

Stair Oghaim

D'fhoghlaim tú beagán faoi chlocha Oghaim i gCaibidil 1. Cineál scríbhneoireachta ab ea Ogham. Bhíodh Éireannaigh ag scríobh in Ogham idir 300 AD agus 800 AD.

Tá clocha Oghaim ón gcúigiú haois le feiceáil ar fud na tíre, go háirithe i gCiarraí agus i gCorcaigh. Tá go leor clocha Oghaim i músaeim ar fud na hÉireann anois.

De ghnáth, is ar chlocha cuimhneacháin a fheicimid Ogham sa lá atá inniu ann. Mar sin, is minic a bhíonn ainmneacha daoine mór-le-rá scríofa orthu. Féach an sampla seo as Ciarraí (suite in Áth Dara i Luimneach anois):

COILLABBOTAS MAQI CORBBI MAQI MOCOI QERAI
Coillabus mac Corbos mac mhuintir Chiarraí
Cáelbad, son of Corb, son of the people of Kerry

An aibítir

I dtús báire, bhí 20 siombail in aibítir Oghaim. Bhí na siombailí seo roinnte ina gceithre ghrúpa. Meascán de phoncanna agus línte a bhí sa script. Tar éis tamaill, cuireadh siombailí nua leo. Sin an cúigiú grúpa. Seo iad na siombailí:

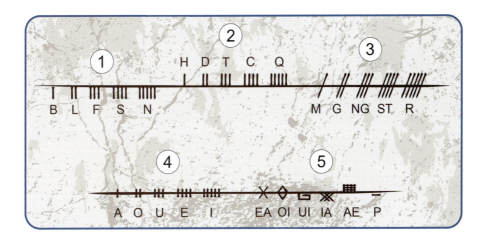

Stór focal

clocha cuimhneacháin	memorial stones	aibítir	alphabet
mór-le-rá	important	meascán	mix
siombail	symbol	poncanna agus línte	dots and lines

Taighde agus cur i láthair

Tá eolas ar go leor cloch Oghaim in Éirinn ar www.educateplus.ie/go/ogham-celt. Tá an suíomh ar fáil i nGaeilge agus i mBéarla.

Cliceáil ar 'Brabhsáil'/'*Browse*' agus féach ar an léarscáil. Cliceáil ar na bioráin 📍 chun eolas faoin gcloch a fheiceáil.

Cruthaigh cur i láthair ar PowerPoint nó Prezi. I do chur i láthair:
- Liostaigh **trí** chontae ina bhfuil clocha Oghaim
- Roghnaigh cloch Oghaim **amháin** agus déan cur síos uirthi
- Litrigh d'ainm in Ogham.

Déan an cur i láthair os comhair an ranga.

 Féinmheasúnú
1. An raibh tú in ann na clocha Oghaim a chuardach go héasca? An raibh aon deacrachtaí agat?
2. Ar fhoghlaim tú conas d'ainm a scríobh in Ogham?

CAIBIDIL 5: Mo Chaithimh Aimsire

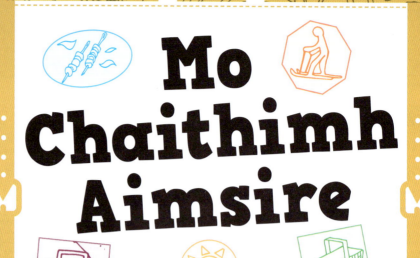

Clár Ábhair

Foclóir	Caithimh Aimsire agus Cluichí	178
Foclóir	Ceol 1: Na hUirlisí Ceoil	180
Éisteacht	Ceol 2: Ag Seinm Ceoil	182
Éisteacht	Ceol 3: Agallamh le Craoltóirí Raidió	184
Scríobh	Gné-Alt: Ceolchoirm Mhór	186
Scríobh	Gné-Alt: Treoracha	187
Léamh and Gramadach	Na Forainmneacha Réamhfhoclacha: 'le', 'do', 'faoi' agus 'ó'	188
Físeán	Slam Filíochta: *Deaf Jam*	190
Léamhthuiscint	Nósanna Féachana Meán	192
Léamhthuiscint	Ábhar ar Líne: Bréagscéal!	194
Ceistneoir	Cad a Léiríonn na Caithimh Aimsire is Ansa Leat Fút?	196
Scríobh	Aiste Reacaireachta: An Rud is Annamh is Iontach	198
Scríobh	Aiste Reacaireachta: Treoracha	199
Béaltriail	Dhá Agallamh	200
Litríocht	Ceol: Fún Orm	202
Litríocht	Filíocht: Stadeolaíocht	210
Cleachtaí Athbhreithnithe	Súil Siar	216
Cultúr 5	An Ceol Gaelach	218

✓ Faoi dheireadh na caibidle seo, beidh mé in ann:
- Cur síos a dhéanamh ar na caithimh aimsire a thaitníonn liom.
- Staitisticí a phlé agus a chur i láthair.
- Aiste reacaireachta a scríobh.

🔑 Príomhscileanna
- A bheith uimheartha
- Fanacht folláin
- A bheith cruthaitheach
- Obair le daoine eile

Litríocht
Fún Orm

Ag deireadh na caibidle seo, déanfaimid staidéar ar an amhrán 'Fún Orm'. Léigh línte oscailte an amhráin agus cuir tús le do chuid machnaimh ar an amhrán agus ar an topaic seo.

Scaití ní dhéanann tú na rudaí a theastaíonn uait
mar gheall go bhfuil an iomarca imní ort go dteipfidh ort

San amhrán 'Fún Orm', pléann an liriceoir na caithimh aimsire is mó a thaitníonn leis, cé go mbíonn siad dúshlánach uaireanta. Cad iad na caithimh aimsire is mó a thaitníonn leat? Cén chaoi a mbíonn siad dúshlánach?

Le linn na caibidle seo, déan machnamh ar na ceisteanna sin. Ag an deireadh, déan comparáid le daoine eile i do rang.

 **Turas 3**

FOCLÓIR

Caithimh Aimsire agus Cluichí

✏️ 💬 **Scríobh agus labhair**

Roghnaigh cúig chaitheamh aimsire a thaitníonn leat ó na 12 íomhá seo agus scríobh in ord tosaíochta iad. Déan comparáid leis na daoine atá thart ort.

ag canadh/amhránaíocht • ag seinm ceoil • ag damhsa/rince • ag péinteáil

ag scríobh scéalta

ag babhláil

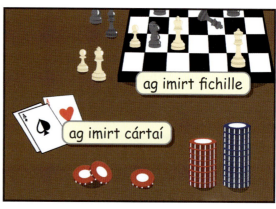

ag imirt fichille • ag imirt cártaí

ag imirt cluichí ríomhaire

ag triail éadaí nua orm • ag cniotáil • ag fuáil

💬 👥 **Bí ag caint!**

I ngrúpa, pléigh na ceisteanna seo:

1. Cén sórt caitheamh aimsire a dhéanann daoine cruthaitheacha agus ealaíonta?
2. Cén sórt caitheamh aimsire a dhéanann daoine gníomhacha agus spórtúla?

céad seachtó a hocht

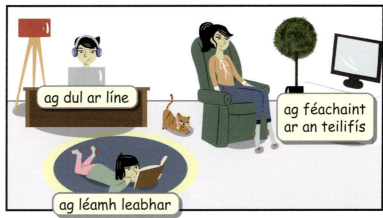

✏️ 💬 Scríobh agus labhair

Freagair na ceisteanna seo. Ansin, cuir na ceisteanna ar an duine atá in aice leat.

1	Cad iad na caithimh aimsire atá agat?/ Cad a dhéanann tú chun do scíth a ligean?	Is breá liom a bheith ag imirt spóirt. Tá spéis ar leith agam sa drámaíocht. Tá dúil mhór agam sa cheol. Taitníonn gníomhaíochtaí faoin aer go mór liom.
2	An gcaitheann tú a lán ama ar do chaithimh aimsire?	Caithim an-chuid ama ag imirt spóirt. Seinnim an giotár gach oíche.
3	Cá fhad is atá tú á dhéanamh?	Le cúig nó sé bliana, ceapaim.

✓ Táim in ann labhairt faoi na caithimh aimsire a thaitníonn liom.   🙂 😐 ☹️

FOCLÓIR

Ceol 1: Na hUirlisí Ceoil

Meaitseáil

An cheolfhoireann: Meaitseáil na catagóirí leis na huirlisí ceoil.

1. na gaothuirlisí
2. na prásuirlisí
3. na téaduirlisí
4. na cnaguirlisí

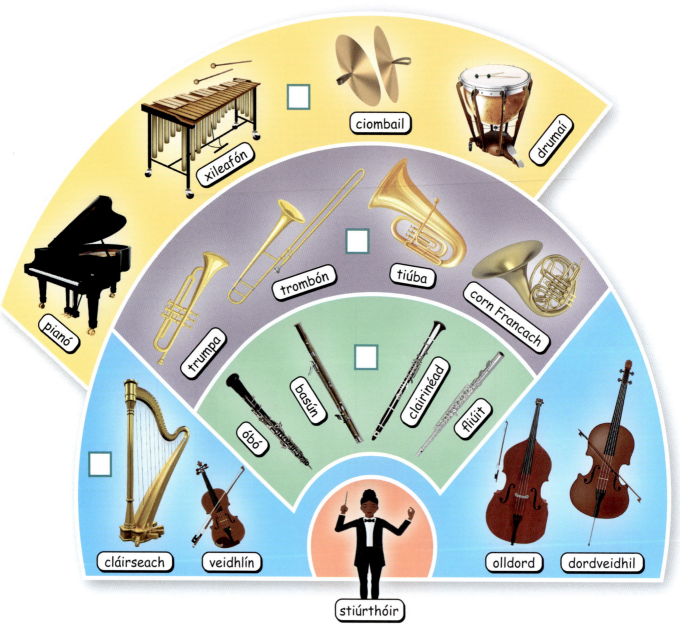

Bí ag caint!

An seinneann tú aon uirlisí ceoil? Inis don duine atá in aice leat.

"Seinnim an trumpa. Céard fútsa?"

Meaitseáil

An ceol Gaelach: Meaitseáil na huirlisí ceoil leis na pictiúir.

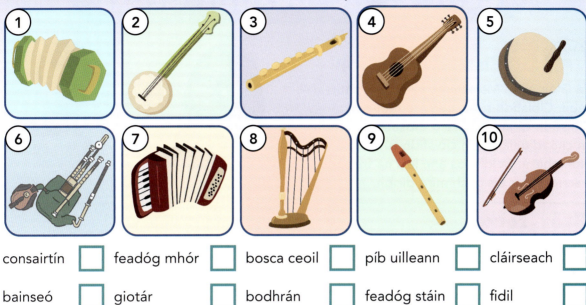

consairtín ☐	feadóg mhór ☐	bosca ceoil ☐	píb uilleann ☐	cláirseach ☐
bainseó ☐	giotár ☐	bodhrán ☐	feadóg stáin ☐	fidil ☐

Éist agus scríobh

Traic 39

Éist le Conchúr, Adrienne, Esther agus Fabio ag caint faoi na huirlisí ceoil a sheinneann siad. Líon isteach an tábla i do chóipleabhar.

	1. An uirlis cheoil a sheinneann sé/sí	2. Cá fhad is atá sé/sí ag seinm na huirlise sin.
Conchúr		
Adrienne		
Esther		
Fabio		

3. Ar mhaith leat féin aon cheann de na huirlisí ceoil seo a sheinm? Cén fáth? Tabhair pointe amháin eolais mar thacaíocht le do fhreagra.

Script: leathanach 110 de do Leabhar Gníomhaíochta.

✓ Táim in ann uirlisí na ceolfhoirne agus na huirlisí Gaelacha a liostú. 🙂 😐 ☹️

céad ochtó a haon

Turas 3

ÉISTEACHT

Ceol 2: Ag Seinm Ceoil

 Éist agus scríobh

Tá Glóir agus Malachi ag caint faoi chúrsaí ceoil. Cloisfidh tú an comhrá faoi dhó. Cloisfidh tú an comhrá ó thosach deireadh an chéad uair. Ansin cloisfidh tú ina dhá mhír é. Beidh sos ann leis na freagraí a scríobh tar éis gach míre díobh.

Glóir

Malachi

 Stór focal

ceachtanna foirmiúla	formal lessons
cleachtadh a dhéanann máistreacht	practice makes perfect
caithfidh tú a bheith	you have to be
thar cionn don intinn	great for the mind

Mír 1

1. Cá fhad is atá Malachi ag seinm an bhosca ceoil?
2. An gceapann Glóir go bhfuil Malachi go maith ag an mbosca ceoil? Cuir tic (✔) leis an abairt cheart.

   Ceapann sí nach bhfuil sé thar mholadh beirte. ☐

   Ceapann sí go bhfuil sé measartha maith. ☐

   Ceapann sí go bhfuil sé an-mhaith aige. ☐

Mír 2

3. Cé chomh minic is a bhíonn Glóir ag cleachtadh an damhsa? Cuir tic (✔) leis an abairt cheart.

   dhá lá sa tseachtain ☐

   cúig lá sa tseachtain ☐

   gach lá sa tseachtain ☐

4. Cén fáth a gcaithfidh Glóir a bheith aclaí don damhsa, dar léi?

 Script: leathanach 110 de do Leabhar Gníomhaíochta.

   Scríobh agus éist

Ar thug tú faoi deara go n-úsáideann Glóir agus Malachi an focal 'uair' go minic? Líon na bearnaí. Ansin, éist agus seiceáil.

| uair amháin | trí huaire | ceithre huaire |

1. Bíonn ceachtanna foirmiúla ag Malachi _____ _____ sa tseachtain.
2. Bíonn ranganna ag Glóir _____ _____ sa tseachtain.
3. Bíonn seó ag Glóir _____ _____ sa bhliain.

Le foghlaim: Cé mhéad uair?

uair amháin	ceithre huaire	seacht n-uaire	deich n-uaire
dhá uair	cúig huaire	ocht n-uaire	fiche uair
trí huaire	sé huaire	naoi n-uaire	tríocha uair

Cuimhnigh!
Tá 'uair' neamhrialta ach tá 'uair an chloig' rialta. Mar shampla:
trí huaire ach trí uair an chloig
seacht n-uaire ach seacht n-uair an chloig.

  ### Bí ag caint!

Cuir na ceisteanna thíos ar an duine atá in aice leat. Bain úsáid as an stór focal thíos.

1. Cé mhéad uair sa bhliain a théann tú chuig ceolchoirm?
   Téim …
2. Cé mhéad uair sa lá a éisteann tú le ceol?
   Éistim le …
3. Cé chomh minic is a théann tú go dtí an phictiúrlann?
   Téim …
4. Cé chomh minic is a bhuaileann tú le do chairde?
   Buailim le …

 ### Stór focal

gach lá	every day	gach dara lá	every second day
cúpla uair sa lá	a couple of times a day	uair nó dhó sa tseachtain	once or twice a week
ó am go chéile	from time to time	uaireanta	sometimes
le dhá bhliain anuas	for the last two years	a thuilleadh	anymore
go rialta	regularly	riamh	ever/never

  ### Léigh agus scríobh

Léigh an t-alt thíos. Déan eagarthóireacht ar na focail a bhfuil cló trom orthu. Scríobh na focail chearta i do chóipleabhar. Tá an chéad cheann déanta duit.

Is as **ar** (1) = **an** gCoiré Theas do Anna Lee. Nuair a bhí sí ceithre **bliain** (2) d'aois, thosaigh sí ag **seinn** (3) an veidhlín. Chaith sí **uareanta** (4) fada ag cleachtadh. Nuair a bhí sí cúig **mbliana** (5) d'aois, thug sí ceolchoirm mhór i Singeapór. Sheinn sí ceann de na píosa ceoil is deacra riamh.

Nuair a bhí sí sé bliana d'aois, bhog sise agus a **theaghlach** (6) go Nua-Eabhrac. Bhí sé deacair ar dtús. Chleachtadh sí seacht **uair** (7) sa tseachtain ach mhaireadh an lá scoile ocht **uair** (8) an chloig gach lá! Chomh maith leis sin, thaitníodh sé léi a bheith ag damhsa, ag tarraingt, **ag cócarail** (9) agus ag canadh.

Na laethanta seo, tugann sí ceolchoirmeacha ar fud an **domhan** (10). Glacann sí páirt i bhféilte móra ceoil. Níl aon dabht ach go bhfuil sí ina máistir ar a **cheird** (11).

 Táim in ann an focal uair a úsáid i gceart.

 ÉISTEACHT

Ceol 3: Agallamh le Craoltóirí Raidió

 Scríobh

Cad is brí leis na cineálacha ceoil seo? Bain úsáid as d'fhoclóir nó as www.focloir.ie.

> ceol rómánsúil   ceol rithim agus gormacha (R&G)   popcheol
> rac-cheol éadrom   ceol traidisiúnta   rac-cheol trom   snagcheol
> ceol clasaiceach   punc-cheol   rapcheol   ceol damhsa   ceol tuaithe

Léigh agus scríobh

Léigh an blurba gearr faoin agallamh a rinne Niamh Ní Chróinín agus Cillian de Búrca go speisialta do *Turas* agus freagair na ceisteanna a ghabhann leis.

Niamh Ní Chróinín agus Cillian de Búrca	
Oibríonn Niamh Ní Chróinín agus Cillian de Búrca **sna meáin**. Thosaigh siad ag craoladh le chéile ar Raidió Rí-Rá agus Raidió na Gaeltachta. Tá Niamh ina láithreoir teilifíse ar Cúla4 na laethanta seo. Tá Cillian fós ina chraoltóir raidió ar Raidió na Gaeltachta. Is múinteoir bunscoile é freisin.	in the media
In agallamh le *Turas*, labhraíonn Niamh agus Cillian faoina slí bheatha sna meáin. Labhraíonn siad faoin gceol a thaitníonn leo agus faoi na **nósanna éisteachta** ceoil a bhíonn ag daoine. Tugann siad cúpla píosa **comhairle** freisin do dhaoine óga ar mhaith leo **a bheith** ina láithreoirí raidió nó teilifíse.	listening habits advice; to be a
Is féidir Niamh a leanúint ar fud na meán sóisialta ag @niamhnichroinin. Agus Cillian? Ní **bhacann** sé leis sin!	bother

1. Cad a dhéanann Niamh Ní Chróinín agus Cillian de Búrca mar shlí bheatha?
2. Cén áit ar féidir Niamh a leanúint?

Éist agus scríobh

Éist leis an agallamh a rinne Niamh Ní Chróinín agus Cillian de Búrca do *Turas* agus freagair na ceisteanna. Cloisfidh tú an t-agallamh faoi dhó. Beidh sos ann leis na freagraí a scríobh tar éis na chéad éisteachta agus tar éis an dara héisteacht.

Script: leathanach 111 de do Leabhar Gníomhaíochta.

1. Cathain a fuair Niamh a céad deis sna meáin?
2. Cathain a fuair Cillian a chéad deis seó ceoil a dhéanamh?
3. Cén sórt ceoil a thaitníonn le Niamh?
4. Ainmnigh **dhá** bhanna ceoil a thaitníonn le Cillian.
5. Cén sórt ceoil a bhíonn le cloisteáil ar a gcuid seónna, dar le Niamh?
6. Cén sórt ceoil a ndéanann Cillian iarracht a sheinm?
7. Cén sórt ceoil ar fearr le daoine éisteacht leis ar maidin, dar le Cillian?
8. Cá bhfuil go leor deiseanna ar fáil chun taithí chraoltóireachta a fháil, dar le Niamh?

 ## Taighde agus scríobh

Tá tú ag cur agallamh ar cheoltóir cáiliúil i gcomhair clár ceoil ar an raidió. Scríobh cúig cheist a chuirfeá ar an duine sin faoin tslí bheatha atá roghnaithe acu.

Is féidir leat do chuid ceisteanna a bhunú ar na focail sa liosta thíos, más mian leat.

| cineál ceoil | uirlis cheoil | banna ceoil | oideachas | slí bheatha |
| albam | singil | seirbhísí sruthaithe | tionchar | na meáin shóisialta |

 Táim in ann agallamh i gcomhair clár ceoil a ullmhú.

SCRÍOBH

Gné-Alt: Ceolchoirm Mhór

Sa mhír seo, foghlaimeoidh tú conas gné-alt (*feature article*) a scríobh. Cad is gné-alt ann? Má osclaíonn tú nuachtán nó iris, feicfidh tú go leor cineálacha scríbhneoireachta – ailt ghearra, ailt fhada, léirmheasanna, tuarascálacha, tuairimí, litreacha, cartúin agus gné-ailt.

Bíonn tuarascálacha nuachta gearr agus díríonn siad ar shonraí. Tugann gné-ailt, áfach, léargas níos mó ar dhuine, ar ócáid nó ar leabhar nua, mar shampla.

 ### Léigh

Léigh an gné-alt seo faoi cheolchoirm Ed Sheeran.

Réamhrá

Dé Sathairn seo caite i bPáirc an Chrócaigh, agus grian an tsamhraidh díreach tar éis **dul faoi**, tháinig Ed Sheeran amach ar stáitse, ina aonar, **gan aige ach** a ghiotár, a ghuth, a **mhaidhc** agus a **throitheán lúibe**. **Ina ainneoin sin uilig**, d'éirigh le Ed an slua mór millteach – 80,000 duine – a chur faoi dhraíocht ar feadh dhá uair a chloig. Níl mórán ceoltóirí ar domhan a bheadh ábalta ceolchoirm mar sin a thabhairt. Céard atá difriúil faoi Ed Sheeran, mar sin?

setting
with only; mic; loop-pedal;
despite all that

Cúlra Ed

Bhuel, is léir ó aois an-óg go raibh **bua** an cheoil aige. Nuair a bhí sé ceithre bliana d'aois, thosaigh sé ag canadh sa **chór** áitiúil. Nuair a bhí sé aon bhliain déag d'aois, thosaigh sé ag seinm an ghiotáir. Go luath ina dhiaidh sin, thosaigh sé ag scríobh amhrán agus ag taifeadadh ceoil. Ina thuairisc scoile, mhol a mhúinteoir ceoil a chumas ceoil go hard, á rá gur '**taibheoir** nádúrtha' é agus gurb 'iontach an **siamsa** a dhéanann sé dúinn sa rang'. Cheap a chomhscoláirí **gurbh é ba dhóchúla** a bhainfeadh cáil amach.

gift
choir

performer; entertainment; that he was the most likely

An cheolchoirm féin

Bhí an cheolchoirm féin thar barr. Nuair a tháinig Ed amach, thosaigh gach duine ag screadach in ard a gcinn is a ngutha. Bhí atmaisféar bríomhar cairdiúil ann agus is léir go raibh gach duine ag baint taitneamh as an seó. Chan sé na *hits* go léir agus ní raibh díomá ar aon duine. Chomh maith leis sin, bhí **íomhánna** iontacha le feiceáil ar scáileáin mhóra taobh thiar de. Lena throitheán lúibe bhí sé ábalta tiúin a thaifeadadh beo, an tiúin sin **a lúbadh**, agus ansin tiúineanna nua a sheinm ar an ngiotár. **Dhealraigh sé go** raibh banna iomlán ar an stáitse.

visuals

loop
seemed as if

Focal scoir

Agus mé agus mo chairde ar an mbealach abhaile, **bhí cluaisíní croí orainn** ag smaoineamh agus ag caint faoin léiriú agus faoin atmaisféar. Fanfaidh na cuimhní sin liom go cinnte, chomh maith leis an rud a dúirt sé ag an deireadh – 'Bí lách le cách, bíodh **aoibh** ar d'aghaidh, agus bí buíoch as rudaí mar tá seans ann nach mbeidh siad againn amárach.'

we were on cloud nine

smile

SCRÍOBH

Gné-Alt: Treoracha

Comhairle

Tugann gné-ailt léargas dúinn ar imeachtaí, daoine nó chúrsaí reatha. Bíonn siad níos neamhfhoirmeálta ná tuarascálacha nuachta, mar shampla. Féach thíos na difríochtaí:

Tuarascáil nuachta	Gné-alt
Thug Ed Sheeran ceolchoirm mhór i bPáirc an Chrócaigh tráthnóna inné. Bhí 80,000 duine i láthair. Tá an seó mar chuid dá thuras Eorpach agus leanfaidh sé ar aghaidh go dtí deireadh an tsamhraidh.	Dé Sathairn seo caite i bPáirc an Chrócaigh, agus grian an tsamhraidh díreach tar éis dul faoi, tháinig Ed Sheeran amach ar stáitse, ina aonar, gan ach a ghiotár, a ghuth, a mhaidhc agus a throitheán lúibe in éineacht leis.

Tús an ghné-ailt

Tá sé tábhachtach **greim a fháil ar aird an léitheora** ón gcéad líne amach. **Ní gá tosú** ag tús an imeachta – san alt faoi Ed Sheeran, tosaíonn an scríbhneoir i lár na hoíche.

grab the reader's attention
it isn't necessary to begin

Stíl

Is féidir stíl neamhfhoirmeálta a úsáid. **Roinn** do chuid tuairimí agus **taithí**. Bain úsáid as **nathanna coitianta** agus **sleachta**. Ná bac le **barraíocht** staitisticí ná fíricí.

share
experience; common phrases
quotes; an overload of

Eolas cúlra

Luaigh eolas cúlra sa ghné-alt mar ní bheidh **eolas** ag gach duine faoin topaic.

knowledge

Críoch

Is féidir sliocht gearr nó abairt **achoimrithe** a scríobh. Bheadh na focail a dúirt Ed ag an deireadh **oiriúnach** mar cuireann siad síos ar an oíche go léir:
bhí atmaisféar cairdiúil ann, bhí gach duine ag baint sult as agus tá áthas ar an údar go raibh sí nó sé ann.

summarising
suitable

Punann 5.1

Scríobh gné-alt bunaithe ar cheann amháin de na pictiúir atá léirithe thuas. Cuir an obair chríochnaithe i do phunann ar leathanach 54.

☑ Táim in ann gné-alt a scríobh.

Na Forainmneacha Réamhfhoclacha: 'le', 'do', 'faoi' agus 'ó'

Úsáidimid forainmneacha réamhfhoclacha nuair a thagann réamhfhocal (mar shampla ag, ar, roimh, as) agus forainm (mar shampla mé, tú, sé, sí) le chéile.
Samplaí: le + mé = liom   do + tú = duit   faoi + é = faoi   ó + í = uaithi

Léigh agus labhair

Léigh an píosa seo. Cé mhéad forainm réamhfhoclach a thugann tú faoi deara? Inis don duine atá in aice leat.

Tá *Réalta agus Gaolta* ar siúl le roinnt mhaith blianta anuas. Sa seó seo, seinneann baill den teaghlach céanna ar stáitse os comhair triúr moltóirí agus slua mór stiúideo. Déanann *Turas* cur síos ar dhá theaghlach ar éirigh go maith leo.

Shaniah Rollo agus a hathair, Narz

Is as na hOileáin Fhilipíneacha do Shaniah agus a hathair Narz. Nuair a bhí Shaniah an-óg, chuir siad fúthu in Éirinn. Tá beirt siblíní aici ach tá cónaí orthu fós lena máthair **i bhfad ar shiúl uathu** sna Filipínigh.

far away from them

Taitníonn an amhránaíocht go mór le Shaniah. Is amhránaí den scoth í. Tugann Narz tionlacan di ar an ngiotár Spáinneach.

Ar dtús, níor chreid na moltóirí go raibh **guth chomh haibí sin** aici. Is léir go bhfuil todhchaí gheal i ndán di. Lean í ar fud na meán sóisialta ar @shaniahrollo.

a voice so mature

Deirfiúracha Uí Scolaí

Is amhránaithe agus ceoltóirí iad Emer, Caoilfhionn agus Sorcha. Is as Baile Átha Cliath ó dhúchas dóibh. Seinneann siad go leor uirlisí ceoil, an chláirseach agus an phíb uillinn ina measc.

Thaitin a léiriú go mór leis na moltóirí. Dúirt siad go raibh **an-ghealladh** fúthu.

great promise

Is cinnte go n-éireoidh go geal leo amach anseo. Lean iad ar fud na meán sóisialta ar @sultceol.

Scríobh

Aimsigh an Ghaeilge sa téacs. Scríobh an leagan Gaeilge i do chóipleabhar.

1	They settled down in Ireland.
2	Narz accompanies her on the Spanish guitar.
3	It's clear that there is a bright future in store for her.
4	They are originally from Dublin.
5	They said they showed great promise.
6	They will surely be very successful in the future.

Na réamhfhocail 'le', 'do', 'faoi' agus 'ó'

Pronoun	Forainm	le	do	faoi	ó
I	mé	liom	dom	fúm	uaim
you	tú	leat	duit	fút	uait
he	sé	leis	dó	faoi	uaidh
she	sí	léi	di	fúithi	uaithi
we	muid (sinn)	linn	dúinn	fúinn	uainn
you (plural)	sibh	libh	daoibh	fúibh	uaibh
they	siad	leo	dóibh	fúthu	uathu

Nathanna samplacha

le (*with, by*)	do (*for, to*)	faoi (*about, under*)	ó (*from*)
In éineacht liom.	Is as Éirinn dom.	Chuala sí fúm.	Teastaíonn uaim.
Má éiríonn leat.	Seo cathaoir duit.	Bhí sé ag caint fút.	Cad atá uait?
Is féidir linn.	Taispeáin dúinn.	Tá sí ag gáire fúinn.	Ghoid sí peann uaidh.
Bhuail siad leo.	Molaim dóibh.	Tá sí ag cur fúithi sa Chlár.	Tá cabhair uainn.
Labhair sí le Pól.	Thug sé mála do Phól.	Seo scéal faoi Bhríd.	Seo SMS ó Bhríd.

Stór focal

in éineacht le	with
molaim	I praise/recommend
éiríonn le	succeed
taispeáin	show
ghoid	stole

Scríobh

Athscríobh na habairtí seo i do chóipleabhar. Ansin, aistrigh iad.

1. Teastaíonn [ó: í] _____ giniais óga a aimsiú.

2. Is cuimhin [le: mé] _____ nuair a bhí mé óg.

3. Tugann na múinteoirí cabhair [do: muid] _____.

4. An bhfuil tú ag cur [faoi: tú] _____ gar don scoil?

 Tá tuilleadh cleachtaí ar leathanach 381.

 Táim in ann forainmneacha réamhfhoclacha bunaithe ar 'le', 'do', 'faoi' agus 'ó' a úsáid.

céad ochtó a naoi

FÍSEÁN

Slam Filíochta: Deaf Jam

🗨️ Bí ag caint!

An maith leat rapcheol? An maith leat filíocht? Cén fáth? Inis don duine atá in aice leat. Cad is brí le 'slam filíochta', meas tú?

📖✏️ Léigh agus scríobh

Sa roinn seo, féachfaidh tú ar fhíseán faoi ghrúpa déagóirí bodhra (*deaf*) a chuir isteach ar chomórtas filíochta. Léigh an réamhrá agus freagair na ceisteanna.

Réamhrá

Is **scannán faisnéise** é *Deaf Jam*. Is í Judy Lieff a **stiúir** agus a **léirigh** an scannán. Díríonn an scannán ar ghrúpa déagóirí amháin a ghlac páirt i 'slam' filíochta i Nua-Eabhrac. Is í Aneta Brodski, déagóir **bodhar** as Queens, príomhcharachtar an scannáin.

documentary; directed; produced; deaf

Is dúshlán mór é do na déagóirí seo páirt a ghlacadh i gcomórtas filíochta ina mbíonn gach duine eile **ag aithris** filíochta, sa teanga **labhartha**. Conas ab fhéidir le grúpa déagóirí bodhra é sin a dhéanamh?

reciting; spoken

Sa ghiota gearr a ghabhann leis an gceacht seo, féachfaidh tú ar **réamhbhlaiseadh** oifigiúil an scannáin.

trailer

1. Cén sórt scannáin é *Deaf Jam*?
2. Cén dúshlán atá roimh an ngrúpa déagóirí seo?

▶️✏️ Féach agus scríobh

Féach ar an bhfíseán agus freagair na ceisteanna thíos. Déan comparáid leis an duine atá in aice leat.

Téigh chuig www.educate*plus*.ie/resources/turas-3-nua chun féachaint ar an bhfíseán. Tá script an fhíseáin ar fáil ann freisin.

1. Cad a thaitníonn leis na déagóirí bodhra sa scannán faoina bheith bodhar?
2. Cad is gráin leo faoi?

Scríobh

Cad is brí leis na focail seo? Bain úsáid as d'fhoclóir nó as www.focloir.ie.

gártha	guthanna	claontacht	piarbhrú	rogha cairde	crochadh thart
gá	ag streachailt	bréan de	mar chuid den slua	bodhaire	an teanga chomharthaíochta
an teanga labhartha	ag comharthú	guthú

 ## Bí ag caint!

Roghnaigh radharc amháin ón ngearrfhíseán a thaitníonn leat. I ngrúpa, mínigh cén fáth. Bain úsáid as na bolgáin chainte agus an stór focal thíos.

> An radharc ina raibh plé acu faoina bheith bodhar, bhí sin an-suimiúil, dar liom.

> Bhain mé an-taitneamh as an radharc inar ghlac siad páirt sa slam.

> An radharc inar chleacht siad a gcuid dánta, b'shin an ceann ab fhearr liom.

 ## Stór focal

an radharc inar mhínigh sé	the scene in which he explained
an radharc inar léirigh sí dán	the scene in which she performed a poem
an radharc inar chomharthaigh siad	the scene in which they signed
an radharc inar phléigh siad	the scene in which they discussed

 ## Taighde

Téigh chuig www.educateplus.ie/resources/snamh-eireann. Foghlaim trí nath bhunúsacha i dTeanga Chomharthaíochta na hÉireann. Bí ag cleachtadh i ngrúpa.

 ## Punann 5.2

Samhlaigh go mbeidh tú ag glacadh páirt i slam filíochta. Scríobh véarsa gearr amháin ar an topaic 'rudaí a thaitníonn liom' nó 'rudaí a chuireann isteach orm'. Cuir an obair chríochnaithe i do phunann ar leathanach 56.

 Táim in ann véarsa nó dán gearr a bheadh oiriúnach do shlam filíochta a scríobh.

Mo Chaithimh Aimsire

LÉAMHTHUISCINT

Nósanna Féachana Meán

  Scríobh agus labhair

A. Cad is brí leis na cineálacha clár seo? Bain úsáid as d'fhoclóir nó as www.focloir.ie. I ngrúpa, téigh chuig sceideal TG4 ag www.tg4.ie/ga/sceideal. Cén cineál clár a bheidh ar siúl an tseachtain seo? Scríobh sampla amháin de gach seánra (*genre*).

clár thráth na gceist	clár spóirt	clár faisin
clár nuachta	cartún	sobaldráma	clár ceoil
clár grinn	clár faisnéise	clár cainte

B. Cad is brí leis na cineálacha scannán seo? Bain úsáid as d'fhoclóir nó as www.focloir.ie. I ngrúpa, scríobh sampla amháin de gach seánra.

scannáin ghrinn	scannáin aicsin	scannáin ghrá
scannáin ficsean eolaíochta	scannáin bhleachtaireachta	scannáin cheoil
scannáin fantaisíochta	scannáin uafáis	scannáin chogaidh	scéinséirí

   Léigh agus éist

Léigh agus éist leis an bpíosa seo.

Le roinnt blianta anuas, tá athrú mór tagtha ar ár **nósanna féachana meán**. Tá **níos lú** daoine ag féachaint ar **chainéil** teilifíse thraidisiúnta. Ach cad a dhéanann siad **ina ionad sin**? San alt seo pléifimid trí cinn de na hathruithe seo.

media viewing habits
less
channels
instead of that

I dtús báire, úsáideann níos mó daoine **seirbhísí sruthaithe** chun féachaint ar chláir, scannáin agus fiú cluichí ríomhaireachta. Roimh an b**paindéim**, bhí daoine lánsásta dul go dtí an phictiúrlann chun na scannáin **is déanaí** a fheiceáil ach anois, is fearr leo é sin a dhéanamh sa bhaile.

streaming services
pandemic
latest

Ar an dara dul síos, tá **borradh** mór faoin gcluichíocht **i measc** gach aoisghrúpa, ach go háirithe i measc daoine óga. **Ní hamháin** go n-imríonn siad cluichí ach féachann na milliúin daoine orthu freisin. Go domhanda, tá lucht féachana de 500 milliún duine ag an **ríomhspórt** amháin.

boost; among
not only
esport

Ar deireadh, tá níos mó daoine ag féachaint ar **ghearrfhíseáin**, go háirithe ar TikTok, YouTube agus a leithéid. **Cruthaíonn** siad agus **roinneann** siad méid mór **ábhair** freisin. Bíonn an fón i gcónaí in aice leo, réidh leis an gcéad scéal mór eile a thaifeadadh.

short videos
create
share; content

Céard faoi do nósanna féachana féin? An bhfuil siadsan ag athrú?

Scríobh

Freagair na ceisteanna seo.

1. Cén abairt is fearr a dhéanann achoimre ar an alt seo. Cuir tic (✔) leis an abairt cheart.

    Tá athrú mór tagtha ar ár nósanna féachana meán eile. ☐

    Ní úsáideann daoine fóin go rómhinic na laethanta seo. ☐

    Téann daoine go dtí an phictiúrlann go minic. ☐

2. Cén ceann de na habairtí seo a leanas atá bréagach?

    Féachann na milliúin daoine ar an ríomhspórt. ☐

    Tá níos mó daoine ag féachaint ar chainéil teilifíse thraidisiúnta. ☐

    Tá níos mó daoine ag baint úsáid as seirbhísí sruthaithe. ☐

3. Cad a deirtear san alt faoinár nósanna féachana scannán? Is leor pointe **amháin** eolais.

4. Luaigh **dhá** sheirbhís mhóra a úsáideann daoine chun féachaint ar ghearrfhíseáin.

5. Cén fáth a mbíonn an fón i gcónaí in aice linn, dar leis an alt?

Cur i láthair

A. Dear cur i láthair a léiríonn an t-athrú atá tagtha ar do chuid nósanna féachana. Déan cinnte go bhfuil na rudaí seo san áireamh:

- Cur síos ar na cineálacha clár agus scannán a thaitníonn leat
- Píchairt a léiríonn do chuid nósanna féachana. Roinn an phíchairt ina ceithre chuid: (i) cláir theilifíse, (ii) scannáin, (iii) gearrfhíseáin agus (iv) eile
- Barrachairt a léiríonn na difríochtaí idir do chuid nósanna féachana cúig bliana ó shin agus na laethanta seo.

Bain úsáid as na cairteacha samplacha thíos:

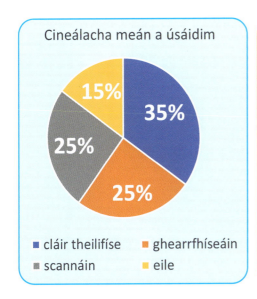

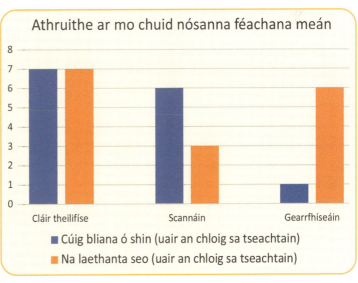

B. Léirigh an cur i láthair os comhair an ranga. Taifead an cur i láthair ar iMovie nó Windows Movie Maker nó athraigh an cur i láthair ó PowerPoint nó Prezi go cur i láthair físe.

 Táim in ann cur i láthair físe a dhéanamh ar an gcaoi a n-úsáidim na meáin.

LÉAMHTHUISCINT

Ábhar ar Líne: Bréagscéal!

 Bí ag caint!

I ngrúpa, pléigh na ceisteanna seo.
1. Cé mhéad ama a chaitheann tú ar líne gach lá?
2. An bhfuil tú ábalta bréagscéal a aithint?

 Léigh agus scríobh

Léigh an píosa seo agus freagair na ceisteanna a ghabhann leis.

An cúlra

Roinnt blianta ó shin, priontáladh alt in *The Times* darb ainm '50 Réalta Sacair atá ag Teacht Chun Cinn' (*'50 Rising Soccer Stars'*). Ag uimhir a 30, rinneadh **cur síos** ar pheileadóir iontach as an Moldóiv, buachaill sé bliana déag d'aois darb ainm 'Masal Bugduv'.

De réir dealraimh, bhí an peileadóir óg seo ag bogadh go foireann Arsenal. Bhí domhan an spóirt **ar bís** faoi Masal. Faraor dóibh, bréagscéal a bhí ann. Ní raibh a **leithéid de dhuine** ann agus 'Masal Bugduv'!

	description
	apparently
	excited
	such person as

An turgnamh

Lá amháin, shocraigh iriseoir as Gaillimh **turgnamh** a dhéanamh agus imreoir sacair bréagach **a chumadh**. Bhí a fhios aige go gcreideann a lán daoine gach rud a léann siad ar an idirlíon agus theastaigh uaidh **féachaint an gcreidfidís** an scéal seo.

Thosaigh sé ag scríobh bréagscéalta ar líne faoi imreoir sacair óg as an Moldóiv darb ainm 'Masal Bugduv'. Tar éis tamaill, scríobh duine eile faoi ar leathanach Vicipéide. **Níorbh fhada gur** thosaigh blagálaithe agus iriseoirí ag scríobh faoi freisin. Bhí ailt faoin bpeileadóir ar an suíomh sacair www.goal.com, san iris *When Saturday Comes* agus **fiú** sa nuachtán *The Times*!

	experiment
	invent
	see if they'd believe
	it wasn't long until
	even

An t-ainm 'Masal'

Ach cén fáth an t-ainm 'Masal Bugduv'? Smaoinigh an t-iriseoir ar an ngearrscéal cáiliúil 'M'Asal Beag Dubh' le Pádraic Ó Conaire. Scéal greannmhar atá ann faoi fhear a cheannaigh asal leisciúil ar go leor airgid tar éis scéal bréagach a chloisteáil. Nach cliste an rogha sin!

---

1. Cárbh as an peileadóir Masal Bugduv, dar leis an alt in *The Times*? Cuir tic (✔) leis an bhfreagra ceart.

    Ba as Málta é. ☐   Ba as an Moldóiv é. ☐   Ba as an mBulgáir é. ☐

2. Cárbh as an t-iriseoir? Cuir tic (✔) leis an bhfreagra ceart.

    Ba as an gClár é. ☐   Ba as Gaillimh é. ☐   Ba as an gCabhán é. ☐

3. Cén fáth ar shocraigh an t-iriseoir turgnamh a dhéanamh?
4. Cén fáth ár roghnaigh an t-iriseoir an t-ainm Masal Bugduv?
5. Bunaithe ar an sliocht thuas, an ndéarfá féin gur éirigh nó nár éirigh leis an turgnamh seo? Is leor **dhá** fháth.

Léigh agus labhair

Léigh na trí alt ghearra seo. Tá dhá cheann fíor ach tá ceann amháin bréagach. Cén ceann? Pléigh do thuairim leis an duine atá in aice leat.

CÚLSTÁITSE TAR ÉIS ATHRÚ VICIPÉIDE!

D'éirigh le fear óg dul cúlstáitse ag ceolchoirm U2 in Minnesota nuair a rinne sé athrú beag ar a leathanach Vicipéide. Scríobh an fear, Mark Hewson, gur deartháir le Bono (Paul Hewson) é. Ansin, thaispeáin sé an leathanach Vicipéide agus a chárta aitheantais don gharda slándála agus ligeadh isteach é!

Foclóir Foghlamtha!

Bhuaigh Nigel Richards as an Nua-Shéalainn comórtas náisiúnta Scrabble na Fraince, cé nach bhfuil sé ábalta an Fhraincis a labhairt! Conas? D'fhoghlaim sé foclóir Fraincise de ghlanmheabhair laistigh de naoi seachtaine. Níor thuig sé focal ar bith de, áfach!

Fóin Ceadaithe i bPictiúrlanna!

Tá an comhlacht pictiúrlainne Meiriceánach AMC Entertainment tar éis cead a thabhairt do dhaoine óga a bhfón a úsáid sa phictiúrlann. Tuigeann siad nach féidir le daoine óga a bhfón a choimeád ina bpóca le linn scannáin. Mar sin, d'oscail siad hallaí éisteachta speisialta dóibh ar fud na tíre.

 Stór focal

saorchead isteach	free entry	garda slándála	security guard
athrú beag	small change	de ghlanmheabhair	off by heart
cárta aitheantais	ID card	laistigh de	within

 Bí ag caint!

I ngrúpa, pléigh na ceisteanna seo.
1. Conas a d'éirigh le Mark Hewson dul cúlstáitse?
2. Conas a bhuaigh Nigel Richards comórtas Scrabble na Fraince?
3. Cén réiteach atá ag AMC Entertainment d'úsáideoirí fón?

 Taighde agus scríobh

Scríobh trí cheannlíne neamhghnácha: dhá cheann atá fíor agus ceann amháin atá bréagach. Taispeáin na ceannlínte do dhaoine eile sa rang. An bhfuil siad ábalta an bréagscéal a aithint?

 Táim in ann bréagscéalta nuachta a phlé.

CEISTNEOIR

Cad a Léiríonn na Caithimh Aimsire is Ansa Leat Fút?

Bí ag caint!

Déan an ceistneoir seo leis an duine atá in aice leat. Cad a léiríonn na caithimh aimsire is ansa leat fút?

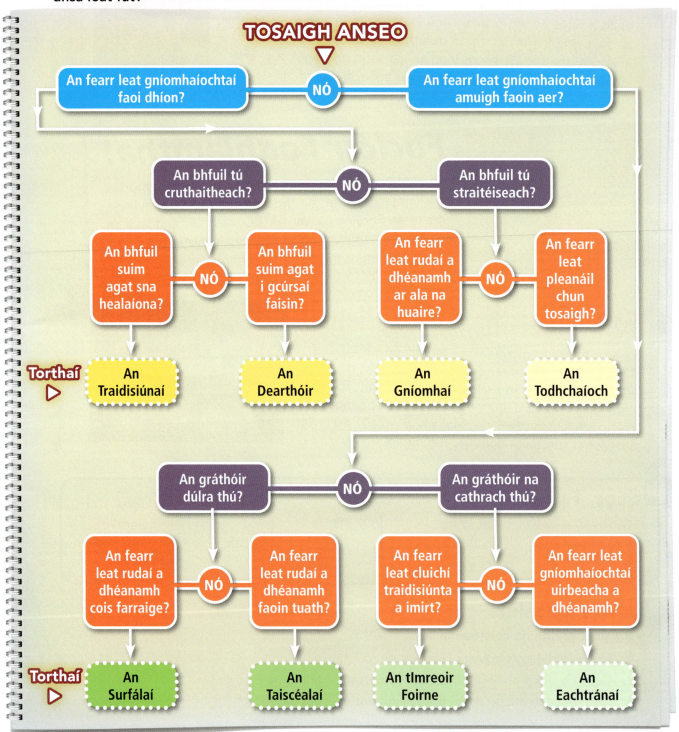

Stór focal

gníomhaíochtaí	activities	sna healaíona	in the arts
faoi dhíon	indoor	ar ala na huaire	on the spur of the moment
straitéiseach	strategic	gráthóir dúlra	nature lover

Léigh agus labhair

I ngrúpa, léigh na torthaí agus pléigh na ceisteanna seo.
1. An aontaíonn tú le do chatagóir féin? Cén fáth?
2. Céard faoi do theaghlach? Cad a léiríonn a gcuid caitheamh aimsire fúthu?

Torthaí

An Traidisiúnaí (The Traditionalist)
Is duine traidisiúnta cultúrtha thú. Taitníonn caithimh aimsire ealaíonta leat, go háirithe ceol, damhsa, drámaíocht agus amhránaíocht. Is breá leat a bheith ag léamh agus ag scríobh scéalta freisin.

An Dearthóir (The Designer)
Is duine faiseanta thú. Is breá leat dul chuig siopaí na mórshráide agus na héadaí is nua-aimseartha a thriail ort. Tá tú ábalta d'éadaí féin a chniotáil nó a fhuáil freisin.

An Gníomhaí (The Doer)
Is duine gníomhach thú. Ní thógann tú sos riamh. Is breá leat a bheith ag foghlaim rudaí nua. Níl an t-am agat do leabhair fhada – is fearr leat a bheith ag léamh giotaí gearra ar líne nó ag féachaint ar an teilifís.

An Todhchaíoch (The Futurist)
Pleanálann tú do shaol go cúramach. Smaoiníonn tú go straitéiseach – bíonn tú céim chun tosaigh ar gach duine eile. Tá tú go maith ag cluichí ríomhaire, cluichí boird, puzail agus cártaí.

An Surfálaí (The Surfer)
Is breá leat do scíth a ligean. Bíonn tú ar do shuaimhneas cois farraige nó san fharraige. Is breá leat an iascaireacht agus spóirt uisce. Ba bhreá leat dul ar saoire ar chósta na Spáinne.

An Taiscéalaí (The Explorer)
Is aoibhinn leat a bheith amuigh faoin aer agus an dúlra thart ort. Is breá leat a bheith ag dreapadh crann agus sléibhte. Téann tú ag campáil agus ag siúl sa choill. Is aoibhinn leat rothaíocht sléibhe freisin.

An tImreoir Foirne (The Team Player)
Is aoibhinn leat spóirt pháirce agus is cuma faoi rud ar bith eile. Is breá leat a bheith ag imirt spóirt le do chairde. Is duine traidisiúnta thú – is fearr leat cluichí le rialacha.

An tEachtránaí (The Adventurer)
Is duine cruthaitheach nua-aimseartha thú agus is aoibhinn leat a bheith ag foghlaim scileanna nua. Is breá leat gníomhaíochtaí eachtrúla dainséaracha, cosúil le clárscátáil nó paraisiútáil, fiú.

Mo Chaithimh Aimsire

 Stór focal

ealaíonta	artistic	céim chun tosaigh	one step ahead
siopaí na mórshráide	high-street shops	ar do shuaimhneas	relaxed
giotaí gearra	short pieces	sléibhte	mountains

✓ Táim in ann cur síos a dhéanamh ar chaithimh aimsire daoine eile.

céad nócha a seacht

SCRÍOBH

Aiste Reacaireachta: An Rud is Annamh is Iontach

Sa mhír seo, foghlaimeoidh tú conas aiste reacaireachta (*narrative essay*) a scríobh. Ar dtús, léifidh tú sampla d'aiste reacaireachta. Ansin, scríobhfaidh tú d'aiste reacaireachta féin.

  Léigh agus scríobh

Léigh an aiste reacaireachta seo agus freagair na ceisteanna a ghabhann léi.

An Rud is Annamh is Iontach

Tús na haiste

Lá álainn samhraidh i gcroílár mhí Iúil a bhí ann. Bhí rud iontach **ar tí titim amach**. — about to happen

Bhí mé i mo shuí **ar mo shó** — comfortably
ar mo chathaoir chompordach cois locha. D'airigh mé **teas na gréine** — the heat of the sun
ag díriú ar mo chorp. Bhí **leoithne ghaoithe** — a light breeze
ag séideadh na nduilleog **anonn is anall**, **siar agus aniar**. — to and fro, back and forth

Corp na haiste

D'fhan mé ann go foighneach. Choiméad mé **greim docht** ar — tight grip
an tslat iascaireachta agus chaith mé súil ar an aláram speisialta. **Chuirfeadh sé in iúl dom** nuair a bheadh na héisc ag tarraingt ar an líne. Shleamhnaigh deich nóiméad thart agus fós féin ní raibh aon chomhartha ón aláram. — it would let me know

Go tobann, lig an t-aláram scread as agus dhearg an solas. Bhí an tslat ag scaoileadh na líne **go sciobtha**. Léim mé as mo chathaoir agus rug mé greim ar bhun na líne. Mhothaigh mé **cumhacht an chréatúir**. Ar deireadh, tar éis deich nóiméad, bhí an t-iasc ar talamh. — quickly / the creature's power

Bhí sé go hálainn. Bhí sé ollmhór. Bhí sé **ag glioscarnach** faoi sholas na gréine. **Lá de mo shaol é**! Créatúr iontach. **An rud is annamh is iontach**, mar a deirtear. — glistening / a day to remember / what's rare is wonderful

Críoch na haiste

Seo **an chúis a bhfuil mo chroí istigh sa samhradh**. Seo an fáth a mbím ag tnúth leis bliain i ndiaidh bliana. Is í an iascaireacht mo shaol agus mo spórt agus caithim mo chuid ama ag feitheamh go foighneach **chun breith ar** na créatúir iontacha seo. — why I adore the summer / to catch

1. Cathain a tharlaíonn an scéal seo? Cuir tic (✔) leis an bhfreagra ceart.
   san earrach ☐   sa samhradh ☐   san fhómhar ☐

2. Cén sórt aimsire a bhí ann? Cuir tic (✔) leis an bhfreagra ceart.
   breá brothallach ☐   fuar fliuch ☐   garbh stoirmiúil ☐

3. Cad a chuirfeadh an t-aláram in iúl don údar?

4. Cén sórt éisc ar rug an t-údar air? Is leor **dhá** phointe eolais.

5. Bunaithe ar an aiste thuas, an dóigh leat go raibh an t-údar eagraithe? Is leor **dhá** fháth.

SCRÍOBH

Caibidil 5

Aiste Reacaireachta: Treoracha

Comhairle

Uaireanta, úsáidimid stíl reacaireachta (scéalaíochta) nuair a scríobhaimid aiste.
In aiste reacaireachta, cuireann tú síos ar eachtra a tharla duit chun topaic a phlé.

Abairt shamplach in aiste	Abairt shamplach in aiste reacaireachta
Tá tábhacht mhór ag baint le caitheamh aimsire.	Seo an chúis a dtaitníonn an iascaireacht go mór liom!
Is deis iontach é an spórt chun bualadh le cairde nua.	Is í an iascaireacht mo shaol agus mo spórt!

Struchtúr na haiste

Tús na haiste
Déan cur síos ar an suíomh. Cá dtarlaíonn an scéal? Cén t-am den bhliain atá ann? Cén sórt aimsire atá ann? Cé hiad na carachtair sa scéal agus cad atá ar siúl acu?

Corp na haiste
Cuir síos ar an eachtra a tharla agus ar an mbuaicphointe. Déan cur síos ar na mothúcháin a bhí agat. Déan cur síos ar íomhánna, fuaimeanna agus sonraí eile atá tábhachtach. Úsáid focail agus nathanna bríomhara agus corraitheacha.

Críoch na haiste
Cuir i gcuimhne don léitheoir tábhacht na heachtra seo. Déan cinnte go dtuigeann an léitheoir an fáth a bhfuil an topaic seo tábhachtach duit.

Noda!

- Scríobh an aiste sa chéad phearsa.
- Bain úsáid as fráma scríbhneoireachta nó scéalchlár chun d'aiste a phleanáil. Freagair na ceisteanna seo i do fhráma:
    1. Cad is teideal don aiste reacaireachta?
    2. Cá dtarlaíonn an scéal?
    3. Cathain a tharlaíonn an scéal?
    4. Cé hiad na carachtair sa scéal?
    5. Scríobh an chéad líne den scéal.
    6. Cad a tharlaíonn ar dtús?
    7. Cad a tharlaíonn ina dhiaidh sin? Agus ina dhiaidh sin? (2–4 phointe más gá)
    8. Déan cur síos ar an mbuaicphointe.

Mo Chaithimh Aimsire

Punann 5.3

Scríobh aiste reacaireachta ar an ábhar seo: 'An caitheamh aimsire is fearr liom'. Cuir an obair chríochnaithe i do phunann ar leathanach 58.

 Táim in ann aiste reacaireachta faoi mo chaithimh aimsire a scríobh.

céad nócha a naoi

BÉALTRIAIL

Dhá Agallamh

💬 Labhair

Léirigh an t-agallamh seo leis an duine atá in aice leat.

Atsuko

1. **Cé na caithimh aimsire atá agat?**
   Bhuel, is breá liom a bheith ag dul go dtí an phictiúrlann.
   Is breá liom ceol, spórt agus **grianghrafadóireacht** freisin. — photography

2. **Cén caitheamh aimsire is fearr leat?**
   Ó, níl **faic is fearr liom** ná an ghrianghrafadóireacht, chun an fhírinne a rá. — nothing I like more

3. **Cén fáth a dtaitníonn sé leat?**
   Is breá liom a bheith amuigh faoin aer. Buailim le daoine nua an t-am ar fad freisin.

4. **Cé mhéad ama a chaitheann tú air?**
   Ní bhíonn mórán ama agam i rith na seachtaine. Tá a lán staidéir le déanamh agam faoi láthair. Ar an deireadh seachtaine, áfach, téim amach agus tógaim grianghraif. Caithim cúpla uair ag siúl thart ar lár na cathrach.

5. **Cá fhad is atá tú á dhéanamh?**
   Bhuel, cheannaigh m'athair ceamara dom nuair a bhogamar go hÉirinn ón tSeapáin – ní raibh mé ach naoi mbliana d'aois. Seolaim grianghraif chuig m'uncailí agus m'aintíní sa tSeapáin.

6. **An mbíonn sé costasach?** — expensive
   Bíonn agus ní bhíonn. Bíonn ceamaraí costasach, níl aon amhras faoi sin.
   Ach nuair a bhíonn **ceann** agat, áfach, éiríonn sé **níos saoire**. Bíonn sé costasach grianghraif a phriontáil, ach is **annamh** a dhéanaim sin. Is féidir liom féachaint orthu ar an ríomhaire. — one; cheaper / rare

7. **Cén fáth a bhfuil sé tábhachtach caitheamh aimsire a bheith agat?**
   Tugann sé sos duit ó bhrú an tsaoil agus ó **stró** na scoile. — effort

8. **An dóigh leat go gcaitheann déagóirí an iomarca ama ag déanamh obair scoile?**
   Ha! Ní dóigh liom é! Ach caitheann siad **i bhfad an iomarca** ama ag imirt cluichí ríomhaire **agus a leithéid**. — far too much and the like

✏️ Scríobh

Tá na habairtí seo bréagach. Scríobh an leagan ceart i do chóipleabhar.
1. Is é an ceol an caitheamh aimsire is fearr le Atsuko.
2. Glacann Atsuko go leor grianghraf i rith na seachtaine.
3. Is minic a phriontálann Atsuko a cuid grianghraf.
4. Ní shíleann Atsuko go bhfuil buntáistí ag baint le caithimh aimsire a bheith agat.
5. Tá Atsuko den tuairim go gcaitheann déagóirí an iomarca ama ag déanamh obair scoile.

✏️💬 Scríobh agus labhair

Freagair na ceisteanna a d'fhreagair Atsuko (Ceisteanna 1–8) i do chóipleabhar.
Ansin, cuir na ceisteanna seo ar an duine atá in aice leat. Taifead an comhrá ar d'fhón póca nó ar do ríomhaire.

Labhair

Léirigh an t-agallamh seo leis an duine atá in aice leat.

Fiachra

1. **Inis dom faoi na caithimh aimsire atá agat.**
   Tá go leor caithimh aimsire agam. Imrím peil Ghaelach agus iománaíocht. Is breá liom bualadh le cairde freisin. Ach is é an ceol an caitheamh aimsire is fearr liom.

2. **An seinneann tú gléas ceoil?**
   Seinnim an fhidil, an giotár agus an consairtín ach is é an consairtín an ceann is fearr liom. **Más buan mo chuimhne**, thosaigh mé ag tógáil **ceachtanna** nuair a bhí mé a seacht. — *if my memory is correct; lessons*

3. **Cén sórt ceoil a thaitníonn leat?**
   Ceol traidisiúnta agus ceol hip-hop. Is breá liom bannaí ceoil nua-aimseartha, cosúil le IMLÉ, Kíla agus Jiggy.

4. **Inis dom faoi cheolchoirm a raibh tú i láthair aici.**
   Chuaigh mé chuig ceolchoirm hip-hop le déanaí. Bhí Drake ag seinm. Is as Ceanada é.

5. **Cá bhfuair tú na ticéid?**
   Fuair mé mo thicéad mar bhronntanas lá breithe ó m'aintín.

6. **Cá raibh an cheolchoirm ar siúl?**
   Bhí sí ar siúl i bPáirc Uí Chaoimh i gCorcaigh.

7. **Conas a bhí an cheolchoirm?**
   Bhí an cheolchoirm thar barr, mise á rá leat. Chuaigh mo chara Eoin in éineacht liom. Thosaigh sé ag a hocht a chlog. Chuaigh an slua **ar mire** nuair a tháinig Drake amach ar stáitse. Bhí an t-atmaisféar leictreach. — *wild*

8. **Cad a rinne tú i ndiaidh na ceolchoirme?**
   Bhuaileamar isteach i **siopa sceallóg** ar an mbealach abhaile agus fuaireamar iasc agus sceallóga. Ní dhéanfaidh mé dearmad ar an oíche sin go deo. — *chipper*

Scríobh

Freagair na ceisteanna seo i do chóipleabhar.
1. Cé mhéad uirlis cheoil a sheinneann Fiachra?
2. Cathain a thosaigh sé ag tógáil ceachtanna?
3. Cén cheolchoirm a raibh sé i láthair aici?
4. Déan cur síos ar an gceolchoirm. Is leor **trí** phointe eolais.
5. Cad a rinne siad tar éis na ceolchoirme?

Scríobh agus labhair

Freagair na ceisteanna a d'fhreagair Fiachra (Ceisteanna 1–8) i do chóipleabhar. Ansin, cuir na ceisteanna seo ar an duine atá in aice leat. Taifead an comhrá ar d'fhón póca nó ar do ríomhaire.

✓ Táim in ann ceisteanna faoi mo chaithimh aimsire a fhreagairt.

LITRÍOCHT

Ceol: Fún Orm

Éist agus labhair

Téigh go www.educateplus.ie/go/fun-orm agus éist leis an amhrán 'Fún Orm' le IMLÉ. Ansin, léigh na liricí os ard leis an duine atá in aice leat. An dtaitníonn an t-amhrán leat? Cén sórt ceoil é?

Fún Orm

Intreoir/Réamhrá
Scaití ní dhéanann tú na rudaí a theastaíonn uait
mar gheall go bhfuil an iomarca imní ort go dteipfidh ort

Véarsa 1
Nuair a bhíonn fonn orm, déanaim gleo ag na gigeanna
is den chuid is mó den am, sin an chaoi a n-imíonn mé
is breá liom a bheith ag úsáid suas mo chuid fuinnimh
nuair a thagann sé go dtí ceol cumadh canadh

Véarsa 2
Is breá liom sin, chun a bheith ag labhairt m'intinne
má dhéanann tú sin tabharfaidh sé cumhacht duit
nach dtuigfeá riamh a bheadh agat dá uireasa
'sé seo an chumhacht atá againne mar dhaoine

Véarsa 3
'Sé sin do mheon do spiorad agus do shaoirse
a chur i bhfeidhm, déanaim sin le seinnt
ceoil le mo ghlór i gclubanna agus roinnt
pubanna, féilte chomh maith le tithe cairde

Véarsa 4
Admhálaim nuair a thagann sé go dtí taifeadadh
go bhfaigheann mise é seo i bhfad níos deacra
ní de bharr na focla abairtí a dheirimse
ach de bharr an fuaimniú fuinnimh atáim ag iarraidh

Curfá × 2
A chur amach ins an domhan, ach tá mé óg
tá sé ráite roimhe seo an dallamullóg
a chuirim orm féin ó am go ham
ach coinneoidh mé orm ag foghlaim agus beidh mé slán

Véarsa 5
Ceann de na fáthanna ar thosaigh mise a' leagan focla
síos ar pháipéar ná chun go mbeadh rudaí soiléir
i mo shaol mo shlí níos éasca dá bharr seo
go daonna mar go gcruthaím i nGaeilge

Véarsa 6
Mo dhúchas, mo thús, an chéad teanga
a tháinig amach as mo chlab gan stad
go dtí gur labhair mé le máthair an Penguin
orm a bhí an déistin nach raibh mé in ann ciall a bhaint

Véarsa 7
Ón teilifís go dtí ní bheinn ar bís
buachaill beag mar mé, is orm a bhí an straois
gan i bhfad caite gan mé ach sé bliana d'aois
d'fhoghlaim mé Béarla is níor lig mé duine ar bith síos

Véarsa 8
Mar sílim féin is mó teangain ab fhearr
is má bhíonn tú líofa, is cuma fiú níos fearr
seasann sé leat níos mó a thugann tú isteach
agus sin é go díreach atá mé ag rá leat

Éist.

Déan athrá ar Véarsaí 3 agus 4

Curfá × 4

An banna

Tá triúr ceoltóirí sa bhanna ceoil IMLÉ. Is iad sin an dordghiotáraí Cian Mac Cárthaigh, an t-amhránaí agus giotáraí Fergal Moloney agus an fíodóir focal MC Muipéad.

Léigh

Léigh an leagan Béarla den amhrán 'Fún Orm'.

Fún Orm

Intro
Sometimes you don't do the things that you want
because you have so much fear that you will fail

Verse 1
When I'm feeling the desire, I make a racket at gigs
and most of the time, that's exactly how I go
I love using up all of my energy
when it comes to music, creating, singing

Verse 2
I love that, to be speaking my mind
and if you do that, it will empower you
more than you could ever imagine without it
this is exactly the power we have as people

Verse 3
This is your mindset, your spirit and your freedom
to enact this perspective, I do it through playing
music with my voice, in clubs and some
pubs, festivals as well as the homes of friends

Verse 4
I admit that when it comes to recording
I find this way more difficult
not because of the words that I project
but because of the sound of energy I am trying to

Chorus × 2
Put out into the world, but I am young
it has been said before that it's the blindfold
I put on from time to time
but I'll just keep on learning and I'll be fine

Verse 5
One of the reasons I first started writing words
down on paper was to make things clear
in my life and so that my way would be easier
in life as I create in Irish

Verse 6
My origin, my beginning, the first language
that came out of my mouth continually
until I spoke to my mate Penguin's mother
I was disgusted that I couldn't make any sense

Verse 7
Of television and until I could I wouldn't be happy
a little boy such as me, pulling a face
having not lived much, only being six
I learned English and I didn't let anyone down

Verse 8
Because I feel that, the more languages the better
and if you are fluent, and creating is even better
it stands to you, the more you absorb
and that's exactly what I'm telling you

Listen.

Repeat Verses 3 and 4

Chorus × 4

 Scéal an amhráin: Léigh agus scríobh

Léigh scéal an amhráin agus dear scéalchlár.

San amhrán seo, canann an **liriceoir** faoi dhá rud: saoirse cainte agus **tábhacht** na Gaeilge ina shaol.	lyricist importance
Ar an gcéad dul síos, deir an liriceoir linn gur breá leis ceolchoirmeacha **fuinniúla** mar tá trí rud thábhachtacha iontu: 'ceol', '**cumadh**' agus 'canadh'. Bíonn sé ábalta rudaí a rá amach **gan scáth gan eagla**. Mothaíonn sé níos cumhachtaí **dá bharr**.	energetic composition fearlessly; as a result
Deir sé linn go bhfuil cead ag gach duine rudaí a rá amach gan scáth gan eagla. Deir sé linn go bhfuil an ceart againn ár dtuairimí féin a **roinnt** le daoine eile. Roinneann seisean a thuairimí féin tríd an gceol.	share
Ar an dara dul síos, is í an Ghaeilge **a theanga dhúchais** – sin í an chúis a scríobhann sé i nGaeilge mar mothaíonn sé níos compordaí inti. Thosaigh sé ag scríobh liricí mar **cabhraíonn siad leis** rudaí a rá go soiléir.	his native language they help him
Ba í an Ghaeilge an t-aon teanga a labhair sé nuair a bhí sé óg. Bhí díomá air nach raibh sé ábalta an teilifís **a thuiscint i gceart**, áfach. Mar sin, d'fhoghlaim sé an Béarla i gceart. Deir sé **dá mhéad teangacha a labhraíonn tú**, is ea is fearr é. Foghlaimíonn tú níos mó agus bíonn **dearcadh níos leithne** agat ar an saol.	understand properly the more languages that you speak broader view

 Scríobh

Cruthaigh scéalchlár faoin amhrán ar www.storyboardthat.com.
Bain úsáid as na habairtí thuas agus/nó na línte san amhrán.
Tá samplaí le feiceáil ar www.educate*plus*.ie/go/storyboards.

 Táim in ann tuiscint a léiriú ar scéal an amhráin.

dhá chéad a cúig

Teideal an amhráin: Léigh agus scríobh

Léigh faoi theideal an amhráin agus freagair na ceisteanna.

Is é 'Fún Orm' teideal an amhráin seo. Leagan **canúnach** den fhocal **'fonn'** is ea 'fún'. Tá an teideal oiriúnach agus soiléir mar pléann an liriceoir na rudaí ina shaol a bhfuil fonn air ina leith. Go príomha, is iad sin an ceol agus an Ghaeilge. Pléann sé freisin an éifeacht atá ag na rudaí tábhachtacha sin air.

colloquial (local)
desire

1. Cad is brí leis an bhfocal 'fún'?
2. Luaigh **dhá** rud a bhfuil fonn ar an liriceoir ina leith.

Mothúcháin an amhráin: Scríobh agus labhair

Cad is brí leis na mothúcháin seo? Bain úsáid as d'fhoclóir nó as www.focloir.ie. Cén mothúchán is láidre san amhrán seo, meas tú? Pléigh do thuairim leis an duine atá in aice leat.

> bród   eagla   imní   brón   sceitimíní   grá   uaigneas   sásamh   fonn   misneach

Íomhánna an amhráin: Léigh agus labhair

Léigh faoi íomhánna an amhráin. Cén íomhá is fearr leat? An bhfeiceann tú aon íomhá eile san amhrán? I ngrúpa, pléigh do thuairim.

Tá go leor íomhánna **tuairisciúla** agus íomhánna **mothúchánacha** san amhrán 'Fún Orm'. In íomhá thuairisciúil, cuirtear brí agus anam sna liricí. Spreagtar ár gcéadfaí. In íomhá mhothúchánach, **músclaítear** mothúcháin nó braistintí áirithe ionainn.	descriptive; emotive awakened

'déanaim gleo ag na gigeanna'

San íomhá mhothúchánach seo, is féidir linn an liriceoir a **shamhlú** ag léim suas is síos ar stáitse agus an lucht féachana ag canadh leis. Is féidir linn fuinneamh an cheoil a mhothú. — imagine

'ag labhairt m'intinne'

San íomhá mhothúchánach seo, labhraíonn an file gan scáth gan eagla san amhrán. Dar leis, **ba cheart** an ceart seo a bheith ag gach duine. — should

'coinneoidh mé orm ag foghlaim'

San íomhá thuairisciúil seo, cuireann an liriceoir an-bhéim ar an bhfoghlaim san amhrán. Tá **tábhacht ar leith** ag baint le teangacha a fhoghlaim, dar leis. Nuair a deir sé go leanfaidh sé de bheith ag foghlaim, is féidir linn é a shamhlú ina shuí ag deasc, mar shampla. — special importance

 Taighde agus scríobh

Roghnaigh íomhá amháin ón amhrán a thaitníonn leat. Téigh ar líne agus aimsigh pictiúr a léiríonn an íomhá seo. Cuir fotheideal (*caption*) leis an bpictiúr freisin.

✓ Táim in ann tuiscint a léiriú ar theideal, ar mhothúcháin agus ar íomhánna an amhráin.

dhá chéad a seacht

Téamaí an amhráin: Léigh agus scríobh

Ciallaíonn 'téama an amhráin' an smaoineamh is tábhachtaí san amhrán. Léigh an dá fhreagra samplach seo agus freagair na ceisteanna.

Ceist shamplach:

Cad iad príomhthéamaí an amhráin 'Fún Orm'? I gcás gach téama, tabhair fáth **amháin** le do fhreagra.

Freagra samplach:

Is iad 'saoirse cainte' agus 'an Ghaeilge' príomhthéamaí an amhráin 'Fún Orm'.

Ar an gcéad dul síos, is téama tábhachtach í 'saoirse cainte'. Is breá leis an liriceoir ceol a sheinm beo ar stáitse. Tugann sé seans dó labhairt amach gan scáth gan eagla. Mothaíonn sé níos cumhachtaí dá bharr. **Ba cheart saoirse a bheith ag gach duine** labhairt amach gan scáth gan eagla, dar leis. — everyone should have the freedom to

Ar an dara dul síos, is téama tábhachtach í 'an Ghaeilge' freisin. **Nascann** an liriceoir an tsaoirse cainte leis an nGaeilge. Tugann teanga cumhacht dó. Le teanga, tá sé ábalta a chuid tuairimí **a chur in iúl**. Le teanga, tá sé ábalta lirící atá **lán de bhrí** a scríobh. Is í an Ghaeilge a theanga dhúchais agus sin an teanga is fearr leis. — links; articulate; full of meaning

Ceist shamplach:

An bhfuil nasc idir an téama agus na mothúcháin agus na híomhánna san amhrán? Tabhair pointe amháin eolais le do fhreagra.

Freagra samplach:

Tá nasc láidir idir an téama agus na mothúcháin agus na híomhánna san amhrán. Cabhraíonn na mothúcháin agus na híomhánna leis an téama a chur i láthair.

Nuair a bhíonn an liriceoir 'ag déanamh gleo ag na gigeanna', mothaíonn sé saor. Labhraíonn sé amach gan scáth gan eagla. Ní bhíonn sé ag rapáil do bhalla, cosúil leis an stiúideo, ach do shlua mór. Mothaíonn sé níos cumhachtaí dá bharr. Mar gheall ar an g**codarsnacht** seo, tuigimid tábhacht na saoirse. — contrast

1. An maith leis an liriceoir ceol a sheinm beo ar stáitse? Cén fáth?
2. Cén chumhacht a fhaigheann sé ó theanga? Is leor **dhá** phointe eolais.
3. Cad é an nasc idir na mothúcháin, na híomhánna agus an téama sa dán seo?
4. Cén fáth a mothaíonn an liriceoir saor ag gigeanna? Is leor **dhá** phointe eolais.

Léigh

Léigh na freagraí samplacha seo.

Ceist shamplach:
An dtaitníonn an t-amhrán 'Fún Orm' leat? Tabhair **dhá** fháth le do thuairim.

Freagra samplach:
Taitníonn an t-amhrán 'Fún Orm' go mór liom ar dhá chúis:
(i) an **teachtaireacht** atá ag an liriceoir agus (ii) an ceol. — message

Ar an gcéad dul síos, is maith liom an teachtaireacht atá ag an liriceoir. Deir sé go bhfuil an tsaoirse cainte agus an fhoghlaim an-tábhachtach. Má **mheascaimid** an dá rud sin le chéile, mothóimid **níos cumhachtaí**. Tá sin tábhachtach dúinn. — we mix; more powerful

Ar an dara dul síos, taitníonn an ceol go mór liom freisin. Tá teachtaireacht láidir aige agus mar sin, tá rithim áirithe ag teastáil, rithim a bhfuil buillí láidre inti.

Deir sé san amhrán gur fearr leis ceol a sheinm ar stáitse mar bíonn **fuinneamh** ann. Mothaímid an fuinneamh sa cheol, go háirithe tríd an rithim láidir. — energy

Ceist shamplach:
Cad é an mothúchán is láidre san amhrán 'Fún Orm'? Tabhair fáth **amháin** le do fhreagra.

Freagra samplach:
Ceapaim gurb é an **sásamh** an mothúchán is láidre san amhrán 'Fún Orm'. Tá an liriceoir ag rá linn go mbaineann sé sásamh as an gceol. — satisfaction

Is breá leis an liriceoir ceol a sheinm beo ar stáitse. Is breá leis na rudaí atá ina intinn a rá amach. Is breá leis liricí a scríobh i nGaeilge. Is aoibhinn leis fuinneamh na gceolchoirmeacha. Nuair a mheascann sé gach rud le chéile, mothaíonn sé sona sásta.

 ## Punann 5.4

I ngrúpa, samhlaigh go bhfuil tú ag déanamh físeán nua don amhrán 'Fún Orm'. Luaigh na pointí seo a leanas:
- Scéal
- Suíomh (*setting*)
- Carachtair (*characters*).

Scríobh an chéad dréacht (*draft*) den chur síos i do chóipleabhar. Ansin, léigh an seicliosta ar leathanach 63 de do phunann agus léigh siar ar do dhréacht. Ansin, athdhréachtaigh (*redraft*) do chuid oibre. Scríobh an leagan deiridh i do phunann ar leathanach 62.

 Táim in ann anailís a dhéanamh ar an amhrán seo agus idirghníomhú leis.

dhá chéad a naoi

LITRÍOCHT

Filíocht: Stadeolaíocht

Éist agus labhair

Éist leis an dán 'Stadeolaíocht' le Marcus Mac Conghail. Ansin, léigh an dán os ard leis an duine atá in aice leat.

Stadeolaíocht
le Marcus Mac Conghail

Brúim cnaipe na haipe ag ceapadh
go gcuirfí ar an eolas mé
ach in áit am theacht an bhus a thabhairt dom
ar mo ghuthán
faighim radharc fíor-ama
den tiománaí ag féachaint orm
(is é ag tiomáint an bhus thar bráid)
ar ardú mo chinn dom

Stór focal

brúim	I push	radharc fíor-ama	real-time view
cnaipe na haipe	app button	tiománaí	driver
ar an eolas	informed	thar bráid	past
in áit	instead of	ardú mo chinn	raising my head

Scéal an dáin: Léigh agus scríobh

Léigh scéal an dáin agus freagair na ceisteanna.

Sa dán 'Stadeolaíocht', tá an file ag fanacht ar bhus ag stad an bhus. Tá sé ag seiceáil **amchlár** an bhus ar **aip** ar a fhón. Ceapann sé go bhfaighidh sé eolas **fíor-ama** faoin mbus. Faraor, agus é ag brú 'cnaipe na haipe', tagann an bus. Tá sé **ródhéanach** chun an bus a stopadh, áfach.

Seachas eolas fíor-ama, faigheann sé 'radharc fíor-ama'. Ardaíonn sé a cheann agus feiceann sé an bus ag tiomáint thar bráid. Feiceann an tiománaí bus an file, ach tá an file ag féachaint ar a fhón. Ní chuireann an file a **ordóg** amach agus **mar sin** ní stopann an bus.

timetable; app
real-time
too late

instead

thumb; so

1. Cá bhfuil an file?
2. Cad atá an file ag seiceáil ar aip ar a fhón?
3. Cad a fhaigheann an file in áit eolas fíor-ama?
4. An bhfeiceann an tiománaí bus an file?
5. Cén fáth nach stopann an bus?

Scríobh

Cruthaigh scéalchlár faoin dán ar www.storyboardthat.com.
Bain úsáid as na habairtí thuas agus/nó na línte sa dán.
Tá samplaí le feiceáil a www.educate*plus*.ie/go/storyboards.

An file

Is as Baile Átha Cliath é Marcus Mac Conghail. Is file, scríbhneoir agus ceoltóir é. Scríobh sé leabhar filíochta darb ainm *Ceol Baile*. Bhuaigh sé duais mhór filíochta in 2015. Tháinig an dara cnuasach filíochta leis, *Spásas*, amach sa bhliain 2021.

 Táim in ann tuiscint a léiriú ar scéal an dáin.

Teideal an dáin: Léigh agus scríobh

Léigh faoi theideal an dáin agus freagair na ceisteanna.

Is **comhfhocal** é an teideal. Tá sé **comhdhéanta de** na focail 'Stad' agus 'Eolaíocht'. Measann an file go bhfuil ceisteanna **eolaíocha** ag baint le fanacht le bus agus mar sin, **cheap** sé an focal seo chun é sin a léiriú.	compound word; made up scientific made up
An bhfuil an bus timpeall na cúinne? An bhfuil sé **sáinnithe i dtrácht**? Cén fáth a dtagann na busanna go léir ag an am céanna?	stuck in traffic
Anois ó tá radharc fíor-ama ar fáil, tá fadhbanna 'eolaíocha' eile le réiteach. An bhfuil an radharc fíor-ama ceart? An bhfuil an suíomh idirlín ag obair? Agus ar ndóigh, cén fáth a dtagann agus a n-imíonn an bus nuair nach mbíonn tú ag féachaint?	now that

1. Tá an teideal comhdhéanta de dhá fhocal. Céard iad?
2. Cén fáth ar cheap an file an comhfhocal seo?
3. Luaigh **dhá** shampla de cheisteanna eolaíocha atá léirithe sa teideal.

Mothúcháin an dáin: Scríobh agus labhair

Cad is brí leis na mothúcháin seo? Bain úsáid as d'fhoclóir nó as www.focloir.ie. Cén mothúchán is láidre sa dán seo, meas tú? Pléigh do thuairim leis an duine atá in aice leat.

áthas   brón   ionadh   díomá   eagla   imní   dóchas   éadóchas

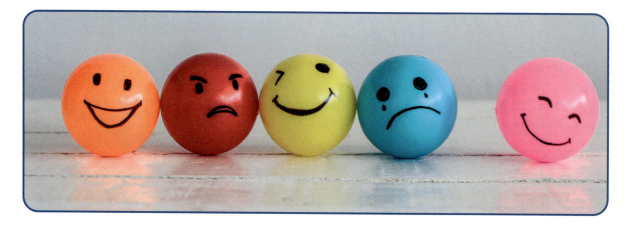

💬 👥 Íomhánna an dáin: Léigh agus labhair

Léigh faoi íomhánna an dáin. Cén íomhá is fearr leat? An bhfeiceann tú aon íomhá eile sa dán? I ngrúpa, pléigh do thuairim.

Tá go leor íomhánna **tuairisciúla** agus íomhánna **mothúchánacha** sa dán 'Stadeolaíocht'. In íomhá thuairisciúil, cuirtear brí agus anam san fhilíocht. Spreagtar ár gcéadfaí. In íomhá mhothúchánach, **músclaítear** mothúcháin nó braistintí áirithe ionainn.	descriptive; emotive awakened

'Brúim cnaipe na haipe'

Is íomhá thuairisciúil í seo a aithneoidh gach duine.

Is minic a bhímid **sáite** san fhón cliste. Ní thugaimid **aird** ar rudaí atá ag tarlú thart orainn. Déanaimid dearmad ar an **saol mór**.	stuck; attention world

Tarlaíonn an rud céanna don fhile anseo. Tá sé ag féachaint ar a fhón agus ní fheiceann sé an bus ag dul thar bráid.

'faighim radharc fíor-ama

den tiománaí ag féachaint orm

(is é ag tiomáint an bhus thar bráid)

ar ardú mo chinn dom'

Is íomhá thuairisciúil agus mhothúchánach í an íomhá seo.

Táimid ábalta an íomhá seo a **shamhlú** 'i slómó'. Feicimid an file ag ardú a chinn ón bhfón. Cloisimid agus feicimid an bus ag dul thar bráid.	imagine
Táimid ábalta aghaidh na beirte carachtar a shamhlú freisin. Tá ionadh agus díomá ar an bhfile, ar ndóigh. B'fhéidir go bhfuil **mearbhall** ar an tiománaí – ar dtús. Ceapann sé go bhfuil an file ag fanacht ar bhus eile ach ansin feiceann sé go bhfuil ionadh agus díomá air.	confusion

✏️ Taighde agus scríobh

Roghnaigh íomhá amháin ón dán a thaitníonn leat. Téigh ar líne agus aimsigh pictiúr a léiríonn an íomhá seo. Cuir fotheideal (*caption*) leis an bpictiúr freisin.

✅ Táim in ann tuiscint a léiriú ar theideal, ar mhothúcháin agus ar íomhánna an dáin.

Téamaí an dáin: Léigh agus scríobh

Ciallaíonn 'téama an dáin' an smaoineamh is tábhachtaí sa dán. Léigh an dá fhreagra shamplacha seo agus freagair na ceisteanna.

Ceist shamplach:

Cad é príomhthéama an dáin 'Stadeolaíocht'? Mínigh do fhreagra.

Freagra samplach:

Measaim gurb é '**tionchar** an fhóin chliste' an príomhthéama sa dán 'Stadeolaíocht'. — Influence

Úsáideann an file scéal gearr greannmhar chun **teachtaireacht níos doimhne** a thabhairt dúinn. Cailleann an file an bus mar tá sé sáite ina fhón cliste. Tá an file ag rá linn go mbímid go léir ag cailleadh amach ar go leor rudaí tábhachtacha sa saol mar bímid sáite san fhón cliste. — deeper message

In áit féachaint suas agus taitneamh a bhaint as an saol thart orainn, caithimid an iomarca ama ar na meáin shóisialta nó ag imirt cluichí **amaideacha**. In áit labhairt le daoine chun treoracha a fháil, bímid sáite sa GPS. In áit ceist a chur ar dhuine, seiceálaimid gach rud ar Google. — foolish

Mar sin, tá tionchar mór ag an bhfón cliste ar an saol. Is **athrú chun donais** é, dar leis an bhfile. — change for the worse

Ceist shamplach:

An bhfuil nasc idir an téama agus na mothúcháin agus na híomhánna sa dán? Tabhair pointe amháin eolais le do fhreagra.

Freagra samplach:

Tá nasc láidir idir an téama agus na mothúcháin agus na híomhánna sa dán. Cabhraíonn na mothúcháin agus na híomhánna leis an téama a chur i láthair.

Mothaíonn an file **muiníneach** ag tús an dáin. Tá an domhan ina lámha aige – aon eolas atá uaidh, beidh sé aige. Seiceálfaidh sé an aip 'fíor ama' agus beidh sé réidh leis an mbus. **Laistigh de** shoicind, athraíonn gach rud. Ní fheiceann sé an bus ag teacht, tá sé chomh sáite sin ina fhón. Ní chloiseann sé é, fiú. Feicimid é ag ardú a chinn agus an díomá le feiceáil ar a aghaidh. Is ansin a thuigeann sé, agus a thuigimid, an tionchar atá ag an bhfón air agus orainn. — confident / within

1. Cad é príomhthéama an dáin, de réir an fhreagra seo?
2. Cad a úsáideann an file chun teachtaireacht a thabhairt dúinn?
3. Cad é an nasc idir na mothúcháin, na híomhánna agus an téama sa dán seo?
4. 'Laistigh de shoicind, athraíonn gach rud.' Cén fáth? Is leor **dhá** phointe eolais.

Léigh

Léigh na freagraí samplacha seo.

Ceist shamplach:
An dtaitníonn an dán 'Stadeolaíocht' leat? Tabhair fáth **amháin** le do thuairim.

Freagra samplach:
Taitníonn an dán 'Stadeolaíocht' go mór liom mar is maith liom an teachtaireacht atá ag an bhfile dúinn.

Cailleann an file an bus toisc go mbíonn sé ag féachaint ar a fhón póca – is rud beag é sin. Is dócha go mbímid go léir ag cailleadh amach ar rudaí beaga agus rudaí móra, uaireanta, mar go mbímid féin sáite san fhón póca. Ba cheart dúinn an fón a chur i leataobh anois is arís agus féachaint suas, féachaint ar an saol thart orainn. Táim in ann anailís a dhéanamh ar an dán seo agus idirghníomhú leis.

Ceist shamplach:
Cad é an mothúchán is láidre sa dán 'Stadeolaíocht'? Tabhair fáth **amháin** le do fhreagra.

Freagra samplach:
Is é an greann an mothúchán is láidre sa dán 'Stadeolaíocht', dar liom.

Insíonn an file scéal gearr simplí faoin uair a chaill sé an bus. Bhí sé ag lorg eolas fíor-ama faoin mbus ar a fhón. Fad is a bhí sé á dhéanamh sin, tháinig an bus. Faraor, níor stop an bus mar níor chuir an file a ordóg amach. In áit eolas fíor-ama, faigheann sé radharc fíor-ama – de thiománaí an bhus ag féachaint air agus an bus ag dul thar bráid. Sílim gur féidir liom díomá agus ionadh an fhile a shamhlú nuair a fheiceann sé an bus.

Cuireann na focail a úsáideann an file leis an ngreann freisin. Úsáideann sé 'radharc fíor-ama' seachas 'eolas fíor-ama'. Úsáideann Bus Átha Cliath 'eolas fíor-ama' ar an aip. Is léir, áfach, gurbh fhearr 'radharc fíor-ama' ná aon chineál eolais!

 Punann 5.5

Samhlaigh gur tusa an file. Bhí plean agat bualadh le do chara ach anois beidh tú déanach mar chaill tú an bus. Scríobh teachtaireacht ghearr chuig do chara. Luaigh na pointí seo a leanas:

- Gur chaill tú an bus
- Go mbeidh tú 30 nóiméad déanach
- An fáth ar chaill tú an bus
- Conas a mhothaíonn tú.

Scríobh an chéad dréacht (*draft*) i do chóipleabhar. Ansin, léigh an seicliosta ar leathanach 65 de do phunann agus léigh siar ar do dhréacht. Ansin, athdhréachtaigh (*redraft*) do chuid oibre. Scríobh an leagan deiridh i do phunann ar leathanach 64.

 Táim in ann anailís a dhéanamh ar an dán seo agus idirghníomhú leis.

CLEACHTAÍ ATHBHREITHNITHE

Súil Siar

A. Freagair na ceisteanna seo.

1. Cad iad na caithimh aimsire atá léirithe sna pictiúir thuas?
2. Cad iad na caithimh aimsire atá agat?
3. Cad a dhéanann tú chun do scíth a ligean?
4. Cé mhéad ama a chaitheann tú ar do chaithimh aimsire?
5. Cá fhad is atá tú ag déanamh an chaithimh aimsire is fearr leat?
6. Cé chomh minic is a imríonn tú spórt?
7. Cé chomh minic is a éisteann tú le ceol?

B. Meaitseáil an Ghaeilge leis an mBéarla.

1	gach dara bliain	A	for the last couple of years
2	cúpla uair sa bhliain	B	every second year
3	ó am go chéile	C	a couple of times a year
4	le cúpla bliain anuas	D	once or twice a year
5	uair nó dhó sa bhliain	E	from time to time

1 = ____   2 = ____   3 = ____   4 = ____   5 = ____

C. Athscríobh na habairtí seo. Ansin, aistrigh iad.

1. An bhfuil Barra ag dul in éineacht [le: tú] _____?
2. Ar chuala sí [faoi: Bríd] _____ nó [faoi: Marc] _____?
3. Gabh mo leithscéal, tá cabhair [ó: mé] _____ .
4. An féidir [le: tú] _____ cabhrú [le: Pól] _____?
5. Cé a ghoid an t-airgead [ó: iad] _____?
6. Molaim [do: sibh] _____ labhairt [le: iad] _____.
7. Ar bhuail tú [le: í] _____?
8. Ná bí ag magadh [faoi: muid] _____ ná [faoi: iad] _____.

D. Tarraing ciorcal thart ar an gceann corr agus tabhair fáth le do fhreagra i do chóipleabhar. Tá an chéad cheann déanta duit.

1	veidhlín	dordveidhil	olldord	(xileafón)
	Is cnaguirlis é an xileafón ach is téaduirlisí iad na cinn eile.			
2	cláirseach	trumpa	trombón	corn Francach
3	drumaí	fliúit	pianó	xileafón
4	óbó	clairinéad	basún	tiúba
5	veidhlín	cláirseach	pianó	olldord

E. Scríobh na cineálacha ceoil in ord tosaíochta, dar leat.

> ceol rómánsúil   ceol rithim agus gormacha (R&G)   ceol damhsa   popcheol
> rac-cheol   ceol tuaithe   ceol traidisiúnta   punc-cheol   rapcheol

F. Liostaigh dhá shampla de chláir theilifíse nó scannáin sna catagóirí seo.

> cláir ghrinn   scannáin ghrá   cláir chainte   cláir thráth na gceist
> cartúin   scannáin aicsin   scannáin fantaisíochta   sobaldrámaí

G. Scríobh aiste reacaireachta ar an ábhar seo: 'Rudaí a thaitníonn liom sa saol'.

   Cluastuiscint

Cloisfidh tú fógra agus píosa nuachta sa cheist seo. Cloisfidh tú an fógra agus píosa nuachta faoi dhó. Beidh sos ann leis na freagraí a scríobh tar éis na chéad éisteachta agus tar éis an dara héisteacht.

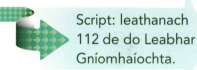

Script: leathanach 112 de do Leabhar Gníomhaíochta.

Fógra

1. Cén sórt scannáin é *The Fast and the Furious*?
2. Cathain a eiseofar an scannán seo, dar le Vin Diesel?
3. Cé mhéad euro a thuillfidh an scannán seo?

Píosa Nuachta

1. Cé mhéad duine a gabhadh aréir?
2. Cad a bhí á ndíol acu le leantóirí soineanta (*innocent fans*)?
3. Cad a thiocfaidh anuas ar na ciontóirí, dar leis an nGarda Ó Síocháin?

Cultúr 5
An Ceol Gaelach

Ceoltóirí Gaelacha

Tá clú agus cáil ar an gceol Gaelach, nó ceol traidisiúnta na hÉireann, ar fud an domhain. Murab ionann agus an ceol traidisiúnta i dtíortha eile, tá tóir mhór air in Éirinn. Ar na bannaí ceoil is cáiliúla in Éirinn, tá Kíla, Altan, The Bothy Band agus The Bonny Men. Ar na ceoltóirí is mó cáil in Éirinn, tá Mairéad Ní Mhaonaigh (fidil, guth), Martin Hayes (fidil), Maitiú Ó Casaide (píb uilleann) agus Lisa Canny (cláirseach).

Ar na bannaí ceoil agus na hamhránaithe in Éirinn a chanann as Gaeilge, tá Emma Ní Fhíoruisce (bailéid), IMLÉ (hip-hop) agus Seo Linn (popcheol). Canann Ed Sheeran, Delorentos agus Kodaline amhráin as Gaeilge freisin.

Sean-nós

Is cineál amhránaíochta é 'an sean-nós'. Tá an traidisiún seo ann leis na glúnta.

Ní sheinntear aon uirlisí ceoil san amhránaíocht ar an sean-nós. Úsáideann amhránaithe ar an sean-nós stíl amhránaíochta ar a dtugtar 'ornáidíocht'.

Ar na hamhránaithe ar an sean-nós is cáiliúla, tá Seosamh Ó hÉanaí, Nell Ní Chróinín, Iarla Ó Lionáird agus Saileog Ní Cheannabháin.

Iarla Ó Lionáird

Oireachtas na Samhna

Is féile mhór ealaíon é Oireachtas na Samhna. Reáchtáiltear an fhéile go bliantúil agus tagann na mílte, idir óg agus aosta, as gach cearn den tír chun páirt a ghlacadh sna comórtais éagsúla, chun féachaint ar na ceolchoirmeacha iontacha agus chun bualadh le seanchairde.

Feicimid cé chomh láidir is atá pobal na Gaeilge le linn an deiridh seachtaine fhada sin. Ó dhubh go dubh, bíonn an amhránaíocht, an ceol, an damhsa agus an Ghaeilge chun cinn. Níl aon amhras ach gur buaicphointe i bhféilire go leor Éireannach é an tOireachtas.

Stór focal

murab ionann	unlike	ornáidíocht	ornamentation
tóir mhór	great following	reáchtáiltear	organised
is mó cáil	most famous	idir	both
leis na glúnta	for generations	gach cearn	every corner
uirlisí	instruments	chun cinn	to the fore

TASC CULTÚIR 5 — Taighde agus cur i láthair

I mbeirteanna, cruthaigh suíomh gréasáin faoi cheoltóir nó faoi bhanna ceoil as Éirinn. Is féidir www.emaze.com nó suíomh eile a úsáid.

Cuir an suíomh i láthair an ranga.

Féinmheasúnú

1. Nuair a bhí tú ag obair le duine eile, luaigh (i) príomhscil **amháin** a d'úsáid tú agus (ii) príomhscil **amháin** a d'úsáid an duine eile.
2. Ar fhoghlaim tú aon rud suimiúil ón duine ar oibrigh tú leis/léi?

dhá chéad a naoi déag

CAIBIDIL 6: Taisteal

Clár Ábhair

Foclóir	Cineálacha Saoire	222
Léamhthuiscint	Saoirí sa Bhaile	224
Ceistneoir	Saoire in Éirinn	226
Gramadach	An Aimsir Fháistineach: Na Briathra Rialta	228
Léamh agus Gramadach	An Aimsir Fháistineach: Na Briathra Neamhrialta	230
Gramadach	Na Briathra Neamhrialta: Na Foirmeacha	231
Éisteacht	Turas Scoile	232
Scríobh	Saoire Ghréine Idéalach le Mo Theaghlach	234
Léamhthuiscint	Mistéire Amelia Earhart	236
Léamhthuiscint	Bealaí Imirceacha na nÉan	238
Scríobh	Cárta Poist ó Mheiriceá	240
Scríobh	Díospóireacht: Laethanta Saoire	242
Béaltriail	Dhá Agallamh	244
Litríocht	Filíocht: Ceist na Teangan	246
Cleachtaí Athbhreithnithe	Súil Siar	252
Cultúr 6	Pobail Ghaelacha	254

✓ Faoi dheireadh na caibidle seo, beidh mé in ann:

- Labhairt faoi mo laethanta saoire.
- Cur síos ar phleananna atá déanta agam.
- Cárta poist agus díospóireacht a scríobh.

🔑 Príomhscileanna

- Eolas agus smaointeoireacht a bhainistiú
- Mé féin a bhainistiú
- Cumarsáid

Litríocht

Ceist na Teangan

Ag deireadh na caibidle seo, déanfaimid staidéar ar an dán 'Ceist na Teangan'. Léigh an sliocht gearr thíos agus cuir tús le do chuid machnaimh ar an dán agus ar an topaic seo.

ansan é a leagadh síos …
le taobh na habhann,
féachaint n'fheadaraís
cá dtabharfaidh an sruth é

Sa dán 'Ceist na Teangan' déanann an file comparáid idir todhchaí neamhchinnte na Gaeilge agus cliabhán atá ag taisteal síos abhainn.

Nuair a thugaimid féin cuairt ar áit nua, is minic a bhíonn an turas lán den neamhchinnteacht agus den mhistéir. An gcuireann an neamhchinnteacht agus an mhistéir seo leis an sult a bhainimid as an taisteal?

Le linn na caibidle seo, déan machnamh ar an gceist sin. Ag an deireadh, déan comparáid le daoine eile i do rang.

FOCLÓIR

Cineálacha Saoire

Meaitseáil
Meaitseáil na pictiúir leis na focail.

saoire sciála ☐   saoire ghréine ☐

turas safari ☐   saoire champála ☐

saoire charthanachta ☐   saoire an mhála droma ☐

sos cathrach ☐   saoire ghníomhaíochta ☐

Tar ar saoire linne – an ghníomhaireacht taistil is fearr ar domhan!

Meaitseáil
Meaitseáil na cuir síos leis na cineálacha saoire.

1	Sleamhnóidh tú síos na sléibhte ar luas lasrach. Beidh sé folláin ach caithfidh tú a bheith cúramach!	A	saoire charthanachta
2	Cabhróidh tú le daoine bochta. Déanfaidh tú difear mór i dtíortha bochta.	B	saoire ghréine
3	Feicfidh tú na radhairc chultúrtha is fearr agus tabharfaidh tú cuairt ar dhánlanna agus ar mhúsaeim.	C	saoire ghníomhaíochta
4	Caithfidh tú an lá ar fad ag ligean do scíthe agus ag sú na gréine ar an trá.	D	saoire an mhála droma
5	Codlóidh tú i bpuball compordach agus bainfidh tú sult as an aer breá folláin.	E	saoire sciála
6	Is í seo an tsaoire is saoire. Taistealóidh tú ó áit go háit ar bhus nó ar thraein. Codlóidh tú i mbrúnna óige agus buailfidh tú le go leor daoine óga eile.	F	saoire champála
7	Feicfidh tú ainmhithe allta ina ngnáthóg nádúrtha. Taistealóidh tú thart i jípeanna móra.	G	sos cathrach
8	Dreapfaidh tú sléibhte agus bainfidh tú triail as ziplíneáil agus raftú bánuisce!	H	turas safari

1 = ____   2 = ____   3 = ____   4 = ____   5 = ____   6 = ____   7 = ____   8 = ____

Éist agus scríobh

Is blagálaithe taistil iad na daoine seo. Éist leo ag caint faoi na laethanta saoire is fearr leo. I do chóipeabhar, líon isteach an t-eolas atá ar lár.

Deasún

Máire

Serge

Elena

Odhrán

Ainm	An cineál saoire	An fáth
Deasún		
Máire		
Serge		
Elena		
Odhrán		

Script: leathanach 113 de do Leabhar Gníomhaíochta.

Scríobh agus labhair

Freagair na ceisteanna seo. Ansin, cuir na ceisteanna ar an duine atá in aice leat.

1	Cén sórt saoire a thaitníonn leat? Cén fáth?	Taitníonn saoirí sciála go mór mór liom mar is breá liom luas, is breá liom sléibhte agus is breá liom sneachta!
		Taitníonn saoirí gréine go mór liom mar is aoibhinn liom an ghrian agus an trá.
2	An rachaidh tú ar saoire i mbliana?	Rachaidh, go cinnte, le mo theaghlach.
3	Cá rachaidh tú?	Tá súil agam go rachaimid ar thuras champála.

Táim in ann labhairt faoin gcineál saoire is fearr liom.

dhá chéad fiche a trí

LÉAMHTHUISCINT

Saoirí sa Bhaile

✏️ Scríobh

Cad is brí leis na gnéithe geografacha seo? Bain úsáid as d'fhoclóir nó www.focloir.ie.

> sliabh   eas   staca farraige   aill   machaire

📖 ✏️ Léigh agus scríobh

Léigh an gné-alt seo agus freagair na ceisteanna a ghabhann leis.

Tá **saoirí sa bhaile** ar ais i bhfaisean arís. Is fíor nach féidir aimsir na Spáinne **a shárú**, ach tá go leor le déanamh agus le feiceáil **ar leac ár ndorais féin**.	staycations beat on our own doorstep
Buaicphointí na hÉireann	
An cósta Atlantach	
Tá ceann de na cóstaí is drámatúla ar domhan againn. Taistil ó bhun go barr na tíre ar **Shlí an Atlantaigh Fhiáin** agus feicfidh tú aillte **buacacha**, stacaí farraige agus tránna bána. Is cuma cén sórt aimsire a bhíonn ann, ní féidir radhairc mar sin a shárú.	Wild Atlantic Way towering
An bia	
Cinnte, tá cáil ar an bhFrainc agus ar an Iodáil de bharr a mbia bhlasta, ach an bhfuil siad **inchurtha** le **húire** ár gcuid bia féin? Cá bhfaigheann, mar shampla, na bialanna is fearr sa Fhrainc a gcuid **gliomach** agus **portán**? Ó Éirinn, ar ndóigh. Bain triail as na stéigeanna agus na **béilte éisc** is úire i mbialanna fud fad na tíre.	comparable; freshness lobster; crab fish dishes
An fiántas	
Tá cuid de na háiteanna is **iargúlta** san Eoraip le fáil in Éirinn. Sléibhte arda **maorga**, easanna **ag greadadh** anuas agus machairí fairsinge – fág gach rud i do dhiaidh ar feadh cúpla lá.	remote imposing; crashing
An t-atmaisféar beomhar fáiltiúil	
Ar deireadh, tá **cáil** ar Éirinn as a fáilte chroíúil chairdiúil. Cén fáth a rachfá thar lear?!	renown

1. Céard atá i gceist nuair a deirtear go bhfuil 'saoirí sa bhaile ar ais i bhfaisean'? Cuir **tic (✔)** leis an bhfreagra ceart.
   - Ba mhaith le daoine dul go tír eile. ☐
   - Ba mhaith le daoine dul ar saoire ina dtír féin. ☐
   - Ba mhaith le daoine fanacht ina dteach féin. ☐

2. Cén tuairim atá ag an údar i leith bhia na hÉireann? Cuir **tic (✔)** leis an bhfreagra ceart.
   Tá sé leamh. ☐   Tá sé úr. ☐   Tá sé measartha. ☐

3. Cad a deir an t-údar faoin bhfiántas? Is leor pointe **amháin** eolais.
4. Cén sórt fáilte a mbeadh turasóir ag súil leis in Éirinn?
5. Bunaithe ar an ngné-alt thuas, an molfá do thurasóirí dul, nó gan dul, ar Shlí an Atlantaigh Fhiáin? Is leor **dhá** fháth.

Meaitseáil

I ngrúpa, meaitseáil na contaetha leis na huimhreacha.

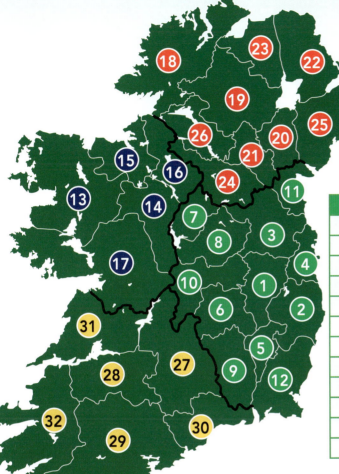

Cuimhnigh!
Éire: Tá **Éire** suite in iarthar na hEorpa.
Éirinn: Táim i mo chónaí **in Éirinn**. Beidh mé ag eitilt **go hÉirinn**.
Éireann: An maith leat bia na **hÉireann**?

CÚIGE LAIGHEAN	CÚIGE ULADH
Baile Átha Cliath	Fear Manach
Lú	Aontroim
An Mhí	Tír Eoghain
An Iarmhí	Doire
An Longfort	Ard Mhacha
Uíbh Fhailí	An Dún
Laois	Dún na nGall
Cill Chainnigh	Muineachán
Ceatharlach	An Cabhán
Loch Garman	
Cill Mhantáin	**CÚIGE MUMHAN**
Cill Dara	Corcaigh
	Ciarraí
CÚIGE CHONNACHT	An Clár
Gaillimh	Luimneach
Maigh Eo	Port Láirge
Liatroim	Tiobraid Árann
Sligeach	
Ros Comáin	

Taighde agus cur i láthair

Déan taighde ar do chontae féin mar áit saoire. Dear cur i láthair ar PowerPoint nó Prezi. Léirigh os comhair an ranga é. Freagair na ceisteanna seo:
- Céard iad na háiteanna is suimiúla i do chontae féin?
- Céard iad na háiteanna is áille i do chontae féin?
- Céard iad na siopaí is fearr i do chontae féin?
- An féidir leat bialanna nó siopaí caife a mholadh?

Cuimhnigh!
Fear Manach → Co. Fhear Manach
Sligeach → Co. Shligigh.
Tá liosta iomlán ar fáil ar leathanach 433.

Táim in ann contaetha na hÉireann a liostú agus cur i láthair a dhéanamh ar mo chontae féin.

CEISTNEOIR

Saoire in Éirinn

Scríobh

Féach ar na radhairc atá liostaithe ar an léarscáil seo. Déan liosta:

1. de na háiteanna ina raibh tú
2. de na háiteanna ar mhaith leat cuairt a thabhairt orthu
3. de na háiteanna nár mhaith leat cuairt a thabhairt orthu.

1. Cruach Phádraig
2. Toraigh
3. Teach Solais Fhánada
4. Clochán an Aifir
5. Ionad Eachtraíochta Chairlinn
6. Sí an Bhrú agus Brú na Bóinne
7. Coláiste na Tríonóide
8. Mainistir Chaoimhín, Gleann Dá Loch
9. Loch Goir
10. Cloch na Blarnan
11. Mainistir Locha Léin
12. Mórchuaird Chiarraí
13. Aillte an Mhothair
14. Dún Aonghasa agus Poll na bPéist ar Inis Mór

Scríobh agus labhair

Cén áit in Éirinn ab fhearr duitse? Déan an ceistneoir seo leis an duine atá in aice leat. An aontaíonn tú leis na torthaí?

A.
1. Tá suim ollmhór agam i stair na hÉireann. ☐
2. Taitníonn saoirí gníomhacha liom. ☐
3. Is fearr liom a bheith amuigh faoin aer. ☐
4. Is breá liom mo scíth a ligean. ☐

B.
1. Ba bhreá liom gach radharc staire in Éirinn a fheiceáil. ☐
2. Is fearr liom saoirí corraitheacha eachtrúla. ☐
3. Is fearr liom a bheith san fhiántas. ☐
4. Is breá liom radhairc shíochánta. ☐

C.
1. Is breá liom a bheith ag foghlaim faoi chultúr na tíre. ☐
2. Is breá liom a bheith gníomhach agus dul ar shiúlóidí. ☐
3. Is breá liom a bheith gníomhach nuair a bhíonn an aimsir go deas. ☐
4. Tá rudaí níos tábhachtaí sa saol ná siúlóidí agus spórt. ☐

D.
1. Is breá liom siúlóidí stairiúla. ☐
2. Is iad saoirí aidréanailín na saoirí is fearr. ☐
3. Bíonn áthas orm nuair a mhothaím an t-aer glan úr ag rith tríom. ☐
4. Saoirí gan strus agus gan aidréanailín a bhíonn uaim. ☐

Torthaí

1 den chuid is mó	2 den chuid is mó	3 den chuid is mó	4 den chuid is mó
An Bealach Gorm: Is léir go dtaitníonn an stair go mór mór leat. Tabhair cuairt ar áiteanna stairiúla amhail Loch Goir, Coláiste na Tríonóide agus Brú na Bóinne.	**An Bealach Dearg:** Is léir gur duine gníomhach thú. Mar sin, tabhair cuairt ar Ionad Eachtraíochta Chairlinn agus Mainistir Chaoimhín. Dreap Cruach Phádraig freisin!	**An Bealach Glas:** Is breá leat a bheith amuigh faoin aer. Tá rogha agat, mar sin. Tosaigh ag Aillte an Mhothair. Ansin téigh ó dheas chuig Cúige Mumhan **nó** téigh trasna na farraige chuig Oileáin Árann.	**An Bealach Oráiste:** Is duine réchúiseach thú agus mar sin, ní bhíonn aon rud uait seachas sos agus scíth. Tabhair cuairt ar Chlochán an Aifir, ar Fhánaid agus ar Thoraigh.

  Bí ag caint!

Cén turas ab fhearr leat, meas tú? Cén fáth? I ngrúpa, pléigh do thuairimí.

 Táim in ann cur síos a dhéanamh ar thuras atá speisialta dom.

GRAMADACH

An Aimsir Fháistineach: Na Briathra Rialta

Cuimhnigh!
Aimsir Fháistineach = Rudaí a tharlóidh sa todhchaí

An chéad réimniú

An Aimsir Fháistineach	Tóg (*take, build, raise*)		Amharc (*look*)	
Leathan: briathar + … faidh/faimid				
	Uatha	Iolra	Uatha	Iolra
1	Tógfaidh mé	Tógfaimid	Amharcfaidh mé	Amharcfaimid
2	Tógfaidh tú	Tógfaidh sibh	Amharcfaidh tú	Amharcfaidh sibh
3	Tógfaidh sé/sí	Tógfaidh siad	Amharcfaidh sé/sí	Amharcfaidh siad
Saorbhriathar	Tógfar		Amharcfar	
Diúltach	Ní thógfaidh/Ní thógfar		Ní amharcfaidh/Ní amharcfar	
Ceisteach	An dtógfaidh?/An dtógfar?		An amharcfaidh?/An amharcfar?	

An Aimsir Fháistineach	Cuir (*put*)		Fill (*return*)	
Caol: briathar + … fidh/fimid				
	Uatha	Iolra	Uatha	Iolra
1	Cuirfidh mé	Cuirfimid	Fillfidh mé	Fillfimid
2	Cuirfidh tú	Cuirfidh sibh	Fillfidh tú	Fillfidh sibh
3	Cuirfidh sé/sí	Cuirfidh siad	Fillfidh sé/sí	Fillfidh siad
Saorbhriathar	Cuirfear		Fillfear	
Diúltach	Ní chuirfidh/Ní chuirfear		Ní fhillfidh/Ní fhillfear	
Ceisteach	An gcuirfidh?/An gcuirfear?		An bhfillfidh?/An bhfillfear?	

 Scríobh

Aistrigh na habairtí seo.

1. Tógfaidh mé sos fada i mbliana.
2. Cathain a chuirfear na seomraí in áirithe?
3. An gcuirfidh tú uachtar gréine ar mo dhroim?
4. Ní amharcfaimid thart ar na radhairc go dtí amárach.
5. An bhfillfidh tú abhaile amárach?

Scríobh agus labhair

Freagair na ceisteanna seo.
Ansin, cuir na ceisteanna ar an duine atá in aice leat.

1. Cad é an chéad uair eile a thógfaidh tú sos?
2. Cad é an chéad uair eile a scríobhfaidh tú cárta poist?
3. Cad é an chéad uair eile a chuirfidh tú uachtar gréine ort?
4. Cad é an chéad uair eile a fhanfaidh tú in óstán nó i dteach saoire?
5. Cad é an chéad uair eile a amharcfaidh tú thart ar na radhairc i mbaile nó i dtír eile?

An dara réimniú

Caibidil 6

An Aimsir Fháistineach	Ceannaigh (*buy*)		Fiafraigh (*ask*)	
Leathan: ~~aigh~~; briathar + … óidh/óimid				
	Ce~~annaigh~~		Fi~~afraigh~~	
	Uatha	**Iolra**	**Uatha**	**Iolra**
1	Ceannóidh mé	Ceannóimid	Fiafróidh mé	Fiafróimid
2	Ceannóidh tú	Ceannóidh sibh	Fiafróidh tú	Fiafróidh sibh
3	Ceannóidh sé/sí	Ceannóidh siad	Fiafróidh sé/sí	Fiafróidh siad
Saorbhriathar	Ceannófar		Fiafrófar	
Diúltach	Ní cheannóidh/Ní cheannófar		Ní fhiafróidh/Ní fhiafrófar	
Ceisteach	An gceannóidh?/An gceannófar?		An bhfiafróidh?/An bhfiafrófar?	

An Aimsir Fháistineach	Bailigh (*collect*)		Éiligh (*demand*)	
Caol: ~~igh~~; briathar + … eoidh/eoimid				
	Ba~~iligh~~		É~~iligh~~	
	Uatha	**Iolra**	**Uatha**	**Iolra**
1	Baileoidh mé	Baileoimid	Éileoidh mé	Éileoimid
2	Baileoidh tú	Baileoidh sibh	Éileoidh tú	Éileoidh sibh
3	Baileoidh sé/sí	Baileoidh siad	Éileoidh sé/sí	Éileoidh siad
Saorbhriathar	Baileofar		Éileofar	
Diúltach	Ní bhaileoidh/Ní bhaileofar		Ní éileoidh/Ní éileofar	
Ceisteach	An mbaileoidh?/An mbaileofar?		An éileoidh?/An éileofar?	

Scríobh

Aistrigh na habairtí seo.

1. An gceannóidh tú féirín nó cuimhneachán dom?
2. Fiafróidh mé de an bhfillfidh sé abhaile amárach.
3. Éileoidh lucht custaim ort do mhálaí a oscailt!
4. Cá mbaileoidh mé mo chuid bagáiste?
5. Baileofar bhur bpasanna amárach.
6. Baileoidh mé ón aerfort thú.

Léigh agus scríobh

A. Léigh an t-alt thíos. Déan eagarthóireacht ar na focail a bhfuil cló trom orthu. Scríobh na focail chearta i do chóipleabhar. Tá an chéad cheann déanta duit.

Pacálfidh (1) = **Pacálfaidh** mé mo **málaí** (2) anocht. **Seiceálfidh** (3) mé isteach ar líne. Taispeánfaidh mé mo **pas** (4) don oifigeach inimirce nuair a **sroichfidh** (5) mé mo cheann scríbe. **D'amharcfaidh** (6) mé thart ar na radhairc agus **chaithfidh** (7) mé tamall ag sú na gréine ar an **tra** (8). **Ceanneoidh** (9) mé go leor féiríní ar an lá deireanach. **Eitlóidh** (10) mé ar ais abhaile. **Bhaileofar** (11) ag an aerfort mé.

B. Athscríobh an t-alt san fhoirm iolra (Pacálfaimid …).

Scríobh

Athscríobh na habairtí seo san Aimsir Fháistineach i do chóipleabhar (sb = saorbhriathar).

1. [Caith: mé] _____ tamall ag siúl thart ar Thoraigh. [Ceannaigh: mé] _____ féirín duit.
2. An [fan: tú] _____ i dTeach Solais Fhánada nó an [imigh: tú] _____ láithreach?
3. Ní [cuir: muid] _____ culaith shnámha orainn agus ní [léim: muid] _____ isteach i bPoll na bPéist!
4. [Póg: mé] _____ Cloch na Blarnan agus ansin [cuir: mé] _____ glao ort.
5. [Fiafraigh: sb] _____ díot ar mhaith leat siúl isteach i Sí an Bhrú.

Tá tuilleadh cleachtaí ar leathanach 396.

Táim in ann briathra rialta san Aimsir Fháistineach a úsáid i gceart.

Turas 3 — LÉAMH AGUS GRAMADACH

An Aimsir Fháistineach: Na Briathra Neamhrialta

 ### Léigh agus scríobh

Fágfaidh Mícheál an baile mór amárach chun cúpla lá a chaitheamh ag campáil i Maigh Eo. Léigh an dá alt agus líon na bearnaí i do chóipleabhar.

> gheobhaimid an traein   a thiocfaimid   déanfaimid   ~~rachaidh~~   béarfaimid ar ár málaí

Dia daoibh! Is mise Mícheál. An tseachtain seo chugainn, _rachaidh_ mise agus mo theaghlach ag campáil i gCathair na Mart i Maigh Eo. Maidin Dé Sathairn, _____ agus ar ár bpuball agus _____ ó stáisiún Bhaile Átha Luain. Nuair _____ go Cathair na Mart, _____ ár mbealach i mionbhus go dtí an t-ionad campála.

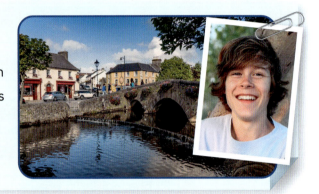

> beidh   cloisfimid   íosfaimid   ~~tabharfaimid aghaidh ar~~
> déanfaimid   go ndéarfaidh mé   feicfimid

Nuair a bheidh an aimsir go breá, _tabharfaimid aghaidh ar_ an trá agus _____ picnic againn. Nuair nach mbeidh an aimsir thar cionn, _____ gníomhaíochtaí taobh istigh agus _____ i mbialann. _____ na radhairc is fearr sa bhaile mór i rith an lae agus _____ ceol traidisiúnta san oíche – b'fhéidir _____ amhrán freisin!

Scríobh agus labhair

Freagair na ceisteanna faoi thuras campála Mhichíl. Ansin, cuir na ceisteanna ar an duine atá in aice leat. An cuimhin leo na freagraí?

1. Cá rachaidh Mícheál agus a theaghlach an tseachtain seo chugainn?
2. Conas a dhéanfaidh siad a mbealach chuig an ionad campála?
3. Cad a dhéanfaidh siad nuair a bheidh an aimsir go breá?
4. Cad a dhéanfaidh siad nuair nach mbeidh an aimsir go breá?
5. Cad a dhéanfaidh siad i rith an lae agus san oíche?

Scríobh

Athscríobh na habairtí seo san fhoirm diúltach agus san fhoirm cheisteach i do chóipleabhar.

1. Rachaidh mise agus mo theaghlach ar thuras gearr amárach.
2. Béarfaimid ar ár málaí agus gheobhaimid an bus.
3. Déanfaimid gníomhaíochtaí agus íosfaimid picnicí amuigh faoin ngrian.
4. Beidh an aimsir go breá agus beimid ar ár sáimhín suilt.
5. Feicfidh tú mé nuair a déarfaidh mé amhrán ar stáitse.

 ### Punann 6.1

Samhlaigh go bhfuil tú ag dul ar turas le do theaghlach. Scríobh alt gairid faoi na rudaí a dhéanfaidh sibh. Cuir an obair chríochnaithe i do phunann ar leathanach 68.

GRAMADACH

Caibidil 6

Na Briathra Neamhrialta: Na Foirmeacha

Abair

1	Déarfaidh mé	Déarfaimid
2	Déarfaidh tú	Déarfaidh sibh
3	Déarfaidh sé/sí	Déarfaidh siad
Saorbhriathar	Déarfar	
Diúltach	Ní déarfaidh/Ní déarfar	
Ceisteach	An ndéarfaidh?/An ndéarfar?	

Beir

1	Béarfaidh mé	Béarfaimid
2	Béarfaidh tú	Béarfaidh sibh
3	Béarfaidh sé/sí	Béarfaidh siad
Saorbhriathar	Béarfar	
Diúltach	Ní bhéarfaidh/Ní bhéarfar	
Ceisteach	An mbéarfaidh?/An mbéarfar?	

Clois

1	Cloisfidh mé	Cloisfimid
2	Cloisfidh tú	Cloisfidh sibh
3	Cloisfidh sé/sí	Cloisfidh siad
Saorbhriathar	Cloisfear	
Diúltach	Ní chloisfidh/Ní chloisfear	
Ceisteach	An gcloisfidh?/An gcloisfear?	

Déan

1	Déanfaidh mé	Déanfaimid
2	Déanfaidh tú	Déanfaidh sibh
3	Déanfaidh sé/sí	Déanfaidh siad
Saorbhriathar	Déanfar	
Diúltach	Ní dhéanfaidh/Ní dhéanfar	
Ceisteach	An ndéanfaidh?/An ndéanfar?	

Faigh

1	Gheobhaidh mé	Gheobhaimid
2	Gheobhaidh tú	Gheobhaidh sibh
3	Gheobhaidh sé/sí	Gheobhaidh siad
Saorbhriathar	Gheofar	
Diúltach	Ní bhfaighidh/Ní bhfaighfear	
Ceisteach	An bhfaighidh?/An bhfaighfear?	

Feic

1	Feicfidh mé	Feicfimid
2	Feicfidh tú	Feicfidh sibh
3	Feicfidh sé/sí	Feicfidh siad
Saorbhriathar	Feicfear	
Diúltach	Ní fheicfidh/Ní fheicfear	
Ceisteach	An bhfeicfidh?/An bhfeicfear?	

Ith

1	Íosfaidh mé	Íosfaimid
2	Íosfaidh tú	Íosfaidh sibh
3	Íosfaidh sé/sí	Íosfaidh siad
Saorbhriathar	Íosfar	
Diúltach	Ní íosfaidh/Ní íosfar	
Ceisteach	An íosfaidh?/An íosfar?	

Tabhair

1	Tabharfaidh mé	Tabharfaimid
2	Tabharfaidh tú	Tabharfaidh sibh
3	Tabharfaidh sé/sí	Tabharfaidh siad
Saorbhriathar	Tabharfar	
Diúltach	Ní thabharfaidh/Ní thabharfar	
Ceisteach	An dtabharfaidh?/An dtabharfar?	

Tar

1	Tiocfaidh mé	Tiocfaimid
2	Tiocfaidh tú	Tiocfaidh sibh
3	Tiocfaidh sé/sí	Tiocfaidh siad
Saorbhriathar	Tiocfar	
Diúltach	Ní thiocfaidh/Ní thiocfar	
Ceisteach	An dtiocfaidh?/An dtiocfar?	

Téigh

1	Rachaidh mé	Rachaimid
2	Rachaidh tú	Rachaidh sibh
3	Rachaidh sé/sí	Rachaidh siad
Saorbhriathar	Rachfar	
Diúltach	Ní rachaidh/Ní rachfar	
Ceisteach	An rachaidh?/An rachfar?	

Bí

1	Beidh mé	Beimid
2	Beidh tú	Beidh sibh
3	Beidh sé/sí	Beidh siad
Saorbhriathar	Beifear	
Diúltach	Ní bheidh/Ní bheifear	
Ceisteach	An mbeidh?/An mbeifear?	

Tá tuilleadh cleachtaí ar leathanach 397.

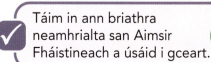 Táim in ann briathra neamhrialta san Aimsir Fháistineach a úsáid i gceart.

Turas 3 — ÉISTEACHT

Turas Scoile

Bí ag caint!

An mbeidh tú ag dul ar thuras scoile i mbliana? Cén áit? Inis don duine atá in aice leat.

Traic 47 Éist agus scríobh

Beidh Adam ag dul ar thuras scoile go Sasana agus tá Dearbhail ag cur ceisteanna air faoi. Cloisfidh tú an comhrá faoi dhó. Cloisfidh tú an comhrá ó thosach deireadh an chéad uair. Ansin cloisfidh tú ina dhá mhír é. Beidh sos ann leis na freagraí a scríobh tar éis gach míre díobh.

Dearbhail

Adam

Mír 1
1. Cá bhfuil Adam agus an fhoireann sacair ag dul?
2. Cad a dhéanfaidh siad ann? Is leor pointe **amháin** eolais.

Mír 2
3. Cá fhad a fhanfaidh siad ann?
4. Cén sórt báid a dtaistealóidh siad go Sasana inti?

Script: leathanach 113 de do Leabhar Gníomhaíochta.

Scríobh

Samhlaigh gur tusa Adam. Beidh tú ag imeacht amárach. Scríobh cúig abairt san Aimsir Fháistineach faoin turas báid anonn.

Bain úsáid as na briathra seo, más mian leat.

buail le	éirigh	ith	sroich
ceannaigh	fág	pacáil	taispeáin
déan	faigh	seiceáil	téigh

Noda!

Cliceáil ar 'verb' ar **www.focloir.ie/ga/dictionary/ei/arrange** chun foirm gach briathair a fheiceáil.

eagraigh *verb* 🔊 C M U

socraigh *verb* 🔊 C M U

Léigh agus labhair

Tá Aisling ag pleanáil turas scoile don tríú bliain go dtí an Pholainn agus an Ghearmáin. Léigh plean Aisling agus i mbeirteanna, déan cur síos air. Úsáid an Aimsir Fháistineach.

Seiceálfaidh sí isteach ar líne.

Gheobhaidh siad an bus go Beirlín.

Caibidil 6

Taisteal

Dé Luain	Dé Máirt	Dé Céadaoin	Déardaoin	Dé hAoine
09:00 Seiceáil isteach ar líne.	09.00 Buail leis na scoláirí ag geata na scoile. Faigh an bus go dtí an t-aerfort.	09.00 Éirigh agus ith bricfeasta.	06.00 Éirigh, ith bricfeasta, fág an t-óstán, taistil chuig Oświęcim (Auschwitz). Tabhair cuairt ar an gcampa géibhinn (concentration camp).	10.00 Déan turas rothaíochta timpeall Bheirlín. Le feiceáil: Balla Bheirlín, Checkpoint Charlie, Geata Brandenburg agus an Reichstag.
19.00 Pacáil málaí (níos lú ná 15 kg).	11.00 Téigh trí chustaim, beir ar shneaic, fan sa scuaine bordála, taispeáin na pasanna bordála don aeróstach.	09.30 Tabhair cuairt ar na mianaigh salainn (salt mines).	14.00 Faigh an bus chuig Beirlín – turas seacht n-uair an chloig.	14.00 Tabhair cuairt ar Mhúsaem Stair na Gearmáine.
	15.00 Tuirling in Aerfort Krakow, faigh an bus go dtí an t-óstán, eagraigh seomraí.	15.00 Déan turas bus timpeall Krakow.	21.00 Sroich Beirlín. Seiceáil isteach agus ith dinnéar san óstán.	16.00 Am saor – ceannaigh cúpla féirín.
	19.00 Téigh chuig bialann áitiúil.	19.00 Pacáil málaí.		20.00 Faigh bus chuig an aerfort.
				22.30 Fill ar Bhaile Átha Cliath.

Scríobh

A. Pleanáil turas scoile cosúil leis an sampla thuas. Cad a dhéanfaidh tú gach lá? Scríobh na pleananna i bhféilire. Bain úsáid as Google Calendar, más mian leat. Tá smaointe suimiúla ar fáil ar www.gaeltrip.com.

B. Ansin, scríobh alt i do chóipleabhar san Aimsir Fháistineach bunaithe ar na pleananna seo.

Noda!
Úsáid dobhriathra oird, mar shampla, 'Ar dtús', 'Ansin', 'Ina dhiaidh sin', 'Ar deireadh thiar thall'.

 Táim in ann turas scoile a phleanáil agus a phlé.

dhá chéad tríocha a trí

SCRÍOBH

Saoire Ghréine Idéalach le Mo Theaghlach

Cur i láthair

Rachaidh tú ar shaoire ghréine idéalach le do theaghlach i gceann míosa. Bain úsáid as na híomhánna agus an stór focal thíos chun cur i láthair a ullmhú. Ullmhaigh sé shleamhnán agus léirigh os comhair an ranga iad.

Pléifimid ár roghanna le chéile.	We will discuss our options with each other.
Féachfaimid ar léarscáileanna.	We will look at maps.
Cuardóimid eitiltí saora ar líne.	We will look for cheap flights online.
Cuirfidh Mam an t-óstán in áirithe.	Mam will book the hotel.

Pacálfaimid ár málaí.	We will pack our bags.
Seiceálfaimid isteach ar líne.	We will check in online.

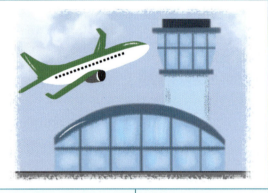

Rachaimid trí chustaim.	We will go through customs.
Gheobhaimid greim gasta le hithe.	We will grab a bite to eat.
Éireoidh an t-eitleán in airde in am.	The plane will take off on time.
Tuirlingeoidh an t-eitleán ag ár gceann scríbe.	The plane will land at our destination.

Rachaimid trí scrúdú pasanna.	We will go through passport control.
Baileoimid ár mbagáiste.	We will collect our baggage.
Gheobhaimid tacsaí go dtí an t-óstán cúig réalta agus seiceálfaimid isteach.	We will get a taxi to the five-star hotel and we will check in.

Déanfaimid bolg le gréin ar an trá.	We will sunbathe on the beach.	Scríobhfaidh mé cúpla cárta poist.	I will write a couple of postcards.
Cuirfidh mé uachtar gréine orm.	I will put sunscreen on.	Íosfaimid i mbialanna galánta.	We will eat in fancy restaurants.
Rachaidh mo dheartháir ag lapadaíl san fharraige.	My brother will go paddling in the sea.	Ceannóidh mé roinnt cuimhneachán agus féiríní.	I will buy some souvenirs and gifts.
Rachaidh mé ag snorcláil nó i mbád banana.	I will go snorkelling or on a banana boat.	Amharcfaimid ar na radhairc/rachaimid ag fámaireacht.	We will look at the sights/we will go wandering.

   Éist agus scríobh

Beidh an triúr scoláirí seo ag dul ar shaoire idéalach lena dteaghlach amárach. Éist leo ag caint faoi na saoirí agus líon isteach an ghreille i do chóipleabhar.

Ainm	Áit saoire	Lóistín	Gníomhaíochtaí
Abdullah			
Caireann			
Edel			

Script: leathanach 114 de do Leabhar Gníomhaíochta.

 Punann 6.2

Bhuaigh tú saoire idéalach le do theaghlach. Rachaidh sibh ar an tsaoire seo sa samhradh. Scríobh faoin tsaoire a bheidh agaibh agus cuir an obair chríochnaithe i do phunann ar leathanach 71. Tá sraith pictiúr ar leathanach 70 chun cabhrú leat.

 Táim in ann alt a scríobh faoi shaoire idéalach.

dhá chéad tríocha a cúig

LÉAMHTHUISCINT

Mistéire Amelia Earhart

Léigh, éist agus scríobh

Léigh agus éist leis an bpíosa seo agus freagair na ceisteanna a ghabhann leis.

Cúlra

Ba í Amelia Earhart an chéad bhean riamh a d'eitil trasna an Atlantaigh ina haonar – ó Thalamh an Éisc go Tuaisceart Éireann in 1932. Is iomaí curiarracht eile a bhain sí amach freisin. D'eitil sí ó Los Angeles go New Jersey, ó Chathair Mheicsiceo go Newark agus ó Haváí go Oakland. Nuair a d'fhógair sí go raibh sí chun eitilt timpeall an domhain os cionn an mheánchiorcail in 1937, áfach, dúirt daoine go raibh sí glan as a meabhair.

Thalamh an Éisc	Newfoundland
curiarracht	records
d'fhógair	announced
mheánchiorcail	equator

An turas cinniúnach

1 Meitheamh 1937 atá ann. Tá an aimsir go deas. Tá Amelia Earhart agus a loingseoir, Fred Noonan, ar tí éirí in airde i Lockheed Electra L-10E, eitleán lián dúbailte. Smaoiníonn Amelia léi féin. Tá a fhios aici go mbeidh an turas seo an-deacair. Ní bheidh sí ábalta turas mar seo a dhéanamh arís.

Fágann Amelia agus Fred Miami agus tosaíonn siad ar an turas 47,000 km. Faoin 29 Meitheamh, níl ach 11,000 km fágtha acu. Beidh an chéad chéim eile an-dúshlánach: Nua-Ghuine go hOileán Howland, oileán beag bídeach san Aigéan Ciúin. Beidh Garda Cósta Mheiriceá ann ag fanacht leo le peitreal agus leapacha compordacha. Lasfaidh siad soilse móra chun cabhrú leo an t-oileán iargúlta a aimsiú.

Ag 07.42, faigheann an Garda Cósta teachtaireacht ó Amelia. Deir sí:

> We must be on you, but we cannot see you. Fuel is running low. Been unable to reach you by radio. We are flying at 1,000 feet.

Ag 08.45, faigheann siad teachtaireacht eile uaithi:

> We are running north and south.

Ní chloistear focal ar bith eile uaithi. Déantar iarracht iad a tharrtháil láithreach ach níl tásc ná tuairisc orthu. Imíonn Amelia agus Fred as radharc, trasna na Dátlíne Idirnáisiúnta, b'fhéidir, isteach sa lá inné.

cinniúnach	fateful
loingseoir; ar tí éirí in airde	navigator; about to take off
lián dúbailte	double propeller
beag bídeach; Aigéan Ciúin	tiny; Pacific Ocean
iargúlta	remote
tharrtháil; tásc ná tuairisc	rescue; sight nor sound
Dátlíne Idirnáisiúnta	International Date Line

1. Cén áit ar thaistil Amelia chuici nuair a thrasnaigh sí an tAtlantach in 1932?
   Cuir **tic** (✔) leis an bhfreagra ceart.
   Talamh an Éisc ☐   Tuaisceart Éireann ☐   New Jersey ☐

2. Cén turas a bhí Amelia ag iarraidh a dhéanamh in 1937? Cuir **tic** (✔) leis an bhfreagra ceart.
   Havaí go Oakland ☐   timpeall na cruinne ☐   trasna na hEorpa ☐

3. Cé mhéad ciliméadar atá déanta acu faoin 29 Meitheamh? Cuir **tic** (✔) leis an bhfreagra ceart.
   36,000 ☐   37,000 ☐   38,000 ☐

4. Conas atá a fhios againn go mbeidh Oileán Howland deacair a aimsiú?

5. Cén t-am a fhaigheann an Garda Cósta (i) an chéad teachtaireacht agus (ii) an teachtaireacht dheireanach ó Amelia?

6. Conas a léirítear sa téacs gur dhuine diongbháilte í Amelia Earhart? Is leor **dhá** fháth i d'fhocail féin. Léigh an nod chun an cheist seo a dhéanamh.

Noda!

Chun ceist 6 a fhreagairt, roghnaíonn tú na habairtí cuí agus scríobhann tú iad i bhfocail dhifriúla.

Samplaí:

Is iomaí curiarracht eile a bhain sí amach.   ✈   Rinne sí go leor rudaí nach ndearna aon bhean eile roimpi.

D'fhógair sí go raibh sí chun eitilt timpeall an domhain   ✈   Bhí sí ag iarraidh turas timpeall na cruinne a dhéanamh.

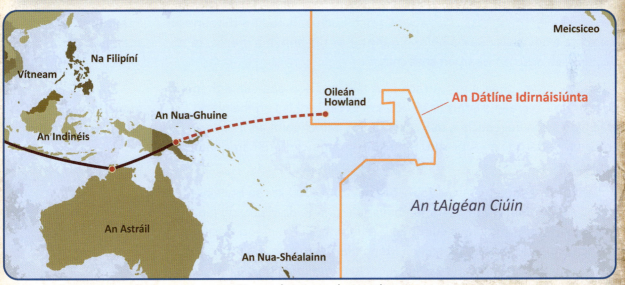

Turas deireanach Amelia

Taighde agus scríobh

A. Cad a tharlaíonn nuair a thrasnaíonn tú an Dátlíne Idirnáisiúnta? Liostaigh na tíortha agus na hoileáin is gaire (*closest*) don Dátlíne. Bain úsáid as Google Maps agus www.tearma.ie.

B. Cad a tharla do Amelia agus Fred, meas tú? Téigh ar líne agus cuardaigh dhá theoiric chomhcheilge (*conspiracy theories*) atá ag daoine faoinar tharla dóibh.

✓ Táim in ann taighde ar léarscáil a dhéanamh.

dhá chéad tríocha a seacht

LÉAMHTHUISCINT

Bealaí Imirceacha na nÉan

Bí ag caint!

Cé mhéad éan sa liosta seo ar chuala tú fúthu? Déan comparáid leis an duine atá in aice leat.

fáinleog		swallow	ceolaire sailí		willow warbler
geabhróg Artach		Arctic tern	cuach		cuckoo
síodeiteach		waxwing	deargán sneachta		redwing

Léigh agus scríobh

Léigh an píosa seo agus freagair na ceisteanna a ghabhann leis.

Is **iomaí** éan a **dhéanann imirce** go hÉirinn gach earrach agus gach fómhar. **Ar na héin** a thagann san earrach, tá an fháinleog, an gheabhróg Artach, an ceolaire sailí agus an chuach. Creid é no ná creid, tagann an-chuid éan go hÉirinn sa gheimhreadh freisin – fágann siad an Rúis, an Íoslainn agus **Críoch Lochlann** nuair a thiteann an sneachta trom agus nuair a bhíonn **ganntanas** bia ann. Ina measc, tá an síodeiteach agus an deargán sneachta.

many; migrate *among the birds*

Scandinavia *scarcity*

Taistealaíonn an gheabhróg Artach níos faide ná aon éan eile a thagann go hÉirinn – uaireanta **breis is** 50,000 km sa bhliain! Is í an fháinleog, áfach, an t-éan imirceach **is mó clú** in Éirinn. Sroicheann an fháinleog Éire i mí an Mhárta nó i mí Aibreáin. B'fhéidir go bhfeicfidh tú í ag déanamh a neide faoi **sceimheal** an tí an t-earrach seo chugainn.

more than *most well-known*

eaves

Cuireann turas fada na fáinleoige – beagnach 20,000 km sa bhliain – iontas ar dhaoine. I mí Mheán Fómhair, nuair a bheidh deireadh lena **foinse** bia – **míoltóga** agus **cuileoga** – eitleoidh an fháinleog trasna na Fraince agus na Spáinne, trasna na Meánmhara agus an tSahára go dtí go mbainfidh sí an Afraic Theas amach. Nuair a thiocfaidh sí ar ais san earrach, rachaidh sí go dtí an áit **cheannann chéanna** chun a nead a dhéanamh.

source; midges; flies

exact same

Is iomaí **piseog** a bhaineann leis an bhfáinleog. Deirtear go mbeidh drochaimsir againn má eitlíonn sí go híseal sa spéir, ach go mbeidh dea-aimsir againn má eitlíonn sí go hard sa spéir. Is **dea-thuar** é má eitlíonn sí isteach i do theach.

superstition

good sign

1. Ainmnigh **dhá** éan a thagann go hÉirinn san earrach.
2. Ainmnigh **dhá** éan a thagann go hÉirinn sa gheimhreadh.
3. Cad atá suntasach faoin ngeabhróg Artach? Cuir **tic** (✔) leis an bhfreagra ceart.
   - Taistealaíonn sí níos faide ná aon éan eile a thagann go hÉirinn. ☐
   - Is í éan náisiúnta na hÉireann í. ☐
   - Tagann sí go hÉirinn sa gheimhreadh. ☐
4. Cén mhí ina mbaineann an fháinleog Éire amach gach bliain?
5. Cén fáth a dtugann an fháinleog aghaidh ar an Afraic Theas gach bliain?
6. Deirtear go bhfuil roinnt piseog ag baint leis an bhfáinleog. Déan cur síos ar **dhá** cheann.

Punann 6.3

Roghnaigh ceann amháin de na tíortha a fheiceann tú ar an léarscáil seo agus dear próifíl di cosúil leis an bpróifíl thíos. Cuir an obair chríochnaithe i do phunann ar leathanach 74.

Próifíl na hÉireann

Daonra	6,831,486
Achar	84,421 km²
Príomhchathair	Baile Átha Cliath
Teangacha	Gaeilge, Béarla
Ionchas saoil	80.4 bliain d'aois (fir) 84.3 bliain d'aois (mná)
Airgeadra	Euro
Siombail	Cláirseach; Seamróg
Sliabh is airde	Corrán Tuathail, Ciarraí (1,038 m)
Abhainn is faide	An tSionainn (360.5 km)
Loch is mó	Loch nEathach (392 km²)
Éan náisiúnta	Pilibín

 Táim in ann próifíl de thír a dhearadh.

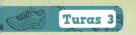

Turas 3

SCRÍOBH

Cárta Poist ó Mheiriceá

💬 👥 Bí ag caint!

I ngrúpa, pléigh na ceisteanna seo:

1. Cad é an uair dheireanach a scríobh tú cárta poist?
2. Ar bhain tú triail riamh as aip nó suíomh gréasáin cosúil le MyPostcard?

📖 ✏️ Léigh agus scríobh

Léigh an cárta poist seo faoi shaoire sciála i Meiriceá agus freagair na ceisteanna a ghabhann leis.

Beannú

A Chonchúir, a chara,

Cad é mar atá tú? Súil agam go bhfuil tú i mbarr na sláinte!

Corp

Táim ar shaoire scoile sciála in New Hampshire i Meiriceá. Tá sé thar barr anseo! Aimsir fhuar atá ann ach is cuma — tá na sléibhte go hálainn. Tá siad go léir faoi bhrat sneachta. Faighimid ceachtanna sciála gach lá is tá an teagascóir an-lách.

Tá go leor rudaí eile le déanamh sa cheantar. Tá ionad siopadóireachta mór agus pictiúrlann ann. Cheannaigh mé go leor éadaí inné — ní chreidfeá na praghsanna! Chuamar chuig cluiche haca oighir aréir freisin – bhí sé spleodrach!

Rachaimid go Bostún arú amárach agus gheobhaimid turas treoraithe ar Ollscoil Harvard. Táim ag tnúth go mór leis.

Críoch

Beidh mé ar ais Dé Luain seo chugainn. Feicfidh mé ar scoil thú.

Éabha

Greamaigh stampa anseo

Conchúr Mac an Bhaird
Mullach Dubh
Tír Chonaill
Éire

Faraor nach bhfuil tú anseo!

1. Cá bhfuil Éabha ar saoire?
2. Déan cur síos ar an áit ina bhfuil sí.
3. Cad a rinne sí aréir?
4. Cad a dhéanfaidh sí arú amárach?
5. Bunaithe ar an gcárta poist, meas tú an bhfuil an aimsir fhuar ag cur isteach ar Éabha? Is leor **dhá** phointe eolais i d'fhocail féin.

Noda!

- Tosaigh an cárta poist leis an ainm, mar shampla 'A Mháire, a chara', agus an beannú.
- Abair go bhfuil tú ag baint taitneamh as an tsaoire.
- Déan cur síos ar an áit a bhfuil tú agus ar na háiseanna.
- Déan cur síos ar na rudaí a rinne tú/a dhéanann tú gach lá/a dhéanfaidh tú.
- Abair cathain a bheidh tú ar ais.
- Críochnaigh an cárta poist le d'ainm.

Nathanna úsáideacha

Beannú	A Sheáin, a chara
	A Labhaoise, a chara
	Conas atá tú?/Cén chaoi a bhfuil tú?/Cad é mar atá tú?
	Tá súil agam go bhfuil tú go maith.
	Tá súil agam go bhfuil tú i mbarr na sláinte.
	Tá ag éirí go maith liom.
	Tá ag éirí go hiontach liom.
	Táim ag baint an-taitneamh as na laethanta saoire.
	Táim ar saoire san Iodáil/sa Chróit/san Éigipt.
Corp	
Aimsir	Tá an aimsir go hálainn/ar fheabhas.
	Bíonn an ghrian ag taitneamh gach lá.
	Tá an ghrian ag scoilteadh na gcloch.
Dúlra	Tá an trá/an fharraige/na sléibhte/na lochanna go hálainn.
Lóistín	Tá an t-óstán/an t-ionad campála/an t-árasán an-chompordach.
Áiseanna	Tá na háiseanna snámha ar fheabhas. (linn snámha/sleamhnáin uisce …)
	Tá na háiseanna spóirt ar fheabhas. (cúirteanna cispheile/leadóige …)
	Tá na siopaí thar barr. (Cheannaigh mé …)
Daoine	Tá na daoine lách cairdiúil. (Bhuail mé le …)
Bia	Tá an bia sárbhlasta. (D'ith mé …)
Gníomhaíochtaí	Téim ag snámh sa linn snámha gach maidin.
	Imrím eitpheil gach lá ar an trá.
	Téim ag siopadóireacht ó am go chéile.
	Chuaigh mé ag scairdsciáil/surfáil/snorcláil san fharraige inné.
Críoch	Beidh mé ar ais Dé Céadaoin seo chugainn.
	Feicfidh mé i gceann cúpla lá/seachtaine/míosa thú.

Punann 6.4

Tá tú ag fanacht in ionad campála in iarthar na Fraince le do theaghlach. Scríobh cárta poist chuig cara leat. Tá tuilleadh treoracha i do phunann ar leathanach 76.

Táim in ann cárta poist a scríobh.

 # SCRÍOBH

Díospóireacht: Laethanta Saoire

📖 ✏️ **Léigh agus scríobh**

Léigh an díospóireacht seo agus freagair na ceisteanna a ghabhann léi.

Treoracha: Tá dhá thaobh den rún díospóireachta 'Bíonn laethanta saoire scoile rófhada ag daoine óga sa samhradh' léirithe sa dá íomhá thuas. Roghnaigh taobh amháin agus scríobh an chaint a dhéanfá i ndíospóireacht scoile. Pléigh na pointí seo a leanas:

- an cineál bliain scoile a bhíonn ag daltaí óga
- na rudaí a dhéanann daoine óga i rith an tsamhraidh
- an tairbhe a bhaineann le laethanta saoire in Éirinn
- an tairbhe a bhaineann le laethanta saoire thar sáile.

A chathaoirligh, a mholtóirí, a lucht an fhreasúra agus a chomhscoláirí, is mór an **onóir** dom a bheith anseo anocht chun labhairt **in aghaidh an rúin** seo. Ní aontaímse go mbíonn laethanta saoire scoile rófhada ag daoine óga sa samhradh. Táim cinnte **go dtiocfaidh sibh liom** faoi dheireadh na díospóireachta seo.

honour

against the motion

that you will agree with me

Sa díospóireacht seo, pléifidh mé an tábhacht a bhaineann le laethanta saoire i saol an duine óig. Ar an gcéad dul síos, labhróidh mé faoin mbliain fhada thuirsiúil a bhíonn againn. Ar an dara dul síos, déanfaidh mé trácht ar na caithimh aimsire éagsúla a dhéanaimid sa samhradh. Faoi dheireadh, luafaidh mé cúpla pointe faoin **tairbhe** a bhaineann le laethanta saoire.

benefit

Ar an gcéad dul síos, **ní féidir a shéanadh** go mbíonn an bhliain scoile fada agus tuirsiúil. Éirímid go moch ar maidin. Caithimid seacht n-uair an chloig ar a laghad ar scoil – **gan trácht** ar an g**carn** mór obair bhaile a bhíonn le déanamh gach oíche. Uaireanta bím ag staidéar go dtí a deich a chlog san oíche! **Ní haon ionadh** go mbíonn sos fada ag teastáil uainn tar éis bliain fhada thuirsiúil!

it can't be denied

not to mention; pile

it's no wonder

Ar an dara dul síos, bíonn **deiseanna** iontacha ag daoine óga scileanna nua a fhorbairt sa samhradh. I mí Iúil, mar shampla, glacfaidh mé páirt i gcampa **CLG**. Foghlaimeoidh mé conas iománaíocht a imirt agus **cuirfidh mé snas** ar mo chuid scileanna peile. Ba chóir go mbeadh an deis ag gach duine óg scileanna nua a fhorbairt gach samhradh.

	opportunities
	GAA
	I'll polish up

Faoi dheireadh, is mór an tairbhe a bhaineann le laethanta saoire in Éirinn agus **thar sáile**. Faigheann daoine óga **taithí** ar chultúir **iasachta**, foghlaimíonn siad teangacha nua agus buaileann siad le daoine difriúla. In Éirinn, faigheann teaghlaigh an seans dul chuig na **láithreacha** iontacha atá againne in Éirinn – Sí an Bhrú, Sliabh Liag, Cloch na Blarnan – is **liosta le háireamh** é!

abroad; experience foreign

sites
endless list

Mar fhocal scoir, a dhaoine uaisle, ní chreidim go bhfuil laethanta saoire rófhada ag daoine óga, **ar thrí chúis**: faighimid sos ón mbliain fhada ar scoil, foghlaimímid scileanna nua agus foghlaimímid faoi chultúir difriúla. Smaoinígí ar na seanfhocail, 'Ní thagann an óige faoi dhó' agus 'Bíonn siúlach scéalach!'

in conclusion
for three reasons

Tá súil agam go n-aontaíonn sibh go léir liom. Go raibh míle maith agaibh as an éisteacht a thug sibh dom anocht.

1. Cén dearcadh atá ag an gcainteoir maidir le rún na díospóireachta seo? Cuir **tic** (✔) leis an bhfreagra ceart.
   - Tá an cainteoir idir dhá chomhairle. ☐
   - Aontaíonn an cainteoir leis an rún. ☐
   - Ní aontaíonn an cainteoir leis an rún. ☐

2. Liostaigh na **trí** phríomhphointe a dhéanfaidh an cainteoir seo.
3. Cén chaoi a mbíonn an bhliain scoile fada agus tuirsiúil, dar leis an gcainteoir seo?
   Is leor **dhá** phointe eolais.
4. Cén cineál deiseanna a bhíonn ag daoine óga sa samhradh, dar leis an gcainteoir?
   Is leor **dhá** phointe eolais.
5. Cad iad na buntáistí a bhaineann le saoirí thar sáile, dar leis an gcainteoir?
   Is leor **dhá** phointe eolais.
6. Bunaithe ar an méid thuas, an aontaíonn tú leis na trí phríomhphointe a dhéanann an cainteoir? Is leor **dhá** phointe eolais i d'fhocail féin.

Punann 6.5

Scríobh an chaint a dhéanfá i ndíospóireacht scoile ar son nó in aghaidh an rúin seo: 'Tá turais scoile thar sáile tábhachtach do dhaoine óga.' Bain úsáid as na treoracha agus an stór focal ar leathanaigh 74–75. Cuir an obair chríochnaithe i do phunann ar leathanach 78.

✔ Táim in ann díospóireacht ar thábhacht na laethanta saoire a scríobh.

BÉALTRIAIL

Dhá Agallamh

💬 Labhair

Léirigh an t-agallamh seo leis an duine atá in aice leat.

Aisling

1. **Cén sórt saoirí a thaitníonn leat?**

   Is aoibhinn liom saoirí gréine cois trá. Bíonn siad galánta! Níl a dhath is fearr liom ná an lá ar fad a chaitheamh ag ligean mo scíthe ar an trá agus ag sú na gréine.

2. **An rachaidh tú ar saoire i mbliana?**

   Rachaidh, cinnte. Rachaimid go dtí an Iodáil i mí Iúil.

3. **Cé a rachaidh in éineacht leat?**

   Rachaidh mo theaghlach in éineacht liom.

4. **Cá fhad a fhanfaidh sibh ann?**

   Fanfaimid dhá sheachtain ann.

5. **Cad a dhéanfaidh sibh ann?**

   Bhuel, beidh neart le déanamh. Rachaimid ag snámh gach lá ar ndóigh – sa linn snámha nó san fharraige. Ba bhreá liom dul amach i mbád ar feadh tamaill freisin. Bheadh sé sin ar fheabhas. Táim ag tnúth go mór leis an mbia Iodálach freisin. Íosfaidh mé pizza agus pasta gach lá!

6. **An ndeachaigh tú ar saoire in Éirinn riamh?**

   Chuaigh, cúpla uair. Anuraidh, thug mise agus mo theaghlach cuairt ar Shligeach. D'fhanamar i d**teach lóistín** ar **an Leathros**. Rinne mé cúrsa surfála nuair a bhí mé ann. Dhreapamar **Binn Ghulbain** freisin – bhí na radhairc go hálainn.

   guest house; Strandhill

   Ben Bulbin

7. **Cá fhad a d'fhan sibh ann?**

   Chaitheamar deireadh seachtaine **saoire bainc** ann.

   bank holiday

8. **Ar bhain sibh sult as?**

   Bhaineamar an-sult as an tsaoire.

Binn Ghulbain

✏️ Scríobh

Fíor nó bréagach?

	F	B
1. Taitníonn saoirí gréine le hAisling.	☐	☐
2. Ní fhágfaidh Aisling Éire i mbliana.	☐	☐
3. Ba bhreá le hAisling turas báid a dhéanamh.	☐	☐
4. Dhreap Aisling an Earagail anuraidh.	☐	☐
5. Níor thaitin a saoire i Sligeach ar chor ar bith le hAisling.	☐	☐

✏️💬 Scríobh agus labhair

Freagair na ceisteanna a d'fhreagair Aisling (Ceisteanna 1–8) i do chóipleabhar. Ansin, cuir na ceisteanna seo ar an duine atá in aice leat. Taifead an comhrá ar d'fhón póca nó ar do ríomhaire.

 **Labhair**

Léirigh an t-agallamh seo leis an duine atá in aice leat.

Emmanuel

1. **Cén sórt saoirí a thaitníonn leat?**
   Taitníonn saoirí gníomhaíochta liom.

2. **Cén fáth?**
   Bhuel, tugann tú cuairt ar áiteanna nach bhfeiceann a lán daoine. Dreapann tú sléibhte móra nó baineann tú triail as rudaí cosúil leis an bparafhaoileoireacht, mar shampla. Seachnaíonn tú an cosán dearg.   *paragliding; avoid; beaten track*

3. **Cad a rinne tú an samhradh seo caite?**
   Chaith mé an samhradh ar fad ag obair i ngaráiste mo Dhaid. Ag deireadh an tsamhraidh, fuaireamar an seans dul go dtí deisceart na Spáinne. Bhaineamar triail as go leor spóirt uisce cosúil leis an tsurfáil agus an scairdsciáil.   *jet skiing*

4. **Cé a chuaigh in éineacht leat?**
   Chuaigh mo theaghlach ar fad liom – mo Mham, mo Dhaid, mo bheirt deirfiúracha agus mo chol ceathrair Sam freisin.

5. **Ar bhain tú sult as?**
   Bhí sé thar barr – bhain mé an-sult as. Ní dhéanfaidh mé dearmad ar an tseachtain sin go deo na ndeor.

Sceilg Mhichíl

6. **An rachaidh tú ar saoire i mbliana?**
   Ní rachaimid thar sáile ach tá sé ar intinn againn dul chuig Sceilg Mhichíl um Cháisc, ach braithfidh sé ar an aimsir, ar ndóigh. Tiomáinfimid chuig Ciarraí agus gheobhaimid an bád ó Bhaile an Sceilg.   *will depend*

7. **Cad a dhéanfaidh sibh ann?**
   Siúlfaimid thart ar an oileán. Caithfimid cúpla uair an chloig ann ag féachaint ar na gainéid agus, ar ndóigh, ar na clocháin choirceogacha inar chónaigh na manaigh fadó.   *gannets; beehive huts monks*

8. **Cad a dhéanfaidh tú tar éis an tsamhraidh?**
   Fillfidh mé ar an scoil, faraor!

Scríobh

Freagair na ceisteanna seo i do chóipleabhar.

1. Cén fáth a dtaitníonn saoirí gníomhaíochta le Emmanuel? Tabhair **dhá** fháth le do thuairim.
2. Cad a rinne Emmanuel an samhradh seo caite? Is leor **dhá** phointe eolais.
3. Cé a chuaigh in éineacht le Emmanuel?
4. Cad a dhéanfaidh Emmanuel i mbliana? Is leor **trí** phointe eolais.
5. Cad a dhéanfaidh Emmanuel tar éis an tsamhraidh?

Scríobh agus labhair

Freagair na ceisteanna a d'fhreagair Emmanuel (Ceisteanna 1–8) i do chóipleabhar. Ansin, cuir na ceisteanna seo ar an duine atá in aice leat. Taifead an comhrá ar d'fhón póca nó ar do ríomhaire.

Táim in ann ceisteanna faoi mo chuid taistil a fhreagairt.

dhá chéad daichead a cúig

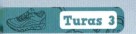

LITRÍOCHT

Filíocht: Ceist na Teangan

   Éist agus labhair

Éist leis an dán 'Ceist na Teangan' le Nuala Ní Dhomhnaill. Ansin, léigh an dán os ard leis an duine atá in aice leat.

Ceist na Teangan
le Nuala Ní Dhomhnaill

Cuirim mo dhóchas ar snámh
i mbáidín teangan
faoi mar a leagfá naíonán
i gcliabhán
a bheadh fite fuaite
de dhuilleoga feileastraim
is bitiúman agus pic
bheith cuimilte lena thóin

ansan é a leagadh síos
i measc na ngiolcach
is coigeal na mban sí
le taobh na habhann,
féachaint n'fheadaraís
cá dtabharfaidh an sruth é,
féachaint, dála Mhaoise,
an bhfóirfidh iníon Fhorainn?

An file

Rugadh Nuala Ní Dhomhnaill in Lancashire. Bhog sí go Gaeltacht Chiarraí nuair a bhí sí cúig bliana d'aois. Tá go leor duaiseanna buaite aici as a cuid leabhar filíochta.

 Léigh agus labhair

Léigh an t-aistriúchán 'The Language Issue' le Paul Muldoon. I ngrúpa, pléigh na ceisteanna seo.

1. An féidir leat an leagan Gaeilge de na focail i gcló trom a aimsiú sa bhunleagan?
2. Nuair a aistrímid dán, ní gá dúinn gach focal a aistriú. Is gá dúinn, áfach, a bheith dílis i gcónaí don bhunleagan. An bhfuil aon fhocail ann nár aistrigh Paul Muldoon? An bhfuil sé dílis don bhunleagan, meas tú?

The Language Issue
le Nuala Ní Dhomhnaill
aistrithe ag Paul Muldoon

I place my **hope** on the water
in this little boat
of the language, the way a body might put
an **infant**

in a **basket** of **intertwined**
iris leaves,
its **underside** proofed
with **bitumen** and pitch,

then set the whole thing down **amidst**
the **sedge**
and **bulrushes** by the edge
of a river

only to have it borne hither and thither,
not knowing where it might end up;
in the lap, perhaps,
of some **Pharaoh's daughter**.

 Scéal an dáin: Léigh agus scríobh

Léigh scéal an dáin agus dear scéalchlár.

Sa dán 'Ceist na Teangan', tá imní ar an bhfile faoin nGaeilge. Cuireann sí a dóchas don Ghaeilge i mbáidín beag, **faoi mar a chuirfeá** 'naíonán / i gcliabhán'.	as you would put
Leagann sí an báidín seo síos go han-chúramach ar **bhruach abhann**. Fanann sí **chun féachaint** cá rachaidh an bád. Níl a fhios aici cad a tharlóidh don bhád.	river bank; in order to see
B'fhéidir go dtarlóidh an rud céanna dó **agus a tharla** do **Mhaois**. Sa scéal sin, cuireann máthair Mhaois i gcliabhán beag é. Ba mhaith léi é a shábháil ó Fharó na hÉigipte.	as happened; Moses

Cruthaigh scéalchlár faoin dán ar www.storyboardthat.com.
Bain úsáid as na habairtí thuas agus/nó na línte sa dán.
Tá samplaí le feiceáil ar www.educate*plus*.ie/go/storyboards.

 Táim in ann tuiscint a léiriú ar scéal an dáin.

dhá chéad daichead a seacht

Teideal an dáin: Léigh agus scríobh

Léigh faoi theideal an dáin agus freagair na ceisteanna.

I dteideal an dáin seo, deir an file gur mhaith léi topaic na Gaeilge a phlé. Ciallaíonn 'Ceist' ábhar atá le plé. Is leagan ginideach é 'na Teangan' de 'an Teanga'. Sa chás seo, is ionann 'an Teanga' agus 'an Ghaeilge'.	same
Tá an teideal oiriúnach agus éifeachtach agus níl aon débhrí ag baint leis. Ba mhaith leis an bhfile an Ghaeilge a phlé agus déanann sí amhlaidh. Pléann sí a forbairt agus a fás, ach a meath agus a todhchaí neamhchinnte freisin.	ambiguity ('double-meaning') she does so decline; uncertain

1. Cad is brí leis an teideal?
2. An bhfuil an teideal oiriúnach, meas tú? Tabhair fáth **amháin** le do fhreagra.

  Mothúcháin an dáin: Scríobh agus labhair

Cad is brí leis na mothúcháin seo? Bain úsáid as d'fhoclóir nó as www.focloir.ie. Cén mothúchán is láidre sa dán seo, meas tú? Pléigh do thuairim leis an duine atá in aice leat.

imní	faoiseamh	brón	áthas	grá	dóchas
	éadóchas	ionadh	eagla	misneach	

Íomhánna an dáin: Léigh agus labhair

Léigh faoi íomhánna an dáin. Cén íomhá is fearr leat? An bhfeiceann tú aon íomhá eile sa dán? I ngrúpa, pléigh do thuairim.

| Tá go leor íomhánna tuairisciúla agus íomhánna mothúchánacha sa dán 'Ceist na Teangan'. In íomhá thuairisciúil, cuirtear brí agus anam san fhilíocht. Spreagtar ár gcéadfaí. In íomhá mhothúchánach, músclaítear mothúcháin nó braistintí áirithe ionainn. | descriptive; emotive

awakened |

'Cuirim mo dhóchas ar snámh
i mbáidín teangan
faoi mar a leagfá naíonán
i gcliabhán'

San íomhá thuairisciúil seo, cuireann an file a dóchas don Ghaeilge ar snámh i mbáidín beag. Is féidir linn an íomhá seo a shamhlú: déanann sí go han-chúramach é, faoi mar a chuireann tú leanbh isteach ina leaba. Is féidir linn grá na máthar a mhothú.

'ansan é a leagadh síos
i measc na ngiolcach
is coigeal na mban sí'

Is íomhá thuairisciúil í an íomhá seo. Leagann an file an báidín síos ar bhruach na habhann. Is áit shábháilte iad na giolcacha agus coigeal na mban sí (*bulrushes or 'the banshee's weaving spindle'*). Cloisimid fuaim na habhann agus fuaim na luachra. Bolaimid an abhainn – na héisc, na héin, na plandaí, an t-uisce féin. Feicimid an file ag fanacht ar bhruach na habhann.

'féachaint n'fheadaraís
cá dtabharfaidh an sruth é'

San íomhá mhothúchánach seo, is féidir linn imní an fhile a bhrath. Tá sí ag fanacht ar bhruach na habhann agus níl a fhios aici cá rachaidh an báidín, 'cá dtabharfaidh an sruth é'.

 ## Taighde agus scríobh

Roghnaigh íomhá amháin ón dán a thaitníonn leat. Téigh ar líne agus aimsigh pictiúr a léiríonn an íomhá seo. Cuir fotheideal (*caption*) leis an bpictiúr freisin.

 Táim in ann tuiscint a léiriú ar theideal, ar mhothúcháin agus ar íomhánna an dáin.

 Téamaí an dáin: Léigh agus scríobh

Ciallaíonn 'téama an dáin' an smaoineamh is tábhachtaí sa dán. Léigh an dá fhreagra shamplacha seo agus freagair na ceisteanna.

Ceist shamplach:

Cad é príomhthéama an dáin 'Ceist na Teangan'? Mínigh do fhreagra.

Freagra samplach:

Is é 'todhchaí na Gaeilge' príomhthéama an dáin 'Ceist na Teangan'. — future

Tá an file buartha faoi thodhchaí na Gaeilge. Cruthaíonn sí meafar sínte chun an imní seo a mhíniú dúinn. Is é seo an meafar: cuireann an file a dóchas don Ghaeilge i mbáidín beag faoi mar a chuirfeá 'naíonán i gcliabhán'. — worried; extended metaphor; explain

Insíonn an file scéal Mhaois dúinn. Sa scéal sin, tá eagla ar mháthair Mhaois roimh Fharó na hÉigipte mar ba mhaith leis gach buachaill beag Eabhrach a mharú. Mar sin, cuireann sí Maois i gcliabhán beag agus leagann sí síos ar bhruach na habhann é. — Hebrew; lays

Tamall gearr ina dhiaidh sin, aimsíonn iníon an Fharó an cliabhán. Nuair a fheiceann sí Maois, glacann sí trua dó. Tugann sí Maois abhaile léi agus uchtaíonn sí é. — finds; pity; adopts

Ceapann an file go bhfuil sí cosúil le máthair Mhaois. Tá uirthi an rud céanna a dhéanamh leis an nGaeilge – í a chur ar snámh i mbáidín beag chun í a shábháil. — she has to

Ceist shamplach:

An bhfuil nasc idir an téama agus na mothúcháin agus na híomhánna sa dán? Tabhair pointe amháin eolais le do fhreagra.

Freagra samplach:

Tá nasc láidir idir an téama agus na mothúcháin agus na híomhánna sa dán. Cabhraíonn na mothúcháin agus na híomhánna leis an téama a chur i láthair.

Nuair a imíonn an báidín, nó an Ghaeilge, le sruth na habhann, tagann imní ar an bhfile. Tá turas na teanga ailínithe le sruth na habhann, agus níl smacht ag an bhfile air sin. Mar gheall ar imní an fhile, chomh maith le híomhá an bháidín san abhainn, tuigimid go bhfuil todhchaí an bháidín, nó todhchaí na Gaeilge, neamhchinnte. — current; aligned; control

1. 'Cruthaíonn sí meafar sínte chun an imní seo a mhíniú dúinn.' Cén imní?
2. Cad a tharlaíonn i scéal Mhaois? Is leor **trí** phointe eolais.
3. Céard leis a bhfuil turas na teanga ailínithe? Cad is brí leis sin?

Léigh

Léigh na freagraí samplacha seo.

Ceist shamplach:

An dtaitníonn an dán 'Ceist na Teangan' leat? Tabhair **dhá** fháth le do thuairim.

Freagra samplach:

Taitníonn an dán 'Ceist na Teangan' go mór liom ar dhá chúis: (i) na híomhánna a chruthaíonn an file agus (ii) an **teachtaireacht** atá aici. — message

Ar an gcéad dul síos, cruthaíonn an file íomhánna gléineacha. Luann sí báidín beag déanta de dhuilleoga feileastraim. Déanann sí cur síos ar na giolcacha ar bhruach na habhann. Luann sí í féin, ag féachaint ar an mbáidín seo.

Ar an dara dul síos, ceapaim go bhfuil teachtaireacht thábhachtach aici. Tá imní ar an bhfile mar tá an Ghaeilge **i mbaol**. Níl aon duine ag tabhairt **aire** di. Tá an Ghaeilge cosúil le cliabhán Mhaois san abhainn. Níl a fhios againn cá rachaidh an Ghaeilge nó cad a tharlóidh di. — in danger; care

Ceist shamplach:

Cad é an mothúchán is láidre sa dán 'Ceist na Teangan'? Tabhair fáth **amháin** le do fhreagra.

Freagra samplach:

Ceapaim gurb í an imní an mothúchán is láidre sa dán seo. Tá imní ar an bhfile faoin nGaeilge mar tá an Ghaeilge i mbaol. Chun an Ghaeilge a shábháil, **socraíonn** an file í a chur isteach in abhainn i mbáidín beag. Tá súil aici go mbeidh duine éigin eile ábalta aire a thabhairt don teanga. — decides

Ag an am seo, áfach, tá imní an domhain uirthi. Feicimid ar bhruach na habhann í, ag féachaint ar an mbáidín seo. Níl a fhios aici 'cá dtabharfaidh an sruth é'. Mar sin, tá trua againn don fhile.

 ## Punann 6.6

Scríobh ríomhphost chuig an bhfile. Abair léi go bhfuil tú dóchasach faoin nGaeilge. Luaigh na pointí seo a leanas:

- Gur léigh tú a dán agus gur/nár thaitin sé leat
- Go bhfuil tú dearfach faoi thodhchaí na Gaeilge
- **Dhá** chúis a bhfuil tú dearfach faoin nGaeilge.

Scríobh an chéad dréacht (*draft*) i do chóipleabhar. Ansin, léigh an seicliosta ar leathanach 81 de do phunann agus léigh siar ar do dhréacht. Ansin, athdhréachtaigh (*redraft*) an ríomhphost. Scríobh an leagan deiridh i do phunann ar leathanach 80.

 Táim in ann anailís a dhéanamh ar an dán seo agus idirghníomhú leis.

dhá chéad caoga a haon

CLEACHTAÍ ATHBHREITHNITHE

Súil Siar

A. Cén sórt saoirí atá léirithe sna pictiúir? Scríobh na freagraí i do chóipleabhar.

B. Tá grúpa turasóirí ag lorg eolais faoi áiteanna suimiúla in Éirinn. Scríobh dhá áit shuimiúla i ngach cúige dóibh.

	Cúige Laighean	Cúige Chonnacht	Cúige Uladh	Cúige Mumhan
1				
2				

C. Athscríobh na habairtí seo san Aimsir Fháistineach i do chóipleabhar.

1. [Éist: siad] _____ leat ach ní [aontaigh: siad] _____ leat.
2. [Pléigh: mé] _____ dhá phointe agus ansin [críochnaigh: mé] _____.
3. [Dúisigh: mé] _____ go luath ach [fan: mé] _____ sa leaba ar feadh tamaill.
4. [Cuir: siad] _____ na héadaí sa mhála ach an [tóg: tú] _____ leat iad?
5. [Gabh: muid] _____ buíochas libh sula [fág: sibh] _____ an tír.

D. Athscríobh na habairtí seo san Aimsir Fháistineach i do chóipleabhar.

1. [Bí] _____ áthas ort nuair a [faigh: mé] _____ cupán tae duit.
2. An [ith: tú] _____ an lón sula [déan: tú] _____ aistear timpeall an oileáin?
3. An [abair: tú] _____ liom é nuair a [clois: tú] _____ an nuacht?
4. Ní [tar: muid] _____ ar saoire leat go dtí go [feic: muid] _____ na ticéid.
5. [Beir: sí] _____ ar a mála agus [tabhair: sí] _____ aghaidh ar Chonamara.

E. Léigh an t-alt thíos. Déan eagarthóireacht ar na focail a bhfuil cló trom orthu. Scríobh na focail chearta i do chóipleabhar. Tá an chéad cheann déanta duit.

Taim (1) = **Táim** ag súil go mór **ag** (2) an gclár faisnéise a bheidh ar **súil** (3) anocht. Clár faoi **saol** (4) David Attenborough a **beidh** (5) ann. **Dírófar** (6) ar a **saol** (7) mar staraí agus mar **craoltóir** (8). **Pléifar** (9) na tréimhsí éagsúla a chaith sé san **Afric** (10) go luath ina shaol, i measc na n-ainmhithe agus na n-éan, go dtí an tsárobair atá déanta **aici** (11) ar son na timpeallachta.

F. Tá tú ar thuras scoile le do rang in Éirinn nó i dtír eile. Scríobh cárta poist chuig d'aintín nó d'uncail. Luaigh na pointí seo a leanas:

- cá fhad atá sibh anseo
- cá fhad a fhanfaidh sibh
- an aimsir
- na gníomhaíochtaí a rinne sibh
- an bia
- cathain a fhillfidh sibh abhaile.

G. Tá dhá thaobh den rún díospóireachta 'Is cur amú ama agus cur amú airgid iad turais scoile' léirithe sa dá íomhá thuas. Roghnaigh taobh amháin agus scríobh an chaint a dhéanfá i ndíospóireacht scoile. Pléigh na pointí seo a leanas:

- an cineál bliain scoile a bhíonn ag daltaí óga
- na cuspóirí a bhaineann le turais scoile
- samplaí de thurais scoile éagsúla
- an tairbhe atá bainte agat féin as turais scoile.

Cluastuiscint

Cloisfidh tú fógra agus píosa nuachta sa cheist seo. Cloisfidh tú an fógra agus píosa nuachta faoi dhó. Beidh sos ann leis na freagraí a scríobh tar éis na chéad éisteachta agus tar éis an dara héisteacht.

 Script: leathanach 114 de do Leabhar Gníomhaíochta.

Fógra

1. Cad a sheolfaidh AerÉire amárach?
2. Cathain a bheidh deireadh leis an tairiscint speisialta?
3. An mbeadh suim agat sa tairiscint speisialta seo? Tabhair pointe **amháin** eolais mar thacaíocht le do fhreagra.

Píosa Nuachta

1. Cén dath rabhadh stoirme atá eisithe do thíortha na hEorpa?
2. Cén t-ainm atá ar an stoirm?
3. Cén fhad a mhairfidh an stoirm?
4. Cad a dúirt urlabhraí de chuid AerÉire? Is leor pointe **amháin** eolais.

Cultúr 6
Pobail Ghaelacha

Daonra na hÉireann

In 1841, bhí timpeall 8,000,000 duine ina gcónaí ar oileán na hÉireann. In 1971, ní raibh ach timpeall 4,000,000 duine ina gcónaí ann. Faoi láthair, tá níos mó ná 6,500,000 duine ina gcónaí ar oileán na hÉireann.

Eisimirce agus an Gorta Mór (1845–1851)

Sa bhliain 1845, tháinig an dubh ar na prátaí in Éirinn. Mhair an gorta go dtí 1851. 'An Gorta Mór' a thugtar ar na blianta 1845–1851.

Fuair 1,000,000 duine bocht bás den ocras agus d'imigh 1,000,000 eile ar longa go tíortha cosúil le Sasana, Albain, Meiriceá, Ceanada, an Astráil, an Nua-Shéalainn agus an Airgintín. Fuair go leor Éireannach bás ar na longa seo. Tugtar 'longa báis' nó '*coffin ships*' orthu.

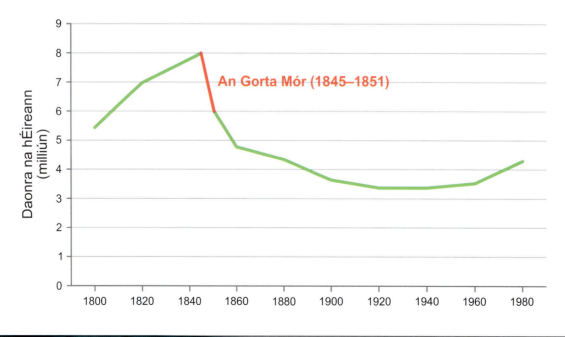

Pobail Éireannacha ar fud an domhain

Mar gheall ar an eisimirce, tá pobail Éireannacha ina gcónaí ar fud an domhain. Tugtar an 'diaspóra' ar na pobail seo.

Tá cáil ar roinnt áiteanna mar gheall ar thionchar na nÉireannach – mar shampla Bostún, Nua-Eabhrac agus Chicago i Meiriceá; Londain, Learpholl agus Manchain i Sasana; Glaschú in Albain; Sydney san Astráil; Talamh an Éisc agus Toronto i gCeanada; agus Buenos Aires san Airgintín.

Bíonn paráidí móra sna háiteanna chun Lá 'le Pádraig a cheiliúradh.

Nua-Eabhrac

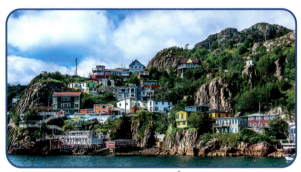
Talamh an Éisc

Buenos Aires

Stór focal

daonra	population		mhair	lasted
eisimirce	emigration		longa	ships
an dubh	the blight		pobail	communities

TASC CULTÚIR 6 — Taighde agus cur i láthair

Déan taighde ar phobal Éireannach **amháin** lasmuigh d'Éirinn. Cruthaigh cur i láthair faoin bpobal ar PowerPoint nó Prezi. Ullmhaigh **trí** shleamhnán ar an áit féin agus **trí** shleamhnán ar an bpobal Éireannach atá ina gcónaí san áit.

Cuir na sleamhnáin i láthair an ranga.

 Féinmheasúnú

1. An raibh sé éasca eolas a fháil ar phobal Éireannach lasmuigh d'Éirinn? Cé mhéad suíomh gréasáin a d'úsáid tú? Cad iad?
2. Samhlaigh go mbeidh ort níos mó taighde a dhéanamh ar an bpobal seo. (i) Scríobh **trí** chuardach Google a dhéanfaidh tú agus (ii) liostaigh **trí** shuíomh gréasáin a bheidh úsáideach.

CAIBIDIL 7

Spórt

Clár Ábhair

Foclóir	Na Spóirt a Thaitníonn Liom	258
Foclóir	Trealamh agus Áiseanna Spóirt	259
Foclóir	Ag Cur Síos ar Phearsana Spóirt	260
Léamhthuiscint	Rhasidat Adeleke	262
Gramadach	Céimeanna Comparáide na hAidiachta	264
Éisteacht	Saol Lúthchleasaí Pharailimpigh	266
Léamhthuiscint	An Phearsa Spóirt is Fearr Liom	268
Scríobh	Postáil Bhlag faoi Chluiche Peile	270
Scríobh	Díospóireacht: Tábhacht an Spóirt	272
Béaltriail	Dhá Agallamh	274
Litríocht	Ceol: Solas	276
Cleachtaí Athbhreithnithe	Súil Siar	282
Cultúr 7	Spórt in Éirinn	284

✓ Faoi dheireadh na caibidle seo, beidh mé in ann:
- Labhairt faoin spórt i mo shaol.
- Cur síos a dhéanamh ar phearsana spóirt.
- Postáil bhlag agus díospóireacht a scríobh.

Príomhscileanna
- A bheith liteartha
- Fanacht folláin
- Obair le daoine eile

Litríocht

Solas

Ag deireadh na caibidle seo, déanfaimid staidéar ar an amhrán 'Solas'. Léigh línte oscailte an amhráin agus cuir tús le do chuid machnaimh ar an amhrán agus ar an topaic seo.

Tá mé ag siúl liom gan beann orm féin ná ar mo threo
Anois caithfidh mé tiontú is filleadh ar ais chun bairr

San amhrán 'Solas', pléann an liriceoir athrú ina shaol. Ar feadh tamaill, ní raibh ag éirí go maith leis. Rinne sé machnamh ar an bhfadhb agus tháinig sé ar réiteach chun feabhais.

Smaoinigh ar imreoir nó foireann spóirt a raibh fadhb acu, ach a réitigh an fhadhb seo. Cén fhadhb a bhí acu agus conas a réitigh siad í? Le linn na caibidle seo, déan machnamh ar na ceisteanna sin.

Ag an deireadh, déan comparáid le daoine eile i do rang.

FOCLÓIR

Na Spóirt a Thaitníonn Liom

Meaitseáil

Meaitseáil na pictiúir leis na spóirt.

rothaíocht	☐	leadóg	☐	rugbaí	☐	rámhaíocht	☐
lúthchleasaíocht	☐	dornálaíocht	☐	cispheil	☐	iománaíocht	☐
haca	☐	sacar	☐	peil Ghaelach	☐	snámh	☐

Scríobh agus labhair

Freagair na ceisteanna seo. Ansin, siúil thart ar an rang agus cuir na ceisteanna seo ar do chomhscoláirí.

1	Cad é an spórt is fearr leat?	Is aoibhinn liom _____. Taitníonn _____ go mór liom freisin. Ní maith liom aon spórt! Céard fútsa?
2	An imríonn tú aon spórt? Cén spórt?	Imrím spórt. / Ní imrím spórt. Imrím _____. / Is maith liom a bheith ag imirt _____. Déanaim _____. / Is breá liom a bheith ag déanamh _____.
3	An bhfuil aon spórt ann nach maith leat?	Is gráin liom _____. Ní thaitníonn _____ liom ar chor ar bith.

✓ Táim in ann ceisteanna bunúsacha faoin spórt a chur agus a fhreagairt. 😊 😐 😠

FOCLÓIR

Trealamh agus Áiseanna Spóirt

✏️ Scríobh

Cén Ghaeilge atá ar an trealamh seo a leanas? Bain úsáid as d'fhoclóir nó as www.focloir.ie.

1	2	3	4	5	6	7	8	9	10

💬 👥 Scríobh agus labhair

I ngrúpa, liostaigh na spóirt ina n-úsáidtear an trealamh seo a leanas. An féidir leat smaoineamh ar threalamh eile? Bain úsáid as d'fhoclóir nó as www.focloir.ie.

1	lámhainní	3	bróga peile (le stodaí)	5	clogad	7	maide/camán
2	scíonna	4	raicéad/bata	6	liathróid/sliotar	8	loirgneáin

⚙️ Le foghlaim: Áiseanna spóirt

páirc shacair	soccer pitch	cró dornálaíochta	boxing ring
linn snámha	swimming pool	cúirt leadóige	tennis court
cúirt chispheile	basketball court	rinc haca oighir	ice hockey rink
raon reatha	running track	balla dreapadóireachta	climbing wall

👂 🎧 Traic 53 ✏️ Éist agus scríobh

Éist leis na lúthchleasaithe seo ag caint faoin spórt a dhéanann siad. Líon isteach an t-eolas atá á lorg i do chóipleabhar.

Script: leathanach 115 de do Leabhar Gníomhaíochta.

Ainm	An spórt a imríonn sé/sí	Na háiseanna spóirt a luann sé/sí	An trealamh spóirt a luann sé/sí
Seán			
Anú			
Katie			
Cormac			

✓ Táim in ann réimse leathan trealaimh spóirt agus áiseanna spóirt a liostú.

dhá chéad caoga a naoi

FOCLÓIR

Ag Cur Síos ar Phearsana Spóirt

Meaitseáil

Meaitseáil na pictiúir leis na lúthchleasaithe.

gleacaí	☐	imreoir peil Ghaelach	☐	iománaí	☐	jacaí	☐
galfaire	☐	imreoir leadóige	☐	snámhóir	☐	imreoir haca	☐
dornálaí	☐	reathaí	☐	seoltóir	☐	imreoir cruicéid	☐
rámhaí	☐	imreoir cispheile	☐	rothaí	☐	surfálaí	☐

Stór focal

tapa	fast	solúbtha	flexible
sciliúil	skilful	láidir	strong
cróga	brave	crua	tough
foighneach	patient	dílis	loyal
teacht aniar	stamina	féinmhuiníneach	self-confident
aclaí	fit	fuil an bhua	will to win

Caibidil 7

✏️ 💬 Scríobh agus labhair

Déan cur síos ar na lúthchleasaithe seo i do chóipleabhar. Bain úsáid as an stór focal ar leathanach 260. Pléigh do fhreagraí leis an duine atá in aice leat.

Aidan Harris Igiehon

Is imreoir cispheile é Aidan Harris Igiehon. Is as Cluain Dolcáin ó dhúchas é ach imríonn sé cispheil i Meiriceá sa tsraith NCAA.

Tá Aidan _____, _____ agus _____.

Carolyn Hayes

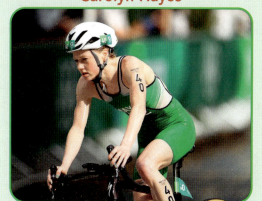

Is trí-atlanaí í Carolyn Hayes. Bíonn uirthi snámh, rothaíocht agus rith sa rás céanna. Glacann sí páirt sna Cluichí Oilimpeacha ar son na hÉireann.

Caithfidh Carolyn a bheith _____, _____ agus _____ chun trí-atlan a dhéanamh.

✏️ Taighde agus scríobh

Téigh ar líne chun tuilleadh eolais a fháil faoi na lúthchleasaithe seo. Scríobh trí abairt fúthu.

Mona McSharry

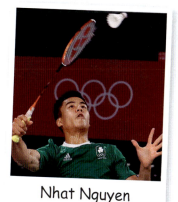

Nhat Nguyen

💬 👥 Bí ag caint!

I ngrúpa, cuir ceisteanna mar seo ar a chéile.

Cén sórt tréithe a chaithfidh a bheith ag **imreoirí leadóige**?	Caithfidh siad a bheith foighneach agus sciliúil.
Cén sórt tréithe a chaithfidh a bheith ag **rámhaithe**?	Caithfidh siad a bheith aclaí agus láidir. Caithfidh teacht aniar a bheith iontu freisin.

✏️ Scríobh

Dear póstaer bunaithe ar an sliocht spreagúil seo nó ar shliocht spreagúil eile:
'Ná caith an tuáille isteach – úsáid é chun an t-allas a ghlanadh de d'aghaidh.'

✓ Táim in ann cur síos a dhéanamh ar phearsana spóirt.   🙂 😐 😡

Spórt

LÉAMHTHUISCINT

Rhasidat Adeleke

   Léigh, éist agus scríobh

Léigh agus éist leis an bpíosa seo agus freagair na ceisteanna a ghabhann leis.

Tá Rhasidat Adeleke ar dhuine de na **rábálaithe** is tapúla ar domhan. Tá sí láidir agus ard – sé troithe ar airde. Tá gruaig fhada dhíreach uirthi agus súile donna aici. Tá sí diongbháilte ach réchúiseach san am céanna. **Tugann sí faoi dhúshláin** go misniúil.

Rugadh Rhasidat i mBaile Átha Cliath ar an 29 Lúnasa 2002. Is as an Nigéir iad a tuismitheoirí Ade agus Prince ach bhog siad go hÉirinn sna 1990idí. Tá deirfiúr mhór agus deartháir óg aici, Latifah agus Abdullahi.

D'fhreastail sí ar **Choláiste na Toirbhirte** i dTír an Iúir ach ba sa bhunscoil áitiúil, Naomh Marc i dTamhlacht, a spreag múinteoir í an lúthchleasaíocht a thriail agus dul leis an gclub lúthchleasaíochta áitiúil, Cumann Lúthchleasaíochta Thamhlachta.

Níorbh fhada go raibh sí ag tabhairt na mbonn agus na dtrófaithe abhaile léi. In 2018, ag Craobhchomórtas na hEorpa faoi 18 san **Ungáir**, bhuaigh sí a céad bhonn **óir** Eorpach sa rás 200 m. Ní raibh sí ach 15 bliana d'aois. **Ó shin i leith, is iomaí** bonn óir atá buaite aici. Is iomaí **curiarracht** náisiúnta agus idirnáisiúnta atá briste aici freisin. **Mar sin féin**, dá mba **bhliain foráis** é 2021 san Eoraip di, ba é 2022 a bliain foráis go domhanda, inar **thug sí léi an chraobh** in go leor comórtais éagsúla.

Tá an staidéar acadúil an-tábhachtach di freisin. Faoi láthair, tá sí ag déanamh staidéar ar an eacnamaíocht in Ollscoil Texas. Ba mhaith léi **slí bheatha sa ghnó a shaothrú** freisin, tar éis di, **táthar ag súil**, boinn Oilimpeacha a bhuachan i bPáras in 2024 agus Los Angeles in 2028 chomh maith.

sprinters
she meets challenges
Presentation College
it wasn't long until
Hungary; gold from then on; many record nevertheless; breakthrough year; captured the title
earn a living in business one hopes

1. Cén sórt duine í Rhasidat? Cuir **tic** (✔) leis an bhfreagra ceart.

    Tá sí diongbháilte ach níl sí réchúiseach. ☐
    Tá sí réchúiseach ach níl sí diongbháilte. ☐
    Tá sí réchúiseach agus diongbháilte. ☐

2. Cén áit ar rugadh Rhasidat agus cathain? Cuir **tic** (✔) leis an bhfreagra ceart.
    Baile Átha Cliath sna 1990idí ☐   an Nigéir in 2002 ☐   Baile Átha Cliath in 2002 ☐

3. Cén áit ar tugadh spreagadh di dul le club lúthchleasaíochta? Cuir **tic** (✔) leis an bhfreagra ceart.
    sa bhunscoil ☐   sa mheánscoil ☐   san ollscoil ☐

4. Cá bhfios dúinn go bhfuil ag éirí go han-mhaith le Rhasidat ar an stáitse idirnáisiúnta? Is leor **dhá** phointe eolais.

5. An gcuireann Rhasidat béim ar an saol acadúil? Cá bhfios dúinn?

6. Bunaithe ar an sliocht thuas, cad iad na buntáistí nó na míbhuntáistí a bhaineann le saol mar réalta spóirt? Is leor **dhá** fháth i d'fhocail féin.

Scríobh

Líon isteach na sonraí i do chóipleabhar.

Ainm	Rhasidat Adeleke
Spórt	
Dáta breithe	
Cuma	
Tréithe	
Áit ar rugadh í	
Áit chónaithe	
Gradaim/Duaiseanna	
Clubanna spóirt	

  Bí ag caint!

I ngrúpa, pléigh na ceisteanna seo.
1. Cén fáth a bhfreastalaíonn Rhasidat ar an ollscoil i Meiriceá, meas tú?
2. Ar mhaith leat freastal ar ollscoil i Meiriceá?

Punann 7.1

Tá tú ag cur agallamh ar phearsa spóirt as Éirinn i gcomhair clár raidió.
Scríobh cúig cheist a chuirfeá ar an duine sin faoina s(h)aol spóirt.
Is féidir leat do chuid ceisteanna a bhunú ar na focail sa liosta thíos, más mian leat.

> áit dúchais/áit chónaithe   dáta breithe   luathshaol
> buaicphointe   spórt   traenáil   tréithe   club/clubanna

Cuir an obair chríochnaithe i do phunann ar leathanach 84.

 Táim in ann próifíl a dheradh ar dhuine spóirt as Éirinn.

dhá chéad seasca a trí

GRAMADACH

Céimeanna Comparáide na hAidiachta

Breischéim na haidiachta
Úsáidimid na focail 'níos + [aidiacht] + ná' chun comparáid a dhéanamh:
Tá Aidan Walsh **níos airde ná** a dheirfiúr Michaela (*Aidan Walsh is taller than his sister Michaela*).

Sárchéim na haidiachta
Úsáidimid na focail 'is + [aidiacht]' chun sárchéim na haidiachta a scríobh:
Tá Fiona Murtagh níos sine ná Eimear Lambe agus Emily Hegarty ach is í Aifric Keogh an duine **is sine** ar an bhfoireann. (*... but Aifric Keogh is the oldest person on the team*).

Le foghlaim: Aidiachtaí rialta

Féach ar na táblaí seo a leanas agus ar na hathruithe a dhéantar ar aidiachtaí tar éis na bhfocal 'níos' agus 'is'.

Riail 1: Má chríochnaíonn aidiacht ar chonsan leathan, caolaítear í agus cuirtear 'e' léi		
ard (tall/high)	níos airde	is airde
dian (strict/tough)	níos déine	is déine
trom (heavy)	níos troime	is troime
sean (old)	níos sine	is sine

Riail 2: Má chríochnaíonn aidiacht ar chonsan caol, cuirtear 'e' léi		
ciúin (quiet)	níos ciúine	is ciúine
dílis (loyal)	níos dílse	is dílse

Riail 3: Má chríochnaíonn aidiacht ar -each nó -ach, athraítear an deireadh go -í nó -aí		
corraitheach (exciting)	níos corraithí	is corraithí
leadránach (boring)	níos leadránaí	is leadránaí

Riail 4: Má chríochnaíonn aidiacht ar -úil, athraítear an deireadh go -úla		
tuirsiúil (tiresome/tiring)	níos tuirsiúla	is tuirsiúla
suimiúil (interesting)	níos suimiúla	is suimiúla

Riail 5: Má chríochnaíonn aidiacht ar ghuta (a/e/i/o/u), ní dhéantar athrú ar bith		
cliste (clever)	níos cliste	is cliste
crua (tough)	níos crua	is crua

Scríobh agus labhair

Athscríobh na ceisteanna seo. Ansin, cuir na ceisteanna ar an duine atá in aice leat.

1. An bhfuil Jack Marley níos [trom] _____ ná Paul Loonam?
2. An bhfuil Katie McCabe níos [óg] _____ ná Amber Barrett?
3. An bhfuil Roy Keane níos [sean] _____ ná Micah Richards?
4. An mbíonn iománaithe níos [crua] _____ ná peileadóirí?
5. An é Rhys McClenaghan an gleacaí is [sciliúil] _____ agus is [láidir] _____ in Éirinn?
6. An í Katie Taylor an phearsa spóirt is [spreagtha] _____ in Éirinn?
7. An iad Michaela agus Aidan na siblíní is [umhal] _____ agus is [measúil] _____?
8. An é an haca an spórt is [dian] _____ agus is [corraitheach] _____?

Le foghlaim: Aidiachtaí neamhrialta

Tá foirmeacha speisialta ag na haidiachtaí neamhrialta seo.

álainn (beautiful)	níos áille	is áille
beag (small)	níos lú	is lú
breá (fine)	níos breátha	is breátha
deacair (difficult/hard)	níos deacra	is deacra
fada (long)	níos faide	is faide
furasta (easy)	níos fusa	is fusa
gearr (short)	níos giorra	is giorra
maith (good)	níos fearr	is fearr
mór (big)	níos mó	is mó
olc (bad)	níos measa	is measa
tapa (quick)	níos tapúla	is tapúla
te (hot)	níos teo	is teo

Scríobh

Athscríobh na habairtí seo i do chóipleabhar.

1. Bíonn cluichí sacair níos [maith] _____ ná cluichí peile ach is iad na cluichí iománaíochta na cinn is [maith] _____.
2. Tá sacar níos [furasta] _____ ná daorchluiche ach is é an galf an spórt is [furasta] _____.
3. Tá Páirc an Chrócaigh níos [beag] _____ ná Camp Nou ach is é Stade de France an staid is [beag] _____.
4. Bíonn imreoirí camógaíochta níos [tapa] _____ ná imreoirí badmantain ach is iad na dornálaithe na pearsana spóirt is [tapa] _____.
5. Bíonn an rothaíocht níos [deacair] _____ agus níos [tapa] _____ ná an cruicéad ach is é an rámhaíocht an spórt is [deacair] _____ agus is [tapa] _____.

Bí ag caint!

An bhfuil na ráitis seo fíor nó bréagach? I ngrúpa, pléigh do fhreagra.

1. Tá an linn snámha níos mó ná an cró dornálaíochta, ach is é an galfchúrsa an ceann is mó.
2. Tá surfáil níos corraithí ná leadóg ach is é an cruicéad an spórt is corraithí.
3. Tá galfairí níos aclaí ná gleacaithe ach is iad rámhaithe na daoine is aclaí.
4. Tá reathaithe níos tapúla ná imreoirí sacair ach is iad na imreoirí haca na daoine is tapúla.
5. Tá an camán níos faide ná an maide rámha ach is é an maide gailf an ceann is faide.

 Táim in ann céimeanna comparáide na haidiachta a úsáid.

ÉISTEACHT

Saol Lúthchleasaí Pharailimpigh

Féach agus scríobh

Tá sárobair déanta ag Channel 4 chun na Cluichí Parailimpeacha a chur chun cinn. Féach ar na fógraí teilifíse iontacha ar www.educateplus.ie/go/super-human (Tóiceo 2021), www.educateplus.ie/go/were-superhumans (Rio 2016) agus www.educateplus.ie/go/meet-superhumans (Londain 2012).

Roghnaigh lúthchleasaí amháin ón bhfíseán. Scríobh síos trí cheist a chuirfeá air/uirthi maidir lena shaol/saol mar phearsa spóirt.

Is féidir leat do chuid ceisteanna a bhunú ar na focail sa liosta thíos, más mian leat.

| do rogha spórt | traenáil | tréithe | rath | comhairle | tacaíocht |

Meaitseáil

Meaitseáil an Ghaeilge leis an mBéarla.

1	Parailimpeach	A	European Championships
2	tréantógáil meáchan	B	backstroke
3	Craobhchomórtas na hEorpa	C	amputee athlete
4	bonn óir/airgid/cré-umha	D	use of her legs
5	sáriarracht phearsanta	E	eyesight
6	lúthchleasaí teascach	F	Paralympian
7	snámh brollaigh	G	gold/silver/bronze medal
8	snámh droma	H	personal best
9	lúth a cos	I	breaststroke
10	radharc na súl	J	powerlifting

1 = ___ 2 = ___ 3 = ___ 4 = ___ 5 = ___ 6 = ___ 7 = ___ 8 = ___ 9 = ___ 10 = ___

Traic 55 Éist agus seiceáil.

Script: leathanach 115 de do Leabhar Gníomhaíochta.

Éist agus scríobh

Éist leis an gcur síos ar an triúr Parailimpeach Éireannach: Jason Smyth, Britney Arendse agus Ellen Keane. Líon isteach na sonraí i do chóipleabhar.

	Jason Smyth (rábálaí)	Britney Arendse (tréantógáil meáchan)	Ellen Keane (snámhóir)
Ainm			
Dáta breithe			
Áit bhreithe			
Buaicphointí			
Sáriarracht phearsanta			

Script: leathanaigh 115–116 de do Leabhar Gníomhaíochta.

  Éist agus scríobh

Cloisfidh tú píosa nuachta sa cheist seo. Cloisfidh tú an píosa nuachta faoi dhó. Beidh sos ann leis na freagraí a scríobh tar éis na chéad éisteachta agus tar éis an dara héisteacht.

1. Cén fhoireann a fógraíodh inné?
2. Luaigh **dhá** spórt ina mbeidh ionadaithe ó Éirinn ag glacadh páirte.
3. Cén fáth a bhfuil bainisteoir na foirne ag súil go dtabharfaidh an fhoireann líon mór bonn abhaile, meas tú? Tabhair pointe **amháin** eolais mar thacaíocht le do fhreagra.

Script: leathanach 116 de do Leabhar Gníomhaíochta.

Punann 7.2

I mbeirteanna nó i ngrúpa, roghnaigh Parailimpeach amháin as Éirinn agus dear próifíl de/di. Téigh chuig www.educateplus.ie/go/parailimpeach chun tuilleadh eolais a fháil faoi na lúthchleasaithe. Bain úsáid as an script éisteachta ar leathanaigh 115–116 de do Leabhar Gníomhaíochta mar chabhair. Cuir an obair chríochnaithe i do phunann ar leathanach 86.

Táim in ann próifíl a dhearadh ar Pharailimpeach Éireannach amháin.

dhá chéad seasca a seacht

Turas 3 — **LÉAMHTHUISCINT**

An Phearsa Spóirt is Fearr Liom

Léigh agus scríobh

Léigh an píosa seo agus freagair na ceisteanna a ghabhann leis.

Bhí Michael Reardon ar dhuine de na dreapadóirí ab fhearr riamh. 'Saordhreapadóir' a bhí ann. Níor úsáid sé trealamh dreapadóireachta ar bith.

Rugadh Michael in Rhode Island i Meiriceá agus bhí blas láidir Mheiriceá ar a chuid cainte. Bhí gruaig fhionn chatach air agus bhí sé íseal go leor – cúig troithe seacht n-orlaí ar airde. Bhí sé fuinniúil agus spreagúil, **teochroíoch** agus réchúiseach.

warm-hearted

Thaitin an dreapadóireacht go mór leis, ar ndóigh. Thosaigh sé ag dreapadóireacht i ngairdín a sheanathar in California. Nuair a bhí sé níos sine, thosaigh sé ag dul go dtí na sléibhte chun an dreapadóireacht a chleachtadh. **Roghnaíodh** sé na sléibhte ba chasta agus ba dhúshlánaí agus **dhreapadh** sé iad. Chuaigh sé ag dreapadh in áiteanna **draíochtúla** ar nós Shikata Ga Nai, Romantic Warrior agus Palisade Traverse.

used to choose
used to climb; magical

In 2007, tháinig sé go hÉirinn chun píosa dreapadóireachta a dhéanamh. Chaith sé tamall beag i roinnt mhaith áiteanna ar fud na tíre: Dúlainn i gContae an Chláir, na hOileáin Árann agus Gleann Dá Loch i gCill Mhantáin. Ba é an cósta Atlantach ba mhó a thaitin leis, áfach, agus ba iad **Oileáin na Scealg** na hoileáin ab fhearr leis. Mhothaigh sé **nasc spioradálta** leis na carraigeacha móra ansin.

Skellig Islands
spiritual link

Oileáin na Scealg

Faraor, in 2007, **fad a** bhí Michael ag dreapadh ar **aill** ar **Oileán Dhairbhre**, bhain timpiste dó. Tháinig **tonn ollmhór** aníos ar na carraigeacha agus **scuabadh isteach san fharraige** é. Tá a anam fós beo i measc a chairde agus i measc dreapadóirí ar fud an domhain. Mar a dúirt cara amháin tar éis na timpiste, 'It was only Mother Nature with the strength to pull him down in the end.'

while
cliff; Valentia Island
huge wave
swept out to sea

1. Cén fáth ar tugadh 'saordhreapadóir' ar Michael Reardon? Cuir **tic** (✔) leis an bhfreagra ceart.
   - D'úsáid sé trealamh teicniúil. ☐
   - Níor úsáid sé ach a lámha agus a chosa. ☐
   - Bhí sé go maith mar dhreapadóir. ☐

2. Cén chuma a bhí ar Mhichael? Cuir **tic** (✔) leis an bhfreagra ceart.
   - Bhí sé fionn agus ard. ☐
   - Bhí sé fionn agus ní raibh sé ró-ard. ☐
   - Bhí sé ard dubh dóighiúil. ☐

3. Cén sórt sléibhte a roghnaíodh sé lena ndreapadh?
4. Cén fáth ar thaitin Oileáin na Scealg leis?
5. Bunaithe ar an sliocht thuas, cén sórt duine ab ea Michael? Is leor **dhá** fháth i d'fhocail féin.

Scríobh agus labhair

Cad is brí leis na spóirt ardriosca (*high-risk*) seo? Bain úsáid as d'fhoclóir nó as www.focloir.ie. Scríobh na spóirt in ord dainséir. Tosaigh leis an spórt is dainséaraí. Déan comparáid leis an duine atá in aice leat.

> léimneach bhuinsí   sciáil   cainneonaíocht   paraisiútáil   saordhreapadóireacht
>
> raftú bánuisce   léimneach BASE   clársciáil

   Éist agus scríobh

Traic 60

Cloisfidh tú fógra sa cheist seo. Cloisfidh tú an fógra faoi dhó. Beidh sos ann leis na freagraí a scríobh tar éis na chéad éisteachta agus tar éis an dara héisteacht.

1. Cad is ainm don chomhlacht a luaitear san fhógra?
2. Céard atá á n-eagrú acu?
3. An mbeidh na campaí seo taitneamhach, meas tú? Tabhair pointe **amháin** eolais mar thacaíocht le do fhreagra.

Script: leathanach 116 de do Leabhar Gníomhaíochta.

  Bí ag caint!

I ngrúpa, pléigh na ceisteanna seo. Bain úsáid as an stór focal thíos.

1. Ar bhain tú triail as spórt 'ardriosca' riamh? Ar thaitin sé leat?
2. Ar mhaith leat triail a bhaint as aon spórt ardriosca? Cén ceann?

Stór focal

ní oirfeadh sé do	it wouldn't suit	duine anbhách	faint-hearted person
chaithfeá a bheith misniúil	you'd have to be courageous	ba cheart é a chosc	it should be banned
		fiáin	wild
bíonn beatha daoine i mbaol	people's lives are at risk	ní bhainfinn triail as	I wouldn't try it
bheadh eagla an domhain orm	I'd be really afraid	ní fiú dul sa seans leis	it's not worth the risk

 Scríobh

Scríobh aiste ar phearsa spóirt a bhfuil meas agat air/uirthi. Bain úsáid as na treoracha ar leathanach 30 i gCaibidil 1 agus as an aiste thuas.

 Táim in ann cur síos a dhéanamh ar spóirt ardriosca.

dhá chéad seasca a naoi

SCRÍOBH

Postáil Bhlag faoi Chluiche Peile

Cad is blag ann? Bealach áisiúil atá ann chun smaointe pearsanta a roinnt go poiblí agus go rialta. Is cosúil le dialann ar líne é. De ghnáth, úsáideann daoine stíl neamhfhoirmiúil agus go leor íomhánna chun a dtuairimí a roinnt. Scríobhann daoine faoi réimse leathan topaicí, amhail taisteal, spórt, ceol agus faisean.

 Léigh agus scríobh

Léigh an blag seo agus freagair na ceisteanna a ghabhann leis.

http://www.peil.ie

An Pheil Abú

Baile Átha Cliath agus Ciarraí i bPáirc an Chrócaigh!

Fúm féin

Is mise Córa Nic Cuilín. Is as Baile Átha Cliath mé. Táim ag freastal ar Choláiste na Cathrach. Is aoibhinn liom spórt, go háirithe an pheil.

Eolas faoin gcluiche

Chuaigh mé chuig Cluiche Ceannais na hÉireann sa pheil i bPáirc an Chrócaigh Dé Domhnaigh seo caite. Ní fhaca mé **a leithéid de chluiche** riamh. Bhí **fathaigh mhóra na peile**, Baile Átha Cliath agus Ciarraí, ag imirt in aghaidh a chéile. Sna cluichí leathcheannais, d'éirigh le Ciarraí **an lámh in uachtar** a fháil ar Chill Mhantáin agus bhuaigh Baile Átha Cliath ar Liatroim.

a game like it
footballing giants

the upper hand

Roimh an gcluiche

Tá ticéad séasúir agam, mar sin, b'éasca dom ticéad a fháil do Chnoc 16. Chuaigh mé go dtí an cluiche le ceathrar cairde. Bhuaileamar le chéile ag stad an bhus agus fuaireamar an bus go Páirc an Chrócaigh. Bhí na sluaite ag teacht ó gach **aird** agus bhí gach duine ar bís. Bhí Cnoc 16 beagnach lán de **leantóirí dílse** as Baile Átha Cliath agus cúpla **duine miotalach** as Ciarraí nuair a shroicheamar an pháirc.

direction
loyal fans
brave souls

An cluiche féin

Le bheith macánta, ní fhéadfadh éinne buaiteoir a roghnú roimh an gcluiche. Ar feadh an chluiche ar fad, ní raibh tada idir an dá fhoireann. Fiú nuair a scóráil Baile Átha Cliath cúl, d'fhreagair Ciarraí láithreach le trí chúilín. Sin mar a bhí go dtí an nóiméad deireanach agus Ciarraí aon phointe amháin **chun tosaigh**, bhuaigh na Dubs cic 45 m (iontas na n-iontas a deir sibhse!). Thit ciúnas marfach ar an staid. Bhí gach duine **ar cipíní**.

in the lead

on tenterhooks

Shiúil captaen na foirne go mall chuig an liathróid, **chuir sé guaim** air féin, agus **lasc** sé an liathróid thar an **trasnán**. **Comhscór**! Shéid an réiteoir an fheadóg agus lig na Dubs agus a mbainisteoir **osna mhór faoisimh**. Bhí díomá ar na Ciarraígh ach bhí siad lánchinnte go mbuafaidís orainn san **athimirt**.

he steadied; blazed bar; draw

big sigh of relief

replay

Tar éis an chluiche

Nuair a chríochnaigh an cluiche, d'fhágamar an staid, agus muid fós lán dóchais. Beidh **lá eile ag an bPaorach**, a dúramar. Shiúlamar ar ais go dtí stad an bhus agus fuaireamar an bus abhaile. Ní dhéanfaidh mé dearmad ar an gcluiche sin go deo na ndeor. **Táim ag tnúth go mór leis** an athimirt.

live to fight another day

I can't wait for

1. Cá raibh Cluiche Ceannais na hÉireann ar siúl? Cuir **tic** (✔) leis an bhfreagra ceart.
   - Staid Semple ☐
   - Páirc an Chrócaigh ☐
   - Páirc Bhréifne ☐

2. Cad iad na contaetha ar bhuaigh Ciarraí agus Baile Átha Cliath orthu sna cluichí leathcheannais?

3. Cén fáth a raibh sé éasca do Chóra ticéad a fháil? Cuir **tic** (✔) leis an bhfreagra ceart.
   - Bhí ticéad séasúir aici. ☐
   - Fuair sí óna club é. ☐
   - Bhí sé éasca ticéid a cheannach ar líne. ☐

4. Cén t-atmaisféar a bhí ann don chic deireanach?
5. Cad a rinne Córa agus a cairde tar éis an chluiche? Is leor **dhá** phointe eolais.
6. Bunaithe ar an tuarascáil thuas, an ndéarfá féin le daoine dul, nó gan dul, chuig cluiche ceannais i bPáirc an Chrócaigh? Is leor **dhá** fháth i d'fhocail féin.

Punann 7.3

Tá imeachtaí spóirt le feiceáil sna híomhánna seo. Roghnaigh íomhá amháin díobh agus scríobh postáil bhlag bunaithe ar na rudaí atá san íomhá sin.

Cuir an obair chríochnaithe i do phunann ar leathanach 88.

✔ Táim in ann postáil bhlag a scríobh faoi imeacht spóirt.

SCRÍOBH

Díospóireacht: Tábhacht an Spóirt

  Léigh agus scríobh

Léigh an díospóireacht seo agus freagair na ceisteanna a ghabhann léi.

Treoracha: Tá an rún díospóireachta 'Is beag tábhacht a bhaineann leis an spórt i saol an duine óig' léirithe sa dá íomhá thuas. Roghnaigh taobh amháin den rún agus scríobh díospóireacht bunaithe ar na rudaí atá san íomhá sin.

Pléigh trí cinn de na pointí seo a leanas:
- an tábhacht a bhaineann leis an saol acadúil
- an tábhacht a bhaineann le caitheamh aimsire nach spóirt iad
- an tábhacht a bhaineann le háiseanna spóirt nó ceoil nó eile
- an nasc idir an spórt agus an tsláinte
- an nasc idir an spórt agus scileanna comhoibrithe

A chathaoirligh, a mholtóirí, a lucht an fhreasúra agus a chomhscoláirí, beidh mise ag labhairt libh anocht in aghaidh an rúin seo. Ní aontaím in aon chor leis an ráiteas seo.

Is í mo thuairim láidir phearsanta féin agus tuairim na foirne i gcoitinne nach beag an tábhacht a bhaineann le spórt i saol an duine óig. Níl aon dabht orm ná go n-aontóidh sibh liom faoi dheireadh na díospóireachta seo.

Sa díospóireacht seo, léireoidh mé go bhfuil an-tábhacht ag baint le spórt i saol an duine óig. Ar an gcéad dul síos, pléifidh mé an nasc idir an spórt agus an tsláinte. Ar an dara dul síos, pléifidh mé conas a chabhraíonn an spórt le saol sóisialta an duine. Faoi dheireadh, **léireoidh mé** conas a thagann ceantair **faoi bhláth** nuair a bhíonn áiseanna spóirt iontu.

léireoidh mé	I will show
faoi bhláth	bloom

Ar an gcéad dul síos, níl aon amhras ach go g**cothaíonn** an spórt saol breá sláintiúil. Má imríonn tú spórt go rialta, beidh tú níos aclaí. Beidh do chroí, do **chnámha** agus do **mhatáin** níos láidre agus níos sláintiúla freisin. Chomh maith leis sin, ní bhíonn a lán struis ar dhaoine óga a imríonn spórt. I mbeagán focal, beidh tú in ann **saol breá sláintiúil a chaitheamh**.

cothaíonn	nurtures
chnámha; mhatáin	bones; muscles
saol breá sláintiúil a chaitheamh	live a fine healthy life

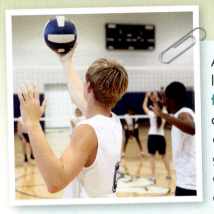

Ar an dara dul síos, cabhraíonn an spórt le daoine óga **scileanna comhoibrithe** a **fhorbairt**. Foghlaimíonn siad conas imirt agus oibriú le daoine óga eile. Buaileann siad le cairde nua. Anuas air seo, glacann siad páirt ghníomhach sa **phobal**. Imríonn siad cluichí d'fhoireann an bhaile agus dá bharr seo, éiríonn siad **níos bródúla** as a mbaile.

collaborative skills
develop

community

prouder

Faoi dheireadh thiar thall, tá a fhios ag gach duine go dtagann ceantair faoi bhláth nuair a bhíonn áiseanna spóirt iontu. Nuair a bhíonn páirceanna peile, raonta reatha agus clubanna dornálaíochta ann, ní bhíonn déagóirí **ag crochadh thart** ar na sráideanna **lá i ndiaidh lae**.

hanging around; day after day

Féach, mar shampla, ar an gceantar seo, Baile an Áthais. Táimid bródúil as ár gceantar agus as ár bhfoirne. Ach féach cad a tharla i mBaile an Bhróin síos an bóthar. Fadó, ba cheantar álainn é. Ach tar éis tamaill, thosaigh déagóirí ag ól agus ag caitheamh tobac nó ag tógáil drugaí. Cén fáth? Ní raibh aon rud le déanamh acu. Ní raibh aon áiseanna spóirt ann. Mar a deir an seanfhocal: '**Cuireann an fear díomhaoin cathú ar an diabhal**.'

the devil makes work for idle hands

Mar fhocal scoir, a dhaoine uaisle, creidim go láidir gur mór an tábhacht a bhaineann leis an spórt i saol an duine óig, ar thrí chúis. Cothaíonn an spórt saol breá sláintiúil, forbraíonn daoine óga scileanna comhoibrithe agus tagann ceantair faoi bhláth nuair a bhíonn áiseanna spóirt iontu.

Tá súil agam go n-aontaíonn sibh go léir liom. Gabhaim buíochas libh go léir as an éisteacht a thug sibh dom anocht. Go raibh míle maith agaibh.

1. Liostaigh na **trí** phríomhphointe a dhéanfaidh an cainteoir sa díospóireacht.
2. Conas a chothaíonn an spórt saol breá sláintiúil, dar leis an gcainteoir? Is leor **dhá** phointe eolais.
3. Conas a chabhraíonn an spórt le daoine óga a scileanna comhoibrithe a fhorbairt, dar leis an gcainteoir? Is leor **dhá** phointe eolais.
4. Cad a tharlaíonn do cheantair nuair a bhíonn áiseanna spóirt iontu?
5. Cad a tharla do Bhaile an Bhróin?
6. Bunaithe ar an bpointe thuas faoi thábhacht na n-áiseanna i gceantar, an ndéarfá féin le polaiteoir feabhas a chur ar na háiseanna i do cheantar féin? Is leor **dhá** fháth i d'fhocail féin.

Tá tuilleadh eolais faoin díospóireacht ar leathanach 74.

Punann 7.4

Scríobh an chaint a dhéanfá i ndíospóireacht scoile ar son nó in aghaidh an rúin seo: 'Tá gá le háiseanna maithe spóirt i ngach ceantar in Éirinn.' Cuir an obair chríochnaithe i do phunann ar leathanach 90.

 Táim in ann díospóireacht a scríobh ar thábhacht áiseanna spóirt.

dhá chéad seachtó a trí

BÉALTRIAIL

Dhá Agallamh

Labhair

Léirigh an t-agallamh seo leis an duine atá in aice leat.

Siún

1. **An maith leat spórt?**
   Is aoibhinn liom spórt.

2. **Cé na spóirt a dhéanann tú ar scoil?**
   Imrím camógaíocht agus cispheil ar scoil. Táim ar fhoireann camógaíochta na scoile.

3. **Cé chomh minic is a dhéanann tú iad?**
   Bíonn traenáil ag an bhfoireann camógaíochta beagnach gach lá tar éis na scoile. Imrím cispheil gach Céadaoin sa halla spóirt. Tá na múinteoirí an-fhial lena gcuid ama.

4. **Ar bhuaigh tú comórtas nó trófaí riamh?**
   Bhuamar Craobh Scoileanna na Mumhan faoi 15 anuraidh. Bhí **ríméad** orainn – níorbh fhéidir linn a bheith **puinn níos sásta**!   *delight; any happier*

5. **An fearr leat a bheith ag imirt spóirt nó ag féachaint ar spórt?**
   Is fearr liom a bheith ag imirt spóirt. Níl aon amhras faoi sin.

6. **Cé mhéad ama a chaitheann tú ag féachaint ar spórt ar an teilifís?**
   Is **annamh** a fhéachaim ar spórt ar an teilifís. **Mar sin féin**, féachaim ar na cluichí móra nuair a bhíonn siad ar siúl.   *rare; even so*

7. **Cé hé nó cé hí an t-imreoir spóirt is fearr leat?**
   Is í Sloane Stephens an t-imreoir spóirt is fearr liom. Imríonn sí leadóg. Tá sí láidir agus sciliúil. **Níl a sárú le fáil**, i mo thuairim.   *there is no one better than her*

8. **Cérbh é an ócáid spóirt ba chorraithí dá bhfaca tú riamh?**
   Cluiche Ceannais Camógaíochta na hÉireann anuraidh. Bhí sé ar fheabhas. Chuaigh mé go dtí Páirc an Chrócaigh le m'uncail, m'aintín agus a gclann. Thaitin sé go mór linn.

Scríobh

Fíor nó bréagach?

	F	B
1. Taitníonn spórt go mór le Siún.	☐	☐
2. Imríonn Siún cispheil gach lá tar éis na scoile.	☐	☐
3. Bhuaigh foireann camógaíochta Shiún Craobh Scoileanna Uladh anuraidh.	☐	☐
4. Is minic a fhéachann Siún ar an spórt ar an teilifís.	☐	☐
5. Bhain Siún sult as Cluiche Ceannais Peile na hÉireann anuraidh.	☐	☐

Scríobh agus labhair

Freagair na ceisteanna a d'fhreagair Siún (Ceisteanna 1–8) i do chóipleabhar. Ansin, cuir na ceisteanna seo ar an duine atá in aice leat. Taifead an comhrá ar d'fhón póca nó ar do ríomhaire.

 Labhair

Léirigh an t-agallamh seo leis an duine atá in aice leat.

Máirtín

1. **An maith leat spórt?**
   Ní maith liom é. Is fuath liom é! **Cuireann sé soir mé**! *it really annoys me*

2. **An ndearna tú aon spórt riamh ar scoil?**
   D'imir mé sacar nuair a bhí mé sa bhunscoil agus sa chéad bhliain ach níor thaitin sé liom. D'éirigh mé **bréan de**. Bhí níos mó suime agam sa cheol. *bored of it*

3. **An ndéanann tú aon sórt aclaíochta?**
   Téim ag siúl ó am go chéile. Ach is fearr liom dul ar an idirlíon anois is arís nó mo ghiotár a sheinm.

4. **An gceapann tú go bhfuil tú aclaí?**
   Nílim aclaí. Ach ceapaim go bhfuil mé sláintiúil. **Déanaim iarracht** bia folláin a ithe. *I try*

5. **An maith le do chairde agus do theaghlach spórt?**
   Is breá le mo chairde agus mo theaghlach na spóirt Ghaelacha. Is breá le m'athair an dornálaíocht agus an chicdhornálaíocht freisin.

6. **An ndeachaigh tú chuig aon imeacht mór spóirt riamh?**
   Chuaigh mé go dtí an Comórtas Náisiúnta Dornálaíochta i mBaile Átha Cliath le m'athair nuair a bhí mé óg. Caithfidh mé a admháil go raibh an t-atmaisféar thar barr.

7. **An dóigh leat go bhfuil na háiseanna spóirt i do cheantar go maith?**
   Tá na háiseanna spóirt go maith agus tá sin tábhachtach. Ach, faraor, níl an club óige **thar mholadh beirte**. Ba cheart don Rialtas áiseanna a thógáil do dhaoine nach bhfuil suim acu sa spórt freisin. *worth praising*

8. **An gceapann tú gur cheart do gach dalta an corpoideachas a dhéanamh?**
   Sa bhunscoil, ba cheart. Ach sa mheánscoil níor cheart. Táimid sean go leor chun **ár n-intinn féin a dhéanamh suas**. *make up our own minds*

 Scríobh

Freagair na ceisteanna seo.

1. An dtaitníonn spórt le Máirtín? Cén fáth?
2. Ar imir Máirtín spórt nuair a bhí sé níos óige?
3. An maith le cairde agus teaghlach Mháirtín an spórt?
4. Cé leis a ndeachaigh Máirtín chuig an gComórtas Náisiúnta Dornálaíochta? Ar bhain sé sult as?
5. An dóigh le Máirtín gur cheart do gach dalta an corpoideachas a dhéanamh ar scoil?

 Scríobh agus labhair

Freagair na ceisteanna a d'fhreagair Máirtín (Ceisteanna 1–8) i do chóipleabhar. Ansin, cuir na ceisteanna seo ar an duine atá in aice leat. Taifead an comhrá ar d'fhón póca nó ar do ríomhaire.

✓ Táim in ann ceisteanna faoi chúrsaí spóirt a fhreagairt.

 Turas 3

LITRÍOCHT

Ceol: Solas

Éist agus labhair

Téigh go www.educateplus.ie/go/solas agus éist leis an amhrán 'Solas' le Seo Linn. Ansin, léigh na liricí os ard leis an duine atá in aice leat. An dtaitníonn an t-amhrán leat? Cén sórt ceoil é?

Solas

Véarsa 1

Is minic triail a d'fhan liom le fada ina dhiaidh
Dá mhéad an stró, is ea is fearr na ceachtanna
Tá mé ag siúl liom gan beann orm féin ná ar mo threo
Anois caithfidh mé tiontú is filleadh ar ais chun bairr

Curfá

Seo'd an lá
A leagadh amach dom, rith liom i gcónaí i mo chroí
Agus tá
An solas ag titim, ag sileadh anuas ar an aoibh

Véarsa 2

Ba í an lasair i mo chroí a spreag dom an tseanmhian
Meangadh machnaimh is mé i bhfolach ann
D'fhág mé an lorg ar lár an lá sin a rith mé
'Bíodh leat is ná lean an té a lean …'

Curfá

Ceangal

Ná bí ann – ins an dorchacht
Oh no ná bí ann – ins an bhforaois
Ná bí ann – ins an dorchacht
Oh no ná bí ann – ins an bhforaois
Oh no ná bí ann – rith le solas
Oh no ná bí ann – ins an bhforaois
Oh bíodh tú ann – ins an solas
Bíodh tú ann – tú ann – tú ann

Curfá x 3

Críoch

Ba í an lasair i mo chroí a spreag dom an tseanmhian
Meangadh machnaimh is mé i bhfolach ann

Stór focal

is minic triail	often a difficult experience	aoibh	smile
a d'fhan liom le fada ina dhiaidh	that stayed with me for a long time after	lasair i mo chroí	a flame in my heart
dá mhéad an stró	the greater the stress/effort	spreag	inspired
is ea is fearr na ceachtanna	the better the lessons	seanmhian	old desire
gan beann orm féin	not caring about myself	meangadh machnaimh	thoughtful smile
mo threo	my direction	i bhfolach	in hiding
caithfidh mé tiontú	I have to turn around	d'fhág mé an lorg ar lár	I cast off the old scar
filleadh ar ais chun bairr	return to the top	ná lean an té a lean	don't follow the one who follows
seo'd (seo ansiúd) an lá	this is the day	ceangal	bridge
a leagadh amach dom	that was set out for me	dorchacht	darkness
ag sileadh anuas	streaming down	foraois	forest

Scéal an amhráin: Léigh agus scríobh

Léigh scéal an amhráin agus dear scéalchlár.

Sa chéad véarsa, insíonn an liriceoir dúinn nach raibh sé sásta lena shaol **tráth dá raibh**. Níor thug sé **aird** ar rudaí a bhí ag tarlú thart air. Níor sheas sé siar agus níor thóg sé sos.

in the past; attention

Sa churfá, insíonn sé dúinn, áfach, gur tharla rud éigin **dearfach** dó. Lá speisialta a bhí ann. Chuir an lá sin áthas air.

positive

Sa dara véarsa, insíonn sé dúinn faoi **athrú** a chuir sé ar a shaol. Deir sé gur **spreag** rud éigin ina chroí é. **Fuair sé réidh leis** an seansaol a bhí aige. Thosaigh sé ag dul **a bhealach féin**, seachas duine eile a leanúint.

change inspired; he cast off his own way

Sa cheangal tugtar samplaí den chineál comhairle a chuireann sé air féin. Mar shampla, caithfidh sé an solas a leanúint. Níor cheart dó fanacht sa dorchadas.

 Scríobh

Cruthaigh scéalchlár faoin amhrán ar www.storyboardthat.com. Bain úsáid as na habairtí thuas agus/nó na línte san amhrán. Tá samplaí le feiceáil ar www.educate*plus*.ie/go/storyboards.

 Táim in ann tuiscint a léiriú ar scéal an amhráin.

Teideal an amhráin: Léigh agus scríobh

Léigh faoi theideal an amhráin agus freagair na ceisteanna.

Is **meafar** don dóchas é an teideal. Bhí an liriceoir **ag streachailt** lena shaol ar feadh tamaill. Bhí sé **sáinnithe** sa dorchadas. Bhí a fhios aige **go raibh air** athrú a dhéanamh. Ina dhiaidh sin, bhí sé ábalta an solas a fheiceáil agus a leanúint.	metaphor; struggling stuck that he had to

1. Cén meafar atá léirithe sa teideal?
2. Cén sórt saoil a bhí ag an liriceoir sula bhfaca sé an solas?
3. Cén réiteach air a bhí aige?

Mothúcháin an amhráin: Scríobh agus labhair

Cad is brí leis na mothúcháin seo? Bain úsáid as d'fhoclóir nó as www.focloir.ie. Cén mothúchán is láidre san amhrán seo, meas tú? Pléigh do thuairim leis an duine atá in aice leat.

eagla	imní	brón	áthas	grá	cumha
uaigneas		sásamh	faoiseamh		gliondar croí

An banna

Tá ceathrar ceoltóirí sa bhanna ceoil Seo Linn: Daithí Ó Ruaidh, Keith Ó Briain, Kevin Shortall agus Stiofán Ó Fearail. Is as Cill Chainnigh do Dhaithí, Keith agus Kevin agus is as Ros Comáin do Stiofán.

Íomhánna an amhráin: Léigh agus labhair

Léigh faoi íomhánna an amhráin. Cén íomhá is fearr leat? An bhfeiceann tú aon íomhá eile san amhrán? I ngrúpa, pléigh do thuairim.

Tá go leor íomhánna **tuairisciúla** agus íomhánna **mothúchánacha** san amhrán 'Solas'. In íomhá thuairisciúil, cuirtear brí agus anam sna liricí. Spreagtar ár gcéadfaí. In íomhá mhothúchánach, músclaítear mothúcháin nó **braistintí** áirithe ionainn.	descriptive; emotive sensations

'Tá mé ag siúl liom gan beann orm féin ná ar mo threo'		San íomhá thuairisciúil seo, is féidir linn an liriceoir a shamhlú ag siúl **go fánach**, **gan bhrí gan chiall**. Tá sé **sáinnithe** sa dorchadas agus is cuma leis faoi bhealach amach a aimsiú.	aimlessly; without any meaning; stuck

'An solas ag titim, ag sileadh anuas ar an aoibh'		San íomhá thuairisciúil seo, cruthaíonn an liriceoir íomhá den solas **ag lonrú** ar a **mheangadh gáire**. Tá áthas air. Tuigimid a ghliondar croí.	shining smile

'Ba í an lasair i mo chroí a spreag dom an tseanmhian'		San íomhá mhothúchánach seo, mothaíonn an liriceoir rud speisialta ina chroí. Mothaíonn sé **an rud céanna agus a** mhothaigh sé nuair a bhí sé níos óige. Tá sé réidh chun athrú a dhéanamh.	the same thing that

Taighde agus scríobh

Roghnaigh íomhá amháin ón amhrán a thaitníonn leat. Téigh ar líne agus aimsigh pictiúr a léiríonn an íomhá seo. Cuir fotheideal (*caption*) leis an bpictiúr freisin.

 Táim in ann tuiscint a léiriú ar theideal, ar mhothúcháin agus ar íomhánna an amhráin.

dhá chéad seachtó a naoi

Turas 3

  Téamaí an amhráin: Léigh agus scríobh

Ciallaíonn 'téama an amhráin' an smaoineamh is tábhachtaí san amhrán. Léigh an dá fhreagra shamplacha seo agus freagair na ceisteanna.

Ceist shamplach:

Cad é príomhthéama an amhráin 'Solas'? Tabhair fáth **amháin** le do fhreagra.

Freagra samplach:

Sílim gurb é 'athrú dearfach' príomhthéama an amhráin 'Solas'.

Ar an gcéad dul síos, insíonn an liriceoir scéal dúinn faoi **athrú chun feabhais** a chuir sé ar a shaol. **Ag pointe éigin**, bhí sé sáinnithe sa dorchadas. B'fhéidir nach raibh sé ag imirt spóirt **mar ba dhual dó**. B'fhéidir go raibh sé ag smaoineamh ar chúrsaí scoile amháin, seachas a chuid caitheamh aimsire.

	change for the better at some point
	as was normal for him

Lá amháin, dúisíonn rud éigin ina chroí. Tuigeann sé go bhfuil rud éigin **cearr** lena **chur chuige**. B'fhéidir nach raibh sé gníomhach ina shaol. B'fhéidir nár **lorg** sé **comhairle**. Ansin, áfach, déanann sé **machnamh** ar a shaol agus feiceann sé an solas, an bealach amach as an dorchadas seo. Leanann sé an solas agus déanann sé athrú chun feabhais ina shaol.

	wrong; approach
	look for; advice reflection

Ceist shamplach:

An bhfuil nasc idir an téama agus na mothúcháin agus na híomhánna san amhrán? Tabhair pointe amháin eolais le do fhreagra.

Freagra samplach:

Tá nasc láidir idir an téama agus na mothúcháin agus na híomhánna san amhrán. Cabhraíonn na mothúcháin agus na híomhánna leis an téama 'athrú dearfach' a chur i láthair.

Léiríonn na mothúcháin agus na híomhánna an **chodarsnacht** idir an dorchadas agus an solas. Léiríonn siad an fhadhb, an réiteach agus an toradh.

contrast

Ar dtús, feicimid an liriceoir ag siúl go fánach, gan bhrí gan chiall. Tá sé sáinnithe sa dorchadas.

Tar éis tamaill, déanann sé machnamh agus feiceann sé an solas nó an réiteach.

Ar deireadh, cuireann sé síos ar an áthas a bhíonn air tar éis athrú a dhéanamh.

Is léir go bhfuil nasc idir an téama, na híomhánna agus na mothúcháin.

1. Cén sórt athrú ina shaol a dhéanann an liriceoir?
2. Cén fhadhb a bhí aige? Conas a réitíonn sé í?
3. Cén éifeacht atá ag na mothúcháin agus na híomhánna?

📖 Léigh

Léigh na freagraí samplacha seo.

Ceist shamplach:

Cad é an mothúchán is láidre san amhrán 'Solas', meas tú? Tabhair fáth **amháin** le do thuairim.

Freagra samplach:

Is é an dóchas an mothúchán is láidre san amhrán 'Solas', i mo thuairim.

Ag tús an amhráin, níl dóchas ag an liriceoir. Níl sé sásta lena shaol. Lá amháin, dúisíonn rud éigin ina chroí. Seasann sé siar agus smaoiníonn sé ar a shaol. Ansin, feiceann sé bóthar nua.

Filleann sé 'chun bairr' chun **radharc** níos fearr a fháil ar a shaol. Mothaíonn sé dóchasach nuair a aimsíonn sé an bealach ceart.   *view*

Ceist shamplach:

An dtaitníonn an ceol san amhrán 'Solas' leat? Cén fáth?

Freagra samplach:

Taitníonn an ceol san amhrán 'Solas' go mór liom mar léiríonn an ceol na mothúcháin go soiléir.

Cloisimid an pianó agus Ceolfhoireann Óg Chorcaí. Tá na téaduirlisí agus na cnaguirlisí **chun cinn** ach cloisimid na gaothuirlisí agus na prásuirlisí freisin. Tá an ceol á sheinm go han-chiúin (*'pianissimo'*). Ní mhothaíonn an liriceoir dóchasach.   *to the fore*

De réir a chéile, éiríonn an ceol níos láidre (*'crescendo'*). Sa churfá, seinneann siad an ceol go han-láidir (*'fortissimo'*). Tá na lirící **níos dearfaí**.   *more positive*

Ag deireadh an amhráin, tá an ceol an-chiúin arís. Ag an bpointe seo, áfach, mothaíonn an liriceoir dóchasach faoina shaol.

💼 Punann 7.5

I ngrúpa, samhlaigh go bhfuil tú ag déanamh físeán nua (*a new video*) don amhrán 'Solas'. Luaigh na pointí seo a leanas:
- Scéal
- Suíomh (*setting*)
- Carachtair (*characters*).

Scríobh an chéad dréacht (*draft*) den chur síos i do chóipleabhar. Ansin, léigh an seicliosta ar leathanach 93 de do phunann agus léigh siar ar do dhréacht. Ansin, athdhréachtaigh (*redraft*) do chuid oibre. Scríobh an leagan deiridh i do phunann ar leathanach 92.

✅ Táim in ann anailís a dhéanamh ar an amhrán seo agus idirghníomhú leis.   😊 😐 ☹️

CLEACHTAÍ ATHBHREITHNITHE

Súil Siar

A. Aistrigh go Gaeilge.
1. I love cycling and tennis.
2. I really enjoy Gaelic football and hurling.
3. I play soccer and basketball.
4. I do boxing and gymnastics.
5. I don't enjoy badminton or hockey at all.

B. Líon isteach an ghreille i do chóipleabhar. Tá an chéad cheann déanta duit.

Spórt	An duine	An áit	An trealamh
dornálaíocht	dornálaí	cró dornálaíochta	lámhainní, cosaint fiacla, clogad
snámh			
galf			
rámhaíocht			
rothaíocht			
iománaíocht			
sacar			
reathaíocht			

C. Líon isteach an ghreille i do chóipleabhar. Tá an chéad cheann déanta duit.

geal	níos ___gile___	is ___gile___
milis	níos _____	is _____
fiosrach	níos _____	is _____
réchúiseach	níos _____	is _____
spórtúil	níos _____	is _____
rathúil	níos _____	is _____
neartmhar	níos _____	is _____
beag	níos _____	is _____
tapa	níos _____	is _____
mór	níos _____	is _____

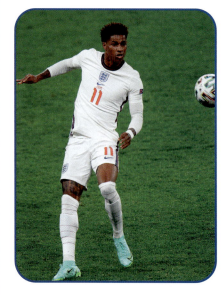

D. Líon na bearnaí i do chóipleabhar.

1. Tá Dean Rock níos [sciliúil] _____ ná Peter Harte.
2. Tá Sophie Spence níos [sean] _____ ná Nicole Cronin.
3. Tá Britney Arendse níos [óg] _____ ná Ellen Keane.
4. Is é Jason Smyth an fear is [tapa] _____ in Éirinn.
5. Is iad na Donnabhánaigh na rámhaithe is [láidir] _____ in Éirinn.

E. Aistrigh go Gaeilge. An aontaíonn tú leis na ráitis? Tabhair fáth le do thuairim.

1. Kylian Mbappé is more skilful than Erling Haaland.
2. Ireland is better than New Zealand at rugby.
3. Boxers are braver than rugby players.
4. Katie Taylor is the most inspiring boxer in Ireland.
5. The French are the best footballers in the world.

   ## Cluastuiscint

Cloisfidh tú dhá chomhrá sa cheist seo. Cloisfidh tú gach comhrá faoi dhó. Cloisfidh tú gach comhrá ó thosach deireadh an chéad uair. Ansin cloisfidh tú ina dhá mhír iad. Beidh sos ann leis na freagraí a scríobh tar éis gach míre díobh.

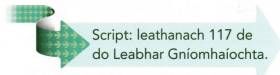

Script: leathanach 117 de do Leabhar Gníomhaíochta.

Comhrá a hAon

Mír 1

1. Cén **dá** chontae a bheidh ag imirt i gCluiche Ceannais na hÉireann sa pheil?
2. Cén sórt cluiche a bheidh ann, dar le hAindrias?

Mír 2

3. Cén t-ardán ina mbeidh siad?
4. Cá bhfuair Aindrias na ticéid?

Comhrá a Dó

Mír 1

1. Cén cineál campa a luann Nina?
2. Cén sórt rudaí a bheas ar siúl, dar le Conchúr?

Mír 2

3. Cathain a bheidh Nina 15 bliana d'aois?
4. Cén fáth nach dóigh le Conchúr go dtaitneodh an campa leis?

Cultúr 7
Spórt in Éirinn

Na spóirt Ghaelacha

Imrímid go leor spóirt in Éirinn. Tá clú agus cáil ar na cluichí Gaelacha ar fud an domhain. Is iad sin peil Ghaelach, iománaíocht, camógaíocht agus liathróid láimhe.

Peil Ghaelach

Iománaíocht

Camógaíocht

Liathróid láimhe

Páirc an Chrócaigh

Is í Páirc an Chrócaigh an staid is mó in Éirinn agus an tríú staid is mó san Eoraip. Tá sí suite i dtuaisceart Bhaile Átha Cliath.

Cheannaigh an Cumann Lúthchleas Gael an staid in 1913 ar £3,500. D'athraigh siad an t-ainm ó Jones Road Sports Ground go Páirc an Chrócaigh, in onóir an Ardeaspaig Tomás Ó Crócaigh.

Rinne an Cumann forbairt mhór ar an staid. Anois, tá áit sa staid do bheagnach 83,000 duine. Chomh maith leis sin, tá músaem, bialanna, oifigí agus turas spéirlíne ann.

Gan aon agó, is iad na Cluichí Ceannais sa pheil, san iománaíocht agus sa chamógaíocht buaicphointí na bliana. Bíonn ócáidí móra eile ar siúl ann freisin ar nós ceolchoirmeacha móra, mar shampla. Le blianta beaga anuas, sheinn U2, Ed Sheeran, Beyoncé agus Taylor Swift ann. Bhí cluichí na Sé Náisiún, cluichí sacair agus cluichí pheil Mheiriceánach ar siúl ann freisin.

Páirc an Chrócaigh

Staideanna eile

Tá go leor staideanna ag Cumann Lúthchleas Gael ar fud na hÉireann agus ar fud an domhain, mar shampla Staid Semple i dTiobraid Árann, Páirc na nGael i Luimneach, Páirc Uí Chaoimh i gCorcaigh, Páirc Emerald i Londain agus Páirc na nGael i Nua-Eabhrac.

Stór focal

Ardeaspag	Archbishop	turas spéirlíne	skyline tour
forbairt	development	gan aon agó	without a doubt
áit sa staid	capacity of the stadium	buaicphointí	highlights

Taighde agus cur i láthair

Tá amlíne Pháirc an Chrócaigh le feiceáil i músaem Pháirc an Chrócaigh agus ar líne ag **www.educateplus.ie/go/paircanchrocaigh**. Léigh tríd an amlíne agus déan nótaí de na heachtraí is suimiúla duit. Ansin, cruthaigh amlíne Ghaeilge de i do chóipleabhar nó ar **www.educateplus.ie/go/timelines**.

Cuir an amlíne i láthair an ranga.

Féinmheasúnú

Is príomhscil é 'Eolas agus smaointeoireacht a bhainistiú'. Luaigh **dhá** bhealach inar úsáid tú an scil seo nuair a bhí tú ag ullmhú do chur i láthair.

CAIBIDIL 8: An Saol Oibre

Clár Ábhair

Foclóir	Mo Phost Samhraidh	288
Léamhthuiscint	Obair Charthanachta	290
Gramadach	Abairtí Coinníollacha	292
Gramadach	An Modh Coinníollach: Na Briathra Rialta	294
Léamh agus Gramadach	An Modh Coinníollach: Na Briathra Neamhrialta	296
Gramadach	Na Briathra Neamhrialta: Na Foirmeacha	297
Éisteacht	Saol Ealaíontóra Fhóiréinsigh	298
Foclóir	Saol Teangeolaí	300
Foclóir	Saol Dochtúra	302
Léamhthuiscint	Saol Cócaire Ghairmiúil	304
Scríobh	Litir Fhoirmeálta	306
Scríobh	Óráid: Tábhacht an Bhia Fholláin	308
Béaltriail	Dhá Agallamh	310
Litríocht	Prós: Quick Pick	312
Cleachtaí Athbhreithnithe	Súil Siar	332
Cultúr 8	An Ghaeilge agus na Meáin	334

Faoi dheireadh na caibidle seo, beidh mé in ann:
- Labhairt faoi chúrsaí oibre
- Labhairt faoi chúrsaí bia agus folláine.
- Litir fhoirmeálta agus óráid a scríobh.

Príomhscileanna
- Mé féin a bhainistiú
- Fanacht folláin
- Obair le daoine eile

Litríocht
Quick Pick

Ag deireadh na caibidle seo, déanfaimid staidéar ar an ngearrscéal 'Quick Pick'. Léigh an sliocht gearr thíos agus cuir tús le do chuid machnaimh ar an ngearrscéal agus ar an topaic seo.

'Beidh mé teannta san obair go dtí meán oíche.' 'Go dtí meán oíche? Ach cá bhfuil tú ag obair?' 'Anseo.'

'Ach cá bhfuil … Ó!'

Chuir Aoife lámh lena béal. Bhí fáinne mór diamaint ar an lámh chéanna. D'amharc sí ar an scuab a bhí ina lámh i gcónaí ag Emmet. Leath a súile nuair a rith sé léi cad a bhí i gceist aige.

'Anseo … sa siopa seo! Ó! Thuig mé gur ag ceannach na scuaibe sin a bhí tú! Ó, a Emmet. Bhí tusa ar an duine is fearr sa rang fisice. Shíl mé i gcónaí gur i saotharlann faoi rún daingean a bheifeá ag saothrú …

Sa scéal 'Quick Pick', úsáideann na príomhcharachtair a scileanna teicniúla chun obair mhímhacánta a dhéanamh.

Sa chaibidil seo, foghlaimeoimid go leor faoi phoist éagsúla agus faoi na scileanna a bhaineann leo. Céard iad na scileanna atá agat? Bunaithe ar do scileanna féin, cad iad na poist a bheidh oiriúnach duit?

Le linn na caibidle, déan machnamh ar na ceisteanna sin. Ag an deireadh, déan comparáid le daoine eile i do rang.

FOCLÓIR

Mo Phost Samhraidh

I gCaibidil 1 d'fhoghlaim tú go leor faoi na poist éagsúla a bhíonn ag do thuismitheoirí agus gaolta eile. Foghlaimeoidh tú anseo faoi na poist éagsúla a bhíonn ag daoine óga agus faoi na dualgais a bhaineann leo.

Meaitseáil

Meaitseáil na pictiúir leis na poist samhraidh. Bain úsáid as d'fhoclóir nó as www.focloir.ie.

ag obair ar fheirm ☐	ag gearradh féir ☐
ag obair in ollmhargadh ☐	ag obair i siopa caife ☐
ag tabhairt aire do leanaí ☐	ag piocadh sútha talún ☐
ag ní carranna ☐	ag obair i mbialann ☐
ag obair i stáisiún peitril ☐	ag múineadh snámha ☐
ag obair i siopa nuachtán ☐	ag obair ar an bportach ☐

Scríobh agus labhair

Freagair na ceisteanna seo. Ansin, cuir na ceisteanna ar an duine atá in aice leat.

1	Cén post samhraidh ab fhearr leat?	B'fhearr liom a bheith _____.
		Ba bhreá liom a bheith _____.
2	Cén post samhraidh ab fhuath leat?	B'fhuath liom a bheith _____ nó _____!
		Ba ghráin liom a bheith _____!

Bí ag caint!

Cad is brí leis na dualgais (*duties*) seo? Bain úsáid as an stór focal thíos, as d'fhoclóir nó as www.focloir.ie. Cad iad na cinn a thaitneodh leat agus nach dtaitneodh leat? Inis don duine atá in aice leat.

> ag scamhadh prátaí agus glasraí ag stocáil seilfeanna
> ag faire ar na huain agus na laonna ag cur fáilte roimh chustaiméirí
> ag lomadh na gcaorach ag obair ar an scipéad ag glacadh le horduithe
> ag seiceáil dátaí éaga ag baint prátaí agus glasraí ag crú na mbó
> ag glacadh áirithintí ag freastal ar chustaiméirí

 ## Stór focal

ag scamhadh	peeling	orduithe	orders
uain	lambs	dátaí éaga	expiry dates
laonna	calves	ag baint/ag piocadh	picking
ag lomadh	shearing	ag crú	milking
scipéad	cash register	áirithintí	reservations

 ## Scríobh agus labhair

I ngrúpa, scríobh na dualgais ón liosta thuas sa cholún ceart i do chóipleabhar. Tá an chéad cheann i ngach catagóir déanta duit.

Ag obair ar fheirm	Ag obair in ollmhargadh	Ag obair i mbialann
ag faire ar na huain agus na laonna	ag stocáil seilfeanna	ag scamhadh prátaí agus glasraí

   ## Éist agus scríobh

Éist leis an triúr scoláirí seo ag caint faoin bpost samhraidh atá acu. Líon isteach an ghreille i do chóipleabhar.

Ainm	Áit oibre	An dtaitníonn an obair leis/léi?	Dhá dhualgas atá air/uirthi
Jan			
Póilín			
Clóda			

Script: leathanach 118 de do Leabhar Gníomhaíochta.

 Táim in ann labhairt faoi phoist samhraidh éagsúla.

LÉAMHTHUISCINT

Obair Charthanachta

Léigh agus scríobh

Léigh an píosa seo agus freagair na ceisteanna a ghabhann leis.

Clann Shíomóin

Cabhraíonn Clann Shíomóin le **daoine gan dídean**. Ba é Anton Wallich-Clifford a bhunaigh Clann Shíomóin in 1963. Ag an am, bhí sé ag obair le daoine a bhí i bpríosún. **Thug sé faoi deara** go raibh na trí litir 'NFA' (No Fixed Abode) scríofa tar éis go leor **dá** n-ainmneacha. Theastaigh uaidh cabhrú leis na príosúnaigh seo agus **bhunaigh** sé Clann Shíomóin chun tacaíocht a thabhairt dóibh.

- homeless people
- he noticed
- of their
- founded

Tá clú agus cáil ar an 'Soup Run' a eagraíonn Clann Shíomóin. Gach oíche, siúlann **oibrithe deonacha** ar fud cathracha agus bailte in Éirinn agus tugann siad ceapairí agus anraith do dhaoine gan dídean. Chomh maith leis sin, tugann Clann Shíomóin lóistín agus seirbhísí tacaíochta eile do dhaoine atá **ar an ngannchuid**.

- voluntary workers
- in need

Mellon Educate

Cabhraíonn Mellon Educate le daoine atá ina gcónaí sna ceantair **is boichte** san Afraic Theas. Bhunaigh Niall Mellon Mellon Educate in 2013 chun scoileanna a **athchóiriú**.

Gach bliain, **taistealaíonn** grúpa mór oibrithe deonacha ó Éirinn go dtí an Afraic Theas chun páirt a ghlacadh sa 'Building Blitz'. Caitheann siad seachtain amháin ag obair ó dhubh go dubh chun saol **mhuintir na háite** sin a fheabhsú.

- poorest
- renovate
- travel
- local people

Cúpla bliain ó shin, rinne siad athchóiriú ar scoil nua in Khayelitsha, Cape Town. Anois, tá thart ar 1,650 buachaill agus cailín ar an scoil seo. Déanann siad staidéar ar réimse leathan ábhar, mar shampla, teangacha, teicneolaíocht agus cultúr.

1. Cé leis a gcabhraíonn Clann Shíomóin? Cuir **tic** (✔) leis an bhfreagra ceart?
   daoine gan stát ☐   daoine gan airgead ☐   daoine gan dídean ☐
2. Cén fáth ar bhunaigh Anton Wallich-Clifford an carthanas seo? Is leor **dhá** phointe eolais.
3. Céard atá i gceist leis an 'Soup Run'?
4. Céard atá i gceist leis an 'Building Blitz'?
5. Bunaithe ar an dá shliocht thuas, an molfá do dhaoine obair charthanachta a dhéanamh do charthanas amhail Clann Síomóin nó Mellon Educate? Is leor **dhá** fháth i d'fhocail féin.

Scríobh agus labhair

An ndearna tú aon obair charthanachta riamh? Roghnaigh na trí dhualgas is mó a thaitneodh leat ón liosta thíos agus scríobh i do chóipleabhar iad. Déan comparáid leis an duine atá in aice leat.

ag maisiú tithe	decorating houses	ag glanadh páirceanna poiblí	cleaning public parks
ag cabhrú i ndílleachtlann	helping in an orphanage	ag seachadadh 'béilí ar rothaí'	delivering 'meals on wheels'
ag déanamh siúlóid urraithe	doing a sponsored walk	ag rith i rás carthanachta	running in a charity race
ag bailiú airgid sa bhaile mór	collecting money in town	ag obair le Clann Shíomóin	working with the Simon Community
ag cabhrú le daoine gan dídean	helping homeless people	ag cuidiú le seandaoine sa cheantar áitiúil	helping old people in the local area

 ## Cur i láthair

Déan cur i láthair ar charthanas Éireannach nó idirnáisiúnta. Déan cinnte go bhfuil na rudaí seo san áireamh:
- Príomhaidhm an charthanais
- An duine nó grúpa a bhunaigh an carthanas
- An bhliain inar bunaíodh é
- An fáth ar bunaíodh é
- An cineál oibre a dhéanann an carthanas.

Léirigh an cur i láthair os comhair an ranga. Taifead an cur i láthair ar iMovie nó Windows Movie Maker nó athraigh an cur i láthair ó PowerPoint nó Prezi go cur i láthair físe.

 Táim in ann próifíl charthanais a dhearadh.

GRAMADACH

Abairtí Coinníollacha

Nuair nach bhfuilimid 100% cinnte faoin todhchaí, uaireanta úsáidimid abairtí coinníollacha (*conditional sentences*). Tosaíonn abairtí mar seo le 'Má' nó 'Dá'.

Má nó Dá?

Níos mó ná 50% de sheans go dtarlóidh sé →
Úsáid Má (+)/Mura (–). Tugtar 'Coinníollach 1' air seo.

Níos lú ná 50% de sheans go dtarlóidh sé →
Úsáid Dá (+)/Mura (–). Tugtar 'Coinníollach 2' air seo.

Coinníollach 1	Coinníollach 2
Struchtúr: Má/Mura + Aimsir Láithreach, Aimsir Fháistineach. Má + séimhiú/Mura + urú	**Struchtúr:** Dá/Mura + Modh Coinníollach, Modh Coinníollach. Dá/Mura + urú
Samplaí úsáide: (seans > 50%) • Má théim chuig ceolchoirm, caithfidh mé mo ghúna nua. • Má bhuann an Bhrasaíl an cluiche peile, beidh siad an-sásta. • Mura bhfaigheann tú post i siopa, ní shaothróidh tú aon airgead.	**Samplaí úsáide: (seans < 50%)** • Dá gcanfainn i gceolchoirm le Beyoncé, bheadh cáil orm! • Dá mbuafaidís an Lató, cheannóidís oileán! • Mura bhfaighfeá post i monarcha seacláide, ní íosfá an méid sin seacláide!

Noda!

Féach na difríochtaí idir na habairtí faoi Choinníollach 1 agus faoi Choinníollach 2.

Tá seans maith ann go mbeadh na habairtí faoi Choinníollach 1 fíor **ach** is lú an seans go mbeadh na habairtí faoi Choinníollach 2 fíor.

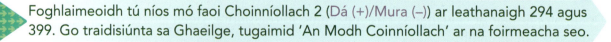

Foghlaimeoidh tú níos mó faoi Choinníollach 1 (Má (+)/Mura (–)) ar leathanach 398.

Foghlaimeoidh tú níos mó faoi Choinníollach 2 (Dá (+)/Mura (–)) ar leathanaigh 294 agus 399. Go traidisiúnta sa Ghaeilge, tugaimid 'An Modh Coinníollach' ar na foirmeacha seo.

Cuimhnigh!
Foirmeacha an bhriathair san Aimsir Láithreach: leathanaigh 58–61.
Foirmeacha an bhriathair san Aimsir Fháistineach: leathanaigh 228–231.

An t-urú

mb	bp
nd	dt
ng	gc
bhf	
n-guta	

dhá chéad nócha a dó

Meaitseáil

Meaitseáil na giotaí le chéile. Scríobh an abairt iomlán i do chóipleabhar.

1	Má théim go dtí an siopa éadaí,	A	rachaidh mé go dtí an siopa poitigéara.
2	Má thaitníonn an rothar liom,	B	beidh díomá ar mo mhúinteoir.
3	Má mhothaím tinn ar maidin,	C	ceannóidh mé é.
4	Má imrím amárach,	D	triailfidh mé éadaí nua orm.
5	Mura ndéanaim an obair bhaile,	E	buafaidh mé.

1 = ____   2 = ____   3 = ____   4 = ____   5 = ____

Scríobh

Roghnaigh an fhoirm cheart. Scríobh an abairt iomlán i do chóipleabhar.

1. Má **beirim**/**bheirim** ar an liathróid, **tabharfaidh**/**thabharfaidh** mé duit é.
2. Má **osclaíonn**/**n-osclaíonn** an siopa amárach, an **tiocfaidh**/**dtiocfaidh** tú linn?
3. Mura **críochnaíonn**/**gcríochnaíonn** siad a ndinnéar, ní **bhfaighidh**/**fhaighidh** siad milseog.
4. Mura **cloisim**/**gcloisim** uait roimh 07.00, **cuirfidh**/**chuirfidh** mé glao ort.
5. Mura **itheann**/**n-itheann** tú bia folláin, ní **beidh**/**bheidh** tú sláintiúil.

Scríobh

A. Tá na habairtí seo san ord mícheart. I do chóipleabhar, scríobh na habairtí san ord ceart chun scéal a insint. Tosaigh le 'Má fhaighim an liathróid, tosóidh mé ag rith.'

1. Má fhaighim an liathróid, tosóidh mé ag rith.
2. Má fheicim bearna, tabharfaidh mé iarraidh ar an gcúl.
3. Má scórálaim cúl, beidh gliondar orm.
4. Má thugaim iarraidh ar an gcúl, scórálfaidh mé cúl.
5. Má thosaím ag rith, feicfidh mé bearna.

B. Scríobh do scéal féin. Tosaigh leis an abairt seo: 'Má chloisim faoi cheolchoirm mhór ar an raidió, ceannóidh mé ticéad. Má cheannaím ticéad …'.

Bí ag caint!

I ngrúpa, pléigh na ceisteanna seo.

1. Cad a dhéanfaidh tú anocht má bhíonn am saor agat?
2. Cad a dhéanfaidh tú má dhéanann tú dearmad ar do lón amárach?
3. Cad a cheannóidh tú má shaothraíonn tú beagán airgid sa samhradh?

Táim in ann abairtí coinníollacha leis an bhfocal 'Má' a chumadh.

GRAMADACH

An Modh Coinníollach: Na Briathra Rialta

Cuimhnigh! An Modh Coinníollach = Rudaí a d'fhéadfadh tarlú

An chéad réimniú

An Modh Coinníollach	Glan (clean)		Féach (look)	
Leathan: briathar + … fainn/fá/fadh/faimis/faidís				
	Uatha	Iolra	Uatha	Iolra
1	Ghlanfainn	Ghlanfaimis	D'fhéachfainn	D'fhéachfaimis
2	Ghlanfá	Ghlanfadh sibh	D'fhéachfá	D'fhéachfadh sibh
3	Ghlanfadh sé/sí	Ghlanfaidís	D'fhéachfadh sé/sí	D'fhéachfaidís
Saorbhriathar	Ghlanfaí		D'fhéachfaí	
Diúltach	Ní ghlanfainn/Ní ghlanfaí		Ní fhéachfainn/Ní fhéachfaí	
Ceisteach	An nglanfainn?/An nglanfaí?		An bhféachfainn?/An bhféachfaí?	

An Modh Coinníollach	Buail (hit)/Buail le (meet)		Úsáid (use)	
Caol: briathar + … finn/feá/feadh/fimis/fidís				
	Uatha	Iolra	Uatha	Iolra
1	Bhuailfinn	Bhuailfimis	D'úsáidfinn	D'úsáidfimis
2	Bhuailfeá	Bhuailfeadh sibh	D'úsáidfeá	D'úsáidfeadh sibh
3	Bhuailfeadh sé/sí	Bhuailfidís	D'úsáidfeadh sé/sí	D'úsáidfidís
Saorbhriathar	Bhuailfí		D'úsáidfí	
Diúltach	Ní bhuailfinn/Ní bhuailfí		Ní úsáidfinn/Ní úsáidfí	
Ceisteach	An mbuailfinn?/An mbuailfí?		An úsáidfinn?/An úsáidfí?	

✏️ Scríobh

Aistrigh na habairtí seo.

1. Dá nglanfainn an teach ar fad, bheadh* áthas ar mo Mham.
2. Dá mbuailfinn le hUachtarán na hÉireann, bheadh bród orm.
3. An bhféachfá ar an gcluiche dá mbeadh an t-idirlíon agat?
4. D'úsáidfimis foclóir sa scrúdú dá mbeadh cead againn.
5. Ní bhuailfidís leat mura mbeadh an t-am acu.

*bheadh/mbeadh = would be

✏️ Scríobh

Athscríobh na habairtí seo sa Mhodh Coinníollach i do chóipleabhar (sb = saorbhriathar).

1. An [rith: tú] _____ i rás carthanachta chun airgead a bhailiú?
2. An [múin: tú] _____ ealaín do pháistí?
3. [Glan: muid] _____ an ceaintín inár ndiaidh dá [úsáid: muid] _____ é.
4. [Pioc: sb] _____ na sútha talún go léir dá mbeadh an aimsir go breá.
5. Mura [cuir: muid] _____ fáilte roimh na custaiméirí, [caill: muid] _____ ár bpost.

An dara réimniú

An Modh Coinníollach	Ceannaigh (*buy*)		Athraigh (*change*)	
Leathan: aigh; briathar + … óinn/ófá/ódh/óimis/óidís				
	Ceannaigh		Athraigh	
	Uatha	Iolra	Uatha	Iolra
1	Cheannóinn	Cheannóimis	D'athróinn	D'athróimis
2	Cheannófá	Cheannódh sibh	D'athrófá	D'athródh sibh
3	Cheannódh sé/sí	Cheannóidís	D'athródh sé/sí	D'athróidís
Saorbhriathar	Cheannófaí		D'athrófaí	
Diúltach	Ní cheannóinn/Ní cheannófaí		Ní athróinn/Ní athrófaí	
Ceisteach	An gceannóinn?/An gceannófaí?		An athróinn?/An athrófaí?	

An Modh Coinníollach	Maisigh (*decorate*)		Foghlaim (*learn*)	
Caol: igh (más ann dó); briathar + … eoinn/eofá/eodh/eoimis/eoidís				
	Maisigh		Foghlaim	
	Uatha	Iolra	Uatha	Iolra
1	Mhaiseoinn	Mhaiseoimis	D'fhoghlaimeoinn	D'fhoghlaimeoimis
2	Mhaiseofá	Mhaiseodh sibh	D'fhoghlaimeofá	D'fhoghlaimeodh sibh
3	Mhaiseodh sé/sí	Mhaiseoidís	D'fhoghlaimeodh sé/sí	D'fhoghlaimeoidís
Saorbhriathar	Mhaiseofaí		D'fhoghlaimeofaí	
Diúltach	Ní mhaiseoinn/Ní mhaiseofaí		Ní fhoghlaimeoinn/Ní fhoghlaimeofaí	
Ceisteach	An maiseoinn?/An maiseofaí?		An bhfoghlaimeoinn?/An bhfoghlaimeofaí?	

Scríobh

Aistrigh na habairtí seo.

1. Dá mbuafá carn mór airgid, an gceannófá teach nua?
2. An bhfoghlaimeofá teanga nua dá mbeadh an t-am agat?
3. Dá mbeadh an t-am aige, mhaiseodh sé a theach le soilse Nollag.
4. D'athróinn an tír seo dá mbeinn i mo Thaoiseach.
5. Ní cheannófaí an ríomhaire sin dá mbeadh sé róchostasach.

Scríobh agus labhair

Freagair na ceisteanna seo. Ansin, cuir na ceisteanna ar an duine atá in aice leat.

1. Cad a cheannófá dá mbuafá carn mór airgid?
2. Cén post a roghnófá dá mbeadh an rogha agat?
3. Cá n-eitleofá dá gceannófá eitleán?
4. An bhfoghlaimeofá teanga eile dá mbeadh an rogha agat? Cén teanga?
5. An oibreofá le carthanas éigin dá mbeadh an deis agat? Cén carthanas?

Tá tuilleadh cleachtaí ar leathanach 400.

 Táim in ann abairtí coinníollacha leis an bhfocal 'Dá' a chumadh agus briathra rialta sa Mhodh Coinníollach a úsáid i gceart.

Turas 3

LÉAMH AGUS GRAMADACH

An Modh Coinníollach: Na Briathra Neamhrialta

Léigh agus meaitseáil

Léigh faoin bpost ab fhearr le Caoimhín agus meaitseáil na ceisteanna leis na freagraí.

Dá mbeadh an rogha agam, gheobhainn post mar ghrianghrafadóir agus thiocfainn chuig iargúil na hAstráile. Bhéarfainn liom mo cheamara agus rachainn ag taisteal fud fad na hAstráile. Thabharfainn cuairt ar Darwin agus ar Alice Springs. D'fheicfinn radhairc iontacha. D'íosfainn bia traidisiúnta. Dhéanfainn cairdeas le muintir na háite agus chloisfinn seanscéalta uathu. Déarfainn go mbeinn lánsásta leis an obair sin.

1	Cén post a gheobhadh Caoimhín dá mbeadh an rogha aige?	A	Bhéarfadh sé a cheamara leis agus rachadh sé ag taisteal fud fad na hAstráile.
2	Cad a bhéarfadh Caoimhín leis agus cá rachadh sé?	B	Dhéanfadh sé cairdeas le muintir na háite agus chloisfeadh sé a seanscéalta uathu.
3	Céard iad na háiteanna a dtabharfadh sé cuairt orthu?	C	Déarfadh sé go mbeadh sé lánsásta leis an obair.
4	Cad a d'fheicfeadh sé agus cad a d'íosfadh sé?	D	Thabharfadh sé cuairt ar Darwin agus ar Alice Springs.
5	Cé leis a ndéanfadh sé cairdeas agus cad a chloisfeadh sé uathu?	E	Dá mbeadh an rogha aige, gheobhadh sé post mar ghrianghrafadóir agus thiocfadh sé chuig iargúil na hAstráile.
6	An ndéarfadh sé go mbeadh sé lánsásta leis on obair?	F	D'fheicfeadh sé radhairc iontacha agus d'íosfadh sé bia traidisiúnta.

1 = ___   2 = ___   3 = ___   4 = ___   5 = ___   6 = ___

 Stór focal

rogha	choice
grianghrafadóir	photographer
iargúil na hAstráile	Australian outback
fud fad	all over
muintir na háite	local people
lánsásta	really happy

Cuimhnigh!
Úsáid na nathanna nua ar an leathanach seo agus tú ag scríobh faoi do laethanta saoire!

 Léigh agus scríobh

A. Léigh an t-alt thíos. Déan eagarthóireacht ar na focail a bhfuil cló trom orthu. Scríobh na focail chearta i do chóipleabhar. Tá an chéad cheann déanta duit.

B. Ba bhreá leat post páirtaimseartha i mbialann a fháil. Scríobh alt cosúil leis an gceann thíos.

Ba **bhrea** (1) = bhreá liom post páirtaimseartha a fháil **taréis** (2) scrúduithe an tsamhraidh. **Gheobhann** (3) post ar fheirm. **Bheidh** (4) go leor le déanamh ann. Bheadh orm faire ar na **uain** (5) agus ar na laonna. **Tabharfainn** (6) bia **dó** (7). Ghlanfainn amach an scioból. **Chuirfeadh** (8) agus **bhainfeadh** (9) prátaí agus glasraí. Bheadh **oirm** (10) na ba a chrú freisin. B'fhéidir go **foghlaimeoinn** (11) conas tarracóir a thiomáint – cá bhfios!

GRAMADACH

Caibidil 8

Na Briathra Neamhrialta: Na Foirmeacha

Abair

1	Déarfainn	Déarfaimis
2	Déarfá	Déarfadh sibh
3	Déarfadh sé/sí	Déarfaidís
Saorbhriathar	Déarfaí	
Diúltach	Ní déarfainn/Ní déarfaí	
Ceisteach	An ndéarfainn?/An ndéarfaí?	

Beir

1	Bhéarfainn	Bhéarfaimis
2	Bhéarfá	Bhéarfadh sibh
3	Bhéarfadh sé/sí	Bhéarfaidís
Saorbhriathar	Bhéarfaí	
Diúltach	Ní bhéarfainn/Ní bhéarfaí	
Ceisteach	An mbéarfainn?/An mbéarfaí?	

Clois

1	Chloisfinn	Chloisfimis
2	Chloisfeá	Chloisfeadh sibh
3	Chloisfeadh sé/sí	Chloisfidís
Saorbhriathar	Chloisfí	
Diúltach	Ní chloisfinn/Ní chloisfí	
Ceisteach	An gcloisfinn?/An gcloisfí?	

Déan

1	Dhéanfainn	Dhéanfaimis
2	Dhéanfá	Dhéanfadh sibh
3	Dhéanfadh sé/sí	Dhéanfaidís
Saorbhriathar	Dhéanfaí	
Diúltach	Ní dhéanfainn/Ní dhéanfaí	
Ceisteach	An ndéanfainn?/An ndéanfaí?	

Faigh

1	Gheobhainn	Gheobhaimis
2	Gheofá	Gheobhadh sibh
3	Gheobhadh sé/sí	Gheobhaidís
Saorbhriathar	Gheofaí	
Diúltach	Ní bhfaighinn/Ní bhfaighfí	
Ceisteach	An bhfaighinn?/An bhfaighfí?	

Feic

1	D'fheicfinn	D'fheicfimis
2	D'fheicfeá	D'fheicfeadh sibh
3	D'fheicfeadh sé/sí	D'fheicfidís
Saorbhriathar	D'fheicfí	
Diúltach	Ní fheicfinn/Ní fheicfí	
Ceisteach	An bhfeicfinn?/An bhfeicfí?	

Ith

1	D'íosfainn	D'íosfaimis
2	D'íosfá	D'íosfadh sibh
3	D'íosfadh sé/sí	D'íosfaidís
Saorbhriathar	D'íosfaí	
Diúltach	Ní íosfainn/Ní íosfaí	
Ceisteach	An íosfainn?/An íosfaí?	

Tabhair

1	Thabharfainn	Thabharfaimis
2	Thabharfá	Thabharfadh sibh
3	Thabharfadh sé/sí	Thabharfaidís
Saorbhriathar	Thabharfaí	
Diúltach	Ní thabharfainn/Ní thabharfaí	
Ceisteach	An dtabharfainn?/An dtabharfaí?	

Tar

1	Thiocfainn	Thiocfaimis
2	Thiocfá	Thiocfadh sibh
3	Thiocfadh sé/sí	Thiocfaidís
Saorbhriathar	Thiocfaí	
Diúltach	Ní thiocfainn/Ní thiocfaí	
Ceisteach	An dtiocfainn?/An dtiocfaí?	

Téigh

1	Rachainn	Rachaimis
2	Rachfá	Rachadh sibh
3	Rachadh sé/sí	Rachaidís
Saorbhriathar	Rachfaí	
Diúltach	Ní rachainn/Ní rachfaí	
Ceisteach	An rachainn?/An rachfaí?	

Bí

1	Bheinn	Bheimis
2	Bheifeá	Bheadh sibh
3	Bheadh sé/sí	Bheidís
Saorbhriathar	Bheifí	
Diúltach	Ní bheinn/Ní bheifí	
Ceisteach	An mbeinn?/An mbeifí?	

Tá tuilleadh cleachtaí ar leathanach 401.

Táim in ann na briathra neamhrialta sa Mhodh Coinníollach a úsáid i gceart

An Saol Oibre

ÉISTEACHT

Saol Ealaíontóra Fhóiréinsigh

Meaitseáil

Meaitseáil na huimhreacha leis na baill. Bain úsáid as d'fhoclóir nó as www.focloir.ie.

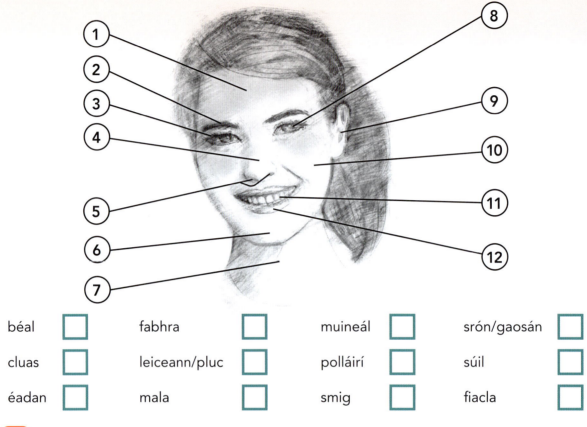

béal □	fabhra □	muineál □	srón/gaosán □
cluas □	leiceann/pluc □	polláirí □	súil □
éadan □	mala □	smig □	fiacla □

Léigh agus scríobh

Léigh an píosa seo agus freagair na ceisteanna a ghabhann leis.

Oibríonn **ealaíontóirí fóiréinseacha** leis na póilíní. Labhraíonn siad leis na **finnéithe** agus ansin, tarraingíonn siad **sceitsí** de na **hamhrastaigh**. Is í Lois Gibson an t-ealaíontóir fóiréinseach is fearr ar domhan, dar le *The Guinness Book of Records*.

Rugadh Lois in Houston, Texas in 1950. Nuair a bhí sí aon bhliain is fiche d'aois, bhí sí ag obair mar dhamhsóir agus mar **mhainicín** in Los Angeles. Oíche amháin **ionsaíodh** í agus **ba bheag nár dúnmharaíodh** í. Ba ansin a **shocraigh** sí staidéar a dhéanamh ar an ealaín fhóiréinseach.

Ó shin i leith, chabhraigh sí leis na póilíní i Meiriceá chun beagnach **1,500 coir** a réiteach! Ar mhaith leatsa oibriú mar ealaíontóir fóiréinseach?

forensic artists
witnesses
sketches; suspects

model
attacked;
nearly murdered;
decided

since then
1,500 crimes

1. Cén sórt oibre a dhéanann ealaíontóirí fóiréinseacha?
2. Luaigh **trí** phointe faoi shaol Lois Gibson.

Caibidil 8

Éist agus scríobh

Cloisfidh tú fógra sa cheist seo. Cloisfidh tú an fógra faoi dhó. Beidh sos ann leis na freagraí a scríobh tar éis an chéad éisteachta agus tar éis an dara héisteacht.

1. Cé mhéad teach ar briseadh isteach iontu go luath ar maidin?
2. Conas a fuair an Garda Síochána cur síos an-soiléir ar dhuine de na fir?
3. Cén áit ar féidir breathnú ar sceitse den amhrastach?

Script: leathanach 118 de do Leabhar Gníomhaíochta.

Éist agus scríobh

Cloisfidh tú comhrá sa cheist seo. Cloisfidh tú an comhrá faoi dhó. Cloisfidh tú an comhrá ó thosach deireadh an chéad uair. Ansin cloisfidh tú ina dhá mhír é. Beidh sos ann leis na freagraí a scríobh tar éis gach míre díobh.

Mír 1
1. Cé leis a bhfuil Marcas ag caint?
2. Cén sórt gruaige a bhí ar an amhrastach?

Mír 2
3. Céard a bhí i gcluas dheas agus i srón an amhrastaigh?
4. Cén tatú a bhí ar an amhrastach?

Script: leathanach 118 de do Leabhar Gníomhaíochta.

Scríobh agus labhair

A. Tá cur síos déanta ar bheirt de na fir seo. Cé hiad?

 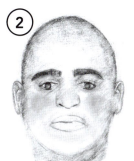 

Cuimhnigh! Úsáid na nathanna ar an leathanach seo chun cur síos a dhéanamh ar do theaghlach agus ar do chairde.

B. I mbeirteanna, déan cur síos ar an bhfear eile. Samhlaigh go bhfuil tú ag ullmhú fógra faoi don Gharda Síochána. Bain úsáid as na scripteanna don fhógra agus don chomhrá thuas, chomh maith leis an stór focal thíos.

Stór focal

aghaidh chruinn	round face	béal beag/comair	small/petite mouth
aghaidh fhada	long face	súile cruinne	round eyes
srón fhíneálta	dainty nose	súile géara	sharp eyes
gaosán cromógach	crooked nose	malaí tiubha	bushy eyebrows
pluca dearga	rosy cheeks	smig bhiorach	pointed chin
beola tiubha	thick lips	smig chruinn	round chin
beola tanaí	thin lips	gruaig dhualach	wavy hair
roic	wrinkles	coilm	scars
scothóga	pigtails	scoilt láir	centre parting
croiméal	moustache	scoilt taoibh	side parting

An Saol Oibre

Táim in ann cur síos a dhéanamh ar aghaidh duine.

dhá chéad nócha a naoi

FOCLÓIR

Saol Teangeolaí

Meaitseáil

Meaitseáil na huimhreacha leis na baill. Bain úsáid as d'fhoclóir nó as www.focloir.ie.

uillinn	☐
colpa	☐
glúin	☐
cliabhrach	☐
bolg	☐
cos	☐
rúitín	☐
cromán	☐
gualainn	☐
droim	☐

Scríobh

Cad is brí leis na focail thíos? Bain úsáid as d'fhoclóir nó as www.focloir.ie.

> ascaill   ladhracha/méara coise   croí   scamhóga

Meaitseáil

Meaitseáil na huimhreacha leis na baill. Bain úsáid as d'fhoclóir nó as www.focloir.ie.

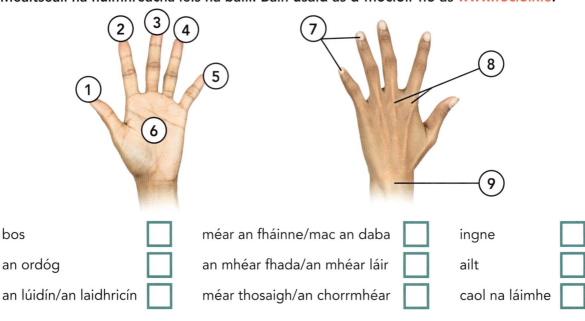

bos	☐	méar an fháinne/mac an daba	☐	ingne	☐
an ordóg	☐	an mhéar fhada/an mhéar láir	☐	ailt	☐
an lúidín/an laidhricín	☐	méar thosaigh/an chorrmhéar	☐	caol na láimhe	☐

Léigh agus meaitseáil

Léigh an píosa seo agus meaitseáil na cora cainte (*idioms*) leis na pictiúir.

Is mise Aoife. Is teangeolaí mé. An bhfuil a fhios agat cad a dhéanann teangeolaithe? Bhuel, cuir teanga agus eolaí le chéile agus tuigfidh tú. Faoi láthair, táim ag obair ar fhoclóir nua. Tá go leor nathanna cainte bunaithe ar bhaill an choirp. Ar chuala tú na cinn seo?

1) gob ar ghob nó **bonn ar bhonn le chéile**

Deirimid iad sin nuair a bhíonn dhá fhoireann nó beirt imreoirí cothrom lena chéile i rás nó i gcluiche. Mar shampla, 'tá Maigh Eo agus Ciarraí bonn ar bhonn le chéile' nó 'tá an dá chapall gob ar ghob le chéile'.

2) na cosa nó **na sála a thabhairt leat**

Deirimid na cora cainte seo nuair is mian linn a rá go bhfuilimid ag rith ar shiúl nó ag éalú ó rud éigin. Mar shampla, má thosaíonn madra ag rith i do dhiaidh, tabharfaidh tú na cosa nó na sála leat. **D'fhéadfá** 'bhí deifir mo dhá bhonn orm' a rá freisin. — *you could*

3) titim ar do bhéal is do shrón

Má bhíonn deifir do dhá bhonn ort, agus tú ag rith ar nós na gaoithe, tá seans ann nach bhfeicfidh tú **uchtóg** ar an mbóthar agus go mbainfear **tuisle** asat. Beidh tú i dtrioblóid ansin má thiteann tú ar do bhéal is do shrón. — *bump; trip*

4) guaillí a chur le chéile

Nuair a bhíonn jab mór le déanamh, nó nuair a bhíonn ort déileáil le fadhb mhór, is cinnte gur fearr beirt ná duine amháin. Is féidir linn a rá 'chuireamar ár nguaillí le chéile'. Tá an **chiall chéanna** le 'Ní neart go cur le chéile'. — *same meaning*

5) muineál a bheith agat

Má iarrann tú lá saor ar phríomhoide nó airgead ar thuismitheoir tar éis a bheith dána, seans maith go gcloisfeá 'Nach agat atá an muineál!'

☐ ☐ ☐ ☐ ☐

Taighde

Téigh chuig www.focloir.ie nó www.teanglann.ie agus cuardaigh trí nath cainte ina luaitear ball coirp. Déan comparáid le daoine eile sa rang.

✓ Táim in ann baill an choirp a úsáid i gcora cainte.

Turas 3

FOCLÓIR

Saol Dochtúra

Is mise Pól. Is dochtúir mé. Cosúil leis na mílte altraí agus dochtúirí túslíne eile sa chóras sláinte, bíonn saol oibre gnóthach agus dúshlánach agam. Seo cuid de na tinnis agus na gortuithe a bhíonn ag mo chuid othar.

Meaitseáil

Meaitseáil na pictiúir leis na tinnis.

1  2  3  4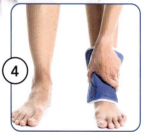

5  6  7  8

9  10  11  12

Tá pian droma orm. ☐   Ghearr mé mo mhéar. ☐

Tá súil dhubh agam. ☐   Tá tinneas fiacaile orm. ☐

Tá an fliú orm./Tá slaghdán orm. ☐   Tá droch-chasachtach orm. ☐

Tá tinneas cluaise orm. ☐   Tá tinneas cinn orm. ☐

Tá scornach thinn orm./   Tá mo shrón ag sileadh./
Tá sceadamán nimhneach orm. ☐   Tá deoir le mo ghaosán. ☐

Tá pian i mo bholg. ☐   Tá mo rúitín ata. ☐

Cuimhnigh!
Tá slaghdán orm. = I have a cold.
Tháinig slaghdán orm. = I (have) caught a cold.

Bí ag caint!

Samhlaigh go bhfuil tinneas ort. Iarr comhairle ar an duine atá in aice leat. Bain úsáid as na samplaí seo.

1	Tá pian droma orm! Cad ba chóir dom a dhéanamh?	Dá mba mise thusa, luífinn síos agus ligfinn mo scíth.
2	Tá an fliú orm! Cad ba chóir dom a dhéanamh?	Dá mba mise thusa, d'ólfainn go leor uisce agus chaithfinn an lá i mo luí ar an tolg.
3	Ghearr mé mo mhéar! Cad ba chóir dom a dhéanamh?	Dá mba mise thusa, chuirfinn plástar/greimlín air.
4	Tá ballbhrú ar m'éadan! Cad ba chóir dom a dhéanamh?	Dá mbeinn i d'áitse, chuirfinn oighear air.
5	Tá slaghdán orm! Cad a dhéanfá dá mba thusa mise?	Dá mba mise thusa, d'ólfainn tae le líomóid agus mil nó anraith sicín.

  ## Scríobh agus labhair

Scríobh an chomhairle a chuirfeá ar chara dá mbeadh tinneas air/uirthi. Léirigh an comhrá leis an duine atá in aice leat agus taifead é. Bain úsáid as an sampla thíos.

Cad atá cearr leat?

Tá tinneas fiacaile orm!

Bhuel, dá mba mise thusa, rinseálfainn (shruthlóinn) mo bhéal le salann agus uisce te. Mura n-oibreodh sin, rachainn go dtí an fiaclóir.

 Táim in ann cur síos a dhéanamh agus comhairle a thabhairt mar gheall ar thinnis éagsúla.

LÉAMHTHUISCINT

Saol Cócaire Ghairmiúil

Léigh, éist agus scríobh

Léigh agus éist leis an bpíosa seo agus freagair na ceisteanna a ghabhann leis.

Is as Baile Átha Cliath don chócaire cáiliúil, Nico Reynolds. Rugadh a athair i Ros Comáin agus is **de bhunadh Iamáice** a mháthair. — *of Jamaican origin*

Ó aois an-óg, bhíodh a cheann i gcónaí i gcófra a sheanmháthar, agus a shúil i gcónaí thar a gualainn, ag foghlaim faoi bhlas agus spíosraí bhia na **Cairibe**. — *Caribbean*

Agus é sna fichidí, bhog sé go dtí an Airgintín chun bialann agus **comhlacht lónadóireachta** a rith. — *catering company*

'Bheireadh mo sheanmháthair Iamáiceach buidéil mhóra Scotch Bonnet go Baile Átha Cliath léi,' a deir Nico, 'agus ansin, thugainn féin na buidéil sin go Meiriceá Theas agus d'úsáidinn iad i d**tionscadail chruthaitheacha** le cócairí as **gach cearn** den domhan. Tar éis tamaill **ní raibh aon rud eile ar m'intinn** ach teacht ar bhealaí nua chun anlann Mhamó a úsáid i maranáidí, anlanna agus dipeanna.' — *creative projects; every corner; I was obsessed with*

Na laethanta seo, tá clú agus cáil ar a bhialann Lil Portie i mBaile Átha Cliath. Is minic a bhíonn sé le feiceáil freisin ar chláir chócaireachta ar RTÉ agus Virgin. Ní hamháin sin ach scríobhann sé ailt agus **oidis** do pháipéir nuachta in Éirinn agus sa Bhreatain. — *recipes*

Dar le Nico, tá tábhacht ar leith ag baint leis an gcultúr. Deir sé go gceanglaíonn sé pobail le chéile. Le meascán blasta de bhlasanna na hÉireann, na hAirgintíne agus Iamáice ina chuid cócaireachta – is léir gur duine é Nico **a dhéanann beart de réir a bhriathair**. — *practises what he preaches*

1. Cad iad na fréamhacha atá ag Nico? Cuir **tic** (✔) leis an bhfreagra ceart.

    Airgintíneach agus Éireannach ☐
    Iamáiceach agus Éireannach ☐
    Airgintíneach agus Iamáiceach ☐

2. Cad a d'fhoghlaim sé ó chócaireacht a Mhamó? Cuir **tic** (✔) leis an bhfreagra ceart.

    faoi chláir theilifíse a chur i láthair ☐
    faoi bhialann a rith ☐
    faoi bhlas agus spíosraí bhia Iamáice ☐

3. Cad a bheireadh a sheanmháthair Iamáiceach léi go Baile Átha Cliath? Cuir **tic** (✔) leis an bhfreagra ceart.

    buidéil anlainn the ☐   stáin brioscaí ☐   tobáin spíosraí ☐

4. Luaigh **dhá** phointe eolais faoi shaol gairmiúil Nico na laethanta seo.
5. Cad a deir Nico faoi thábhacht an chultúir?
6. Bunaithe ar an sliocht thuas, an ndéarfá féin le daoine triail a bhaint, nó gan triail a bhaint, as cócaireacht Nico? Is leor **dhá** fháth i d'fhocail féin.

Ar thug tú faoi deara na foirmeacha seo a leanas?

bhíodh bheireadh thugainn d'úsáidinn

Is iad sin foirmeacha an bhriathair san Aimsir Ghnáthchaite. Tá an Aimsir Ghnáthchaite cosúil leis na foirmeacha i mBéarla 'used to' (*I used to cook*) agus 'would' (*she would cook wonderful dinners for us when we were young*).

Ní gá na foirmeacha seo a fhoghlaim go fóill ach ba cheart duit iad a aithint agus tú ag léamh. Tá tuilleadh cleachtaí ar leathanach 415.

  Bí ag caint!

Cén béile Iamáiceach ón liosta thíos is fearr leat? I ngrúpa, pléigh do fhreagra.

Leite mine arbhair
Cuir tús folláin le do lá. Measc an leite seo le bainne, cainéal, noitmig, fanaile agus siúcra. Sárbhlasta.

Cabáiste galaithe le hiasc
Bain triail as an lón sárbhlasta seo. Measc cabáiste mionstiallta le hoinniúin, scailliúin agus iasc. Ith le slisíní aráin, banana nó domplagáin.

Johnnycakes
Tá clú agus cáil ar na sneaiceanna seo. Sótáil maicréal le gairleog, oinniúin, trátaí agus tím. Ní bheidh áiféala ort!

Sicín Seirgthe
An bia Iamaicéach is cáiliúla. Sicín maranáidithe le spíosraí agus cócaráilte go mall thar oladhrumaí athchóirithe. Gan sárú.

 Stór focal

cainéal	cinnamon	sótáil	sauté
fanaile	vanilla	tím	thyme
galaithe	steamed	áiféala	regret
mionstiallta	shredded	oladhrumaí athchóirithe	repurposed oil drums
domplagáin	dumplings	gan sárú	unbeatable

 Taighde agus cur i láthair

Roghnaigh aon tír amháin ar domhan. Déan taighde ar thrí bhéile thraidisiúnta. Déan cur síos gairid orthu. Déan an taighde a chur i láthair an ranga.

 Táim in ann taighde ar bhéilte traidisiúnta a chur i láthair.

SCRÍOBH

Litir Fhoirmeálta

  Léigh agus scríobh

Léigh an litir fhoirmeálta seo agus freagair na ceisteanna a ghabhann léi.

Treoracha: Léigh tú léirmheas moltach i nuachtán le déanaí faoi bhialann nua i do cheantar. Nuair a chuaigh tusa go dtí an bhialann, áfach, bhí an tseirbhís agus an bia go huafásach! Scríobh litir ghearáin (*letter of complaint*) chuig eagarthóir an nuachtáin.

Seoladh an tseoltóra — Bóthar Bhearna, Gaillimh

An dáta — 11 Meitheamh 2022

Ainm an fhaighteora — An tEagarthóir

Seoladh an fhaighteora — Nuacht an Iarthair, Gaillimh

Beannú foirmeálta — A chara,

Táim ag scríobh chugat chun gearán a dhéanamh faoi **léirmheas moltach** faoin mbialann nua 'Gréisc' a bhí i do nuachtán coicís ó shin. Moladh an bhialann seo **go hard na spéire**! Faraor, ní aontaím leis an léirmheas ar chor ar bith. — *glowing review; highly*

I dtús báire, dúirt údar an phíosa go raibh an tseirbhís ar fheabhas. Nuair a chuamar isteach, bhí orainn fanacht ar feadh 15 nóiméad cé go raibh bord **curtha in áirithe** againn. Dúirt an bainisteoir nach raibh aon spás ann dúinn! — *reserved*

Ar an dara dul síos, bhí an freastalaí **ar nós cuma liom**. Mar shampla, thug sé an **príomhchúrsa** dúinn in áit an **réamhchúrsa**. Mar aon leis sin, nuair a thit práta ar an urlár, phioc sé suas é agus d'fhag sé ar ár mbord é! — *as if he didn't care; main course; starter*

Murar leor sin, ní raibh an bia thar mholadh beirte ach oiread. Bhí an t-iasc lofa. Bhí mé ag tnúth go mór le **ronnach** úr Atlantach ach seanphíosa de ronnach is ea a fuair mé. Chomh maith leis sin, bhí stéig mo charad fuar! Anuas air sin, bhí na milseoga **tubaisteach**! Léigh mé '**uachtar úr**' ar an mbiachlár ach uachtar 'úr as canna' is ea a fuaireamar! — *mackerel; disastrous; fresh cream*

Ar deireadh, bhí an praghas an-ard freisin. D'íocamar €35 an duine **cé gur biachlár tús oíche** a bhí ann. Ní chreidim gur cheap an scríbhneoir gur **margadh maith** a bhí ann. — *although; early bird menu; good deal*

Tá súil agam go ndéanfaidh do chuid scríbhneoirí níos mó taighde ar bhialann sula scríobhann siad an **chéad léirmheas eile**. — *the next review*

Críoch fhoirmeálta — Mise le meas,

Síniú an tseoltóra — *Féibé Ní Bhuifé*
Féibé Ní Bhuifé

1. Cén fáth a bhfuil Féibé ag scríobh litir chuig eagarthóir an nuachtáin?
   Cuir **tic** (✔) leis an bhfreagra ceart.

   Géarán a dhéanamh ☐   Litir mholtach a sheoladh ☐   Bialann nua a mholadh ☐

2. Cén fhadhb a bhí acu nuair a chuaigh siad isteach? Cuir **tic** (✔) leis an bhfreagra ceart.

   Ní raibh éinne ann. ☐   Fuair siad bord láithreach. ☐   Bhí orthu fanacht. ☐

3. Cad a dúirt sí faoin bhfreastalaí? Cuir **tic** (✔) leis an bhfreagra ceart.

   Bhí cuma bhreá air. ☐   Ba chuma leis. ☐   Bhí cuma fholláin air. ☐

4. Cé na fadhbanna a bhí ag Féibé agus a cara leis an mbia. Is leor **dhá** phointe eolais.

5. Cén tuairim a bhí aici faoi phraghas an bhéile?

6. Bunaithe ar an sliocht thuas, an ndéarfá féin le daoine dul, nó gan dul, go dtí an bhialann seo? Is leor **dhá** fháth i d'fhocail féin.

Noda!
- Scríobh do sheoladh agus an dáta sa chúinne ag barr ar dheis.
- Scríobh ainm agus seoladh an fhaighteora sa chúinne ag barr ar chlé, ach faoi do sheoladh.
- Úsáid beannú foirmeálta, amhail 'A chara' nó 'A dhuine uasail' nó 'A bhean uasal'.
- Sa chéad alt, luaigh go sonrach an fáth a bhfuil tú ag scríobh na litreach.
- I gcorp na litreach, luaigh na sonraí. Ná bí rófhoclach.
- San alt deireanach, luaigh go sonrach a dteastaíonn uait ón bhfaighteoir, mar shampla, comhairle, aisíocaíocht (*refund*), eolas, srl.
- Úsáid críoch fhoirmeálta, amhail 'Mise le meas' nó 'Le meas'.
- Sínigh agus priontáil d'ainm iomlán.

Punann 8.1

Léigh tú léirmheas cáinteach (*critical*) i nuachtán le déanaí faoi bhialann nua i do cheantar. Nuair a chuaigh tusa go dtí an bhialann, áfach, cheap tú go raibh an tseirbhís agus an bia ar fheabhas! Scríobh litir fhoirmeálta ghearáin chuig eagarthóir an nuachtáin. Cuir an obair chríochnaithe i do phunann ar leathanach 96.

✓ Táim in ann litir fhoirmeálta a scríobh.

SCRÍOBH

Óráid: Tábhacht an Bhia Fholláin

Tá an óráid cosúil leis an díospóireacht ach de ghnáth bíonn an réamhrá agus conclúid níos giorra.

  Léigh agus scríobh

Léigh an óráid seo agus freagair na ceisteanna a ghabhann léi.

San óráid seo, pléifidh mé an tábhacht a bhaineann le bia folláin i saol an duine óig. Ar dtús, labhróidh mé faoi vitimíní agus faoi **mhianraí**. Ar an dara dul síos, pléifidh mé an tábhacht a bhaineann le próitéin, carbaihiodráití agus **saillte maithe** don duine óg. Ar deireadh, luafaidh mé na foinsí is fearr de bhia folláin.

I dtús báire, mura n-itheann daoine óga bia folláin, éireoidh siad tinn go minic. Cabhraíonn vitimíní agus mianraí leis an g**córas imdhíonachta**. Mar shampla, tá vitimín A tábhachtach do shláinte na súl agus don **chraiceann**. Tá meacain dhearga lán de vitimín A. Tá vitimín K riachtanach do shláinte na fola. Tá glasraí **duilleacha** ar nós cabáiste agus brocailí lán de vitimín K, nó **iarann**. Ar deireadh, tá an mianra cailciam **tairbheach** do shláinte na gcnámh agus na bhfiacla. Tá sé le fáil i d**táirgí déiríochta** agus i nglasraí duilleacha.

minerals

good fats

immune system

skin
leafy
iron
beneficial
dairy products

Ar an dara dul síos, mura n-itheann daoine óga bia folláin, ní bheidh corp láidir sláintiúil acu. Cabhraíonn próitéin le fás agus forbairt an choirp. Faighimid fuinneamh ó charbaihiodráití. Itheann imreoirí spóirt a lán carbaihiodráití. Faoi dheireadh, tá saillte maithe ar nós óimige 3 agus óimige 6 tairbheach don fhuil agus don chroí.

Ar deireadh, cén sórt bia is fearr dúinn? Tá próitéin le fáil i bhfeoil, in iasc, in uibheacha agus i dtófú. Tá carbaihiodráití le fáil i rís, prátaí agus arán. Tá saillte maithe le fáil i síolta, cnónna agus iasc **olach**. Nuair a ithimid an méid ceart próitéine, carbaihiodráití, saillte maithe, vitimíní agus mianraí, is féidir linn a rá go bhfuil **aiste chothrom bia** againn.

oily

a balanced diet

San óráid seo, phléigh mé bia folláin agus an tábhacht a bhaineann leis i saol an duine óig. Ar dtús, labhair mé faoi vitimíní agus faoi mhianraí. Ansin, phléigh mé an tábhacht a bhaineann le próitéin, carbaihiodráití agus saillte maithe. Ar deireadh, luaigh mé na foinsí is fearr de bhia folláin. Tá súil agam gur thaispeáin mé go raibh bia folláin tábhachtach don tsláinte. Mar a deir an seanfhocal, 'Is fearr an tsláinte ná na táinte.'

1. Luann an cainteoir trí phríomhphointe sa chéad alt. Liostaigh iad.
2. Cad a tharlóidh mura n-itheann daoine óga bia folláin? Cuir **tic** (✔) leis an bhfreagra ceart.
   Fanfaidh siad breá sláintiúil. ☐   Beidh siad breoite. ☐   Beidh siad i ndrochghiúmar ☐
3. Cén chuid dár gcorp a thairbhíonn (*benefit*) de vitimíní agus mianraí, dar leis an alt?
   Cuir **tic** (✔) leis an bhfreagra ceart.
   ár gcuid gruaige ☐   ar gcóras imdhíonachta ☐   radharc ár súl ☐
4. Cén fáth a bhfuil cailciam tábhachtach?
5. Cad is aiste chothrom bia ann?
6. Bunaithe ar an óráid thuas, an aontaíonn tú leis an seanfhocal a úsáideann an cainteoir ag an deireadh. Is leor **dhá** fháth i d'fhocail féin.

Punann 8.2

Cad í 'pirimid an bhia'? Téigh chuig www.educate*plus*.ie/go/pirimid agus féach ar an bpirimid atá léirithe ansin. Dear bricfeasta, lón agus dinnéar sláintiúil leis an mbia atá léirithe sa phictiúr.

Cuir an obair chríochnaithe i do phunann ar leathanach 98.

Scríobh

Scríobh óráid dar teideal: 'An bia a ithim.'

✓ Táim in ann aiste bia shláintiúil le haghaidh lá amháin a dhearadh.

BÉALTRIAIL

Dhá Agallamh

  Labhair

Léirigh an t-agallamh seo leis an duine atá in aice leat.

Daithí

1. **Ar tharla aon timpiste duit riamh?**
   Tharla, uair amháin.

2. **Cad a tharla duit?**
   Bhí mé ag siúl ar bhalla agus **thit mé anuas**. Thit mé ar mo bhéal is mo shrón ar an talamh! Ghearr mé m'éadan.

   I fell down/off

3. **Cad a rinne tú ansin?**
   Rith mo Mham chugam agus scrúdaigh sí mo cheann ar dtús. Bhí sé ag cur fola. Chuir sí bindealán air. Ansin, chabhraigh sí liom siúl go dtí an carr agus thiomáin sí go dtí an dochtúir áitiúil mé.

4. **Ar scrúdaigh dochtúir thú?**
   Scrúdaigh an dochtúir áitiúil mo cheann ar dtús. Ghlan sé an **chneá** go cúramach agus ansin, chuir sé **cúig ghreim** inti! Chuir sé bindealán nua uirthi freisin!

   wound
   five stitches

5. **An bhfuair tú x-gha?**
   Ní bhfuair. Ní raibh aon cheann ag teastáil.

6. **Ar chuir an dochtúir aon chomhairle ort?**
   Chuir! Mhol sé dom é a thógáil go bog.

7. **Ar chaill tú aon lá scoile?**
   Níor chaill, faraor! Tharla an timpiste i lár an tsamhraidh.

8. **Cá fhad a thóg sé ort a bheith ar ais ar do sheanléim arís?**
   D'imigh an phian tar éis lá nó dhó. Thógamar na greamanna amach cúpla lá ina dhiaidh sin. Ina dhiaidh sin, bhí mé ar ais ar mo sheanléim arís.

Scríobh

Fíor nó bréagach?

	F	B
1. Ghortaigh Daithí a cheann.	☐	☐
2. Rinne an dochtúir x-ghathú ar cheann Dhaithí.	☐	☐
3. Bhris Daithí a chos.	☐	☐
4. Chaill Daithí seachtain scoile.	☐	☐
5. Bhí Daithí ar ais ar a sheanléim tar éis seachtain go leith.	☐	☐

Scríobh

Samhlaigh go raibh cara leat san ospidéal tar éis dó/di a lámh a bhriseadh. Scríobh cúig cheist a chuirfeá air/uirthi faoin timpiste agus cúig fhreagra a cheapfá a bheadh oiriúnach mar fhreagraí.

Labhair

Léirigh an t-agallamh seo leis an duine atá in aice leat.

Síle

1. **An bhfaighidh tú post samhraidh tar éis na scrúduithe?**
   Tá súil agam go bhfaighidh mé post **páirtaimseartha**. — part-time

2. **Cén sórt poist ar mhaith leat?**
   Ba bhreá liom post a fháil in ollmhargadh. Tá mo dhearthár mór ag obair in ollmhargadh síos an bóthar uainn agus beidh **deis** agam post a fháil ann. — opportunity

3. **Cén sórt dualgas a bheidh i gceist?**
   Bheinn ag obair ar an scipéad agus ag stocáil seilfeanna, gan dabht. Bheinn ag obair ag an deilí freisin.

4. **Cé mhéad airgid a thuillfeá san uair?**
   Thuillfinn idir €7 agus €8 san uair.

5. **Cad a cheannófá le do chuid airgid?**
   Bhuel, tá suim mhór agam sa spórt agus sa cheol. Mar sin, cheannóinn bróga spóirt nua agus b'fhéidir geansaí Juventus. D'íoslódálfainn cúpla albam ó iTunes freisin.

6. **An dtaitneodh an obair leat?**
   Níl a fhios agam, le bheith macánta. Deir mo dhearthár go mbíonn sé leadránach uaireanta ach go mbíonn an **fhoireann** ann an-chairdiúil. Ceapaim go dtaitneodh sé liom. — staff

7. **An ndearna tú aon obair charthanachta riamh?**
   Rinne mé **troscadh** don charthanas Trócaire anuraidh agus bhailigh mé €40. Phacáil mé málaí san ionad siopadóireachta áitiúil freisin agus bhailigh mé beagán airgid do dhaoine gan dídean. — a fast

8. **An ndéanfaidh tú aon obair charthanachta i mbliana?**
   Nuair a bheidh mé san **idirbhliain**, beidh mé ag déanamh obair charthanachta le Clann Shíomóin. Táim ag tnúth go mór leis sin. — transition year

Scríobh

Freagair na ceisteanna seo i do chóipleabhar.

1. Cén post samhraidh ar mhaith le Síle?
2. Céard iad na dualgais a bheadh i gceist?
3. Cé mhéad airgid a thuillfeadh sí san uair?
4. Cad a cheannódh sí lena cuid airgid?
5. Cén obair charthanachta a rinne sí anuraidh?

Scríobh agus labhair

Freagair na ceisteanna a d'fhreagair Síle (Ceisteanna 1–8) i do chóipleabhar. Ansin, cuir na ceisteanna seo ar an duine atá in aice leat. Taifead an comhrá ar d'fhón póca nó ar do ríomhaire.

 Táim in ann cur síos a dhéanamh ar thimpiste a tharla agus ar obair a thaitneodh liom.

An Saol Oibre

LITRÍOCHT

Prós: Quick Pick

  Bí ag caint!

I ngrúpa, pléigh an cheist seo: Cad is Quick Pick ann?

   Léigh, éist agus scríobh

Léigh agus éist leis an ngearrscéal 'Quick Pick' le hOrna Ní Choileáin agus freagair na ceisteanna.

Quick Pick

le hOrna Ní Choileáin

> **Cuid 1**
> Sa chuid seo den ghearrscéal, buaileann Emmet le hAoife, cailín ón scoil. Tá Emmet ag obair i siopa. Is duine faiseanta í Aoife.

'Emmet?'

D'ardaigh Emmet a chloigeann agus d'fhéach **go leamh ar an té** a bhí ag cur cainte air agus é i mbun urlár **an mhionmhargaidh** a scuabadh.

| drearily at the person
| the mini-market

'Emmet! Shíl mé gur tú a bhí ann!' arsa an bhean óg.

Sheas Emmet suas díreach, réitigh na spéaclaí ar a shrón agus d'fhéach sé **go grinn** uirthi. Bean **sheang** dhea-chumtha a bhí os a chomhair amach, cóta lánfhada a raibh **bóna fionnaidh** air á chaitheamh aici. **An raibh aithne aige uirthi?** Arbh í seo Saoirse? Nó Fionnuala? Éimear, b'fhéidir? Cárbh as di fiú?

| carefully; slim
| fur collar
| did he know her?

'Aoife! Ó Mheánscoil Chaoimhín!' ar sí, agus **aoibh an gháire uirthi go fóill**. 'Bhíomar sa rang Fisice le chéile!'

| still beaming

312   trí chéad a dó dhéag

Ní raibh aon chuimhne ag Emmet ar Aoife ar bith a bheith sa rang fisice leis. Ní nach ionadh nuair a bhí a chloigeann sáite i gcónaí i gcúrsaí ríomhaireachta agus anailíse. Bhí cuimhne ag an gcailín dathúil seo air siúd, áfach. Chlaon sé ar an scuab agus rinne lagiarracht meangadh beag gáire a chur ar a aghaidh. Níor theastaigh uaidh ligean air féin go raibh dearmad glan déanta aige uirthi.

any memory
wonder; absorbed

leaned
made a weak effort
he didn't want to show; completely forgotten

'Aoife, ar ndóigh! Tá cuma dhifriúil ort – dath na gréine ort – agus dath do … do chuid gruaige níos … níos gile ná mar a bhí sí, sílim?'

brighter

'Tá! Mar táim díreach tar éis filleadh ó Lake Tahoe! Ag obair go páirtaimseartha mar gharda tarrthála a bhí mé ann. Áit aoibhinn ar fad is ea é – an ghrian ag scoilteadh na gcloch gach uile lá den tseachtain! Ag tabhairt aghaidh ar Thrá Bondi i gceann coicíse eile a bheidh mé. Tá an-sceitimíní orm faoi sin!'

lifeguard

heading to
I'm really excited

'Ní fheadar cad chuige ar tháinig tú ar ais chuig an dumpa seo in aon chor mar sin?' arsa Emmet, pas beag searbhasach. Is amhlaidh a chuir dea-scéalta eachtraíochta dhaoine eile olc air.

I don't know why

bitterly; other people's adventure stories annoyed him

Níor thóg Aoife aon cheann den leadrán a bhí air. 'Oíche na n-iarscoláirí ar siúl an tseachtain seo chugainn gan amhras! An mbeidh tú ann? Samhlaigh – tá deich mbliana curtha dínn againn ó bhíomar ar scoil!'

school reunion

gone by

'Ní bhfuaireas cuireadh.'

an invite

Dhearg Aoife. Bhí a béal ar leathadh agus í ag lorg rud éigin le rá nuair a bhris seanbhean isteach orthu.

open; something to say

'An mbeadh a fhios ag ceachtar agaibhse cá bhfuil an snasán troscáin? Táthar tar éis gach rud a athrú timpeall arís sa siopa. Ní féidir liom teacht ar rud ar bith.'

would either of you know; polish
find

Chrom Emmet síos, d'aimsigh canna snasáin agus **shín chuici é**.	crouched; handed it to her
'Buíochas,' arsa an tseanbhean agus bhailigh sí léi síos an pasáiste.	
Dhírigh Emmet ar Aoife **an athuair**. Bhí sí fós **ag bladar léi mar gheall** ar oíche na n-iarscoláirí. 'Beimid ag bualadh le chéile sa chathair le haghaidh cúpla deoch. **Seans** nach raibh a fhios ag daoine go raibh tú fós timpeall na háite!'	again; going on about maybe
'**Tháinig siad ortsa** agus tú **breis is** ocht míle ciliméadar ón áit seo.'	they found you; more than
Thug Aoife **sracfhéachaint fhiosrach** ar Emmet ach chuir sí **meangadh** ar a béal arís ar an bpointe.	inquiring look smile
'**Ócáid** neamhfhoirmeálta atá i gceist,' ar sí **chomh gealgháireach** is a bhí riamh. 'Éist, cuardaigh m'ainm ar Facebook! Tá na sonraí ansin. Dé Céadaoin seo chugainn …'	occasion; as cheerfully
'Tráthnóna Dé Céadaoin?' arsa Emmet. 'Ní bheidh mé saor. Beidh mé ag obair.'	
'**D'fhéadfá** teacht tar éis na hoibre. Ní thosóidh sé go dtí a seacht nó a hocht. Mar a dúirt mé – rud neamhfhoirmeálta atá ann.'	you could
'Beidh mé **teannta** san obair go dtí meán oíche.'	stuck
'Go dtí meán oíche? Ach cá bhfuil tú ag obair?'	
'Anseo.'	
'Ach cá bhfuil … Ó!'	
Chuir Aoife lámh lena béal. Bhí fáinne mór diamaint ar an lámh chéanna. **D'amharc sí** ar an scuab a bhí ina lámh i gcónaí ag Emmet. **Leath** a súile nuair a **rith sé léi cad a bhí i gceist aige**.	she looked widened; she realised what he meant

Caibidil 8

'Anseo … sa siopa seo! Ó! **Thuig mé gur** ag ceannach na scuaibe sin a bhí tú! Ó, a Emmet. Bhí tusa ar an duine is fearr sa rang fisice. **Shíl mé i gcónaí** gur i saotharlann **faoi rún daingean** a bheifeá ag saothrú …'	I assumed that I always thought; top secret
Tháinig guth eile ar snámh chucu tríd an aer agus bhris isteach ar an gcomhrá. Bainisteoir an tsiopa a bhí ann agus í thar a bheith **cantalach**, **mar ba ghnách léi**.	 cranky; as was usual for her
'A Emmet!'	
'Caithfidh mé filleadh ar an obair,' arsa Emmet **go drogallach** le hAoife.	reluctantly
'Ar ndóigh!' arsa Aoife de ghuth **íseal**. Thug sí cúl d'Emmet agus **lig uirthi** go raibh sí ag déanamh mionscrúdú ar an **réimse táirgí glantacháin** a bhí ar fáil sa siopa.	low she pretended; range of cleaning products
'A Emmet,' arsa an bainisteoir an athuair. 'Tá súil agam nach **ag meilt ama** ansin thiar a bhí tú! **Bhíos do d'iarraidh**. Nár chuala tú an **dordánaí** ag bualadh? Nó an mbeidh orm **glaoire** pearsanta a fháil duit?'	wasting time I was looking for you; buzzer; pager
'**Ag cur comhairle** ar chustaiméir a bhí mé,' a d'fhreagair Emmet, agus an **searbhas** le cloisteáil ina ghlór **i gcónaí**. Bhí fuath aige don bhean seo agus a **cumhrán nimhiúil**.	advising bitterness; still toxic perfume
'Tá custaiméirí ag feitheamh ag barr an tsiopa,' ar sí. 'Ar mhiste leat **dul i bhfeighil an scipéid** seachas a bheith ag crochadh thart anseo?'	take charge of the till
Gheit croí Emmet. Ní raibh sé ag súil **go n-iarrfadh sí** é seo air go fóill. **Ardú céime** ab ea é bheith ag glacadh le hairgead sa siopa, rud a raibh sé ag feitheamh leis ón gcéad lá. **Ghread sé leis** go barr an tsiopa.	that she'd ask promotion he headed off
Sheas an bainisteoir taobh thiar de agus Emmet ag déileáil leis an gcéad **bhuíon** custaiméirí. Ba bheag **comhairle** a bhí uaidh chun tabhairt faoin gcúram. **Bhí cur amach aige cheana féin** ar fheidhmiú an scipéid airgid. Bhí sé ag obair leis gan **dua**.	group; advice he already knew bother
Shroich Aoife barr na **scuaine** agus Emmet a bhí ag freastal uirthi. Seampú **an t-aon earra** a bhí aici ina ciseán.	reached; queue the only thing
'Agus Lató na hoíche anocht,' ar sí.	
'Déanfaidh mise é sin,' arsa an bainisteoir.	
'**Ní gá**,' arsa Emmet. 'Tá a fhios agam conas é a dhéanamh. An bhfuil na huimhreacha **ullamh** agat, a Aoife?'	no need ready
'**Déanfaidh an Quick Pick cúis**,' a d'fhreagair sí.	the Quick Pick will do
'Agus an Plus?'	
'Agus an Plus.'	
Chas Emmet chun an mheaisín in aice leis. **Gléas bunúsach** a bhí ann. An ceann céanna a bhí sa siopa le deich mbliana anuas ar a laghad. **Scáileán tadhaill** a bhí air. **Ní raibh le déanamh aige** ach an cineál Lató a bhí ag teastáil a roghnú – gnáth-Lató oíche Shathairn bhí i gceist ag Aoife – an **cnaipe** Quick Pick a bhrú agus **ar an gcéad taispeáint eile** an Plus a bhrú.	basic device touchscreen; he only had to button on the next screen

An Saol Oibre

'Ceithre euro don Lató agus trí caoga don seampú. Sin seacht caoga ar fad,' arsa Emmet. Thug sé an ticéad d'Aoife agus **shín** sí chuige nóta airgid. — handed

Chaith sé an t-airgead isteach i d**trach** an mheaisín agus thóg **an tsóinseáil** amach. Leis an tsóinseáil, chuir sé an **íocaíocht** don seampú isteach i scipéad airgid an tsiopa. **Bearta** airgid **éagsúla** ab ea an dá rud – íocaíocht an Lató agus airgead an tsiopa. — tray; the change; payment; transactions; different

'**D'fhéadfása fós** bualadh linn níos moille oíche Dé Céadaoin,' arsa Aoife **de chogar**, agus **í ag glacadh leis an tsóinseáil** uaidh. Chuir sí an seampú isteach ina mála. 'Bím sáite i gcónaí sa ríomhaire agus beidh mé **ag faire amach duit**. Cuirfidh mé tú ar an eolas **ar an toirt** ach mé a chuardach ar Facebook – nó Twitter!' — you could still; in a whisper; taking the change; looking out for you; immediately

'Déanfaidh mé é sin!' arsa Emmet agus d'fhág slán aici.

D'fhair sé ina diaidh, agus í ag bailiú léi. Ní fheadar **an mó** 'Aoife' a bhí ar na suíomhanna a luaigh sí mar ní raibh tuairim faoin spéir ag Emmet cén sloinne a bhí uirthi. — he looked at her; how many

Díreach ag an nóiméad sin, **tháinig mearchuimhne chuige** go raibh Aoife i rang éigin ar scoil leis. Ina suí taobh thiar de. **Ba chuimhin** leis gur léirigh an Aoife seo an-suim ann. **B'in toisc go raibh sé** de dhrochnós aici a chuid oibre a chóipeáil! — a dim memory came to him; he remembered; that was because

Ach cailín trom **goiríneach** ab ea í siúd, a bhíodh **de shíor ag cur as dó**. Shíl Emmet **nach bhfeicfeadh** sé go deo arís í agus bhí súil aige nach bhfeicfeadh. Scéal eile ar fad a bhí san Aoife seo. Ógbhean ard chaol ab ea í agus **cuma an rachmais** uirthi. **Ní fhéadfadh** gurbh í seo an duine céanna. — spotty; always annoying him; he wouldn't see; wealthy appearance; couldn't

Ba chuma faoi sin anois. Mar **ba chuma sa sioc le** hEmmet faoin gcruinniú sa teach tábhairne agus faoin **dream** a d'fhág sé ina dhiaidh sa mheánscoil. Ní fhaca sé **duine ar bith díobh** ón lá a chríochnaigh sé an páipéar scrúdaithe deireanach – fisic, mar a tharla. **Ní raibh sé ar intinn aige iarracht a dhéanamh** Aoife ná duine ar bith eile ón rang a chuardach ar Facebook ná Twitter ná in aon áit eile. Bhí **cúraimí níos práinní** air ná a bheith ag meilt ama agus **ag cur airgid amú** leis an scata amadán a bhí sa ghrúpa sin. — didn't give a damn; group; any of them; he had no intention of trying; more urgent tasks; wasting money

Dhírigh sé ar an gcéad chustaiméir eile. Quick Pick eile á cheannach aici. — he turned to

Ceisteanna 1

1. Cad a bhí Emmet ag scuabadh nuair a chuala sé Aoife a rá a ainm?
2. Cén sórt cóta a bhí á chaitheamh ag Aoife?
3. Cén rang ina raibh siad le chéile, dar le hAoife?
4. Cá raibh Aoife ag obair mar gharda tarrthála?
5. Cé mhéad bliain a bhí ann ó bhí siad ar scoil?
6. Cad a bheidh ar siúl ag Emmet tráthnóna Dé Céadaoin?
7. An raibh Emmet go maith sa rang fisice, dar le hAoife?
8. Cár sheas an bainisteoir agus Emmet ag déileáil leis na custaiméirí?
9. Cén **dá** rud a cheannaigh Aoife?
10. Cén mhearchuimhne a tháinig chuig Emmet nuair a d'fhág Aoife an siopa?

Cuid 2

Sa chuid seo den ghearrscéal, faighimid amach go mbíonn Emmet **ag haiceáil isteach** i **suíomh an Lató**. Tá **ríomhchlár** speisialta scríofa aige.

	hacking into; Lotto website computer program

Cúpla mí roimhe sin, sular thosaigh sé ag obair sa siopa, thosaigh Emmet **ag póirseáil thart ar** shuíomh an Lató. **B'iomaí tréimhse ama a chaitheadh sé** ag scimeáil ar an Idirlíon agus nuair a bhíodh fonn air, **dhéanadh sé bradaíl ar** roinnt suíomhanna chun **sonraí** a bhailiú agus anailís a dhéanamh orthu.

fishing around
he spent a lot of time
he hacked
details

Ba é an rud ba thábhachtaí a bhain sé as an anailís a rinne sé ar shuíomh an Lató ná **nach gceannódh** sé ticéad Lató go deo arís. Thuig sé **gurbh fhíorannamh** a bhíodh an **mheáníocaíocht a tairgeadh** oíche ar bith *níos mó* ná costas na dticéad féin. B'ionann sin agus go raibh an **dóchúlacht** (**codán bídeach**) go roghnódh sé na huimhreacha cuí **méadaithe faoin** íocaíocht a bheadh le fáil, níos lú ná cúpla euro. An cúpla euro **a chaithfí** ar an ticéad.

that he wouldn't buy
it was very rare
the average payment offered
probability
a tiny fraction
multiplied by
that'd be spent

Níos measa fós a bheadh an toradh, sa chás go mbuafadh sé, **dá mbeadh na huimhreacha céanna roghnaithe ag imreoirí eile**. Bheadh air an duais a roinnt leo siúd.

even worse
if other players had chosen
the same numbers

Fíorbheagán daoine a thuig an cluiche Lató i gceart. **Chreid roinnt díobh** nach bhféadfadh na huimhreacha céanna a bheith mar thoradh air **dhá uair as a chéile**. Ach níorbh fhíor sin. Nó shíl daoine **nach bhféadfadh sraith uimhreacha ar nós** 1, 2, 3, 4, 5, 6 … tarlú riamh. Ach d'fhéadfadh an **toradh** sin a bheith air chomh maith.

very few
some of them believed
twice in a row
couldn't
a series of numbers such as
result

Go teoiriciúil.

theoretically

Turas 3

Ar ndóigh, bhí gach seans ann gur liathróidí **calaoiseacha** a bhí sa bhosca ag **ceanncheathrú** an Lató. D'fhéadfadh ceann amháin a bheith níos troime ná ceann eile – de thimpiste nó **d'aon ghnó**. **Ní bheadh aon deis aige féin anailís a dhéanamh** ar a leithéid toisc nach raibh sé in ann mionscrúdú a dhéanamh ar na liathróidí. Agus toisc **go n-athraítí** na liathróidí ó am go ham.	fraudulent headquarters on purpose; he'd have no chance to analyse be changed
Mhaolaigh an seans ag duine ar bith airgead a **ghnóthú** ón Lató le hathrú an phróisis iontrála agus buachana. Bhí an próiseas tar éis éirí níos casta le himeacht ama de bharr **méadú ar líon** na n-uimhreacha, an Plus, na réaltaí agus eile.	reduced; winning increase in the amount
Nuair a rinne Emmet an bhradaíl, thuig sé **go bhféadfadh sé a fháil amach** cá raibh imreoir a bhí ag ceannach ticéid nó ag seiceáil uimhreacha Lató ar an Idirlíon. **Thug sé faoi deara** an líon daoine a chuaigh i muinín an Quick Pick. **Ceal ama agus leisce faoi deara an claonadh sin**, dar leis.	that he could find out he noticed lack of time and laziness was the reason for that tendency
Bhí gach buaiteoir in ann an t-airgead a bhuaigh sé nó sí, **faoi bhun suim áirithe**, a bhailiú ó shiopa ar bith ina raibh an Lató ar díol. Ach chun airgead buaite, a bhí **os cionn** suim áirithe a éileamh, **níor mhór don bhuaiteoir** dul isteach chuig an gceanncheathrú chun é a bhailiú.	under a certain sum over the winner had to
Bhí Emmet den tuairim go mba bhreá leis dul ag obair i gceanncheathrú an Lató chun tuilleadh eolais a fháil agus **leas a bhaint as** an eolas sin. Ach **bheadh sé níos éasca** post a fháil in Spar nó Centra ina raibh an Lató ar díol. Bhí **féidearthachtaí** aige ansin fós. B'in é an fáth ar chuir sé isteach ar phost ag glanadh urlár mionmhargaidh i lár na cathrach. **B'éigean dó** an t-iarratas aige a shimpliú ar ndóigh, agus fuair sé an post.	to use; it'd be easier possibilities he had to
Bhí clár speisialta scríofa ag Emmet. **Dúshlán** ab ea é an clár a scríobh agus thóg sé tamall air, ach d'éirigh leis. **Córas oibriúcháin comhoiriúnach** – Linux – a bhí aige ar ríomhaire dá chuid sa bhaile. **D'uaslódáil** sé an clár ar a fhón póca. B'in **a raibh uaidh**.	challenge compatible operating system uploaded all he needed

Ceisteanna 2

1. Cén fáth a ndéanadh Emmet bradaíl ar roinnt suíomhanna?
2. Céard é an rud ba thábhachtaí a bhain Emmet as an anailís?
3. Cá raibh gach buaiteoir in ann an t-airgead a bhuaigh sé nó sí, faoi bhun suim áirithe, a bhailiú?
4. Cén fáth ar bhreá le hEmmet dul ag obair i gceanncheathrú an Lató?
5. Cad a bhí scríofa ag Emmet?

Cuid 3

Sa chuid seo den ghearrscéal, tagann **an teicneoir** go dtí an siopa. Tá fadhb le meaisín an Lató. Tá dhá chóip de gach Quick Pick á phriontáil ach tá cód difriúil ag gach cóip. Ní thuigeann an teicneoir cad atá ag tarlú, ach tuigeann Emmet go maith.

the technician

D'ardaigh an teicneoir **clúdach** mheaisín **ársa** Lató an tsiopa agus bhreathnaigh isteach. — *cover; ancient*

'**Níl an chuma air** go bhfuil aon rud **cearr** go fisiciúil leis an meaisín. An mbíonn ort rolla nua páipéir a chur ann níos minice ná de ghnáth?' — *doesn't look like; wrong*

Bhain Emmet **croitheadh as a chloigeann**. — *shook his head*

Shéid an teicneoir anáil trína **pholláirí**. 'Bhuel,' ar sé agus é ag cur síos an chlúdaigh, 'is é an rud is fearr ná **an rud a thástáil**. Ar mhiste leat líne Quick Pick a dhéanamh dom?' — *nostrils; test the thing*

Rinne Emmet amhlaidh, fuair an Quick Pick agus shín an **duillín Lató** chuig an teicneoir. — *Emmet did so; Lotto slip*

'Cóip amháin a tháinig amach!' arsa an teicneoir. Ba léir go raibh ionadh air. 'Deir sé sa tuairisc ón gceanncheathrú go bhfuil gach líne Lató **á roghnú faoi dhó** sa siopa seo! Ní dóigh liom go bhfuil an t-eolas sa tuairisc i gceart. Ní bheadh gach uile chustaiméir ag ceannach **ticéad sa bhreis** leis na huimhreacha céanna don aon chluiche Lató! Ní bheadh **ciall dá laghad** leis sin!' — *being chosen twice; an extra ticket; no sense at all*

'Ciall dá laghad,' arsa Emmet. 'Ach, nach bhféadfadh beirt chustaiméirí na huimhreacha céanna a roghnú?'

Rinne an teicneoir a **mhachnamh** air seo. 'Cinnte, **d'fhéadfadh sé go dtarlódh sé sin** ó am go chéile, ach tá líne sa bhreis á ceannach gach uile uair don chluiche céanna agus níl ach íocaíocht amháin ag teacht isteach!' — *thought; that could happen*

Turas 3

'Cuirfimid an dara ticéad **ar ceal** mar sin,' arsa Emmet.	cancel
Bhain an teicneoir croitheadh as a chloigeann an uair seo. '**Is ticéad bailí atá i ngach aon cheann díobh**. Ní féidir ceann acu a chur ar ceal. Féach, tá **uimhir aitheantóra uathúil** – fiche a hocht ndigit – ag dul le gach ticéad.'	every one of them is a valid ticket unique identifying number
Dhírigh an teicneoir a mhéar ar an ticéad a bhí Emmet tar éis a phriontáil dó agus thaispeáin an uimhir aitheantóra ag bun an duillín dó. '**Tuigtear dúinn** go bhfuil na huimhreacha céanna á roghnú **an dara huair**, ach níl an uimhir aitheantóra chéanna ar an dara cóip. Uimhir dhifriúil atá ann. **Sin é an fáth** gur ticéad bailí é an dara cóip. **Ní fios dúinn cé acu** ticéad 'an chóip' nó más cóip í in aon chor.'	pointed we believe the second time that's the reason we don't know which
'Tá sé sin an-chasta!' arsa Emmet agus é **ag déanamh mionscrúdú** ar na huimhreacha ar an ticéad.	carefully examining
'**Cor aisteach** ar fad is ea é. Níor tháinig mé air go dtí anois. Níl mé ábalta **bun ná barr** a dhéanamh den scéal. Ní ortsa an **locht**. Tá mé **do do chiapadh** is dócha!'	strange twist head nor tail fault; annoying you
'Fadhb ar bith!' arsa Emmet. 'An bhfuil aon rud eile **a d'fhéadfainn** a dhéanamh duit?'	that I could
'Ní dóigh liom go bhfuil. Tá an meaisín seo go breá. Táim ag ceapadh anois gur san oifig istigh – sa cheanncheathrú – atá an fhadhb. **De réir** an taifid ansin, is dhá líne atá á gceannach. **B'fhearr dom** na meaisíní istigh a scrúdú – iad ar fad!'	according to I had better
'Is tusa an **saineolaí** ar ndóigh!' arsa Emmet.	expert
D'fhág an teicneoir slán aige, agus dúirt **go bhfillfeadh sé** laistigh de choicís chun meaisín nua a chur isteach **mura dtiocfaidís ar réiteach ar bith eile air idir an dá linn**. Chrom Emmet ar a chuid oibre an athuair gan bacadh le híocaíocht a bhailiú don líne Quick Pick a thug an teicneoir leis.	that he'd return if they didn't find another solution in the meantime
Ní raibh **puinn trua** ag Emmet do lucht an Lató, a bhí ag cailleadh íocaíocht amháin as gach péire ticéad a bhí **á eisiúint** sa siopa seo. Dar le Emmet íocaíocht bhreise a bhí a lorg acu as ucht an dara ticéad, **cé nach raibh aon mhéadú ag teacht** ar an gciste airgid a bhí á bhronnadh acu.	no pity at all being issued even though there was no increase
Go déanach an tráthnóna sin nuair a bhí an siopa ciúin, bhí Emmet i mbun urlár an tsiopa a scuabadh. Stad sé nóiméad chun sos beag a ghlacadh in aice an mheaisín Lató. Agus é ina sheasamh san áit ina raibh sé, **shín sé lámh timpeall** an mheaisín, **amhail is nach raibh sé ach ag claonadh i gcoinne** an chuntair agus é ag feitheamh ansin.	late that evening he reached his hand around as if he was only leaning against
Bhrúigh sé cábla a bhí ceangailte leis an bhfón póca **isteach sa phort srathach**. D'íoslódáil sé ar an bhfón **na sraitheanna uimhreacha go léir** a bhí stóráilte sa mheaisín. Sa chlár a bhí **cumtha** aige, **cuardaíodh** gach líne uimhreacha ina raibh **breis is trí uimhir cothrom leis** na huimhreacha a bhí i dtorthaí Lató na hoíche sin. Go randamach, **cuireadh uimhir aitheantóra nua le** gach ceann de na línte sin.	into the serial port all of the series of numbers created; searched equal to; more than a new identifying number was added to

Bhuail sé an cnaipe cuí ar an meaisín agus amach leis na **duillíní** Lató go léir a raibh luach cúpla míle de bhua orthu ar a laghad – **níor bhac sé le** mioníocaíochtaí. Níor bhac sé le móríocaíochtaí ach oiread. **Níor mhian leis aird a tharraingt** air féin. **Chloígh sé leis** na roghanna Quick Pick amháin.

Ina dhiaidh sin, bhuail Emmet cnaipe a phriontáil cóipeanna de thorthaí Lató na hoíche sin. D'fhág sé ar an seastán iad **le go mbeidís** ar fáil do chustaiméirí. Chuir sé a dhuillíní féin isteach ina phóca.

Bhain Emmet an cábla amach as an bport srathach agus chuir é sin agus an fón ar ais ina phóca. Bhí **an beart curtha i gcrích go discréideach** aige.

Rachadh sé isteach lá arna mhárach chuig oifig an Lató chun an t-airgead a bhí **ag dul dó** a bhailiú. **Chuirfidís-sean** isteach ina chuntas airgid é.

Bhí sé i gceist aige an siopa a fhágáil chomh maith. **Bhraith** sé go mbeadh sé deas **ligean dóibh a cheapadh** go raibh an fhadhb **réitithe** acu nuair a chuirfí an meaisín nua isteach sa siopa. Is é an **dearadh céanna** a bhí ar na meaisíní nua, **rud a chiallaigh** nach mbeadh mórán oibre i gceist chun an rud céanna a dhéanamh arís amach anseo **dá mba mhian leis**, i siopa éigin eile.

	slips
	he didn't bother with
	he didn't want to attract attention; he stuck to
	so that they'd be
	completed the action discreetly
	he'd go in
	due to him; they'd put
	he intended
	felt; let them think
	solved
	same design
	which meant
	if he wanted

Ceisteanna 3

1. Ar cheap an teicneoir go raibh aon rud cearr go fisiciúil leis an meaisín Lató?
2. Cad a deirtear sa tuairisc ón gceanncheathrú?
3. Cár chuir Emmet a dhuillíní féin?
4. Cad a rinne Emmet leis an gcábla a bhí ceangailte lena fhón póca?
5. Cén fáth a rachaidh Emmet chuig oifig an Lató?

Cuid 4

Sa chuid seo den ghearrscéal, foghlaimímid níos mó faoi Aoife. Is **caimiléir** í freisin agus tá **a scéim speisialta féin** aici.

con artist; her own special scheme

Bhrúigh Aoife a **beola** le chéile chun go suífeadh an **béaldath** i gceart orthu. Chuir sí síos an bata agus chas ar ais ar an ríomhaire **chun a teachtaireachtaí a sheiceáil** an athuair. **Dada**.

*pressed; lips
lipstick
to check her messages
nothing*

Bhí Aoife **dóite** den saol. Bhí sí tar éis **slám** airgid a chailleadh i gcluiche pócair ar maidin agus bhí sí amuigh as an gcluiche anois. Bhí sí **idir dhá chomhairle** faoi **thosú as an nua**. **Ba bheag eile a bhí le déanamh aici** agus bhí **géarghá** aici cur lena ciste pearsanta.

*bored; pile

in two minds
starting afresh; she had little else to do; serious need*

Bhí sí **ar tí diúltú** a bheith páirteach sa turas domhanda pócair – Pócar i bParthas, is é sin le rá an Astráil – nuair a las an **clúdach beag litreach ag cur in iúl di** go raibh teachtaireacht nua ann di. Bhrúigh sí an cnaipe agus nuair a chonaic sí cad a bhí ann, **tháinig straois ar a haghaidh**.

*about to decline

little envelope letting her know

she smiled*

Bhí **duine díobh siúd a raibh sí á gcreachadh** tar éis carn mór a chur i dtaisce sa bhanc. Bhí stór maith airgid **gnóthaithe** aige faoin am seo, agus é ag ceapadh gan amhras, go raibh a **shealúchas** slán sábháilte i gcuntais **éagsúla** i mbainc éagsúla. Ach bhí Aoife **ag faire** go géar air le tamall anuas. **Ní de bharr a bheith** ag scuabadh urláir siopaí a bhí Emmet tar éis an t-airgead seo a **shaothrú** ach **faoi cheilt**. Níorbh **eol** di go cinnte go fóill conas a **d'éirigh leis** é a dhéanamh ach ní ró-éagsúil lena modhanna féin a bhí sé.

*one of those she was tracking

earned
savings
various; watching
it wasn't from

earn; in secret; know
he managed to*

Bheadh tuarastal maith á thuilleamh ag Aoife inniu **dá mbeadh sí** páirteach go gairmiúil i **scuad calaoise**. Ach bhí **brabús** níos fearr le tuilleamh aici as a bheith **ag baint bairr de chuntais choigiltis**.	would be earning a good salary if she was fraud squad; profit skimming savings accounts

Ceisteanna 4

1. Cén fáth ar bhrúigh Aoife a beola le chéile?
2. Conas a chaill Aoife slám mór airgid ar maidin?
3. Cá raibh an turas domhanda pócair – Pócar i bParthas – le bheith ar siúl?

  Bí ag caint!

I ngrúpa, pléigh na ceisteanna seo.

1. An bhfuil aon chosúlachtaí idir tú féin agus Aoife nó Emmet? Céard iad?
2. An bhfuil aon difríochtaí idir tú féin agus Aoife nó Emmet? Céard iad?

 Táim in ann ceisteanna a fhreagairt ar an ngearrscéal 'Quick Pick'.

Achoimre an ghearrscéil: Léigh agus scríobh

Léigh achoimre an ghearrscéil agus freagair na ceisteanna.

Is scéal é seo faoi bheirt **chaimiléirí** – Emmet agus Aoife.	con artists
Is duine **an-éirimiúil** é Emmet. Feiceann sé fadhb i g**córas** an Lató agus tá sé ábalta **haiceáil isteach ann**.	very intelligent; system hack in
Scríobhann sé **ríomhchlár** speisialta agus faigheann sé post i mionmhargadh. Leis an ríomhchlár, déanann sé cóip de gach Quick Pick **saor in aisce**. Tá cód difriúil ag bun gach Quick Pick.	computer program free of charge
Nuair a bhuann aon Quick Pick, **coimeádann** sé é. Piocann sé amach na **meánduaiseanna** agus **éilíonn** sé an t-airgead i g**ceanncheathrú** an Lató.	keeps average prizes; claims headquarters
Lá amháin, buaileann sé le cailín darb ainm Aoife sa siopa. Deir sí go raibh siad ar scoil le chéile ach **ní cuimhin le** hEmmet í. Is caimiléir cliste í Aoife freisin, áfach. Tá Aoife ábalta haiceáil isteach i gcuntais bhainc. **Scimeálann** sí airgead astu.	doesn't remember skims
Tá a fhios ag Aoife go bhfuil rud éigin **neamhghnách** faoi Emmet. Haiceálann sí isteach ina chuntas bainc agus feiceann sí go bhfuil go leor airgid aige. Tosaíonn sí ag scimeáil airgid as a chuntas.	unusual

1. Cén sórt duine é Emmet?
2. Cad a fheiceann sé i gcóras an Lató?
3. Cad a scríobhann Emmet?
4. Cad a dhéanann sé le Quick Picks buaiteacha?
5. Cad atá Aoife ábalta a dhéanamh?
6. Cad a dhéanann sí le cuntas bainc Emmet?

Scríobh
Cruthaigh scéalchlár faoin ngearrscéal ar www.storyboardthat.com.
Bain úsáid as an achoimre thuas.
Tá samplaí le feiceáil ar ar www.educateplus.ie/go/storyboards.

  ## Bí ag caint!
I mbeirteanna, déan dráma den chomhrá idir Emmet agus Aoife sa siopa.

An scríbhneoir
Rugadh Orna Ní Choileáin i gCorcaigh ach tá cónaí uirthi i mBaile Átha Cliath. Tá go leor duaiseanna buaite aici as a cuid scéalta, filíochta agus drámaí.

 Táim in ann páirt a ghlacadh i ndráma bunaithe ar an ngearrscéal 'Quick Pick'.

Na carachtair sa ghearrscéal: Léigh

Léigh an freagra samplach seo.

Ceist shamplach:

Déan cur síos ar dhá thréith atá ag duine amháin de na príomhcharachtair sa ghearrscéal. Tabhair sampla amháin ón ngearrscéal i gcás gach ceann de na tréithe sin. Bain úsáid as an ransú smaointe sa bhosca thíos.

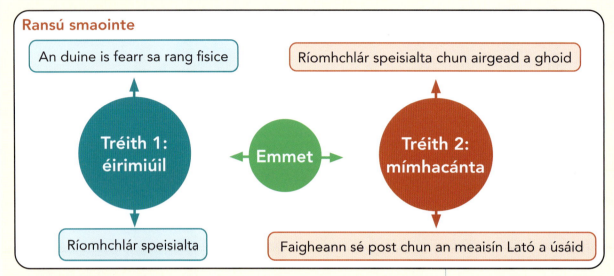

Freagra samplach:

Emmet

Is duine éirimiúil é Emmet. Deir Aoife go raibh sé **ar an duine is fearr** sa rang fisice, nuair a bhí siad ar scoil. Chomh maith leis sin, scríobhann sé **ríomhchlár** speisialta **chun haiceáil isteach** i meaisín an Lató.

the best person

computer program; to hack into

Is duine glic agus mímhacánta é freisin. **Goideann** sé airgead ón Lató gach seachtain. Scríobhann sé an ríomhchlár speisialta. Ansin, faigheann sé post i siopa chun an meaisín Lató a úsáid. Priontálann sé cóipeanna de na **Quick Picks buaiteacha** dó féin agus bailíonn sé an t-airgead ó oifigí an Lató.

steals

winning Quick Picks

 ## Scríobh

Déan cur síos ar dhá thréith atá ag Aoife sa ghearrscéal. Tabhair sampla amháin ón ngearrscéal i gcás gach ceann de na tréithe sin. Bain úsáid as an ransú smaointe sa bhosca thíos.

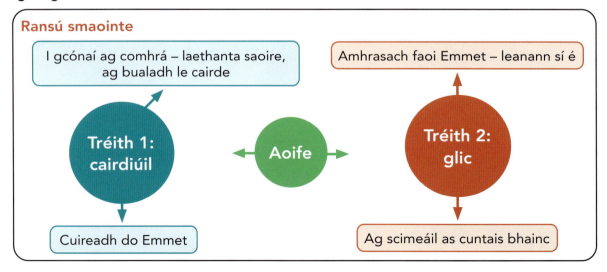

📖 ✏️ Léigh agus scríobh

A. Léigh an t-agallamh thíos a rinne Aoife faoina ról sa ghearrscéal

Ainm an charachtair:
Aoife

Ceist 1: An raibh an cur síos ar do ról sa ghearrscéal seo cothrom nó ceart?

Freagra: Is dócha go raibh. Ní naomh mé, cinnte. Ach ní naomh é Emmet ach oiread. Sin an chúis ar lean mé é agus ar thóg mé an t-airgead mímhacánta a fuair sé.

Ceist 2: Cad a mhothaigh tú nuair a chonaic tú Emmet ag obair sa siopa?

Freagra: Amhrasach, an-amhrasach faoi. Cheap mé go mbeadh an buachaill is fearr sa rang fisice ag obair i saotharlann rúnda. Agus tá a fhios againn anois go raibh an ceart agam a bheith amhrasach faoi. Bhí sé ag scéiméireacht an t-am ar fad.

Ceist 3: An raibh aon cheacht le foghlaim sa scéal?

Freagra: Sílim é. Tá a fhios againn go léir go gcaithimid a bheith cúramach sa ré dhigiteach. Tá an t-idirlíon lán de chaimiléirí. Ar an drochuair d'Emmet, ní raibh sé cúramach. Tá sé cliste – scríobh sé an ríomhchlár iontach sin – ach níl taithí aige ar chúrsaí an tsaoil, agus b'shin an chúis a raibh mé ábalta a chuid airgid a ghoid.

B. Scríobh síos trí cheist a chuirfeá ar Emmet maidir lena ról sa ghearrscéal agus na trí fhreagra is dóigh leat a thabharfadh sé. Bain úsáid as an agallamh le hAoife chun cabhrú leat.

Noda!

- Is féidir leat do chuid ceisteanna a bhunú ar na focail sa liosta thíos, más mian leat: do ról, ról na gcarachtar eile, tréith, tionchar, ceacht, mothúchán, tábhacht.
- Bíodh mioneolas as an ngearrscéal i ngach aon fhreagra.
- Is féidir leat ceisteanna ginearálta nó ceisteanna sonracha a scríobh.

✏️ 💬 Scríobh agus labhair

Cén carachtar is fearr leat? Cén fáth? Tabhair dhá fháth le do thuairim. Déan comparáid leis an duine atá in aice leat.

✓ Táim in ann anailís a dhéanamh ar charachtair sa ghearrscéal 'Quick Pick'.

trí chéad fiche a seacht

Téamaí an ghearrscéil: Léigh agus scríobh

Is éard is brí le téama an ghearrscéil ná an smaoineamh is tábhachtaí atá sa ghearrscéal. Léigh an freagra samplach seo agus freagair na ceisteanna.

Ceist shamplach:

Luaigh dhá théama atá le brath go soiléir sa ghearrscéal atá roghnaithe agat. Scríobh anailís ghearr ar an dá théama sin. Bain úsáid as an ransú smaointe sa bhosca thíos.

Ransú smaointe

Emmet: gnáthdhuine ach mímhacánta: ag obair i siopa ach ag haiceáil

Emmet: buntáistí an Lató – cabhraíonn sé le carthanais, scoileanna, srl. – goideann Emmet ón gciste sin

Téama 1: Ní mar a shíltear a bhítear

Téama 2: Mímhacántacht

Aoife: cuma chairdiúil ach i mbun caimiléireacht ar líne

Aoife: goideann Aoife airgead ó gach duine – leanann sí agus haiceálann sí iad

Téamaí eile: Ceart agus Éigeart, Dlí, Coiriúlacht, Caimiléireacht

Freagra samplach:

Ní mar a shíltear a bhítear

Is é '**ní mar a shíltear a bhítear**' téama an ghearrscéil. Ceapann daoine gur gnáthdhuine é Emmet ach is duine mímhacánta é. Tá cuma chairdiúil ar Aoife ach is duine mímhacánta í.

things are not always as they seem

Sa dara cuid den ghearrscéal, foghlaimímid cén fáth a bhfuil Emmet ag obair sa siopa seo. Tá **an-eolas** aige ar chúrsaí Lató. Tá plean casta aige ach caithfidh sé meaisín Lató a úsáid **chun an plean a chur i gcrích**. Sin an chúis ar thosaigh sé ag obair i mionmhargadh.

great knowledge

to put the plan into action

Sa cheathrú cuid, foghlaimímid níos mó faoi Aoife. Ní mar a shíltear a bhítear le hAoife ach oiread. Tá scéim ghlic aici freisin. Tá sise ábalta haiceáil isteach i gcuntais bhainc. Tá a fhios aici go bhfuil rud éigin neamhghnách faoi scéal Emmet agus tosaíonn sí á leanúint.

Tá a fhios aici go bhfuil sé ag cur neart airgid ina chuntas bainc go rialta. Níl a fhios aici cá bhfaigheann sé an t-airgead ach is cuma. Tosaíonn Aoife ag déanamh an rud céanna agus a dhéanann Emmet leis an Lató – tosaíonn sí ag scimeáil airgid as a chuntas.

Mímhacántacht

Cé go bhfuil plean Emmet agus plean Aoife cliste, tá siad an-mhímhacánta freisin.

Goideann Emmet ón Lató. Cabhraíonn an Lató le go leor daoine in Éirinn. Faigheann carthanais, clubanna óige, clubanna spóirt, músaeim agus dánlanna airgead ón Lató. Tagann gach euro a bhuann Emmet as ciste an Lató.

| art galleries |
| fund |

Goideann Aoife ó chuntais bhainc. Tá go leor airgid caillte aici i gcluichí pócair agus ba mhaith léi airgead a fháil go tapa.

Leanann sí daoine chun eolas pearsanta a fháil fúthu. Ansin, tosaíonn sí ag haiceáil isteach ina gcuntas bainc. Tá a fhios aici nach seiceálann gach duine a gcuntas bainc agus mar sin scimeálann sí airgead astu.

| to get personal information about them |

1. Cad a cheapann daoine faoi Emmet agus Aoife?
2. Tabhair **dhá** phointe eolais faoi scéim Emmet.
3. Tabhair **dhá** phointe eolais faoi scéim Aoife.
4. Luaigh **dhá** bhuntáiste a bhaineann leis an Lató.
5. Cén fáth a bhfuil Aoife ag iarraidh airgead a fháil go tapa?
6. Luaigh **dhá** théama eile de chuid an ghearrscéil seo.

  Bí ag caint!

Cén téama is láidre, meas tú? Nó an gceapann tú go bhfuil téama eile níos láidre? I ngrúpa, pléigh do thuairim.

 Táim in ann anailís a dhéanamh ar na téamaí sa ghearrscéal 'Quick Pick'.

Turas 3

📖 Na mothúcháin sa ghearrscéal: Léigh

Léigh an freagra samplach seo.

Ceist shamplach:

Déan cur síos ar mhothúchán amháin sa ghearrscéal atá roghnaithe agat.

Freagra samplach

Tá an mothúchán 'sásamh' le brath go soiléir sa ghearrscéal 'Quick Pick'.

Tá Emmet an-sásta ag deireadh an ghearrscéil seo. Tá an ríomhchlár a scríobh sé ag obair i gceart. Níl a fhios ag an teicneoir cén fáth a bhfuil fadhb ann. Níl a fhios ag bainisteoir an tsiopa céard atá ar siúl aige. Tá sé ag saothrú airgid ón Lató agus tá go leor airgid aige anois.

what he is up to
making money

Tá Aoife sásta ag deireadh an ghearrscéil freisin. Cé go bhfuil airgead á chailleadh aici i gcluichí pócair, tá sí ábalta airgead a ghoid ó chuntais bhainc. Tá a fhios aici go bhfuil rud éigin neamhghnách ag baint le hEmmet agus tosaíonn sí á leanúint. Tá áthas uirthi a fheiceáil go bhfuil sé ag saothrú go leor airgid. Tosaíonn sí ag scimeáil airgid as a chuntas féin.

unusual

Mothúcháin eile: Saint, uaigneas, mímhuinín, amhras, suarachas

✏️ Scríobh

Déan cur síos ar mhothúchán amháin sa ghearrscéal atá roghnaithe agat. Bain úsáid as an ransú smaointe sa bhosca thíos.

Ransú smaointe

Emmet
(i) Éirimiúil
(ii) D'fhéadfadh sé post i 'saotharlann faoi rún daingean' a fháil
(iii) Socraíonn sé casadh ar an gcoiriúlacht

Mothúchán: Saint

Aoife
(i) Cliste agus gealgháireach
(ii) D'fhéadfadh sí post a fháil i 'scuad calaoise'
(iii) Socraíonn sí casadh ar an gcoiriúlacht

✅ Táim in ann anailís a dhéanamh ar na mothúcháin sa ghearrscéal 'Quick Pick'. 🙂 😐 ☹️

Buaicphointe an ghearrscéil: Léigh

Léigh na freagraí samplacha seo.

Ceist shamplach:

Déan cur síos ar bhuaicphointe an dráma.

Noda!
Bain úsáid as an achoimre ar leathanach 324 chun cabhrú leat cur síos a dhéanamh ar aon chuid den phlota.

Freagra samplach:

I mbuaicphointe an ghearrscéil seo, faigheann an caimiléir Aoife **an lámh in uachtar ar** an gcaimiléir Emmet.

the upper hand (i.e. outmanoeuvre)

Tá Emmet breá sásta leis féin. Níl a fhios ag aon duine cén sórt duine é. Lá amháin, buaileann sé le hAoife sa siopa ach **is léir nach dtaitníonn sí leis**.

it is clear he doesn't like her

Ceapann Emmet go bhfuil sé níos cliste ná gach duine eile. Ach, sa chuid dheireanach den ghearrscéal, foghlaimímid go bhfuil Aoife beagáinín níos cliste. Tá scéim ghlic aici. Tá a fhios aici **nach mar a shíltear a bhítear** i gcás Emmet. Ba cheart dó a bheith ag obair i '**saotharlann faoi rún daingean**', dar léi. Ach níl sé. Leanann sí é **chun tuilleadh a fháil amach faoi**.

that things aren't what they seem; top secret lab; to find out more

Faigheann sí amach go mbíonn sé ag cur go leor airgid ina chuntas bainc go rialta. Níl a fhios aici conas a fhaigheann sé an t-airgead ach is cuma. Tosaíonn Aoife ag déanamh an rud céanna agus a dhéanann Emmet leis an Lató – tosaíonn sí ag scimeáil airgid as a chuntas bainc.

Ceist shamplach:

Cad a mhothaigh tú féin faoi bhuaicphointe an dráma? Cuir fáthanna le do fhreagra.

Freagra samplach:

Taitníonn buaicphointe an ghearrscéil 'Quick Pick' go mór liom mar tá **casadh** deas ag an deireadh.

twist

Ag an tús, níl sé soiléir cén **ceangal** a bheidh ann idir saol Emmet agus saol Aoife, fiú nuair a bhíonn an bheirt acu ag caimiléireacht – Emmet leis an Lató agus Aoife leis na cuntais bhainc. Ar deireadh, áfach, is léir gurb í Aoife an duine is cliste agus is glice – tá sí féin ábalta **díriú ar** a scéim féin agus ar scéim Emmet ag an am céanna. Faigheann sí an lámh in uachtar air.

connection

focus on

Punann 8.3

Samhlaigh go bhfuil beagán airgid ag imeacht as do chuntas bainc gach cúpla seachtain. Scríobh an comhrá a bheadh agat leis an mbainisteoir bainc.

Scríobh an chéad dréacht (*draft*) i do chóipleabhar. Bain úsáid as na frásaí i do phunann ar leathanach 100.

Ansin, léigh an seicliosta ar leathanach 101 de do phunann agus léigh siar ar do dhréacht. Ansin, athdhréachtaigh (*redraft*) do chuid oibre. Scríobh an leagan deiridh i do phunann ar leathanach 100.

 Táim in ann anailís a dhéanamh ar an ngearrscéal seo agus idirghníomhú leis.

CLEACHTAÍ ATHBHREITHNITHE

Súil Siar

A. Céard iad na poist atá léirithe sna pictiúir?

1 2 3 4

B. Athscríobh na briathra seo san Aimsir Láithreach nó san Aimsir Fháistineach i do chóipleabhar (sb = saorbhriathar).

1. Má [éist: siad] _____ leat, ní [aontaigh: siad] _____ leat.
2. Má [tabhair: tú] _____ obair bhaile dom, [déan: mé] _____ anocht é.
3. Má [dúisigh: mé] _____ go luath, [téigh: mé] _____ go dtí an siopa.
4. Má [seinn: tú] _____ amhrán anocht, [éist: muid] _____ leat.
5. Má [clois: sibh] _____ aon scéal uaidh, an [abair: sibh] _____ linn?
6. Mura [imigh: sí] _____ anois, [bí: mé] _____ míshásta.
7. Mura [tar] _____ an bus, [faigh: mé] _____ síob ó mo Dhaid.
8. Mura [gróig: tú] _____ an mhóin roimh an mbáisteach, [bí] _____ ort fanacht go dtí an lá amárach.
9. Mura [déan: sb] _____ an obair bhaile, [bí] _____ díomá ar an múinteoir.
10. Má [éirigh] _____ leo sa chomórtas, [bí] _____ áthas ar an múinteoir.

C. Athscríobh na briathra seo sa Mhodh Coinníollach i do chóipleabhar chun an chéad chuid de scéal faoi chóisir idéalach a chríochnú.

1. Dá [buaigh: mé] _____ an Lotto, [ceannaigh: mé] _____ oileán.
2. Dá [ceannaigh: mé] _____ oileán, [tóg: mé] _____ caisleán ann.
3. Dá [tóg: mé] _____ caisleán ann, [eagraigh: mé] _____ cóisir.
4. Dá [eagraigh: mé] _____ cóisir, [tabhair: mé] _____ cuireadh do mo chairde ar fad.
5. Dá [tabhair: mé] _____ cuireadh do mo chairde, [glac: siad] _____ leis an gcuireadh.

D. Léigh an t-alt thíos. Déan eagarthóireacht ar na focail a bhfuil cló trom orthu. Scríobh na focail chearta i do chóipleabhar. Tá an chéad cheann déanta duit.

Dá **ghlacfaidís** (1) = nglacfaidís leis an gcuireadh, **d'ullmhónn** (2) béile mór. Dá **ullmhóinn** (3) béile mór, **d'íosfaimais** (4) go léir le chéile. Dá **n-íosfaimid** (5) go léir le chéile, **bainfimis** (6) sult as an gcóisir. Dá **bainfimis** (7) go léir sult as an gcóisir, ní **mbeadh** (8) strus ormsa! Mura **bheadh** (9) strus orm, **b'féidir** (10) go **n-eagrónn** (11) ceann eile.

E. Céard iad na dualgais atá léirithe sna pictiúir?

F. Tá an bia i do scoil go hainnis. Scríobh litir fhoirmeálta chuig an bpríomhoide ag iarraidh air/uirthi caighdeán an bhia a fheabhsú. Luaigh na pointí seo a leanas:
- An fáth a bhfuil tú ag scríobh chuige/chuici
- Cur síos ar an mbia lofa atá ar fáil i do cheaintín
- Samplaí de bhia atá folláin agus blasta
- An t-athrú atá ag teastáil uaitse agus ó do chairde.

G. Tá bialann 'bia gasta' nua ag oscailt in aice le do scoil. Níl tú sásta ar chor ar bith. Scríobh óráid ag cur ina coinne (*opposing it*).

Cluastuiscint

Cloisfidh tú dhá chomhrá sa cheist seo. Cloisfidh tú gach comhrá faoi dhó. Cloisfidh tú gach comhrá ó thosach deireadh an chéad uair. Ansin cloisfidh tú ina dhá mhír iad. Beidh sos ann leis na freagraí a scríobh tar éis gach míre díobh.

Script: leathanach 119 de do Leabhar Gníomhaíochta.

Comhrá a hAon

Mír 1
1. Cén dea-scéala a bhí ag Ceallach?
2. Cé leo a mbeidh Ceallach ag cabhrú sa charthanas?

Mír 2
3. Liostaigh **dhá** dhualgas a bheas ar Cheallach.
4. Cathain a thosóidh Ceallach ag obair leis an gcarthanas?

Comhrá a Dó

Mír 1
1. Cad a tharla do Igor nuair a bhí sé ag rith síos an bóthar?
2. Cad a rinne Mam Igor nuair a thaispeáin sé an gearradh mór di?

Mír 2
3. An ndeachaigh Igor go dtí an t-ospidéal nó go dtí a dhochtúir teaghlaigh?
4. Cé mhéad greim a fuair Igor?
5. An dóigh le Maighréad go mbeidh colm (*scar*) air?

Cultúr 8
An Ghaeilge agus na Meáin

TG4

A bhuí le TG4 agus eagraíochtaí eile, tá deiseanna oibre iontacha sna meáin do dhaoine óga le Gaeilge.

Bunaíodh TG4 in 1996 i gConamara. Ó shin i leith, tá obair iontach déanta aige i ngach cineál clár teilifíse. Is é 'Súil Eile' an mana atá aige.

Láithreoirí reatha TG4

Orla Ní Fhinneadha

Is múinteoir bunscoile agus amhránaí ar an sean-nós í Orla. Is as Conamara ó dhúchas í. Bhíodh sí le feiceáil go minic ar TG4 le linn na dianghlasála, ar an gclár *Cula4 ar Scoil*.

Donncha Ó Murchú

Is as Baile Átha Cliath do Dhonncha. D'oibrigh sé mar chomhordaitheoir meán sóisialta do TG4 sular thosaigh sé ag obair mar láithreoir aimsire. Tá an gradam Réalta Óg na Bliana buaite aige freisin.

Mairéad Ní Chuaig

Is as Conamara do Mhairéad. Thosaigh sí amach mar láithreoir aimsire ar TG4. Tar éis tamaill, d'éirigh léi a seó féin – *Wwoofáil* – a fháil. Sa seó sin, thaistil sí ar fud an domhain ag obair i dtíortha éagsúla.

Láithreoirí mór le rá eile

Dáithí Ó Sé

Thosaigh Dáithí Ó Sé le TG4 freisin. Is mar láithreoir aimsire a thosaigh sé, ach tar éis tamaill, fuair sé a sheó féin.

Ó shin i leith, bhí príomhpháirt aige i seónna ar RTÉ agus 2FM. Cuireann sé Rós Thrá Lí i láthair gach bliain freisin.

Sharon Ní Bheoláin

B'fhéidir gurb í Sharon Ní Bheoláin an duine is so-aitheanta ar an teilifís in Éirinn. Is léitheoir nuachta ar RTÉ í agus cuireann sí *Crimecall* i láthair freisin.

Thosaigh sí ar Raidió na Life i mBaile Átha Cliath. Fuair sí post mar léitheoir nuachta in RTÉ tamall ina dhiaidh sin.

Hector Ó hEochagáin

Tá go leor seónna déanta ag Hector ach is do TG4 a rinne sé a chéad seó. Thaistil sé ar fud an domhain ina chlár *Amú le Hector*. Tá go leor seónna curtha i láthair aige ar RTÉ, i102–104FM agus Today FM. Tá podchraoladh aige freisin in éineacht le Tommy Tiernan agus Laurita Blewitt.

Stór focal

ó shin i leith	from then on	d'éirigh léi	she managed to
mana	motto	príomhpháirt i	star in
reatha	current	so-aitheanta	recognisable
dianghlasáil	lockdown	léitheoir nuachta	newsreader
comhordaitheoir	coordinator	curtha i láthair	presented
láithreoir	presenter	podchraoladh	podcast

  Taighde agus cur i láthair

Téigh ar líne chun tuilleadh a fhoghlaim faoi dhuine amháin de na pearsana teilifíse a oibríonn nó a d'oibrigh le TG4. Dear póstaer faoi/fúithi. Is féidir leat póstaer digiteach a dhearadh ar www.canva.com. Cuir an póstaer i láthair an ranga.

 Féinmheasúnú

Cad iad na príomhscileanna a d'úsáid tú nuair a rinne tú an taighde agus an cur i láthair? Roghnaigh **ceithre** cinn ón liosta ar leathanach vii agus luaigh conas a d'úsáid tú iad.

CAIBIDIL 9: Éire agus Thar Lear

Clár Ábhair

Léamhthuiscint	Cúigí na hÉireann	338
Foclóir	Logainmneacha	339
Foclóir	Tíortha an Domhain	340
Foclóir	Seanfhocail	342
Foclóir	Na Séasúir	344
Foclóir	An Aimsir	346
Éisteacht	Scéal na hAimsire	348
Léamhthuiscint	Seanchas na hAimsire	349
Foclóir	Féilte Idirnáisiúnta	350
Foclóir	An Nollaig	352
Léamhthuiscint	Lá Fhéile Bríde	354
Léamhthuiscint	Lá Fhéile Vailintín	356
Léamhthuiscint	Lá Fhéile Pádraig	358

✓ Faoi dheireadh na caibidle seo, beidh mé in ann:

- Cúigí na hÉireann a liostú.
- Cur síos a dhéanamh ar thíreolaíocht an domhain.
- Seanfhocail a úsáid.
- Cur síos a dhéanamh ar na séasúir.
- Cur síos a dhéanamh ar an aimsir.
- Cur síos a dhéanamh ar an Nollaig.
- Cur síos a dhéanamh ar fhéilte Éireannacha agus idirnáisiúnta.

Príomhscileanna

- A bheith liteartha
- A bheith cruthaitheach
- Cumarsáid
- Obair le daoine eile

trí chéad tríocha a seacht

337

Turas 3

LÉAMHTHUISCINT

Cúigí na hÉireann

  Léigh agus scríobh

Léigh an píosa seo agus freagair na ceisteanna a ghabhann leis.

Tá Éire roinnte ina ceithre chúige: Cúige Laighean, Cúige Mumhan, Cúige Chonnacht agus Cúige Uladh. Fadó, áfach, bhí cúig chúige nó **ríocht** ar oileán na hÉireann. Sin an fáth a dtugaimid an focal 'cúige', nó '*fifth*' orthu.

kingdom

Ba é Cúige na Mí an cúigiú cúige agus ba í **Teamhair** an **príomhbhaile**. Sa 12ú haois, tógadh Cúige na Mí isteach i gCúige Laighean.

Tara; main town

Laighin: Ainmníodh Cúige Laighean as **treibh ársa** darb ainm 'na Laighin'. Rinne na Laighin **ionradh** ar an réigiún sa 6ú haois. Tá an chláirseach órga ar **armas** an chúige.

ancient tribe
invasion
coat of arms

Mumha: Ainmníodh Cúige Mumhan as Eochaid Mumu, **iar-Ardrí** na hÉireann. Bhí sé i gceannas ar an réigiún ar feadh 21 bhliain. Tá trí choróin órga ar armas an chúige.

former High King

Connachta: Ainmníodh Cúige Chonnacht as treibh ársa darb ainm 'na Connachta'. Ba **de shliocht an laoich fhíochmhaire** agus iar-Ardrí na hÉireann, Conn Céadchathach, iad. Tá iolar dubh, lámh agus claíomh ar armas an chúige.

descendants of the ferocious warrior

Ulaidh: Ainmníodh Cúige Uladh as grúpa treibheanna ársa darbh ainm 'Ulaid'. B'Ultach é Cú Chulainn, **laoch finscéalaíochta** i **seanchas** na hÉireann. Tá lámh agus crois dhearg ar armas an chúige.

mythical hero; folklore

1. Cé mhéad cúige atá in Éirinn sa lá atá inniu ann?
2. Cén t-ainm a bhí ar an gcúigiú cúige?
3. Cén treibh ársa ar ainmníodh (i) Cúige Laighean agus (ii) Cúige Uladh astu?
4. Conas a fuair Cúige Mumhan a ainm?
5. Cérbh é Conn Céadchathach?
6. Déan cur síos ar armas gach cúige.

 Bí ag caint!

Cuir na ceisteanna seo ar an duine atá in aice leat.

1. Cén cúige ina bhfuil cónaí ort?
2. Cad iad na cúigí ar thug tú cuairt orthu?

✅ Táim in ann cur síos a dhéanamh ar chúigí na hÉireann.

FOCLÓIR

Caibidil 9

Logainmneacha

Ciallaíonn 'logainm' ainm áite. Tá go leor le foghlaim faoi stair an cheantair trí logainmneacha áitiúla.

Mar shampla, faigheann 'Ceatharlach' a ainm ó 'cethir' (ainmhí ceithre chos) agus 'lach' ('log' nó 'áit').

Is ó chnóc mór nó ó chnoc ar a raibh cónaí ar Chlann Uí Mhórdha a fhaigheann 'Tulach Mhór' a hainm.

Scríobh

Seo ceithre chatagóir de logainmneacha. Cad is brí leis na focail seo? Bain úsáid as d'fhoclóir nó www.focloir.ie agus www.logainm.ie/ga/gls.

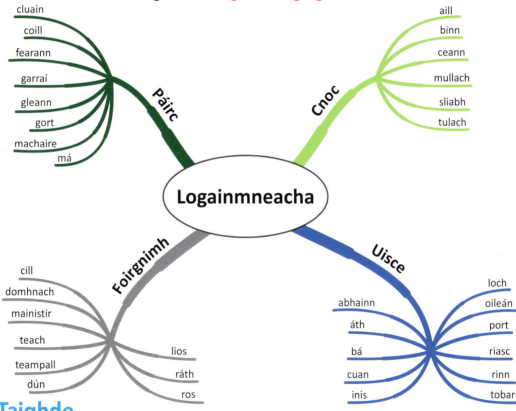

Taighde

Cad is brí le hainm (i) do chontae féin, (ii) do bhaile dúchais féin agus (iii) an bhóthair ar a bhfuil do scoil?
Tá breis eolais ar www.logainm.ie agus ar www.educateplus.ie/go/logainm.

Cur i láthair

Samhlaigh go bhfuil eastát tithíochta nua á thógáil in aice leis an scoil. Caithfidh tú ainm a thabhairt ar gach bóthar. Tarraing léarscáil agus scríobh na hainmneacha ar an léarscáil sin. Déan cinnte go bhfuil nasc idir na hainmneacha agus stair na háite. Cuir do léarscáil i láthair an ranga.

 Táim in ann logainmneacha áitiúla a mhíniú.

Éire agus Thar Lear

FOCLÓIR

Tíortha an Domhain

👥 Tráth na gceist

I ngrúpa, freagair na ceisteanna seo. Bain úsáid as an léarscáil chun na freagraí a fháil. Cén grúpa a gheobhaidh deich as deich?

1. Cad é an ilchríoch is mó?
2. Cad é an ilchríoch is lú?
3. Cé mhéad tír atá i Meiriceá Theas?
4. Cén ilchríoch a bhfuil an líon tíortha is mó inti?
5. Cad é an tír is mó ar domhan?
6. Cén tír a bhfuil an t-imeallbhord is faide aici?
7. Cé mhéad tír a roinneann teorainn leis an bhFionlainn?
8. Cé mhéad tír a roinneann teorainn leis an mBotsuáin?
9. Cén tír is gaire don Íoslainn?
10. Cad é an t-oileán is mó san Afraic?

Stór focal

ilchríoch	continent	imeallbhord	coastline
an líon is mó	the largest number of	teorainn	border

✓ Táim in ann ceisteanna ar tíortha an domhain a fhreagairt.

FOCLÓIR

Seanfhocail

Aithníonn ciaróg ciaróg eile.

 Scríobh

Líon na bearnaí i do chóipleabhar.

> saoi   searbh   críonna   neart   ciaróg   tinteán   feall   óige   gabhar   cleachtadh

1. Níl aon _____ mar do thinteán féin.
2. Ní bhíonn _____ gan locht.
3. Cuir síoda ar ghabhar agus is _____ i gcónaí é.
4. Bíonn an fhírinne _____.
5. _____ a dhéanann máistreacht.
6. Aithníonn _____ ciaróg eile.
7. Mol an _____ agus tiocfaidh sí.
8. Ní _____ go cur le chéile.
9. Filleann an _____ ar an bhfeallaire.
10. Ní féidir ceann _____ a chur ar cholainn óg.

Tá liosta seanfhocal ar fáil ar leathanach 439.

Meaitseáil

Meaitseáil tús le deireadh na seanfhocal. Bain úsáid as d'fhoclóir nó as www.focloir.ie.

1	Is binn béal	A	na cnoic i bhfad uainn.
2	Is gaire cabhair Dé	B	an saol.
3	Is fearr an tsláinte	C	ina thost.
4	Is minic a bhíonn ciúin	D	an aimsir.
5	Is maith an t-anlann	E	ná an doras.
6	Is maith an scéalaí	F	ná mórán den charthanas.
7	Is glas iad	G	an t-ocras.
8	Is minic a bhriseann béal duine	H	ná na táinte.
9	Is fearr beagán den ghaol	I	ciontach.
10	Is ait an mac	J	a shrón.

1 = ___   2 = ___   3 = ___   4 = ___   5 = ___   6 = ___   7 = ___   8 = ___   9 = ___   10 = ___

Meaitseáil

Meaitseáil na pictiúir leis na seanfhocail seo.

Níl aon tinteán mar do thinteán féin. ☐   Is minic a bhíonn ciúin ciontach. ☐

Ní neart go cur le chéile. ☐   Is minic a bhriseann béal duine a shrón. ☐

Tarraing pictiúr

Roghnaigh seanfhocal eile. Tarraing pictiúr nó déan colláis (*collage*) a léiríonn an seanfhocal sin.

Bí ag caint!

I ngrúpa, pléigh na seanfhocail seo. Cad is brí leo? An aontaíonn tú leo?

1. Is olc an ghaoth nach séideann maith do dhuine éigin.
2. Nuair a bhíonn an cat amuigh, bíonn na lucha ag damhsa.
3. Tír gan teanga tír gan anam.
4. Ní thagann ciall roimh aois.
5. Tús maith leath na hoibre.

Táim in ann seanfhocail a úsáid.

FOCLÓIR

Na Séasúir

Scríobh

Scríobh na míonna sa cholún ceart i do chóipleabhar.

mí Aibreáin	mí Lúnasa	mí na Bealtaine	mí na Samhna	mí Iúil
mí an Mheithimh	mí Eanáir	mí Mheán Fómhair	mí Feabhra
mí Dheireadh Fómhair	mí na Nollag	mí an Mhárta

An t-earrach	An samhradh	An fómhar	An geimhreadh

Meaitseáil

Meaitseáil na pictiúir leis na focail. Bain úsáid as d'fhoclóir nó as www.focloir.ie.

sicíní ☐   uain ☐   duilleoga ☐   bláthanna ☐

gráinneog ☐   ialtóg ☐   an Domhan ☐   an ghrian ☐

Léigh agus scríobh

Léigh an píosa seo agus freagair na ceisteanna a ghabhann leis.

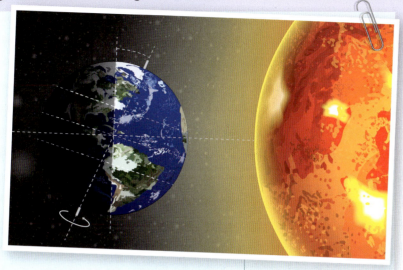

Tá ceithre shéasúr sa bhliain: an t-earrach, an samhradh, an fómhar agus an geimhreadh. Tá trí mhí i ngach séasúr. San fhéilire Ceilteach, tosaíonn an t-earrach Lá Fhéile Bríde, tosaíonn an samhradh Lá Bealtaine, tosaíonn an fómhar Lá Lúnasa agus tosaíonn an geimhreadh Lá Samhna.

De réir mar a théann an Domhan timpeall ar an ngrian, **rothlaíonn** sé ar **ais** atá beagán **ar claonadh** (23.5 **céim**). Bíonn séasúir dhifriúla againn mar gheall ar an gclaonadh seo.

rotates
axis; tilted; degrees

Mar is eol duit, bíonn **tionchar** ag solas agus **teas** na gréine ar **iompar** na n-ainmhithe, ar phlandaí agus ar **fhad an lae**. Mar shampla, beirtear uain agus sicíní san earrach. Tagann bláthanna ar phlandaí san earrach agus sa samhradh. Éiríonn an ghrian níos luaithe agus téann an ghrian faoi níos déanaí sa samhradh.

influence; heat behaviour; length of the day

Sa gheimhreadh, déanann gráinneoga agus ialtóga **codladh geimhridh**. Athraíonn dath na nduilleog agus titeann siad de na crainn san fhómhar agus sa gheimhreadh. Bíonn na laethanta níos giorra agus na hoícheanta níos faide sa gheimhreadh. Mar shampla, i mí na Nollag i dtuaisceart **na Sualainne** agus **na hIorua**, bíonn sé dorcha ar feadh beagnach 24 uair an chloig sa lá. I mí an Mheithimh, bíonn sé geal ar feadh beagnach 24 uair an chloig sa lá.

hibernation

Sweden; Norway

1. Cé mhéad séasúr atá sa bhliain?
2. Cathain a thosaíonn gach séasúr, de réir an fhéilire Cheiltigh?
3. Cén fáth a mbíonn séasúir dhifriúla againn?
4. Cén sórt athruithe a tharlaíonn san earrach agus sa samhradh? Is leor **dhá** phointe eolais.
5. Cén sórt athruithe a tharlaíonn san fhómhar agus sa gheimhreadh? Is leor **dhá** phointe eolais.
6. Cad atá suimiúil faoi laethanta an tsamhraidh i dtuaisceart na Sualainne agus na hIorua?

 ## Cur i láthair

Roghnaigh séasúr amháin. Cad a tharlaíonn sa séasúr sin? Cruthaigh sleamhnáin faoi na topaicí seo:

> na míonna   an aimsir   plandaí coitianta   ainmhithe   buntáistí agus míbhuntáistí

Dear cur i láthair ar an séasúr ar PowerPoint nó Prezi. Léirigh os comhair an ranga é.

 Táim in ann cur síos a dhéanamh ar na séasúir.

Turas 3

FOCLÓIR

An Aimsir

Nach deas an lá é!

An-lá, an-lá go deo!

Meaitseáil

Meaitseáil na pictiúir leis na focail.

 1
 2
 3
 4
 5
 6
 7
 8

| grianmhar ☐ | ceomhar ☐ | sioc (lá seaca) ☐ | fliuch ☐ |
| gaofar ☐ | fuar ☐ | scamallach ☐ | brádánach ☐ |

Scríobh

A. Cad is brí leis na cineálacha laethanta seo? Bain úsáid as d'fhoclóir nó as www.focloir.ie.

lá breá brothallach	lá fuar fliuch feannaideach	lá ceomhar ceobhránach
lá ceomhar anuas go súile	lá scuabach soilseach grianmhar	lá geal gaofar
lá fuar liath	lá meirbh marbhánta	lá brádánach scamallach

I bponc? Téigh chuig leathanach 438.

B. Cén cineál lae is fearr agus cén cineál lae is measa, i do thuairim?

Taighde agus scríobh

Téigh chuig www.wunderground.com/history. Conas a bhí an aimsir in Éirinn ar na dátaí seo a leanas?

do bhreithlá anuraidh	an chéad lá ar scoil i mbliana	Lá Caille, 2020
Lá Fhéile Pádraig, 2022	Lá Fhéile Bríde, 2021	Oíche Chinn Bhliana, 2000

Meaitseáil

Meaitseáil na pictiúir leis an nGaeilge.

 1
 2
 3
 4
 5
 6

ag cur flichshneachta ☐   séideán sí/gaoithe ☐   an sneachta ag titim go tiubh ☐

toirneach agus tintreach ☐   grian loiscneach ☐   ag doirteadh báistí ☐

Meaitseáil

Meaitseáil an Ghaeilge leis an mBéarla.

1	Tá aimsir bhreá air. Beidh an ghrian ag scoilteadh na gcloch inniu.	A	There is rain on the way. It will be pouring rain tonight.
2	Tá drochaimsir air. Beidh sé fuar, fliuch agus gaofar inniu.	B	There is cold weather on the way. Sleet will fall tonight.
3	Tá aimsir chrua air. Beidh toirneach, tintreach agus tuilte ann anocht.	C	There is bad weather on the way. It will be cold, wet and windy today.
4	Tá báisteach air. Beidh sé ag doirteadh báistí anocht.	D	There is fine weather on the way. The sun will be splitting the stones today.
5	Tá aimsir fhuar air. Beidh sé ag cur flichshneachta anocht.	E	There is severe weather on the way. There will be thunder, lightning and floods tonight.

1 = ____   2 = ____   3 = ____   4 = ____   5 = ____

Scríobh agus labhair

Freagair na ceisteanna seo. Ansin, cuir na ceisteanna ar an duine atá in aice leat.

1. Cén cineál aimsire is fearr agus cén cineál aimsire is measa, meas tú? Cén fáth?
2. Cén cineál lae a bhíonn ann nuair a bhíonn tú:
   - Ag caitheamh éadaí teo
   - Ag déanamh bolg le gréin
   - Fliuch báite nó fliuch go craiceann
   - Préachta leis an bhfuacht?

Freagra samplach: Nuair a bhím ag caitheamh éadaí teo, bíonn sé fuar agus gaofar. Uaireanta bíonn sé ag cur báistí.

Táim in ann cur síos a dhéanamh ar an aimsir.

Turas 3

ÉISTEACHT

Scéal na hAimsire

Éist agus scríobh

Éist le ceathrar réamhaisnéiseoirí aimsire (*weather forecasters*) ag cur na haimsire i láthair agus líon isteach an t-eolas atá ar lár i do chóipleabhar. Bain úsáid as an stór focal thíos. Tá an chéad cheann déanta duit.

Script: leathanach 120 de do Leabhar Gníomhaíochta.

	An cineál lae a bheidh ann	Dhá phointe eolais faoin aimsir atá geallta	An cineál gaoithe a shéidfidh	An teocht a bheidh ann
Píosa a hAon	lá geal tirim	(i) fuar ar maidin (ii) te agus grianmhar amach sa lá	séidfidh gaoth lag	idir 15°C agus 17°C
Píosa a Dó		(i) (ii)		
Píosa a Trí		(i) (ii)		
Píosa a Ceathair		(i) (ii)		

Stór focal

toirneach agus tintreach	thunder and lightning	tréimhsí gréine	sunny spells
cith is dealán	showers and sunshine	clocha sneachta	hailstones
síobadh sneachta	blizzard	gála	gale
ceathanna scaipthe	scattered showers	sioc crua	hard frost
gaoth ropánta	blustery wind	tonn teasa	heatwave
múraíl thoirniúil	thundery shower(s)	tornádó	tornado
ceo is ceobhrán	fog and mist	stoirm/scríob	storm
spéirling	hurricane	bogha báistí	rainbow
tuile	flood	ardbhrú/lagbhrú	high/low pressure
salachar báistí	drizzly rain	reophointe	freezing-point

Cur i láthair

Samhlaigh gur réamhaisnéiseoir aimsire thú. Cuir scéal na haimsire i láthair an ranga. Bí cruthaitheach! Taifead an cur i láthair ar iMovie nó Windows Movie Maker nó athraigh an cur i láthair ó PowerPoint nó Prezi go cur i láthair físe.

Tá go leor físeán, téarmaí agus nathanna cainte ar fáil ar shuíomh gréasáin TG4. Féach: www.educate*plus*.ie/go/clair-aimsir.

Táim in ann an aimsir a chur i láthair.

348   trí chéad daichead a hocht

LÉAMHTHUISCINT

Seanchas na hAimsire

📖 ✏️ Léigh agus scríobh

Léigh an píosa seo agus líon isteach an t-eolas atá ar lár i do chóipleabhar. Tá an chéad cheann déanta duit.

San am atá thart, d'úsáideadh daoine **comharthaí ón nádúr** chun an aimsir a thuar. Tá go leor comharthaí le feiceáil ar www.duchas.ie (cuardaigh 'aimsir'). Tugaimid '**seanchas na haimsire**' air seo.

in the past; signs from nature
weather lore

An ghrian agus an spéir

Tugann an ghrian agus an spéir go leor comharthaí dúinn. Comhartha dea-aimsire is ea é nuair a bhíonn an spéir dearg agus **an ghrian ag dul faoi**. Comhartha báistí is ea é, áfach, nuair a bhíonn an spéir dearg **le linn éirí na gréine**. An bhfuil an **rann** seo ar eolas agat?

sunset
during sunrise; rhyme

> Dearglach anoir, fearthainn agus sioc
> Dearglach aniar, brothall agus grian!

Comhartha drochaimsire is ea é nuair a bhíonn **cosa na gréine** le feiceáil um thráthnóna. Comhartha drochaimsire is ea é freisin nuair a bhíonn **fíor na spéire** an-gheal agus nuair a bhíonn **bearradh na gcaorach** nó **caisleáin bhána** le feiceáil ar an spéir.

sun rays

horizon; fleecy clouds; 'white castle' clouds

Na héin

Tugann na héin go leor comharthaí dúinn freisin. Nuair a eitlíonn na **fáinleoga** go híseal, **tá braon sa tsúil aige**. Nuair a eitlíonn na fáinleoga go hard, áfach, bíonn aimsir bhreá air. Bíonn stoirm mhór air nuair a bhíonn a lán **faoileán bailithe** le chéile i lár páirce.

swallows
a shower is due

seagulls gathered

Na hainmhithe

Tugann na hainmhithe go leor comharthaí dúinn freisin. Bíonn **gúnga** ar ainmhithe na feirme nuair a bhíonn stoirm ag teacht. Uaireanta, caitheann siad an lá **ina luí**!

crouched down

lying down

Comhartha seaca nó sneachta is ea é nuair a thagann na **caoirigh** anuas ó bharr an chnoic. Nuair a fhanann siad ar bharr an chnoic, áfach, bíonn dea-aimsir air. Faoi dheireadh, bíonn athrú aimsire air nuair a thosaíonn an bhó ag bualadh a **cliatháin** lena h**eireaball**!

sheep

sides; tail

Comhartha	Samplaí
Comharthaí dea-aimsire	(i) nuair a bhíonn an spéir dearg um thráthnóna (ii) nuair a eitlíonn na fáinleoga go hard
Comharthaí drochaimsire	(i) (ii)
Comharthaí báistí	(i) (ii)
Comharthaí stoirme	(i) (ii)

✓ Táim in ann comharthaí ón nádúr a úsáid chun an aimsir a thuar.

FOCLÓIR

Féilte Idirnáisiúnta

Meaitseáil

Meaitseáil na féilte leis na dátaí.

1	Lá Fhéile Pádraig	A	1 Eanáir
2	Oíche Chinn Bhliana	B	14 Feabhra
3	Lá Caille	C	deireadh Ramadan
4	Lá Fhéile Bríde	D	an lá roimh Chéadaoin an Luaithrigh
5	Lá Fhéile Vailintín	E	6 Eanáir
6	Domhnach Cásca	F	17 Márta
7	Máirt na hInide	G	31 Deireadh Fómhair
8	Eid al-Fitr	H	31 Nollaig
9	Oíche Shamhna	I	an chéad Domhnach tar éis na chéad lánghealaí tar éis Chónocht an Earraigh
10	Nollaig na mBan	J	1 Feabhra

1 = ___ 2 = ___ 3 = ___ 4 = ___ 5 = ___ 6 = ___ 7 = ___ 8 = ___ 9 = ___ 10 = ___

Léigh agus scríobh

Léigh an píosa seo faoi fhéilte idirnáisiúnta agus freagair na ceisteanna a ghabhann leis.

Carnaval, Eacuadór

Bíonn Carnaval ar siúl sa tseachtain roimh an g**Carghas**. **Pléaráca** de gach saghas a bhíonn ar siúl acu: damhsa, paráidí, cóisirí agus, troideanna móra uisce. Bíonn na **bailte cois farraige** dubh le daoine.

Lent; revelry

seaside towns

Féile Sinulog, Cebu, na hOileáin Fhilipíneacha

Féile chultúrtha agus reiligiúnach is ea Féile Sinulog. Tosaíonn an fhéile ar an tríú Domhnach de mhí Eanáir agus **maireann** sí naoi lá. Ceiliúrtar **iompú** na bhFilipíneach ar an gCríostaíocht. Eagraítear paráidí móra ceoil agus damhsa ar fud na cathrach.

lasts
conversion

Palio di Siena, Piazza del Campo, an Iodáil

Bíonn an rás mór capall seo ar siúl in Siena na hIodáile ar an 16 Lúnasa. Bíonn capall amháin ag gach ceantar den chathair. Tugtar Palio dell'Assunta ar an bhféile seo. Téann **jacaithe** cróga ag marcaíocht timpeall an *piazza* ar na capaill.

jockeys

Féile Rolladh Cáise, Gloucestershire, Sasana

Ritheann **iomaitheoirí** síos Cnoc Cooper sa tóir ar **chruinneán** mór cáise Double Gloucester. Bronntar an cruinneán cáise ar an mbuaiteoir.

competitors; head (of cheese)

Féile Imilchil, Maracó

Ceann de na féilte Moslamacha is cáiliúla ar domhan is ea Féile Imilchil. I mí Lúnasa, **mura mbíonn** Ramadan ar siúl, tagann **Beirbeirigh** ó chian is ó chóngar chuig an mbaile Imilchil le haghaidh na féile seo. Caitheann siad éadaí ildaite agus **déanann siad iarracht** fear céile nó bean chéile a aimsiú.

unless; Berber people
they try

1. Ainmnigh an fhéile. Tá an chéad cheann déanta duit.

Carnaval

2. Cathain a bhíonn Carnaval ar siúl?
3. Cén sórt pléaráca a bhíonn ar siúl le linn Carnaval?
4. Cé mhéad lá a mhaireann Féile Sinulog in Cebu?
5. Cad a cheiliúrtar le linn Fhéile Sinulog?
6. Cad a bhíonn ar siúl in Siena na hIodáile ar 16 Lúnasa?
7. Cén fáth a ritheann iomaitheoirí síos Cnoc Cooper le linn na Féile Rolladh Cáise?
8. Cad a dhéanann na Beirbeirigh le linn Fhéile Imilchil? Is leor **dhá** phointe eolais.

 Bí ag caint!

Cén fhéile ar mhaith leatsa freastal uirthi? Tabhair dhá fháth le do thuairim. Pléigh do fhreagra leis an duine atá in aice leat.

 Taighde agus cur i láthair

A. Téigh chuig www.educateplus.ie/go/gaeilge-feilte agus féach ar liosta na bhféilte a bhíonn ar siúl in Éirinn. Céard iad na féilte a bhíonn ar siúl ar na dátaí seo?

6 Eanáir	6 Meitheamh
1 Aibreán	an Domhnach deireanach de mhí Iúil
1 Bealtaine	1 Samhain

B. Roghnaigh féile amháin. Cad a dhéanann daoine ar an bhféile sin? Dear cur i láthair ar an bhféile ar PowerPoint nó Prezi. Léirigh os comhair an ranga é.

 Táim in ann cur síos a dhéanamh ar roinnt féilte idirnáisiúnta.

FOCLÓIR

An Nollaig
Nollaig Shona Duit

✏️ 👥 Scríobh agus labhair

I ngrúpa, ainmnigh gach rud a bhfuil uimhir air. Bain úsáid as d'fhoclóir nó www.focloir.ie.

💬 👥 Bí ag caint!

An gceiliúrann tú an Nollaig sa bhaile? Cad a dhéanann tú? Cuir ceisteanna mar seo ar an duine atá in aice leat.

- Cad a itheann tú?
- Cad é an rud is fearr leat faoin Nollaig? Cén fáth?
- Cén t-amhrán Nollag is fearr leat?
- Cad é an bronntanas is fearr a fuair tú riamh?
- Cén scannán Nollag a bhféachann tú air gach bliain?

Léigh agus scríobh

Léigh an píosa seo agus freagair na ceisteanna a ghabhann leis.

An Nollaig sa Pholainn

Sa Pholainn, tosaíonn tréimhse na Nollag le h**Aidbhint**. **Éiríonn daoine as** rudaí deasa le linn Aidbhinte, **amhail** milseáin nó seacláid. Téann roinnt daoine ar Aifreann. Tugtar *Roraty* ar na hAifrinn speisialta a bhíonn ar siúl ag **éirí na gréine** gach maidin. Glacann páistí scoile páirt i *jasełka*, nó 'dráma na Nollag'.

	Advent; people give up
	such as
	sunrise

Tugtar *Wigilia* ar Oíche Nollag. Go traidisiúnta, ní itheann daoine aon rud Oíche Nollag **go dtí go** bhfeiceann siad an chéad réalta sa spéir tar éis **luí na gréine**. Ansin, um thráthnóna, itheann daoine kolacja *Wigilijna*, nó 'suipéar Oíche Nollag'.

— until; sunset

Cuirtear 12 bhéile ar an mbord dinnéir do kolacja *Wigilijna*. **Comhartha den ádh** do gach mí den bhliain is ea iad. De ghnáth, ní bhíonn feoil ann – in ómós do na hainmhithe a thug aire d'Íosa Críost agus é sa mhainséar.

— sign of luck

Tá *barszcz*, nó 'anraith **biatais**', ar cheann de na béilí is tábhachtaí. Is é an '**carbán**', cineál éisc, príomhbhéile an tsuipéir. Is maith le daoine milseoga amhail *makowiec* agus *kutia* a ithe. Ólann daoine deoch speisialta darb ainm *kompot z suszu*. **Bruitheann** siad **torthaí tirime** agus úlla agus **meascann** siad le chéile iad.

— beetroot; carp; boil; dried fruit; mix

Chomh luath is a chríochnaíonn gach duine an suipéar, bíonn cead acu a gcuid bronntanas a oscailt. Is é *Święty Mikołaj*, nó 'San Nioclás' a thugann bronntanais do pháistí. Tar éis an bhéile, téann gach duine chuig Aifreann an Mheán Oíche. **Guíonn** Polannaigh '*Wesołych Świąt*' **ar a chéile**.

— as soon; wish; to each other

1. Cén sórt rudaí a n-éiríonn Polannaigh astu le linn Aidbhinte?
2. Cad iad *Roraty*?
3. Cad a thugann Polannaigh ar Oíche Nollag?
4. Cathain a thosaíonn Polannaigh ag ithe Oíche Nollag?
5. Cé mhéad béile a chuirtear ar an mbord dinnéir do *kolacja Wigilijna*?
6. Cén fáth nach n-itheann daoine feoil Oíche Nollag?
7. Luaigh **trí** rud a itheann Polannaigh Oíche Nollag.
8. Conas a deir tú 'Nollaig Shona' i bPolainnis?

Taighde agus cur i láthair

Roghnaigh tír amháin ina gceiliúrtar an Nollaig. Dear cur i láthair a léiríonn conas a cheiliúrann siad an Nollaig sa tír sin. Téigh ar líne agus faigh tuilleadh eolais faoi na nósanna (customs) atá acu.

Léirigh an cur i láthair os comhair an ranga. Taifead an cur i láthair ar iMovie nó Windows Movie Maker nó athraigh an cur i láthair ó PowerPoint nó Prezi go cur i láthair físe.

✓ Táim in ann cur síos a dhéanamh ar cheiliúradh na Nollag.

Éire agus Thar Lear

Lá Fhéile Bríde

Léigh agus scríobh

Léigh an píosa seo agus freagair na ceisteanna a ghabhann leis.

Ceiliúrtar Lá Fhéile Bríde ar an 1 Feabhra. Bíonn lá saoire bainc ann ina honóir freisin. Rugadh Naomh Bríd i gContae Lú sa bhliain 450 AD. **Taoiseach** mór le rá darbh ainm Dubhthach a bhí ina hathair. **Chaith sé go holc le** Bríd agus í óg.

Ina ainneoin seo, d'fhás Bríd ina cailín cineálta grámhar. Bhí grá mór aici do gach duine ach theastaigh uaithi cabhrú leis na daoine bochta go háirithe. Bhíodh sí i gcónaí ag tabhairt **giuirléidí a hathar** do dhaoine bochta. Níor thaitin sin le Dubhthach, ar ndóigh, toisc gur fear suarach a bhí ann.

Faraor, d'éirigh Dubhthach **bréan dá dea-ghníomhartha**. Shocraigh sé í a dhíol le hArdrí Laighean. Thug sé Bríd chuig caisleán an Ardrí i g**carbad** agus nuair a shroich siad an caisleán, chuaigh Dubhthach isteach chun an **margadh** a dhéanamh leis an Ardrí.

Fad a bhí Bríd ag fanacht sa charbad, tháinig fear bocht anall chuici **ag iarraidh déirce**. D'fhéach Bríd **fúithi agus thairsti** ach ní raibh aon rud le tabhairt dó ach **claíomh** a hathar. Mar sin, thug sí an claíomh don fhear bocht.

Ar ndóigh, **ní mó ná sásta** a bhí Dubhthach nuair a tháinig sé amach. Bhí sé ar mire! Thuig an tArdrí, áfach, gur chailín naofa í Bríd agus d'ordaigh sé do Dhubhthach í a scaoileadh saor.

Chuaigh Bríd sna mná rialta ina dhiaidh sin agus chaith sí a saol ag tabhairt aire do dhaoine bochta. Bhunaigh sí **mainistir** agus scoil ealaíne agus miotalóireachta i gCill Dara. Bhunaigh sí **clochar** freisin.

Ba nós léi crosóga as **luachra** a dhéanamh chun an creideamh a mhíniú do mhuintir na hÉireann. Tugtar 'Crosóga Bhríde' ar na crosóga seo agus feictear iad i dtithe Éireannacha ar fud an domhain gach Feabhra.

Fuair Naomh Bríd bás sa bhliain 525 AD. Cé gur **cuireadh** i gCill Dara í, tugadh a **blaosc** go dtí an Phortaingéil in 1283 chun í a **choimeád slán**. Tá a blaosc fós in Igreja São João Baptista, gar do Liospóin.

Téarma	Brí
celebrated	
chieftain	
he treated her badly	
despite this	
her father's belongings	
fed up of her good deeds	
chariot	
deal	
while	
looking for alms; all around her; sword	
not very happy	
monastery	
convent	
reeds	
buried	
skull	
keep safe	

Igreja São João Baptista

1. Cathain a cheiliúrtar Lá Fhéile Bríde?
2. Cén sórt duine ab ea Dubhthach? Tabhair **dhá** fháth le do fhreagra.
3. Cén sórt duine ab ea Bríd agus í ina cailín óg? Is leor **dhá** phointe eolais.
4. Cén fáth ar ordaigh an tArdrí do Dhubhthach Bríd a scaoileadh saor?
5. Luaigh **dhá** rud a bhunaigh Bríd tar éis di dul sna mná rialta.
6. Cad a d'úsáideadh Bríd chun an creideamh a mhíniú do mhuintir na hÉireann?

Crosóga Bhríde

Féach ar na léaráidí thíos. Lean na treoracha chun do Chrosóga Bhríde féin a dhéanamh as luachra, nó más fearr leat, as soip.

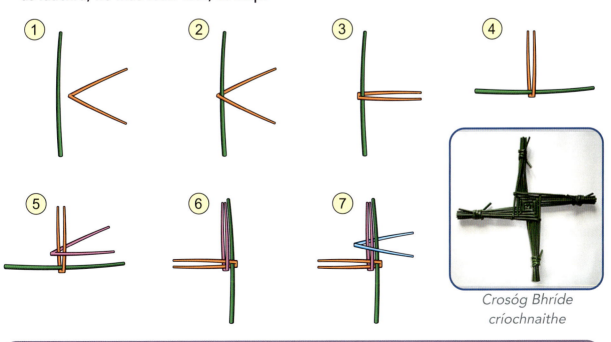

Crosóg Bhríde críochnaithe

✓ Táim in ann cur síos a dhéanamh ar stair Lá Fhéile Bríde.

LÉAMHTHUISCINT

Lá Fhéile Vailintín

Feabhra 14

Léigh agus scríobh

Tá na giotaí nuachta seo san ord mícheart. Cuir na giotaí nuachta san ord ceart. Bain úsáid as an stór focal thíos.

Naomh Vailintín

A Chaith Vailintín a shaol ag tabhairt go leor Rómhánach chun na Críostaíochta. Chomh maith leis sin, cheadaigh sé do go leor saighdiúirí óga pósadh. Ar ndóigh, chuir na dea-ghníomhartha seo fearg ar an Impire Claudius.

Nuair a chuala an tImpire Claudius faoi seo, chuir sé Vailintín i bpriosún agus daoradh chun báis é! An 14 Feabhra 270 AD, bualadh le bataí é agus baineadh an ceann de. Cuireadh Vailintín i reilig i dtuaisceart na Róimhe.

B Tar éis tamaill, áfach, thóg a leantóirí a chorp amach as an reilig agus ar ais go dtí an Róimh. Tá taisí an naoimh i scrínte ar fud an domhain. Tá a bhlaosc fós sa Róimh, in Basilica Santa Maria, in Cosmedin.

In 1836, chuaigh sagart Éireannach, an tAthair John Spratt, go dtí an Róimh agus thug sé seanmóir iontach. Thaitin an tseanmóir go mór leis an bPápa Greagóir XVI agus thug sé cuid de thaisí Vailintín dó.

C Ag an am, bhí an tAthair Spratt ag tógáil séipéal nua i mBaile Átha Cliath, Eaglais Shráid na mBráithre Bána. Tógadh scrín sa séipéal go speisialta do thaisí Naomh Vailintín.

Gach 14 Feabhra, tagann lánúineacha ó gach cearn den tír go dtí an scrín. Iarrann siad ar Naomh Vailintín iad a bheannú.

D Ceiliúrtar Lá Fhéile Vailintín ar an 14 Feabhra. Rugadh Naomh Vailintín san Iodáil in 176 AD. De réir na seanscéalta, ba shagart sa Róimh é Naomh Vailintín.

Ag an am, bhí an tImpire Claudius II i gceannas na Róimhe agus rinne sé géarleanúint ar Chríostaithe. Chuir sé cosc ar dhaoine óga, go háirithe saighdiúirí, pósadh. Chaith sé go holc leis na sagairt.

Ord ceart: 1ú ☐   2ú ☐   3ú ☐   4ú ☐

Stór focal

ag tabhairt ___ chun	converting ___ to	baineadh an ceann de	he was beheaded
scríne	shrine	gach cearn	every corner
cheadaigh sé	he allowed	reilig	graveyard
blaosc	skull	iad a bheannú	to bless their lives
dea-ghníomhartha	good deeds	leantóirí	followers
seanmóir	sermon	bhí ___ i gceannas	___ ruled
daoradh chun báis	condemned to death	taisí	relics (remains)
lánúineacha	couples	géarleanúint	persecution

Scríobh

Freagair na ceisteanna.

1. Cathain a cheiliúrtar Lá Fhéile Vailintín?
2. Cén sórt rudaí a rinne an tImpire Claudius II chun géarleanúint a dhéanamh ar an Eaglais?
3. Conas a chuir Vailintín fearg ar an Impire Claudius?
4. Cén fáth ar thug an Pápa cuid de thaisí Vailintín don Athair Spratt?
5. Cad a tógadh go speisialta do thaisí Vailintín in Eaglais Shráid na mBráithre Bána?
6. Cén fáth ar chuir Claudius cosc ar shaighdiúirí óga pósadh, meas tú?

Bí ag caint!

Conas a cheiliúrann muintir na hÉireann Lá Vailintín? Inis don duine atá in aice leat. Is féidir leat na focail sa liosta thíos a úsáid, más mian leat.

| seacláidí | bláthanna | cártaí | bialann |
| scrín | pictiúrlann | coinne | saoire |

Taighde agus cur i láthair

Gach 14 Feabhra, ceiliúrann daoine ar fud an domhain Lá Fhéile Vailintín. Tá go leor traidisiún eile ar fud an domhain, áfach. Déan taighde ar thraidisiún amháin – traidisiún a bhaineann nó nach mbaineann le creideamh (samplaí: Eid al-Fitr, Carnaval, Oíche Shamhna) – agus scríobh nótaí faoi na ceannteidil seo:

- Ainm an traidisiúin
- Cathain a bhíonn an traidisiún ann
- Na tíortha ina gceiliúrtar an traidisiún
- Na rudaí a dhéanann daoine chun an traidisiún a cheiliúradh.

Dear cur i láthair ar PowerPoint nó Prezi faoi. Léirigh os comhair an ranga é.

Táim in ann cur síos a dhéanamh ar stair Lá Fhéile Vailintín.

LÉAMHTHUISCINT

Lá Fhéile Pádraig

  Bí ag caint!

Déan cur síos ar armas Mhontsarat. Cad atá suimiúil faoi? Pléigh do thuairimí leis an duine atá in aice leat.

  Léigh agus scríobh

Léigh an píosa seo agus freagair na ceisteanna a ghabhann leis.

Armas Mhontsarat

Lá Fhéile Pádraig, Montsarat

Tugtar **'Oileán Iathghlas na Cairibe'** ar Mhontsarat mar gheall ar a nasc le hÉirinn. Tháinig go leor Éireannach agus Afracach anseo sa 17ú haois. Tá go leor sloinnte agus logainmneacha Éireannacha fós san oileán. **Ar na** sloinnte sin tá 'Hogan', 'O'Garro' agus 'Sweeney'. Ar na logainmneacha tá 'Kinsale', 'St Patrick's' agus 'Cork Hill'. Ólann muintir Mhontsarat deochanna Éireannacha agus itheann siad bia Éireannach.

Maireann Féile Phádraig seachtain iomlán ar an oileán beag seo. Bíonn paráidí móra sráide acu, seinneann ceoltóirí meascán de cheol Gaelach agus Afracach, agus caitheann **raigearnálaithe** seamróga agus éadaí glasa.

Nuair a thagann tú isteach ar an oileán, faigheann tú stampa de sheamróg i do phas. Tá pictiúr de bhean Éireannach, cláirseach agus cros ar an armas. Cónaíonn an-chuid de mhuintir Mhontsarat i Londain agus ceiliúrann siad a n-**oidhreacht** Éireannach gach 17 Márta freisin.

Emerald Isle of the Caribbean

among the

revellers

heritage

1. Cén fáth a dtugtar 'Oileán Iathghlas na Cairibe' ar Mhontsarat?
2. Tabhair **dhá** shampla de shloinnte Éireannacha agus **dhá** shampla de logainmneacha Éireannacha ar an oileán.
3. Cá fhad a mhaireann Féile Phádraig ar an oileán seo?
4. Conas a cheiliúrann siad Féile Phádraig? Is leor **dhá** phointe eolas.
5. Cad a fhaigheann tú i do phas nuair a thagann tú isteach ar an oileán?
6. Bunaithe ar an téacs thuas, an molfá féin do dhaoine cuairt a thabhairt ar Mhontsarat? Is leor **dhá** fháth i d'fhocail féin.

  Bí ag caint!

Conas a cheiliúrann tú agus do theaghlach Lá Fhéile Pádraig? Pléigh an cheist seo i ngrúpa. Bain úsáid as an stór focal thíos.

 Stór focal

Naomh Pádraig, éarlamh na hÉireann	St Patrick, patron saint of Ireland
Paráid Lá Fhéile Pádraig	St Patrick's Day Parade
seamróga	shamrocks
nathracha (nimhe)	snakes (venomous)
turasóirí	tourists
gléasta suas	dressed up
leipreacháin	leprechauns
pota óir	pot of gold
Aifreann	Mass

 Taighde agus cur i láthair

Roghnaigh áit amháin taobh amuigh d'Éirinn ina gceiliúrann na daoine Lá Fhéile Pádraig, seachas Montsarat. Conas a cheiliúrann siad an lá? Dear cur i láthair ar an bhféile ar PowerPoint nó Prezi. Léirigh os comhair an ranga é.

 Táim in ann cur síos a dhéanamh ar imeachtaí Lá Fhéile Pádraig.

trí chéad caoga a naoi

An Mhír Scríbhneoireachta

Fáilte chuig mír scríbhneoireachta *Turas 3*.

In *Turas 3*, spreagfar thú chun do chuid scileanna scríbhneoireachta a fhorbairt. Ar fud an téacsleabhair, gheobhaidh tú treoracha mionsonraithe (*detailed*) maidir le scéalta, aistí, litreacha, ríomhphoist, postálacha blag agus díospóireachtaí a scríobh.

Sa mhír seo, gheobhaidh tú go leor samplaí eile de chleachtaí scríofa ar féidir leat scimeáil tríothu sa dara agus sa tríú bliain. Cabhróidh na samplaí seo leat do chuid scileanna scríbhneoireachta a fhorbairt. Tá topaicí scríbhneoireachta na caibidle seo bunaithe ar thopaicí na gcaibidlí eile.

Tá súil againn go mbainfidh tú an-tairbhe as an mír scríbhneoireachta seo.

Clár Ábhair

Litir	Mo Theach Nua in Éirinn	361
Litir	Post Samhraidh	362
Litir	Léirmheas Lochtach	363
Scéal	Eachtra a Tharla Dom agus Mé Amuigh ag Siopadóireacht	364
Scéal	Timpiste a Tharla ar Thuras Scoile Thar Sáile	366
Scéal	An Lá ar Chas Mé ar Cheoltóir Gairmiúil	368
Ríomhphost	Ceolchoirm Iontach	369
Blag	Turas Fada ar ár Rothair	370
Blag	Ócáid Spóirt a Thaitin go Mór Liom	371
Díospóireacht	Ní Thuigeann Déagóirí an Lae Inniu Luach an Airgid	372
Agallamh	Mar a Chaitheann Iascaire an Lá	373
Aiste	Ról an Oideachais i Mo Shaol	374
Aiste	Pearsa Phoiblí a Bhfuil Meas Agam Air/Uirthi	376
Aiste	An Caitheamh Aimsire is Fearr Liom	377
Óráid	An Tábhacht a Bhaineann le Caithimh Aimsire i Saol an Duine Óig	378

LITIR

An Mhír Scríbhneoireachta

Mo Theach Nua in Éirinn

If you are given a list of points to write about in an exam, make sure you mention all of them – even if it is just an attempt. You will lose marks if you leave any points out.

Nasctha le: Caibidil 3, 'Mo Theach'.
Ceisteanna Léamhthuisceana: www.educateplus.ie/go/ms1

Treoracha: Tá tú tar éis bogadh go teach nua cúpla míle síos an bóthar. Scríobh litir chuig cara leat faoi agus luaigh na pointí seo a leanas:

- Cur síos ar an aistriú
- Cur síos ar an gceantar agus ar an teach
- An seomra is fearr leat
- Cuireadh a thabhairt dó/di fanacht leat.

Bóthar Chanel
Baile Átha Cliath 5
1 Feabhra 2020

A Phroinsiais, a chara,

Conas atá tú? Tá súil agam go bhfuil tú i mbarr na sláinte agus nach bhfuil aon rud ag déanamh buartha duit! Tá ag éirí go breá liom anseo i mBaile Átha Cliath. Tá brón orm nár scríobh mé níos luaithe ach bhí mé ag aistriú tí!

(P1) Obair an-chrua atá ann, caithfidh mé a rá. Chuireamar gach rud i mboscaí. Ansin, thóg **comhlacht aistrithe** na boscaí go dtí ár dteach nua. Ina dhiaidh sin, **dhíphacálamar** gach rud. Tá an obair ar fad críochnaithe againn anois, faoi dheireadh thiar thall!

removal company
we unpacked

(P2a) Tá an teach nua go hálainn. Tá sé suite in eastát tithíochta beag ar imeall an bhaile mhóir. Tá sé an-chiúin anseo ach ag an am céanna, níl sé rófhada ó na siopaí agus ón gclub peile. Tá **faiche** mhór i lár an eastáit.

green

(P2b) Thuas staighre sa teach, tá ceithre sheomra leapa, seomra folctha agus oifig. Thíos staighre, tá seomra suí, seomra bia, seomra folctha agus cistin mhór álainn. Tá gairdín cúil agus gairdín tosaigh againn freisin.

(P3) Is é mo sheomra leapa an seomra is fearr liom, gan dabht ar bith. Tá na ballaí gorm – an dath is fearr liom – agus tá urlár adhmaid ann. Tá leaba shingil agam, chomh maith le leabhragán, seilfeanna, vardrús agus taisceadán. Tá deasc agus ríomhaire agam freisin.

(P4) Ar aon chaoi, caithfidh tú **bualadh aníos** chugam. Cathain a bheidh tú i mBaile Átha Cliath an chéad uair eile? **D'fhéadfá** fanacht linne, ar ndóigh.

call up
you could

Cogar, caithfidh mé imeacht. Tá beagáinín obair bhaile fós le déanamh agam. Abair le gach duine go raibh mé ag cur a dtuairisce.

Ádh mór,

Domhnall

Scríobh

Tá do thuismitheoirí ag smaoineamh ar bhogadh go teach nua ar an taobh eile den bhaile. Ní maith leat an teach seo, áfach. Scríobh litir chuig cara leat ag rá leis/léi (i) cén fáth nach dtaitníonn an teach nua leat agus (ii) cén fáth a bhfuil do theach féin níos deise.

trí chéad seasca a haon

Turas 3

LITIR

Post Samhraidh

You may need to write a formal letter when applying for a job. It is a good way to put some of the descriptive language you have learned in Chapter 1 to use.

Nasctha le: Caibidil 1, 'Mé Féin, Mo Theaghlach agus Mo Chairde'.
Nasctha le: Caibidil 8, 'An Saol Oibre'.
Ceisteanna Léamhthuisceana: www.educate*plus*.ie/go/ms2

Treoracha: Feiceann tú fógra le haghaidh poist sa leabharlann áitiúil. Scríobh litir fhoirmeálta chuig an mbainisteoir ag cur isteach ar an bpost. Luaigh na pointí seo a leanas:
- An fáth a bhfuil tú ag scríobh
- Cúpla pointe faoi do chuid scolaíochta
- Cathain a bheidh tú in ann tosú
- Cúpla pointe fút féin.

Ascaill an Ghleanna
An Linn Dubh

1 Bealtaine 2024

An Bainisteoir
Leabharlanna Chathair Chorcaí
Sráid an Chapaill Bhuí
Corcaigh

A chara,

(P1) Táim ag scríobh chugat chun cur isteach ar phost **mar chúntóir leabharlainne**. Chonaic mé fógra **ar chlár na bhfógraí** i mo leabharlann áitiúil. Léigh mé go bhfuil dhá phost ar fáil: ceann amháin i lár Chorcaí agus ceann eile i nGleann Maghair.   *as a library assistant; on the noticeboard*

(P2) Maidir liom féin, táim ag freastal ar Choláiste Éanna. Faoi láthair, táim sa tríú bliain. **(P3)** Críochnóidh mé mo chuid scrúduithe i lár mhí an Mheithimh. Mar sin, beidh mé ábalta tosú ansin. Chomh maith leis sin, táim i mo chónaí sa **Linn Dubh**, díreach idir an dá leabharlann. **Bheinn ábalta** oibriú sa dá leabharlann.   *Blackpool; I would be able*

(P4a) Is duine díograiseach, cineálta agus cabhrach mé. **(P4b)** Is breá liom a bheith ag léamh agus ag scríobh. Léim gach sórt leabhar ach taitníonn scéalta bleachtaireachta go mór liom. Tá blag agam freisin. Scríobhaim **léirmheasanna** faoi na leabhair is fearr liom agus **postálaim** ar an mblag iad. Is féidir iad a léamh ar www.leirmheasanna-laoise.com.   *reviews; I post*

Gheobhaidh tú mo CV **iniata** leis an litir seo. Is féidir liom **teistiméireacht** ó mo phríomhoide a sheoladh chugat freisin.   *enclosed; reference*

Beidh mé ar fáil le haghaidh **agallaimh** uair ar bith.   *interview*

Le gach dea-mhéin,

Laoise de Paor
Laoise de Paor

 **Scríobh**

Feiceann tú fógra le haghaidh post mar chúntóir sa chlub óige áitiúil. Scríobh litir fhoirmeálta chuig an mbainisteoir ag cur isteach ar an bpost.

LITIR

An Mhír Scríbhneoireachta

Léirmheas Lochtach

When you are writing to complain about something, make sure to be clear about what the issue is and what resolution you would like. Here, the issue is that the complainant feels that a review is inaccurate. She hopes that the reviewer will be more careful when researching in the future.

le: Caibidil 5, 'Mo Chaithimh Aimsire'.
Ceisteanna Léamhthuisceana: www.educateplus.ie/go/ms3

Treoracha: Léigh tú léirmheas san iris *Teicneolaíocht* ar fhón póca nua. Scríobh litir chuig eagarthóir na hirise ag easaontú (*disagreeing*) leis an léirmheas. Luaigh na pointí seo a leanas:
- **Dhá** mhórphointe a bhí sa léirmheas ar an bhfón póca
- **Dhá** thuairim eile uait féin ar an bhfón póca
- Pointe **amháin** eile faoin alt
- An réiteach atá uait.

Lána Chluain Dolcáin
Baile Átha Cliath 22
4 Aibreán 2024

An tEagarthóir
Teicneolaíocht
Bóthar na gCloch
Baile Átha Cliath

A chara,

Léigh mé an léirmheas a bhí i d'iris ar an zFón nua. Caithfidh mé a admháil nach bhfuil mé sásta tar éis dom an zFón seo a cheannach. Cheap mé go mbeadh sé go hiontach ach **táim ar mhalairt tuairime** anois. — I have changed my mind; reviewer

Mhol an **léirmheastóir** an fón nua seo go hard na spéire. **(P1a)** Mar shampla, luaigh sí go raibh an ceamara i bhfad níos fearr ná riamh. Mhol sí an **braiteoir íomhánna** iontach agus an t-**uathfhócas** foirfe. A leithéid de raiméis. Tá an ceamara nua mall agus tá na pictiúir go dona. — image sensor; autofocus

(P1b) Mar aon leis sin, dúirt an léirmheastóir go raibh go leor aipeanna iontacha ar an bhfón. Faraor, is míbhuntáiste ollmhór é seo. Tá an fón mall mar ní féidir liom aipeanna nach-n-úsáidim a bhaint de!

Chomh maith leis na fadhbanna seo, tá dhá rud eile **ag dó na geirbe agam**. **(P2a)** Níl an scáileán soiléir. Bíonn sé deacair an téacs a léamh toisc go bhfuil sé **geamhach**. **(P2b)** Anuas air sin, tá **saolré an cheallra** an-ghearr. — bothering me; blurry; battery life

(P3) Mar fhocal scoir, ní dóigh liom gur léirmheas é seo. Ceapaim gur fógra é. Ar íoc an comhlacht zFón as an alt seo? **(P4)** Tá súil agam go mbeidh do thaighdeoir níos cúramaí **as seo amach**. Má leantar ar aghaidh leis an stíl seo léirmheastóireachta, ní cheannóidh mé an iris seo a thuilleadh. — in the future

Mise le meas,

Siyao Li
Siyao Li

Scríobh

Léigh tú alt i nuachtán le déanaí faoi shladmhargadh iontach i lár na cathrach. Nuair a chuaigh tú ann, áfach, ní raibh na margaí thar mholadh beirte. Scríobh litir chuig eagarthóir an nuachtáin i dtaobh an ailt sin.

SCÉAL

Eachtra a Tharla Dom agus Mé Amuigh ag Siopadóireacht

When you write a story of your own, you should have one idea in each paragraph. The ideas in this story are (i) going to the shopping centre, (ii) buying a coat, (iii) being caught in the middle of a chase, (iv) the thieves' attempted escape and (v) the eventual outcome. You may wish to use some of the vocabulary from the **nathanna breise** on the next page when you are writing your own story.

 Nasctha le: Caibidil 4, 'Mo Cheantar'.
Ceisteanna Léamhthuisceana: www.educate*plus*.ie/go/ms4

Bhí an aimsir go hainnis. Bhí sé fuar agus fliuch agus bhí gaoth láidir ag séideadh síos trí shráideanna Bhaile Átha Cliath. Bhí mise agus mo chara ag tnúth go mór le lá siopadóireachta. Bhí **scáthanna báistí** againne ach bhí siad **gan úsáid** mar go raibh an ghaoth chomh láidir sin. Faoi dheireadh, shroicheamar Ionad Siopadóireachta Shráid Jervis. **Dídean** ón mbáisteach!

> umbrellas; useless
>
> shelter

Bhí mé ag lorg cóta deas nua. Chaitheamar tamall ag déanamh siopadóireacht fuinneoige **go dtí go** bhfaca mé ceann dubh i siopa mór darb ainm Íocón Stíle. Chuaigh mé isteach agus thriail mé orm é. Bhí sé go hálainn. Rinneadh dom é, ní raibh aon dabht faoi. Cheannaigh mé an cóta agus d'fhág mé an siopa chomh sásta le rí.

> until

Chuamar síos san ardaitheoir agus rinneamar ár mbealach chuig an doras amach. Go tobann, chualamar daoine ag screadach agus nuair a chasamar timpeall, chonaiceamar beirt fhear agus balaclávaí orthu ag rith **inár dtreo**! Bhí dhá bhosca airgid ina lámha acu. **Bhrúigh** siad mise agus mo chathaoir rotha **i leataobh** agus iad ag iarraidh **éalú**. Bhí fear agus bean sa tóir orthu – iad **gléasta** in éide shlándála.

> in our direction
> pushed
> aside; escape
> dressed

Creid é nó ná creid, chomh luath is a bhrúigh siad tríd an doras, cé a bhí ann ina suí i Ford Mondeo ach beirt Ghardaí faoi cheilt. Chomh luath is a chonaic siad an bheirt ghadaithe, léim siad amach as an gcarr agus rith siad sa tóir orthu. Chaith na gadaithe na boscaí ar an talamh agus d'imigh siad leo síos Sráid Jervis ar luas lasrach. Ach mo léan, ní raibh ach 20 méadar rite ag na gadaithe bochta nuair a shleamhnaigh siad ar an talamh fliuch agus thit siad ina gcnap – ábhar grinn don scata mór dínne a bhí tar éis an eachtra a fheiceáil.	undercover; thieves

alas

source of amusement
big group of us |
| Shiúil na Gardaí chucu, meangadh mór gáire ar a n-aghaidh freisin, agus tharraing siad na balaclávaí den bheirt. 'Bhuel, bhuel, bhuel, a fhleascacha! Nach Anto agus Deco féin atá againn! Níl sibh ach dhá lá as an bpríosún agus tá na seanchleasa céanna ar siúl agaibh,' a dúirt Garda amháin. Leis sin, bhuail sí na dornaisc orthu. Cuireadh i gcúl an chairr iad agus tugadh díreach chuig stáisiún na nGardaí iad. Ní dhéanfaimid dearmad ar an lá sin go deo na ndeor! | boyos

handcuffs |

Nathanna breise

Baineadh siar as gach duine.	Everyone was taken aback.
Bhí siad in ísle brí.	They were down in the dumps.
Tháinig siad aniar aduaidh air/uirthi.	They took him/her by surprise.
Ní raibh tásc ná tuairisc air/uirthi.	There was neither sight nor sound of him/her.
Thit an lug ar an lag aige/aici.	He/she lost courage.
Níor chaith siad go dona leis/léi.	They didn't treat him/her badly.
Bhí siad i sáinn/i bponc.	They were in a fix.
Ba faoi/fúithi féin a bhí sé.	It was up to him/her.
Bhí sé tábhachtach an deis a thapú.	It was important to seize the opportunity.
Ní raibh leigheas ar bith eile ar an scéal.	There was no other solution to the problem.
Ní raibh an dara rogha acu.	They didn't have any other choice.
Thit néal codlata orthu.	They fell asleep.
Ní raibh gíog ná míog astu.	There wasn't a sound out of them.
Bhí an t-ádh dearg air/uirthi.	He/she was dead lucky.
D'éalaigh sé/sí i gcoim na hoíche.	He/she escaped in the dead of night.
Níor tharraing sé/sí na cosa.	He/she didn't drag his/her heels.
Bhí sé idir dhá cheann na meá.	It was hanging in the balance.
Ní mó ná sásta a bhí siad nuair a chonaic siad cad a tharla.	They weren't happy when they saw what happened.
Ba mhór an faoiseamh é.	It was a great relief.
Casadh fear a dhiongbhála orthu.	They had met their match.

Scríobh

Scríobh scéal dar teideal: 'Eachtra a tharla dom nuair a bhí mé ag obair i siopa.'

SCÉAL

Timpiste a Tharla ar Thuras Scoile Thar Sáile

You may be required to write a story about an accident. This example uses a lot of rich language, some of which you could use in your own story. You could also choose from the **nathanna breise** on the next page. (The words in this particular **nathanna breise** all refer to parts of the body.)

Nasctha le: Caibidil 8, 'An Saol Oibre'.
Ceisteanna Léamhthuisceana: www.educateplus.ie/go/ms5

Turas scoile iontach ab ea é. Bhíomar ag rothaíocht ó Porto na Portaingéile go Santiago na Spáinne. An Camino a bhí á dhéanamh againn – **oilithreacht** fhada go dtí Séipéal San Séamais. An ceathrú lá a bhí ann agus bhíomar ag baint suilt is spraoi as. Bhí na cnoic dúshlánach ach **b'fhiú an tairbhe an trioblóid**. An rud a théann suas, a deirimis lena chéile, caithfidh sé teacht anuas.

pilgrimage

they were worth the effort

Chasamar ar go leor daoine an lá sin – idir óg agus aosta – grúpaí scoile, muintir na háite, saighdiúirí **fiú**! Bhí roinnt acu ag siúl an Camino ar fad – 1,000 km! Bhí an t-ádh linn go raibh na rothair againn.

even

Shroicheamar barr cnoic eile agus d'fhéachamar anuas. Bóithrín **cam casta** a bhí romhainn. Bhrostaigh Marcas tharainn. 'Slán, leaids!' a dúirt sé agus **as go brách leis**. Lean Adam, Caoimhe, Máire, Magda, Lúc agus mise é. Shleamhnaíomar ar dheis agus ar chlé, ag iarraidh na h**uchtóga** agus na **túrtóga** a sheachaint. Bhí sé deacair na **coscáin** a úsáid toisc go raibh an bóthar **sleamhain**.

windy and twisty
off he went

bumps; humps
brakes
slippery

Go tobann, d'eitil Lúc thar na h**anlaí tóin thar ceann** agus thit sé ar an mbóthar **gan aithne gan urlabhra**. Bhí a cheann ag croitheadh agus ag cur fola. Chuir sé **drithlíní le mo dhroim**.

handles; head over heels
unconscious
shivers down my spine

Thosaigh an múinteoir ag tabhairt **garchabhrach** do Lúc. Ansin, chuireamar glao ar na seirbhísí éigeandála. Dúirt siad go mbeidís ann **chomh luath agus ab fhéidir**. Faoin am seo, bhí Lúc tar éis dúiseacht ach ní raibh sé ábalta **cuimhneamh ar** aon rud. Is **ar éigean** a chuimhnigh sé go raibh sé sa Spáinn!

first aid

as soon as possible
recall
barely

Tar éis deich nóiméad, chualamar **bonnán** an otharchairr. Léim na **paraimhíochaineoirí** amach agus scrúdaigh siad a cheann agus a mhuineál. Ansin, chuir siad Lúc ar shínteán agus isteach san otharcharr. Gan a thuilleadh moille, dheifrigh siad go dtí an t-ospidéal.

San ospidéal, rinne siad cúpla tástáil agus x-ghathú, ach buíochas le Dia ní raibh aon rud briste. D'fhan sé san ospidéal thar oíche ach nuair a dhúisigh sé ar maidin, níor mhothaigh sé pian ar bith. Dúirt na dochtúirí go raibh an t-ádh dearg leis. Creid é nó ná creid, bhí sé ar ais ar an rothar an lá dár gcionn agus ábalta an Camino a chríochnú **inár gcuideachta**.

	siren
	paramedics
	with us

Nathanna breise

Chaolaigh mé mo shúile.	I strained my eyes.
Chuimil mé mo shúile.	I rubbed my eyes.
Chuir mé bealadh faoi m'ioscaidí.	I hurried up. (I greased the back of my knees.)
Shín/chocáil mé mo mhéar.	I pointed my finger.
Thochais mé mo cheann.	I scratched my head.
Chroith mé mo cheann.	I shook my head.
Chlaon mé mo cheann.	I nodded my head.
Chaoch mé mo shúil.	I winked (my eye).
Chliceáil mé mo mhéara.	I clicked my fingers.
Shéid mé mo shrón.	I blew my nose.
Shuaith mé m'intinn.	I racked my brains (my mind).
Thit mé ar mo bhéal is ar mo shrón.	I fell flat on my face. (I fell flat on my mouth and my nose.)
Chuireamar ár nguaillí le chéile.	We shouldered the burden together.
D'imríomar le chéile faoi bhéal an aeir.	We played together out in the open.
Rug mé na cosa/na sála liom.	I ran away. (I took to my heels.)
Bhí deifir mo dhá bhonn orm.	I was hurrying for dear life.
Bhí mo bholg ag gáire liom.	I enjoyed my meal. (My belly was laughing with me.)
Bhí ladhar i ngach aon ghnó aige/aici.	He/she was involved in everything. (He/she had his/her fingers in all the pies.)
Casfaidh mé an muineál aige/aici.	I'll wring his/her neck.
Bíonn a ngrá leo ar bharra a ngéag.	They don't hide their emotions. (They wear their hearts on their sleeves.)
Ná bíodh do mhéar i mbéal an mhadra agat.	Don't invite trouble. (Don't put your finger in the dog's mouth.)

 ## Scríobh

Scríobh scéal dar teideal: 'Timpiste a bhí agam i lár stoirme.'

SCÉAL

An Lá ar Chas Mé ar Cheoltóir Gairmiúil

When you are deciding on what to write in a story, it often helps to think of something that happened in your own life and to then link it to the title of your story. There is no harm in embellishing it a little to make the story more attractive to the reader!

Nasctha le: Caibidil 5, 'Mo Chaithimh Aimsire'. Nasctha le: Caibidil 8, 'An Saol Oibre'.
Ceisteanna Léamhthuisceana: www.educateplus.ie/go/ms6

Gheal m'aghaidh nuair a chuir an freastalaí an **stéig shúmhar theobhlasta** os mo chomhair. Bhí sé **tuillte** agam, bhí a fhios agam sin. Faoi dheireadh, bhí an Teastas Sóisearach críochnaithe agam. Bhí mé in éineacht le mo thuismitheoirí agus mo bheirt chairde, Karolina agus Pilib, in Óstán Uí Shé ar an gCeathrú Rua i gConamara.

juicy sizzling steak
deserved

Bhí mé **leathbhealach** trí mo stéig nuair a d'oscail an bainisteoir an doras agus tháinig slua mór isteach. Bhí siad go léir gléasta in éadaí **faiseanta**. Ansin, chonaic mé bean óg ag siúl isteach. Bhí gruaig ghearr dhubh uirthi, spéaclaí gréine, fáinní cluaise móra agus go leor seodra eile uirthi. **D'aithníomar** go léir láithreach í. Rihanna!

half way
fashionable
we recognised

Thosaíomar **ag cogarnach** le chéile. Cén fáth a raibh sí anseo? Bhí a fhios againn faoina ceolchoirm i Londain an lá dár gcionn, ach ní raibh **tuairim dá laghad** againn faoina turas go Conamara! Ar aon chaoi, leanamar ar aghaidh ag caint is ag comhrá faoi Rihanna. **I ngan fhios dúinn**, áfach, chuaigh Mam suas staighre. Tar éis cúpla nóiméad, tháinig sí anuas agus cé a bhí in éineacht léi ach Rihanna féin! Níor chreideamar ár gcuid súl!

whispering
the faintest idea
without us knowing

Shuigh sí síos agus **ghabh sí comhghairdeas linn**. Dúirt sí linn go raibh **seisiún grianghrafadóireachta** ar siúl aici i gConamara ar an gcósta álainn drámatúil. Ansin, d'fhiafraigh sí dínn an mbeimis ábalta a bheith i Londain an tráthnóna dár gcionn? Bhreathnaigh mé ar mo thuistí. Bhuel?

she congratulated us
photo session

Ní gá a rá leat go ndeachamar go dtí an cheolchoirm. Ní raibh **an dara rogha** ag mo thuistí! Chuaigh an triúr againn in éineacht le mo mháthair. Bhailigh tiománaí i **limisín** mór dubh muid ag an aerfort agus chuamar go dtí an O2 in Greenwich i Londain. Bhí an cheolchoirm thar barr.

there's no need to tell you; any other choice; limousine

Tar éis na ceolchoirme, chuamar cúlstáitse agus chasamar ar Rihanna arís. Ghabhamar buíochas léi agus dúramar go bhfeicfimis i gConamara arís í.

Ceann de na laethanta ab fhearr i mo shaol ab ea é, gan amhras.

✏️ Scríobh

Scríobh scéal dar teideal: 'An uair a chas mé ar dhuine cáiliúil.'

368   trí chéad seasca a hocht

RÍOMHPHOST
An Mhír Scríbhneoireachta

Ceolchoirm Iontach

Remember, when you are given a list of points to write about, make sure you include all of them. This will also help you plan your piece of writing. This particular email can easily be adapted to a story, letter or a blog.

Nasctha le: Caibidil 5, 'Mo Chaithimh Aimsire'.
Ceisteanna Léamhthuisceana: www.educateplus.ie/go/ms7

Treoracha: Chuaigh tú chuig ceolchoirm iontach le déanaí. Scríobh ríomhphost chuig cara leat fúithi agus luaigh na pointí seo a leanas:
- **Dhá** phointe faoin gceolchoirm
- Cé a chuaigh in éineacht leat
- Conas a bhí an cheolchoirm
- Cad a rinne sibh tar éis na ceolchoirme.

Ó: ceoltoirancheoil@gaeilgemail.com **Ábhar:** Ceolchoirm Iontach
Chuig: wladzdublin@gaeilgemail.com **Seolta:** Dé Sathairn, 06/06/2022 20.00

A Wladimir, a chara,

Conas atá tú? Tá súil agam go bhfuil tú i mbarr na sláinte agus nach bhfuil aon rud ag déanamh buartha duit! Tá ag éirí go breá liom anseo sa Mhuileann gCearr. Tá brón orm nár scríobh mé níos luaithe ach bhí mé **gafa le** scrúduithe an tsamhraidh. — busy with

(P1a) Ar aon chaoi, chuaigh mé chuig ceolchoirm Niall Horan an tseachtain seo caite. Ar chuala tú go raibh sé ag seinm? Tá sé ag déanamh turais timpeall na hÉireann faoi láthair. **(P1b)** Bhí an cheolchoirm ar siúl i bPáirc Uí Chíosóig sa Mhuileann gCearr. Tugadh 'An Ghig Teacht Abhaile' uirthi.

(P2) Chuaigh triúr eile ó mo rang in éineacht liom. Bhuaileamar le chéile i lár an bhaile mhóir agus shiúlamar go Páirc Uí Chíosóig. Ní chreidfeá na **sluaite** a bhí ann. **Idir** óg is aosta, bhuachaillí is chailíní, fhir is mhná – tháinig siad **ó chian is ó chóngar** go dtí an cheolchoirm speisialta seo. — crowds; both; from far and near

(P3) Agus **b'fhiú é**. Cé eile a bhí ar stáitse le Niall ach Ed Sheeran, Katy Perry agus Rita Ora! Bhí ionadh ar gach duine. Chan Niall go leor amhrán óna albam nua ach chan sé amhráin de chuid Ed, Katy agus Rita freisin. **Ní gá a rá** go raibh an t-atmaisféar leictreach. Chanamar **in éineacht leo** ó thús dheireadh na ceolchoirme. — it was worth it; needless to say; along with them

(P4) Tar éis na ceolchoirme, fuaireamar cúpla mála sceallóg sa siopa sceallóg áitiúil agus ansin rinneamar ár mbealach abhaile. Bhíomar go léir fós **ar bís** an lá dár gcionn. Ní fhacamar seó cosúil leis **riamh cheana**. Ní dhéanfaimid dearmad ar an oíche sin go deo. — excited/buzzing; ever before

Seinnfidh Niall a cheolchoirm dheireanach i mBéal Feirste an 6 Iúil. Ba bhreá liom dul ann ach ní ligfidh mo thuismitheoirí dom dul! **Ní thógfainn orthu é**, chun an fhírinne a rá! — I don't blame them

Cogar, sin a bhfuil uaim inniu. Abair le gach duine go raibh mé ag cur a dtuairisce.

Ádh mór,

Ciara

 **Scríobh**

Chuaigh tú chuig ceolchoirm uafásach le déanaí. Scríobh ríomhphost chuig cara leat fúithi.

 **Turas 3**

BLAG

Turas Fada ar ár Rothair

This travel blog is about a cycling holiday and contains four excerpts from a longer blog.

There is plenty you can write about in a travel blog, for example, the places you visit and stay, the journeys you take, the food you eat, the weather, or even the people you meet.

Note how there is a mix of An Aimsir Chaite (what they did during the day), An Aimsir Láithreach (what they are doing as they write) and An Aimsir Fháistineach (their plans for tomorrow) in this blog.

 Nasctha le: Caibidil 6, 'Taisteal'.
Ceisteanna Léamhthuisceana: www.educateplus.ie/go/ms8

 http://www.turas-rothaiochta.ie

Dé Domhnaigh, 26 Bealtaine

Tá ocht nduine dhéag againn ar an turas scoile seo – sé scoláire dhéag agus beirt mhúinteoirí. Shroicheamar Cherbourg in **iarthuaisceart** na Fraince um thráthnóna. Ansin, chaitheamar trí uair an chloig ar an mbus go Rennes, cathair dheas in **iarthar** na Fraince. Bhaineamar an t-ionad campála amach agus chuireamar suas ár b**puball**. Tosóimid ag rothaíocht amárach.

north-west
west
tent

Dé Luain, 27 Bealtaine (maidin)

Dhúisíomar go luath agus d'itheamar bricfeasta mór – *baguettes* agus *croissants*. Tá **sceitimíní** orainn mar tosóimid ár dturas timpeall iarthar na Fraince inniu.

excitement

Dé Luain, 27 Bealtaine (tráthnóna)

Chaitheamar an lá ar fad ag rothaíocht inniu. Bhí an aimsir go hálainn. Lá breá brothallach a bhí ann agus bhí grian **loiscneach** ag spalpadh anuas.

blazing

Tá an radharc tíre go hálainn anseo, caithfidh mé a rá. Tá na bóithre ciúin agus cothrom. D'itheamar lón deas i mbaile beag tuaithe agus **as linn** arís.

off we went

Beimid ag fanacht in ionad campála anocht. Beidh lá fada againn amárach.

Dé Máirt, 28 Bealtaine

Lá tuirsiúil inniu. Rothaíomar 90 km. Bhuaileamar le roinnt Éireannach eile atá ag taisteal ar fud na Fraince. Tar éis lóin, rothaíomar go dtí an trá agus chuamar ag snámh. Bhí an t-uisce go hálainn – i bhfad **níos teo** ná in Éirinn!

warmer

Beimid ag fanacht i mbrú óige anocht, buíochas le Dia! Táim **bréan den** phuball! Tá sé an-chompordach anseo. Tá ocht leaba i ngach seomra agus tá balcóin dheas ann freisin. Tá radharc álainn againn ar an bhfarraige ón mbalcóin.

sick of the

Amárach, rothóimid trasna droichid ollmhóir go hoileán beag, darb ainm Noirmoutier-en-l'Île. Beidh Cluiche Ceannais **Shraith Curadh** UEFA ar siúl. Beidh Bohemians ag imirt in aghaidh Bayern Munich. Tá súil againn go mbeimid ábalta féachaint air sa teach ósta!

Champions League

 Scríobh

Samhlaigh go bhfuil tú ar thuras scoile le do rang. Scríobh blag faoin turas.

BLAG

An Mhír Scríbhneoireachta

Ócáid Spóirt a Thaitin go Mór Liom

These are two sports blogs. One is about a cross-country race and the other is about a hurling match.

You may wish to write about a sporting occasion, a concert or some other big event in your own blog. Try to illustrate your passion for the event in your writing.

Nasctha le: Caibidil 7, 'Spórt'.
Ceisteanna Léamhthuisceana: www.educateplus.ie/go/ms9

---

http://www.ras-iontach.ie

Rás trastíre iontach

Chuaigh mé chuig rás iontach ag an deireadh seachtaine. Bhí **laoch** reathaíochta na hÉireann, Fionnuala Mhic Cormaic, ag rásáil in aghaidh cuid de na lúthchleasaithe is fearr san Eoraip. Dhera, ní fhaca mé **rás dá leithéid** riamh.

Bhí an rás ar siúl i bPáirc an Fhionnuisce i mBaile Átha Cliath. Chuaigh mé le mo chlub reathaíochta Club Lúthchleas Chonamara. Ní raibh ticéid ag teastáil; bhí sé saor in aisce. Cé go raibh **curadh na hEorpa** ag rásáil, rith Fionnuala rás cliste chun an bua a bhaint amach. Ba **léir do chách** go raibh an bua tuillte aici. Bhí sí **ní b'fhearr** ná **chuile** reathaí eile.

Thosaigh sí **go socair** agus chríochnaigh sí **go tréan**. Bhí sé fuar agus fliuch agus bhí **puiteach** ar fud na háite ach fós, thaitin an rás agus an lá go mór liom.

hero	
a race like it	
European champion	
clear to everyone	
better; every	
calmly; strongly	
mud	

---

http://www.cluiche-den-scoth.ie

Cluiche iománaíochta den scoth

Chuaigh mé chuig cluiche iontach ag an deireadh seachtaine. Mar is eol duit, bhí **fathaigh** mhóra iománaíochta na Gaillimhe ag imirt in aghaidh Bhaile Átha Cliath. Muise, ní fhaca mé cluiche cosúil leis riamh.

Bhí an cluiche ar siúl i bpríomhstaidiam an chontae, Páirc an Phiarsaigh. Chuaigh m'athair **in éineacht liom** chun é a fheiceáil. Thiomáineamar ó Phort Omna. Bhí €15 ar na ticéid. Cé gur imir na Dubs go han-mhaith, d'éirigh leis na **Fir Threibhe an lámh in uachtar** a fháil. Ba é Joe Ó Cainín **laoch na himeartha**. Scóráil sé dhá chúl agus naoi gcúilín – agus **poc sleasa** álainn **san áireamh**.

Tar éis an chluiche, stopamar in Supermac's le haghaidh burgair agus sceallóg agus ansin, **ar aghaidh linn** ar ais go Port Omna.

giants

with me

Tribesmen; the upper hand; man of the match; sideline cut; including

off we went

✏️ Scríobh

Scríobh postáil bhlag faoi ócáid mhór a thaitin leat.

DÍOSPÓIREACHT

Ní Thuigeann Déagóirí an Lae Inniu Luach an Airgid

This is a useful debate speech for practising a wide range of vocabulary that you have already learned, covering topics such as shops, hobbies, holidays and, of course, jobs. You could also include schoolwork and household chores here. Look at how the vocabulary is woven into this example. See if you can do the same when you write a similar debate or essay of your own.

Nasctha le: Caibidil 8 , 'An Saol Oibre'.
Ceisteanna Léamhthuisceana: www.educateplus.ie/go/ms10

In aghaidh an rúin

A chathaoirligh, a mholtóirí, a lucht an fhreasúra agus a chomhscoláirí, beidh mise ag labhairt libh anocht in aghaidh an rúin seo. Ní aontaímse nach dtuigeann déagóirí an lae inniu luach an airgid. Tá súil agam go n-aontóidh sibh liom faoi dheireadh na díospóireachta seo.

Sa díospóireacht seo, léireoidh mé go dtuigeann déagóirí an lae inniu luach an airgid. Ar an gcéad dul síos, pléifidh mé na poist éagsúla a bhíonn ag déagóirí. Ar an dara dul síos, luafaidh mé an post a bheidh agamsa an samhradh seo. Ar deireadh, déanfaidh mé cur síos ar an sórt rudaí a cheannaíonn déagóirí.

I dtús báire, tuigeann déagóirí an lae inniu luach an airgid. **Sin an chúis** a bhfaighimid poist pháirtaimseartha – ní maith linn airgead a iarraidh ar ár dtuismitheoirí. Faigheann déagóirí obair i **réimse leathan** áiteanna. Orthu siúd tá siopaí, ollmhargaí, ionaid siopadóireachta, bialanna, óstáin agus feirmeacha.

Maidir liom féin, tosóidh mé ag obair le m'uncail tar éis an Teastais Shóisearaigh. Is meicneoir é. Beidh mé ag ní carranna agus ag athrú **ola innill**. Beidh an obair dian, agus mar sin, tuigfidh mé luach gach **seic pá** a fhaighim.

Ar deireadh, glacaim leis go mbaineann cúpla scoláire **ceol as an airgead** ach ní dhéanann gach déagóir é sin! Cinnte, is maith linn a bheith ag siúl thart ar an mbaile mór agus ag féachaint ar na siopaí – b'fhéidir go gceannóimis béile saor nó éadaí, ach ní rachaimis **thar fóir**!

that's the reason	
wide range	
as regards me	
engine oil	
pay cheque	
(spend) the money freely	
overboard	

A dhaoine uaisle, ón méid atá cloiste agaibh, níl an dara rogha agaibh ach aontú liom. Is léir go dtuigeann déagóirí an lae inniu luach an airgid. Léirigh mé go n-oibrímid go dian dícheallach agus go mbímid cúramach agus stuama lenár gcuid airgid.

Tá súil agam go n-aontaíonn sibh go léir liom. Gabhaim buíochas libh go léir as an éisteacht a thug sibh dom anocht. Go raibh míle maith agaibh.

✏️ Scríobh

Scríobh an chaint a dhéanfá i ndíospóireacht scoile ar son nó in aghaidh an rúin seo: 'Tugann tuismitheoirí an iomarca airgid dá bpáistí.'

AGALLAMH

An Mhír Scríbhneoireachta

Mar a Chaitheann Iascaire an Lá

You may wish to interview someone about the work that they do. Here is one example of an interview with a fisher. It would be quite easy to adapt an interview to an essay or a story, or vice versa.

Nasctha le: Caibidil 8, 'An Saol Oibre'.
Ceisteanna Léamhthuisceana: www.educateplus.ie/go/ms11

Agallaí: Déaglán de Búrca (iascaire)

Cén t-am a thosaíonn tú ar maidin?

Dúisím go han-mhoch ar maidin, thart ag 02.30, agus déanaim mo bhealach chuig an b**port** i Ros Láir. Buailim leis na hiascairí eile agus fágaimid an port ag 03.00. Tá aithne mhaith againn ar na háiteanna is fearr chun breith ar an iasc '**Donncha na súl mór**'. Ach bíonn orainn a bheith ann roimh éirí na gréine mar éiríonn Donncha go moch!

port/harbour

John Dory (type of fish)

Cén fáth?

Bhuel, an dtuigeann tú, tá súile móra ag an iasc seo agus mar sin, feiceann sé na héisc bheaga go furasta. Bíonn sé níos éasca dó breith orthu nuair a bhíonn sé fós beagán dorcha. Beireann sé ar go leor acu agus itheann sé go maith! Mar sin, caithfimid a bheith ann go moch ar maidin nuair a bhíonn **go leor acu** ag snámh thart le chéile – mar a deir an seanfhocal, '**Is é an ceannaí moch a dhéanann an margadh**.'

lots of them
the early bird catches the worm

Conas a bheireann tú ar na héisc?

Caithimid na h**eangacha** amach san fharraige. Éiríonn na **faoileáin** corraithe láithreach toisc go mbíonn ocras orthu! **Téimid a luí** ar feadh tamaillín agus cúpla uair an chloig níos déanaí, éirímid agus seiceálaimid na heangacha. Nuair a **bheirimid ar** roinnt mhaith iasc, tosaímid á **réiteach** agus á nglanadh, agus ansin cuirimid ar **leaba oighir** iad. Tugaimid na h**inní** do na faoileáin.

nets; seagulls
we lie down

catch
preparing; a bed of ice; guts

Cad a dhéanann tú leis na héisc ansin?

Tugaimid go dtí an margadh iad. Ar dtús, áfach, nuair a thagaimid **ar ais i dtír**, cuirimid aon bhruscar a fhaighimid sna scipeanna atá sa phort. Faraor, bíonn go leor bruscair san fharraige – rudaí plaisteacha go háirithe. Ansin, tugaimid na héisc go dtí an margadh. Labhraímid le **lucht an mhargaidh** ansin – de ghnáth bíonn siad sásta na héisc go léir a cheannach. Ina dhiaidh sin, ithimid ár lón agus ansin, téimid ar ais ag iascaireacht!

back ashore

market people

Scríobh

Samhlaigh gur feirmeoir thú. Scríobh an t-agallamh a dhéanfá le hiriseoir. Léigh na leabhráin 'Bia ón bhFeirm' chun cabhrú leat. Tá siad ar fáil ag www.agriaware.ie/digin.html.

trí chéad seachtó a trí

AISTE

Ról an Oideachais i Mo Shaol

An essay on education is perhaps the most straightforward essay of them all. It is very easy to divide up topics relating to school into different categories, for example, subjects, facilities and rules. You may wish to adapt some of the paragraphs here for your own essay. **Nathanna breise** are provided on the next page.

Nasctha le: Caibidil 1, 'Ar Ais ar Scoil'.
Ceisteanna Léamhthuisceana: www.educateplus.ie/go/ms12

Chomh luath is a léigh mé teideal na haiste seo, thosaigh mé ag smaoineamh. Bhí a fhios agam go mbeadh go leor le scríobh agam. San aiste seo, pléifidh mé ról an oideachais i mo shaol. Ar an gcéad dul síos, luafaidh mé cúpla pointe fúm féin agus faoi mo scoil. Ar an dara dul síos, scríobhfaidh mé faoi na hábhair a dhéanaim. Ar an tríú dul síos, déanfaidh mé cur síos ar na háiseanna iontacha atá i mo scoil. Faoi dheireadh, díreoidh mé ar rialacha na scoile.

Sorcha is ainm dom agus táim sa dara bliain i gColáiste Mhuire i nGaillimh. Scoil mheasctha í mo scoil. Tá 420 dalta sa scoil agus beagnach 40 múinteoir ag múineadh anseo. Réitím go maith leis na múinteoirí agus na scoláirí eile go léir.

I mbliana, cosúil le **beagnach** gach scoláire eile, táim ag déanamh staidéir ar thrí ábhar déag. Is iad sin Gaeilge, Béarla, Mata, Stair, Tíreolaíocht, Eolaíocht, Ealaín, Staidéar Gnó, Miotalóireacht, Teicneolaíocht, Creideamh, Corpoideachas agus OSSP. *nearly*

Is í an Eolaíocht an t-ábhar is fearr liom mar tá sí corraitheach agus dúshlánach. Is aoibhinn liom a bheith ag déanamh **turgnamh**. Caithfidh mé a admháil nach dtaitníonn gach ábhar liom. Ní maith liom Tíreolaíocht ar chor ar bith. Is cuma liom faoi **lúblochanna** agus u-ghleannta agus v-ghleannta! *experiments* / *oxbow lakes*

Tá na háiseanna inár scoil go hiontach. Tá leabharlann dhigiteach againn, chomh maith le seomra ealaíne, seomra ceoil, trí shaotharlann agus halla spóirt. Tá dhá pháirc imeartha againn ar chúl na scoile freisin.

Tá roinnt mhaith rialacha inár scoil freisin ach níl siad ródhian. Tá tábhacht le rialacha, i mo thuairim. Cothaíonn siad atmaisféar slán. Tá an-bhéim ar ábhair acadúla inár scoil freisin. Mura ndéanann tú do chuid obair bhaile, mar shampla, **coinneofar siar** thú. *will be kept back*

Ní maith liom gach riail, áfach. Ní maith liom an cosc ar fháinní cluaise. Tá an-suim agam san fhaisean ach faraor, ní féidir liom fáinní cluaise a chaitheamh anseo. Tá Comhairle na nDaltaí ag iarraidh **fáil réidh** leis an riail sin. Tá súil agam go n-éireoidh leo. Tá an éide scoile go breá. Cothaíonn sé spiorad na scoile agus cabhraíonn sé chun an bhulaíocht a chosc. *get rid*

An Mhír Scríbhneoireachta

San aiste seo, phléigh mé an tábhacht atá ag an oideachas i mo shaol. Ar an gcéad dul síos, luaigh mé cúpla pointe fúm féin agus faoi mo scoil. Ina dhiaidh sin, scríobh mé faoi na hábhair a dhéanaim. Ina dhiaidh sin arís, rinne mé cur síos ar na háiseanna iontacha atá i mo scoil. Faoi dheireadh, dhírigh mé ar rialacha na scoile. I mo thuairim, tá ról tábhachtach ag an oideachas i saol gach duine óig. Mar a deir an seanfhocal, 'Níl eolas gan oideachas.'

Nathanna breise

Nathanna dearfacha	
Tá áiseanna nua-aimseartha in go leor scoileanna.	There are modern facilities in a lot of schools.
Is féidir le scoláirí spórt a imirt agus ceol a sheinm.	Students can play sport and play music.
Is féidir le scoláirí páirt a ghlacadh i ndíospóireachtaí.	Students can take part in debates.
Tá scoláirí in ann ábhair phraiticiúla a roghnú.	Students can choose practical subjects.
Tá scoláirí in ann dul ar thurais oideachasúla.	Students can go on educational trips.
Is féidir le scoláirí leas a bhaint as acmhainní digiteacha.	Students can avail of digital resources.
Tá rochtain ag scoláirí ar ríomhairí.	Students have access to computers.
Forbraíonn scoláirí mar dhaoine.	Students develop as people.
Nathanna diúltacha	
Tá córas oideachais na hÉireann in umar na haimléise!	The education system in Ireland is in the depths of despair!
Tá an córas ródhírithe ar na scrúduithe.	The system is too exam-driven.
Tá na rialacha ródhian.	The rules are too strict.
Tá an iomarca scoláirí i ngach rang.	There are too many students in each class.
Ní fheileann an córas do gach dalta.	The system doesn't suit everyone.
B'fhearr liom measúnú leanúnach.	I would prefer continuous assessment.
B'fhearr liom níos mó tionscadail chruthaitheacha a dhéanamh.	I would prefer to do more creative projects.
Ba bhreá liom níos mó faoi Oirthear na hEorpa, faoin Afraic agus faoin Áise a fhoghlaim ar scoil.	I would like to learn more about Eastern Europe, Africa and Asia in school.

 **Scríobh**

Scríobh aiste faoi do shaol ar scoil.

AISTE

Pearsa Phoiblí a Bhfuil Meas Agam Air/Uirthi

In Chapter 1 you saw the opening paragraphs to similar essays to this one. You may have written your own essay about someone you respect too. Remember to plan your essay carefully and to only mention one idea in each paragraph.

Nasctha le: Caibidil 1, 'Mé Féin, Mo Theaghlach agus Mo Chairde'.
Nasctha le: Caibidil 8, 'An Saol Oibre'.
Ceisteanna Léamhthuisceana: www.educate*plus*.ie/go/ms13

Jane Goodall

Is breá liom ainmhithe. Is aoibhinn liom iad. Mar sin, chomh luath is a léigh mé teideal na haiste seo, bhí a fhios agam go mbeadh go leor le scríobh agam faoin eolaí agus gníomhaí cearta ainmhithe cáiliúil, Jane Goodall. I dtús báire, déanfaidh mé cur sios uirthi. Inseoidh mé duit cén sórt duine í. Ina dhiaidh sin, scríobhfaidh mé faoina luathshaol agus a saol pearsanta. Ansin, déanfaidh mé trácht ar a cuid oibre le simpeansaithe san Afraic. Faoi dheireadh, luafaidh mé na gradaim agus na honóracha a bronnadh uirthi.

Is bean **an-phaiseanta** í Jane Goodall. Creideann sí go diongbháilte i gcearta ainmhithe. Oibríonn sí gan sos gan scíth ar son cearta ainmhithe ar fud an domhain, ach go háirithe san Afraic. Is bean an-éirimiúil í freisin. Bhain sí PhD amach in Ollscoil Cambridge.

very passionate

Rugadh i Londain Shasana í. Nuair a bhí sí an-óg, fuair sí simpeansaí **stuáilte** mar bhréagán. **Ó shin i leith**, tá spéis aici in ainmhithe. Tá an t-ainmhí stuáilte fós aici! Phós sí faoi dhó ach faraor, fuair a dara fear céile bás. Tá mac amháin aici. Hugo is ainm dó.

stuffed; from then on

Tar éis di PhD a bhaint amach, rinne sí go leor taighde eile san Afraic. Mar shampla, **chruthaigh** sí go raibh ainmhithe ábalta **uirlisí** a dhéanamh agus a úsáid agus chruthaigh sí nach veigeatóirí iad simpeansaithe. Fuair sí amach go leor eolas **brúidiúil** eile faoi shimpeansaithe ach ní phléifidh mé **na sonraí fuilteacha** san aiste seo!

proved; tools

brutal
the gory details

Bronnadh go leor gradam agus onóracha ar Jane. Mar shampla, bronnadh duaiseanna uirthi i Sasana, san Afraic, sa Fhrainc, sa tSeapáin agus i Meiriceá. Bhronn na **Náisiúin Aontaithe** an teideal **Teachtaireacht na Síochána** uirthi. Nocht Walt Disney **plaic** speisialta di sa pháirc théama 'Animal Kingdom' in Florida.

United Nations Messenger of Peace; plaque

San aiste seo, scríobh mé faoin eolaí agus gníomhaí cearta ainmhithe cáiliúil, Jane Goodall. I dtús báire, rinne mé cur síos uirthi. D'inis mé duit cén sórt duine í. Ina dhiaidh sin, scríobh mé faoina luathshaol agus a saol pearsanta. Ansin, rinne mé trácht ar a cuid oibre le simpeansaithe san Afraic. Faoi dheireadh, luaigh mé na gradaim agus na honóracha a bronnadh uirthi. Is léir gur duine iontach í a leanann **mian a croí**.

her heart's desire

Scríobh

Scríobh aiste ar dhuine mór le rá a throideann ar son chearta an duine.

AISTE

An Mhír Scríbhneoireachta

An Caitheamh Aimsire is Fearr Liom

You may wish to use the structure of this essay, and some of the vocabulary, when writing your own essay.

Nasctha le: Caibidil 5, 'Mo Chaithimh Aimsire'.
Ceisteanna Léamhthuisceana: www.educateplus.ie/go/ms14

Is mise Stiofán agus is é an damhsa an caitheamh aimsire is fearr liom. San aiste seo, pléifidh mé ról an damhsa i mo shaol. I dtús báire, cuirfidh mé síos ar an traenáil a dhéanaim. Ar an dara dul síos, pléifidh mé an cleachtadh a dhéanaim. Ina dhiaidh sin, luafaidh mé cúpla pointe faoi na seónna agus na ceolchoirmeacha a raibh páirt agam iontu. Ar deireadh thiar, scríobhfaidh mé faoin ngrúpa damhsa is ansa liom.

Thosaigh mé ag damhsa nuair a bhí mé deich mbliana d'aois. Chuaigh mé chuig rang i stiúideo damhsa ar Shráid Uí Fhoghlú i mBaile Átha Cliath agus thit mé i ngrá leis **láithreach**. Traenálaim sé huaire sa tseachtain. Caithim a lán ama sa spórtlann freisin ag obair ar mo neart agus ar mo **sholúbthacht**.

láithreach — straightaway
sholúbthacht — flexibility

Bíonn sé deacair **am a chur i leataobh** don obair scoile mar gheall ar an méid traenála agus seónna a dhéanaim. Uaireanta, ní chríochnaím an obair bhaile agus an staidéar go mbíonn sé déanach san oíche. **Mar sin féin**, **más fúm rath a bheith orm**, **ní mór dom** uaireanta fada traenála a chur isteach. 'Cleachtadh a dhéanann máistreacht', mar a deirtear!

am a chur i leataobh — set aside time
Mar sin féin — nevertheless
más fúm rath a bheith orm, ní mór dom — if I want to succeed; I must

Glacaim páirt i go leor seónna agus ceolchoirmeacha ar fud na hÉireann. Nuair a bhí mé aon bhliain déag d'aois, rinne mé mo chéad seó – **Geamaireacht** na Nollag in Amharclann an Olympia. Bhí orm a bheith ar stáitse gach oíche ar feadh míosa! An samhradh seo caite, ghlac mé páirt ina lán ceolchoirmeacha iontacha ar fud na hÉireann.

Geamaireacht — Panto

Taitníonn damhsóirí Lady Gaga go mór liom ach is é Quest Crew an grúpa damhsa is fearr liom. Is foireann rince hip hop agus brisdamhsa as Los Angeles iad. Tá naonúr sa ghrúpa. Rugadh iad ar fad i dtíortha éagsúla: an tSeapáin, an tSín, an Chóiré, na hOileáin Fhilipíneacha agus Meiriceá. Tá go leor duaiseanna buaite acu freisin. Mar shampla, bhuaigh siad Gradam Emmy as 'Cóiréagrafaíocht **den Chéad Scoth**'. Bhuaigh siad an seó tallainne *America's Best Dance Crew* **faoi dhó** freisin.

den Chéad Scoth — Outstanding
faoi dhó — twice

San aiste seo, phléigh mé ról an damhsa i mo shaol. I dtús báire, chuir mé síos ar an traenáil a dhéanaim. Ar an dara dul síos, phléigh mé an cleachtadh a dhéanaim. Ar an tríú dul síos, luaigh mé cúpla pointe faoi na seónna agus na ceolchoirmeacha a raibh páirt agam iontu. Ar deireadh thiar, scríobh mé faoin ngrúpa damhsa is ansa liom. Tá súil agam go bhfuil tuiscint níos fearr agat anois ar mo shaol mar dhamhsóir.

 **Scríobh**

Scríobh aiste faoi chaitheamh aimsire amháin atá agat.

ÓRÁID

An Tábhacht a Bhaineann le Caithimh Aimsire i Saol an Duine Óig

> A speech is quite similar to a debate except that the introduction and conclusion can be a little shorter. In this speech two examples of hobbies are presented: film and music. You can adapt this speech to reflect your own interests. **Nathanna breise** are provided on the next page.

Nasctha le: Caibidil 5, 'Mo Chaithimh Aimsire'.
Ceisteanna Léamhthuisceana: www.educate*plus*.ie/go/ms15

A chairde Gael, **mar is eol daoibh**, is mise Aya agus táim sa tríú bliain sa scoil seo. **Is mór an onóir dom** a bheith anseo chun caint libh faoin tábhacht a bhaineann le caithimh aimsire i saol an duine óig.

as you know
it is a great honour for me

I dtús báire, míneoidh mé cad is brí le caithimh aimsire. Ansin, labhróidh mé faoin tábhacht atá ag caithimh aimsire i mo shaol féin. Ar deireadh, cuirfidh mé síos ar an dá chaitheamh aimsire is ansa liom: scannáin agus ceol.

I dtús báire, cad is caitheamh aimsire ann? Is **gníomhaíocht** é a dhéanann daoine chun a scíth a ligean. Is deis iontach é freisin chun bualadh le cairde nua agus uaireanta, beagán airgid **a shaothrú**. Mar shampla, tá ceathrar scoláirí i mo rang a sheinneann ceol traidisiúnta ar Shráid na Siopaí gach Satharn! Tuilleann siad go leor airgid!

activity
to earn

Mar is eol do **chuid agaibh**, is as an tSeapáin í mo mháthair. Mar sin, tá suim mhór agam i scannáin agus i gceol na Seapáine. **Mar gheall ar** na caithimh aimsire seo, tá **cur amach** agam ar shaol agus ar chultúr na Seapáine. Tugann caithimh aimsire deis do dhaoine foghlaim faoi chultúir nua.

some of you
because of;
knowledge

Mar a dúirt mé, is aoibhinn liom scannáin na Seapáine. Thar aon rud eile, is aoibhinn liom scannáin *anime* agus leabhair *manga*. Is cineálacha cartúin iad *anime* agus *manga*. Tá scannáin *anime* **de gach sórt** ann – grá, eachtraíocht, fantaisíocht agus go leor eile. Tá cartúin do pháistí, mar shampla *Pokémon*, agus tá cartúin do dhéagóirí agus do dhaoine fásta ann freisin. Is é *Spirited Away* an scannán is fearr liom.

of every sort

An Mhír Scríbhneoireachta

Is breá liom popcheol na Seapáine freisin, nó 'J-pop' **mar a thugtar air**. Is iad Yanakiku agus Momoiro Clover Z na bannaí ceoil is fearr liom. Cheannaigh mé an t-albam nua a **d'eisigh** Yanakiku cúpla seachtain ó shin. Tá sé thar cionn. Chuaigh sé díreach chuig barr na g**cairteacha**! — *as it is called; released; charts*

Cúpla bliain ó shin, nuair a bhí mé sa tSeapáin le mo mháthair, chuaigh mé chuig ceolchoirm mhór a thug Yanakiku in Nippon Budokan, **láthair** iontach i lár Thóiceo. Bhí beagnach 15,000 déagóir i láthair agus bhí an t-atmaisféar leictreach. Bíonn ceolchoirmeacha J-pop an-spreagúil. Bíonn na **léirithe** lán d'**fhuinneamh**. — *venue; performance; energy*

A dhaoine uaisle, go raibh míle maith agaibh as ucht éisteacht liom anocht. Tá súil agam go bhfuil **tuiscint** níos fearr agaibh anois ar an tábhacht a bhaineann le caitheamh aimsire i saol an duine óig agus i mo shaol féin. Mar a deir mo sheanmháthair liom, '**Ní thagann an óige faoi dhó choíche**.' — *understanding; youth never ever comes twice*

Slán agus beannacht.

Nathanna breise

Is iomaí buntáiste a bhaineann le caitheamh aimsire.	There are many advantages to hobbies.
Is gníomhaíocht é a dhéanann daoine chun a scíth a ligean nó ar mhaithe le pléisiúr.	It is an activity that people do to relax or for pleasure.
Ba chóir go mbeadh caitheamh aimsire ag gach duine.	Everyone should have a hobby.
Tá tábhacht ar leith ag baint le caitheamh aimsire.	Hobbies have a special importance.
Tugann siad faoiseamh duit ó obair scoile.	They give you relief from schoolwork.
Cabhraíonn siad leat do scíth a ligean.	They help you to relax.
Déanann tú dearmad ar do chuid fadhbanna.	You forget about your problems.
Bíonn tú ar do sháimhín só/suilt.	You are at ease.
Tá seans ann go ndéanfaidh tú slí bheatha as caitheamh aimsire.	There is a chance that you might make a career out of a hobby.
Is deis iontach é bualadh le cairde nua.	It is a great opportunity to meet new friends.
Is deis é beagán airgid a shaothrú.	It is a chance to earn a little money.
D'fhéadfá na rudaí a fhoghlaimíonn tú a roinnt le daoine eile.	You could share the things that you learn with other people.
Má fhoghlaimíonn tú potaireacht, beidh tú ábalta bronntanais a dhéanamh.	If you learn pottery, you will be able to make presents.
Má fhoghlaimíonn tú grianghrafadóireacht, beidh tú in ann grianghraif ar ardchaighdeán a thógáil.	If you learn photography, you will be able to take high-quality photos.

✏️ Scríobh

Scríobh óráid dar teideal: 'Na caithimh aimsire atá agam agus an tábhacht atá leo domsa.'

Treoir Ghramadaí

Fáilte chuig an treoir ghramadaí seo.

Tá na míreanna gramadaí bunaithe ar na ceachtanna gramadaí a dhéanann tú i ngach caibidil. Mínítear na rialacha go soiléir cruinn agus tugtar an-chuid samplaí chun na rialacha seo a léiriú. Ba chóir duit na cleachtaí a dhéanamh i do chóipleabhar.

Tá súil againn go mbainfidh tú leas agus tairbhe as an treoir ghramadaí seo.

Clár Ábhair

Gramadach 1	Forainmneacha Réamhfhoclacha: 'le', 'do', 'faoi' agus 'ó'	381
Gramadach 2	Forainmneacha Réamhfhoclacha: 'ag', 'ar', 'roimh' agus 'as'	382
Gramadach 3	Mar, Mar go, Toisc go	383
Gramadach 4	An Aidiacht Shealbhach	384
Gramadach 5	Ag Comhaireamh Rudaí: An Séimhiú agus an tUrú	385
Gramadach 6	Ag Comhaireamh Daoine: Na hUimhreacha Pearsanta	386
Gramadach 7	Consain Leathana agus Consain Chaola	387
Gramadach 8	Briathra	388
Gramadach 9	Réimnithe na mBriathra	389
Gramadach 10	An Aimsir Chaite	390
Gramadach 11	An Aimsir Láithreach	392
Gramadach 12	Tá nó Bíonn?	394
Gramadach 13	An Aimsir Fháistineach	396
Gramadach 14	Abairtí Coinníollacha: Coinníollach 1 agus Coinníollach 2	398
Gramadach 15	An Modh Coinníollach	400
Gramadach 16	Céimeanna Comparáide na hAidiachta	402
Gramadach 17	An tAlt roimh an Ainmfhocal	406
Gramadach 18	An Chopail 'Is'	408
Gramadach 19	An tAinm Briathartha	412
Gramadach 20	An Tuiseal Ginideach	414
Gramadach 21	An Aimsir Ghnáthchaite	415
Gramadach 22	Aguisín	416

GRAMADACH 1

Forainmneacha Réamhfhoclacha: 'le', 'do', 'faoi' agus 'ó'

Cuimhnigh!

- We use prepositional pronouns (*forainmneacha réamhfhoclacha*) when a preposition (e.g. with, for, about, from) and a pronoun (e.g. me, you) come together.
- In English, two words are used, e.g. 'with me', 'for you', 'about us', 'from them'. However, in Irish we combine the two words to form one word, e.g. **liom** (**le + mé**), **duit** (**do + tú**), **fúinn** (**faoi + sinn**), **uathu** (**ó + iad**).
- Sometimes '**liom, leat** …' have different meanings and uses, but often they just mean 'with me, with you …'.
- There are some other meanings to '**dom, duit** …' too, but most often they mean 'for me, for you …' or 'to me, to you …'.
- Similarly, '**fúm, fút** …' usually mean 'about me, about you …' or 'under me, under you …'.
- Likewise, '**uaim, uait** …' usually mean 'from me, from you …' or 'I want, you want …'.
- Like many other European languages, Irish uses the order I–you–he–she–we–you (plural)–they.

 Foghlaim na liostaí seo de ghlanmheabhair.

Pronoun	Forainm	Réamhfhocal			
		le	do	faoi	ó
I	mé	liom	dom	fúm	uaim
you	tú	leat	duit	fút	uait
he	sé	leis	dó	faoi	uaidh
she	sí	léi	di	fúithi	uaithi
we	muid/sinn	linn	dúinn	fúinn	uainn
you (pl)	sibh	libh	daoibh	fúibh	uaibh
they	siad	leo	dóibh	fúthu	uathu
		le Marc	do Mharc	faoi Mharc	ó Mharc

Cleachtadh A

Athscríobh na habairtí seo a leanas.

1. Ní thaitníonn an Béarla go mór [le: siad] _____.
2. Is í an Tíreolaíocht an t-ábhar is fearr [le: Síle] _____.
3. Taispeáin an freagra sin [do: Éanna] _____, a Phóil.
4. Níor chuala mé tada [ó: iad] _____.
5. Tá gach duine ag caint [faoi: iad] _____.
6. Nílim chomh cainteach [le: é] _____ ach fós, réitím go maith [le: é] _____.
7. Thug mé jab amháin [do: tú] _____ ach níor éirigh [le: tú] _____ é a dhéanamh!
8. An dtabharfaidh tú a gcuid málaí [do: iad] _____, le do thoil?
9. D'éirigh [le: mé] _____ sa scrúdú. Tá Cáit in éad [le: mé] _____!
10. An féidir [le: tú] _____ cabhrú [le: mé] _____?

Cleachtadh B

Athscríobh na habairtí seo a leanas.

1. Tabhair [do: muid] _____ an t-airgead atá ag teastáil [ó: muid] _____.
2. Inis [do: í] _____ nár chuala mé [ó: í] _____ le fada.
3. Molaim [do: tú] _____ do mhála a thabhairt [le: tú] _____.
4. Conas atá ag éirí [le: tú] _____? Ní gearánta [do: mé] _____!
5. Ní féidir [le: mé] _____ mo chos chlé a ligean [faoi: mé] _____!

Cleachtadh C

Líon na bearnaí.

> fúthu   léi   linn   uaim   fúithi   dom

1. Is breá _____ an Mata mar tá múinteoir iontach againn.
2. Tabhair _____ mo mhála, le do thoil.
3. Bhí gach duine ag labhairt _____ nuair a bhuaigh siad.
4. Fóir orm! Fóir orm! Tá cabhair _____!
5. Ní féidir _____ a cos dheas a ligean _____.

trí chéad ochtó a haon

Turas 3

GRAMADACH 2

Forainmneacha Réamhfhoclacha: 'ag', 'ar', 'roimh' agus 'as'

Cuimhnigh!

- We use prepositional pronouns (*forainmneacha réamhfhoclacha*) when a preposition (e.g. at, on, before, out of) and a pronoun (e.g. me, you) come together.
- In English, two words are used, e.g. 'at me', 'on you', 'before us', 'out of them'. However, in Irish we combine the two words to form one word, e.g. **agam** (ag + mé), **ort** (ar + tú), **romhainn** (roimh + sinn), **astu** (as + iad).
- Sometimes '**agam, agat** …' have different meanings and uses, but often they just mean 'at me, at you …' or, more commonly, 'I have, you have …'.
- There are some other meanings to '**orm, ort** …' too, but most often they mean 'on me, on you …'.
- Similarly, '**romham, romhat** …' usually mean 'before me, before you …'.
- Likewise, '**asam, asat** …' usually mean 'from me, from you …' or 'out of me, out of you …'.
- Like many other European languages, Irish uses the order I–you–he–she–we–you (plural)–they.

 Foghlaim na liostaí seo de ghlanmheabhair.

Pronoun	Forainm	Réamhfhocal			
		ag	ar	roimh	as
I	mé	agam	orm	romham	asam
you	tú	agat	ort	romhat	asat
he	sé	aige	air	roimhe	as
she	sí	aici	uirthi	roimpi	aisti
we	muid/sinn	againn	orainn	romhainn	asainn
you (pl)	sibh	agaibh	oraibh	romhaibh	asaibh
they	siad	acu	orthu	rompu	astu
		ag Siún	ar Shiún	roimh Shiún	as Siún

Cleachtadh A
Athscríobh na habairtí seo a leanas.

1. Bíonn leathlá [ag: mé] _____ Dé Céadaoin.
2. Tá tuirse an domhain [ar: í] _____ tar éis an lae fhada sin.
3. Chuala siad gur theip [ar: é] _____ sa scrúdú.
4. Is beag suim atá [ag: é] _____ sa cheol.
5. Cuirfidh siad fáilte Uí Cheallaigh [roimh: tú] _____ anocht.
6. Tá súil [ag: mé] _____ go mbainfidh tú sult [as: iad] _____.
7. Tá aithne [ag: siad] _____ [ar: a chéile] _____.
8. Ó, go bhfóire Dia [ar: mé] _____, rinne mé dearmad [ar: Pól] _____!
9. Tá muinín [ag: ár dtuistí] _____ [as: muid] _____.
10. Tá eagla [ar: muid] _____ [roimh: madraí] _____.

Cleachtadh B
Athscríobh na habairtí seo a leanas.

1. Baineadh geit mhór [as: iad] _____ nuair a rinneamar luíochán (*ambush*) [roimh: iad] _____!
2. Tá oideachas maith [ar: muid] _____ toisc go bhfuil príomhoide iontach [ag: muid] _____.
3. An bhfuil faitíos [ar: tú] _____ [roimh: múinteoirí] _____?
4. Tá sé ar fad [ag: tú] _____, bail ó Dhia [ar: tú] _____! Beidh foireann na hÉireann sa tóir [ar: tú] _____ sula i bhfad.
5. Tá cuma láidir [ar: tú] _____, bail ó Dhia [ar: tú] _____. Gheofá an lámh in uachtar [ar: Maidhc Tyson] _____ féin!

Cleachtadh C
Líon na bearnaí.

> orm   astu   romham   acu   ort

1. Chuir na scoláirí eile fáilte Uí Cheallaigh _____ nuair a tháinig mé go dtí an scoil seo.
2. Theip _____ sa scrúdú Mata toisc nach ndearna tú aon staidéar.
3. Tá ocras an domhain _____ cé gur ith mé lón mór.
4. Tá muinín fós ag an múinteoir _____ cé gur minic a bhíonn siad déanach.
5. Tá suim ar leith _____ sa Ghaeilge mar gheall ar an tréimhse a chaith siad sa Ghaeltacht.

GRAMADACH 3

Mar, Mar go, Toisc go

Treoir Ghramadaí

Cuimhnigh!

- There are a few different ways of saying 'because' in Irish. We can say **mar**, **mar go** and **toisc go**.
- When we use **go** after **mar** and **toisc**, the next word must change too.
- Look at the following lists to see some of the differences.

mar tá mé/táim	mar go bhfuil mé/go bhfuilim	toisc go bhfuil mé/go bhfuilim	because I am
mar tá tú	mar go bhfuil tú	toisc go bhfuil tú	because you are
mar tá sé	mar go bhfuil sé	toisc go bhfuil sé	because he/it is
mar tá sí	mar go bhfuil sí	toisc go bhfuil sí	because she/it is

- The same happens in the negative.

mar níl mé/nílim	mar nach bhfuil mé/nach bhfuilim	toisc nach bhfuil mé/nach bhfuilim	because I'm not

Cleachtadh A

Meaitseáil Colún 1 le Colún 2.

1	Tá sos uaim	A	toisc nach ndearna sé aon staidéar.
2	Bhí díomá ar an múinteoir	B	mar tá tuirse orm.
3	Theip air sa scrúdú	C	toisc go bhfuil sí suimiúil.
4	Oscail an doras	D	mar bhíomar déanach.
5	Is aoibhinn liom an Stair	E	mar go bhfuil duine ag cnagarnach air.

1 = ___   2 = ___   3 = ___   4 = ___   5 = ___

Cleachtadh B

Líon na bearnaí.

> go   nach   toisc   tá   bhfuil

1. Ní thaitníonn an Béarla go mór liom mar _____ sé leadránach.
2. Tá an scoil dúnta mar _____ bhfuil sé ag cur sneachta.
3. Tá dúil mhór acu sa Chreideamh toisc go _____ sé an-suimiúil.
4. Is fearr liom bróga spóirt _____ go bhfuil siad níos compordaí.
5. Ní maith liom bróga scoile toisc _____ bhfuil siad compordach.

Cleachtadh C

Aistrigh go Gaeilge. Úsáid na focail idir lúibíní.

1. I like Irish because it is interesting. (*toisc go*)
2. He doesn't like CSPE because it isn't exciting. (*mar nach*)
3. Close the window because it is cold. (*mar tá*)
4. I am interested in Science because it is practical. (*mar go*)
5. I don't like my classroom because it isn't big. (*toisc nach*)

GRAMADACH 4

An Aidiacht Shealbhach

Cuimhnigh!

- We use the possessive adjective when we want to show something belongs to somebody and to talk about relations and friends.
- There is one set of rules for consonants and another for vowels. The letter **f** has the same rules as vowels when it is followed by a vowel (e.g. **m'fhuinneog**), but it has the same rules as consonants when followed by a consonant (e.g. **mo fhreagra**).
- Words beginning with **l**, **n** and **r** never take a **séimhiú** (h) or **urú** after **mo, do**, etc.: **mo lón**; **mo rás**; **mo nuachtán**.

An t-urú
mb	bp
nd	dt
ng	gc
bhf	
n-guta	

Consain

mo	mo bhróga, mo chara, mo dheasc, mo gheansaí, mo mhála, mo pheann, mo sheomra, mo theanga
do	do bhróga, do chara, do dheasc, do gheansaí, do mhála, do pheann, do sheomra, do theanga
a	a bhróga, a chara, a dheasc, a gheansaí, a mhála, a pheann, a sheomra, a theanga
a	a bróga, a cara, a deasc, a geansaí, a mála, a peann, a seomra, a teanga
ár	ár mbróga, ár gcara, ár ndeasc, ár ngeansaí, ár mála, ár bpeann, ár seomra, ár dteanga
bhur	bhur mbróga, bhur gcara, bhur ndeasc, bhur ngeansaí, bhur mála, bhur bpeann, bhur seomra, bhur dteanga
a	a mbróga, a gcara, a ndeasc, a ngeansaí, a mála, a bpeann, a seomra, a dteanga

Gutaí + f

m'	m'éide scoile, m'oifig, m'fhón póca, m'fhillteán, mo fhreagra
d'	d'éide scoile, d'oifig, d'fhón póca, d'fhillteán, do fhreagra
a	a éide scoile, a oifig, a fhón póca, a fhillteán, a fhreagra
a	a héide scoile, a hoifig, a fón póca, a fillteán, a freagra
ár	ár n-éide scoile, ár n-oifig, ár bhfón póca, ár bhfillteán, ár bhfreagra
bhur	bhur n-éide scoile, bhur n-oifig, bhur bhfón póca, bhur bhfillteán, bhur bhfreagra
a	a n-éide scoile, a n-oifig, a bhfón póca, a bhfillteán, a bhfreagra

Cleachtadh A

Athscríobh na habairtí seo a leanas.

1. Ná bí buartha, níor chaill mé [mo: peann] _____!
2. Ar mhaith leat a bheith i [do: dochtúir] _____?
3. An bhfaca tú [mo: cuid] _____ eochracha?
4. Tá [ár: athair] _____ as baile.
5. Déanaigí [bhur: dícheall] _____!
6. Déanfaidh muid [ár: seacht] _____ ndícheall!
7. Ligigí [bhur: scíth] _____! Tá mé ar [mo: slí] _____!
8. D'fhág Barra an teach gan [a: madra] _____.
9. D'imigh sí ar maidin ach d'fhág sí [a: madra] _____ sa bhaile.
10. Ar chríochnaigh tú [do: aiste] _____?

Cleachtadh B

Aistrigh go Gaeilge. Tá ceisteanna 1–10 anseo cosúil le ceisteanna 1–10 i gCleachtadh A.

1. Don't worry, I haven't lost your pen!
2. Would you like to be a teacher?
3. Did you see my money?
4. Our parents are away.
5. We tried our best.
6. I will try my very best.
7. Sit down and relax!
8. We left the school without our copies.
9. They left yesterday but they left their bags here.
10. Did you all (*sibh go léir*) finish your dinner?

GRAMADACH 5

Treoir Ghramadaí

Ag Comhaireamh Rudaí: An Séimhiú agus an tUrú

Cuimhnigh!

- When we are counting things and animals in Irish, we need to add a **séimhiú** (h) or an **urú**, if possible.
- Words that follow the numbers below take a **séimhiú** (h), where possible:
  - 1–6, 11–16, 21–26, 31–36 and so on.
- Words that follow the numbers below take an **urú**, where possible:
  - 7–10, 17–19, 27–29, 37–39 and so on.
- Words that follow the numbers below don't change:
  - 20, 30, 40, 50 and so on.
- We write **dhéag** instead of **déag** after words that end in a vowel, except irregular nouns: **ceithre lá dhéag; ocht mí dhéag**.
- Samplaí:

1	aon chapall amháin/ capall amháin	aon úll amháin/ úll amháin
2–6	dhá chapall	trí úll
7–10	seacht gcapall	deich n-úll

An t-urú

mb	bp
nd	dt
ng	gc
bhf	
n-guta	

- Exceptions after the numbers 3–10: **bliana, cinn, clocha, cloigne, pingine, orlaí, uaire, seachtaine, slata, troithe, uibhe**

Samplaí (3–6)	trí bliana	trí cinn	trí clocha
	ceithre cloigne	ceithre pingine	ceithre horlaí
	cúig huaire	cúig seachtaine	cúig slata
	sé troithe	sé huibhe	
Samplaí (7–10)	seacht mbliana	seacht gcinn	seacht gclocha
	ocht gcloigne	ocht bpingine	ocht n-orlaí
	naoi n-uaire	naoi seachtaine	naoi slata
	deich dtroithe	deich n-uibhe	

Cleachtadh A

Aistrigh go Béarla.

1	ocht lá	11	leathchéad focal
2	deich n-ábhar scoile	12	dhá phéire *uwabaki*
3	clár bán amháin	13	seacht gcéim Celsius
4	dhá leabhragán	14	saotharlann amháin
5	ceithre sheilf	15	trí sheomra is tríocha
6	ocht lá **dh**éag	16	pointe is fiche
7	ocht n-úll déag	17	dhá dhánlann
8	trí oileán	18	cúig líne **dh**éag
9	**an** dá riail	19	deich gclub
10	**na** ceithre chúirt	20	míle teanga

Cleachtadh B

Aistrigh go Gaeilge.

1	two dogs	11	four pairs of socks
2	seven cats	12	one pair of trousers
3	a hundred horses	13	fourteen rules
4	twelve cows	14	two sports halls
5	two days	15	twenty classrooms
6	twelve days	16	five labs
7	three months	17	thirty handouts
8	eight months	18	twelve subjects
9	**the** two shirts	19	twenty-eight copies
10	**the** three jumpers	20	fourteen books

Cleachtadh C

Aistrigh go Béarla.
1. Táim cúig troithe cúig horlaí ar airde.
2. Bhí Bob in Éirinn ar feadh cúig seachtaine.
3. An bhfuil peann agat? Tá ocht gcinn agam.
4. Beidh scrúdú trí uair an chloig agam.
5. Tá páirc pheile na scoile céad slat faoi chúig slata is caoga.
6. An mbeidh tú sa Spáinn go ceann trí seachtaine?
7. Tá dosaen uibheacha agam. Ba mhaith liom sé huibhe eile.
8. Tá Seán naoi gclocha go leith, nó seasca cileagram, meáchain.
9. Tá sí cúig bliana déag agus ceithre fichid d'aois.
10. Bhí deasca ann d'ocht nduine dhéag agus fiche.

Cleachtadh D

Aistrigh go Gaeilge. Tá ceisteanna 1–10 anseo cosúil le ceisteanna 1–10 i gCleachtadh C.
1. He is six foot four in height.
2. Dot was in England for four weeks and one day.
3. Do you have many posters? I have ten.
4. I will have a two-hour exam tomorrow.
5. Celtic's football pitch is 115 yards by 75 yards.
6. Will you be in Galway for four weeks?
7. I have two dozen eggs. I would like six more, please.
8. Seán is eight stone, or 51 kilograms, in weight.
9. She is 99 years old.
10. There were desks here for 32 people.

GRAMADACH 6

Ag Comhaireamh Daoine: Na hUimhreacha Pearsanta

Cuimhnigh!

- When we count people in Irish, we use a different set of words.
- Use the following words to count from 1 to 10:

(aon) duine amháin	triúr	cúigear	seachtar	naonúr
beirt	ceathrar	seisear	ochtar	deichniúr

  o Note that words that follow **beirt** take a **séimhiú** (h), except for those beginning with **d**, **n**, **t**, **l** and **s** ('DENTALS').
  o For numbers 1–10, you don't say **daoine** after them:
  beirt = two people / **beirt mhúinteoirí** = two teachers

- Use the following pattern to count from 11 to 19:

aon duine dhéag	ceithre dhuine dhéag	seacht nduine dhéag
dháréag/dhá dhuine dhéag	cúig dhuine dhéag	ocht nduine dhéag
trí dhuine dhéag	sé dhuine dhéag	naoi nduine dhéag

- Use the following pattern to count from 21 to 99:

aon duine is fiche	ceithre dhuine is daichead	seacht nduine is seachtó
dhá dhuine is fiche	cúig dhuine is caoga	ocht nduine is ochtó
trí dhuine is tríocha	sé dhuine is seasca	naoi nduine is nócha

- No change is needed for multiples of 10, starting from 20:

fiche duine	céad duine	míle duine	milliún duine
tríocha duine	cúig chéad duine	céad míle duine	cúig bhilliún duine

Cleachtadh A

Aistrigh go Béarla.

1. Ní raibh ach duine nó beirt sa chlós.
2. Ghlac dháréag aisteoirí páirt sa dráma.
3. Tá tríocha cailín sa rang sin.
4. Chonaic mé beirt bhuachaillí ag imirt cártaí.
5. Bíonn cúig iománaí dhéag ar fhoireann iománaíochta.
6. Tá beirt pháistí ag an bhfear sin.
7. Níl ach mac amháin ag Imelda.
8. Tá naonúr altraí ag obair ar an mbarda.
9. Tá beagnach dhá chéad naomh ag Éirinn.
10. Tá sé imreoir déag ar bhur bhfoireannsa ach níl ach ceithre dhuine dhéag ar ár gceannsa!

Cleachtadh B

Aistrigh go Gaeilge. Tá ceisteanna 1–10 anseo cosúil le ceisteanna 1–10 i gCleachtadh A.

1. There were only three or four in the yard.
2. Twenty footballers took part in the match.
3. There are 500 girls in that school.
4. I heard three musicians playing music.
5. There are five players on the basketball team.
6. That woman has one son.
7. Imelda has only two uncles.
8. There are 12 doctors working in the hospital.
9. There are nearly five million people living in Ireland.
10. There are 28 students in your class but there are only 22 in ours!

GRAMADACH 7

Treoir Ghramadaí

Consain Leathana agus Consain Chaola

Cuimhnigh!

Each language has its own spelling rules. Remember the following points and your Irish spelling will improve!

- There are two groups of vowels: **leathan** (**a**, **o** and **u**) and **caol** (**i** and **e**).
- These vowels can sometimes sit side by side in a word, e.g. **cea**rt, **sio**pa or **cea**nn**ai**gh.
- However, we have a rule to help us when one or more consonants are placed between two vowels, e.g. t**u**s**a**, c**úi**nn**e** or even c**ei**st**ea**nna.
- The rule states that the vowel at each side of the consonant must be from the same group. Look at the following examples:
  - t**u**s**a**: **u** and **a** are from the same group (**leathan**).
  - c**úi**nn**e**: **i** and **e** are from the same group (**caol**).
  - c**ei**st**ea**nna: **i** and **e** are from the same group (**caol**) and **a** and **a** are from the same group (**leathan**).
- There are some exceptions such as **Gaeltacht, laethanta, drochthionchar, dea-cheist, arís, anseo**.

Cleachtadh

Ceart nó mícheart?

		Ceart/Mícheart	Cén fáth?
1	Gu**t**a	Ceart	Tá **u** agus **a** sa ghrúpa céanna (leathan).
2	Eo**l**íocht	Mícheart	Níl **o** agus **í** sa ghrúpa céanna. 'Eolaíocht' an leagan ceart.
3	Cui**l**aith		
4	Éi**d**e		
5	Cair**bh**at		
6	Tea**ghl**each		
7	Mái**th**air		
8	Sea**cht**ain		
9	Cea**nt**ar		
10	Meiri**c**eá**n**ach		

GRAMADACH 8

Briathra

Cuimhnigh!

- A **briathar** (verb) is a 'doing' word that illustrates an action, such as **léigh** (read), **scríobh** (write), **dún** (close), **oscail** (open).
- An **aimsir** (tense) tells us when the action took place.

An Aimsir Chaite	The past tense	Rudaí a tharla inné.
An Aimsir Láithreach	The present tense	Rudaí a tharlaíonn go rialta nó gnáthrudaí.
An Aimsir Fháistineach	The future tense	Rudaí a tharlóidh sa todhchaí.
An Modh Coinníollach	The conditional mood	Rudaí a d'fhéadfadh tarlú.

Cleachtadh A

Scríobh na briathra i do chóipleabhar.

1. Rinne mé an obair bhaile go tapa.
2. D'fhág mé mo theach ar maidin.
3. Sroichfidh mé an scoil ag an naoi.
4. Tá cúigear i mo theaghlach.
5. Níl aon siblíní agam.
6. Fuair mé bearradh gruaige inné.
7. Bhog mé go teach nua anuraidh.
8. An bhfuil do sheomra féin agat?
9. An éisteann tú le ceol i do sheomra?
10. Téigh abhaile agus lig do scíth!

Cleachtadh B

Meaitseáil an Ghaeilge leis an mBéarla.

1	amárach	A	in the future
2	arú inné	B	next year
3	arú amárach	C	every morning
4	an bhliain seo chugainn	D	every year
5	sa todhchaí	E	every week
6	gach maidin	F	tomorrow
7	gach tráthnóna	G	long ago
8	gach seachtain	H	day before yesterday
9	gach bliain	I	day after tomorrow
10	fadó	J	every evening

1 = ___ 2 = ___ 3 = ___ 4 = ___ 5 = ___

6 = ___ 7 = ___ 8 = ___ 9 = ___ 10 = ___

Cleachtadh C

Inniu an 8 Deireadh Fómhair 2085. Scríobh an dobhriathar ama ceart.

1. 9 Deireadh Fómhair 2085   _amárach_
2. 6 Deireadh Fómhair 2085   _arú inné_
3. 8 Deireadh Fómhair 2086   _____
4. 8 Deireadh Fómhair 2084   _____
5. 7 Deireadh Fómhair 2085   _____
6. 10 Deireadh Fómhair 2085 _____

Cleachtadh D

Inniu an 15 Lúnasa 2046. Scríobh an dáta.

1. amárach   _16 Lúnasa 2046_
2. aréir   _____
3. anuraidh   _____
4. arú inné   _____
5. arú amárach   _____
6. inné   _____

GRAMADACH 9

Réimnithe na mBriathra

Verbs in many languages are split into groups called **réimnithe** or conjugations. There are two **réimniú** in Irish and one group of **briathra neamhrialta**.

- **An chéad réimniú** consists mostly of verbs with one syllable.
- **An dara réimniú** consists mostly of verbs with two syllables.
- **Na briathra neamhrialta** are verbs that do not follow the normal rules. Thankfully, there are only 11 in Irish. French has over 80, German over 150, and English has nearly 300! Welsh, a sister language of Irish, also has 11.

Cleachtadh A

Líon isteach an ghreille.

Briathar	An chéad nó an dara réimniú?	Leathan nó caol?	Briathar	An chéad nó an dara réimniú?	Leathan nó caol?
díol	an chéad	leathan	bailigh	an dara	caol
maith			rialaigh		
póg			mothaigh		
las			scríobh		
athraigh			fan		
breathnaigh			dreap		
bris			cuidigh		
cuir			éiligh		
caill			lig		
éirigh			tóg		

Cleachtadh B

Scríobh an Ghaeilge.

eat		catch	
get		hear	
give		come	
see		say	
do		go	
make		be	

 Turas 3

GRAMADACH 10

An Aimsir Chaite

Na briathra rialta

Cuimhnigh!

- We use An Aimsir Chaite for finished actions, that is, actions that have already taken place.
- Verb forms in An Aimsir Chaite take a **séimhiú** (h).
  - cuir → chuir
  - tosaigh → thosaigh
- A **d'** is placed before verbs that begin with a **guta** (a, e, i, o, u).
  - iarr → d'iarr
- A **d'** is placed before verbs that begin with **f**. These verbs also take a **séimhiú** (h).
  - fan → d'fhan
- Verbs beginning with **l, n** and **r** do not change.
  - rith → rith
- All **muid** forms end in **-mar**.
  - **amar/eamar** (sa chéad réimniú)
  - **aíomar/íomar** (sa dara réimniú)
- All negative forms use **Níor** and take a **séimhiú** (h), where possible.
- All question forms use **Ar** and take a **séimhiú** (h), where possible.
- The words **Gur** and **Nár** take a **séimhiú** (h), where possible.
  - cuir → níor chuir/ar chuir?/gur chuir/nár chuir
  - tosaigh → níor thosaigh/ar thosaigh?/gur thosaigh/nár thosaigh
  - iarr → níor iarr/ar iarr?/gur iarr/nár iarr
  - fan → níor fhan/ar fhan?/gur fhan/nár fhan
  - rith → níor rith/ar rith?/gur rith/nár rith

 Tá liosta iomlán d'fhoirmeacha na mbriathra ar fáil ar leathanach 416.

Cleachtadh A

Athscríobh na habairtí seo san Aimsir Chaite (sb = saorbhriathar).

1. Ar [ól: sibh] _____ cupán tae?
2. [Blais: mé] _____ bia blasta inné.
3. Níor [can: sí] _____ aon amhrán.
4. Níor [díol: sb] _____ an teach.
5. [Fág: siad] _____ a dteach inné.
6. [Fág: sb] _____ sa chlub é.
7. [Scaoil: sé] _____ dhá urchar.
8. Níor [lig: sí] _____ a scíth.
9. Tuige nár [múch: tú] _____ an tine?
10. Cén fáth ar [mill: tú] _____ é?

Cleachtadh B

Aistrigh go Gaeilge. Tá ceisteanna 1–10 anseo cosúil le ceisteanna 1–10 i gCleachtadh A.

1. Did you (pl) drink juice after the match?
2. I tasted snails in France.
3. She didn't sing before the concert.
4. That bicycle wasn't sold yesterday.
5. They left the youth club at 21.00.
6. His two bags were left in the club.
7. We fired ten goals in against England.
8. She didn't let me go to the game.
9. Why didn't you put out the four candles?
10. Why did you wreck our night?

Cleachtadh C

Athscríobh na habairtí seo san Aimsir Chaite (sb = saorbhriathar).

1. Ar [aimsigh: tú] _____ post?
2. Níor [aontaigh: sé] _____ leat.
3. Ar [cealaigh: sé] _____ cúig ghig?
4. [Cúlaigh: siad] _____ go tapa.
5. [Cruinnigh: sb] _____ na bileoga.
6. Níor [beannaigh: sí] _____ dom.
7. [Smaoinigh: muid] _____ ar phlean.
8. [Éirigh: tú] _____ mífhoighneach inné!
9. Ceapaim gur [mothaigh: sí] _____ sásta.
10. Sílim nár [ceannaigh: sb] _____ na tithe.

Cleachtadh D

Aistrigh go Gaeilge. Tá ceisteanna 1–10 anseo cosúil le ceisteanna 1–10 i gCleachtadh C.

1. Did you find the six sliotars?
2. We didn't agree with the two teachers.
3. Did she cancel the appointment (*coinne*)?
4. The cat retreated into the corner.
5. Money was collected for me.
6. No one greeted them.
7. We thought of it again.
8. The wind rose.
9. I think they felt fairly satisfied.
10. I don't think that computer was bought.

Na briathra neamhrialta

Treoir Ghramadaí

Cuimhnigh!

- The irregular verbs are as follows:

abair (deir)	déan	tabhair
beir	faigh	tar
bí (tá)	feic	téigh
clois	ith	

- All **muid** forms end in **-amar** or **-eamar**, except **Bhíomar**.
- All **mé/tú/sé/sí/sibh/siad** forms are as follows:

dúirt	rinne	thug
rug	fuair	tháinig
bhí	chonaic	chuaigh
chuala	d'ith	

- Six negative forms use **Ní** and five use **Níor**:

ní dúirt	ní dhearna	níor thug
níor rug	ní bhfuair	níor tháinig
ní raibh	ní fhaca	ní dheachaigh
níor chuala	níor ith	

- Six question forms use **An** and five use **Ar**:

an ndúirt?	an ndearna?	ar thug?
ar rug?	an bhfuair?	ar tháinig?
an raibh?	an bhfaca?	an ndeachaigh?
ar chuala?	ar ith?	

- The forms that use **Ní** and **An**, also use **Go** and **Nach**.
- The forms that use **Níor** and **Ar**, also use **Gur** and **Nár**.

Cleachtadh E

Líon na bearnaí chun scéal faoi chúl iontach a insint.

> Rinne   Tháinig   Thug   Rug   Chuaigh   D'ith
> Bhí   Dúirt   Chuala   Chonaic   Fuair

1. _____ Marie Hourihan ar an liathróid.
2. _____ sí cic mór láidir di.
3. _____ an liathróid suas san aer.
4. _____ Katie McCabe ag feitheamh léi.
5. _____ an liathróid chuici.
6. _____ sí 'McCabe!'
7. _____ sí an bainisteoir ag screadach.
8. _____ sí bearna.
9. _____ sí a slí tríd.
10. _____ sí cúl iontach.
11. _____ an fhoireann dinnéar tar éis an chluiche.

Cleachtadh F

Athraigh na focail idir lúibíní. Ansin, aistrigh na habairtí go Béarla.

1. Ar [beir] _____ Colm Callanan ar an sliotar?
2. Ar [tabhair: sé] _____ poc mór di?
3. An [téigh] _____ an sliotar suas san aer?
4. An [bí] _____ Joe Canning ag feitheamh léi?
5. [Tar] _____ an sliotar chuige.
6. [Abair: sé] _____ 'Canning!'
7. [Clois: sé] _____ an bainisteoir ag screadach.
8. [Feic: sé] _____ bearna.
9. [Déan: sé] _____ a shlí tríd.
10. [Faigh: sé] _____ cúl iontach.
11. Níor [ith] _____ an fhoireann dinnéar le chéile tar éis an chluiche.

Cleachtadh G

Athraigh na focail idir lúibíní. Ansin, aistrigh na habairtí go Béarla (sb = saorbhriathar).

1. Cá [faigh: tú] _____ na leabhair?
2. Cén fáth [ní: bí: tú] _____ sásta?
3. Cad a [abair: mé] _____ leat?
4. [Tar] _____ faitíos uirthi.
5. [Beir: sí] _____ ar mo lámh.
6. Ní [feic: sí] _____ tada.
7. [Clois: mé] _____ rud aisteach.
8. [Feic: mé] _____ luch mhór.
9. [Beir: mé] _____ ar an traein.
10. [Tabhair: siad] _____ barróg dúinn.
11. Níor [tabhair: sb] _____ tada di.
12. Céard a [bí] _____ ann?
13. Cá [téigh: siad] _____ aréir?
14. Ar [ith: siad] _____ bricfeasta?
15. [Abair: sb] _____ cheana é.

Treoir Ghramadaí

GRAMADACH 11

An Aimsir Láithreach

Na briathra rialta

Cuimhnigh!

- We use An Aimsir Láithreach for actions that happen regularly, are usual or are going on now.
- The pronouns **mé** and **muid** are not commonly used in An Aimsir Láithreach. Regular **mé** forms end in **-m** and **muid** forms end in **-mid**.
  - aim/im (sa chéad réimniú)
  - aím/ím (sa dara réimniú)
  - aimid/imid (sa chéad réimniú)
  - aímid/ímid (sa dara réimniú)
- All **tú/sé/sí/sibh/siad** forms end in **-nn**.
  - ann/eann (sa chéad réimniú)
  - aíonn/íonn (sa dara réimniú)
- All negative forms use **Ní** and take a **séimhiú** (h), where possible.
- All question forms use **An** and take an **urú**, where possible.
- The words **Go** and **Nach** take an **urú**, where possible.
  - cuir ➔ ní chuireann/an gcuireann?/ go gcuireann/nach gcuireann
  - tosaigh ➔ ní thosaíonn/an dtosaíonn?/ go dtosaíonn/nach dtosaíonn
  - iarr ➔ ní iarrann/an iarrann?/go n-iarrann/ nach n-iarrann
  - fan ➔ ní fhanann/an bhfanann?/go bhfanann/ nach bhfanann
  - rith ➔ ní ritheann/an ritheann?/go ritheann/ nach ritheann

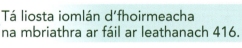

Tá liosta iomlán d'fhoirmeacha na mbriathra ar fáil ar leathanach 416.

Cleachtadh A

Athscríobh na habairtí seo san Aimsir Láithreach (sb = saorbhriathar).

1. An [ól: sibh] _____ tae nó caife?
2. [Blais: mé] _____ bia Síneach ó am go ham.
3. Ní [can: sí] _____ amhráin nua.
4. Ní [díol: sb] _____ tithe anseo.
5. [Fág: sí] _____ a teach go luath ar maidin.
6. [Fág: sb] _____ cótaí sa seomra cótaí.
7. [Scaoil: sb] _____ trí urchar ag an tsochraid.
8. Ní [lig: sí] _____ a scíth riamh.
9. Nach [múch: tú] _____ na soilse san oíche?
10. Cén fáth go [mill: tú] _____ é?

Cleachtadh B

Aistrigh go Gaeilge. Tá ceisteanna 1–10 anseo cosúil le ceisteanna 1–10 i gCleachtadh A.

1. What do you (pl) drink with your lunch?
2. The students taste freedom in summer.
3. I don't sing when I am (*a bhím*) sick.
4. I'm sorry, food isn't sold here.
5. They leave the house early in the morning.
6. Their shoes are left in their lockers.
7. One shot is fired in the film.
8. We always let the dogs run around the field.
9. Don't you turn off the music at night?
10. Why do you always wreck the class?

Cleachtadh C

Athscríobh na habairtí seo san Aimsir Láithreach (sb = saorbhriathar).

1. An [aimsigh: tú] _____ obair go héasca?
2. Ní [aontaigh: sé] _____ leat.
3. An [cealaigh: sé] _____ gigeanna go minic?
4. Is minic [a: cúlaigh] _____ airm laga.
5. [Cruinnigh: sb] _____ na bileoga.
6. Ní [beannaigh: sí] _____ dom riamh.
7. [Smaoinigh: muid] _____ ar phlean.
8. [Éirigh: tú] _____ mífhoighneach go minic!
9. Ceapaim go [mothaigh: sí] _____ sásta go minic.
10. Sílim nach [ceannaigh: sb] _____ árasáin anseo.

Cleachtadh D

Aistrigh go Gaeilge. Tá ceisteanna 1–10 anseo cosúil le ceisteanna 1–10 i gCleachtadh C.

1. Do you always find a seat on the train?
2. He never agrees with her.
3. Does the principal cancel school when it is cold?
4. Foxes often retreat into the darkness.
5. Money is collected for charity every week.
6. No one ever greets them!
7. We often think of our relatives.
8. The sun rises in the east.
9. I think they don't feel good about the work.
10. I don't think that houses are bought here.

Na briathra neamhrialta

Treoir Ghramadaí

Cuimhnigh!

- The irregular verbs are as follows:

abair (deir)	déan	tabhair
beir	faigh	tar
bí (tá)	feic	téigh
clois	ith	

- All **mé** forms end in **-aim** or **-im**, except **Bím**.
- All **muid** forms end in **-aimid** or **-imid**, except **Bímid**.
- All **tú/sé/sí/sibh/siad** forms end in **-ann** or **-eann**, except **Tá/Bíonn**.
- All negative forms use **Ní** and take a **séimhiú** (h), except **Ní deir** and **Ní itheann**:

ní deir	ní dhéanann	ní thugann
ní bheireann	ní fhaigheann	ní thagann
níl/ní bhíonn	ní fheiceann	ní théann
ní chloiseann	ní itheann	

- All question forms use **An** and take an **urú**, except **An itheann?**

an ndeir?	an ndéanann?	an dtugann?
an mbeireann?	an bhfaigheann?	an dtagann?
an bhfuil?/ an mbíonn?	an bhfeiceann?	an dtéann?
an gcloiseann?	an itheann?	

- **Go** and **Nach** also take an **urú**, where possible.

Pléitear **Tá** agus **Bíonn** sa chéad mhír eile.

Cleachtadh E

Líon na bearnaí chun scéal faoi chúl iontach a insint.

> Deir   Itheann   Tugann   Cloiseann   Beireann   Tá
> Feiceann   Téann   Faigheann   Tagann   Déanann

1. _____ Shane Murphy ar an liathróid.
2. _____ sé cic mór láidir di.
3. _____ an liathróid suas san aer.
4. _____ David Clifford ag feitheamh léi.
5. _____ an liathróid chuige.
6. _____ sé 'Clifford!'
7. _____ sé an slua ag screadach.
8. _____ sé bearna.
9. _____ sé a shlí tríd.
10. _____ sé cúl iontach.
11. _____ an fhoireann dinnéar tar éis an chluiche.

Cleachtadh F

Athraigh na focail idir lúibíní. Ansin, aistrigh na habairtí go Béarla.

1. An [beir] _____ Laura Treacy ar an sliotar?
2. An [tabhair: sí] _____ buille mór di?
3. An [téigh] _____ an sliotar suas san aer?
4. An [bí] _____ Orla Cronin ag feitheamh léi?
5. [Tar] _____ an sliotar chuici.
6. [Abair: sí] _____ 'Cronin!'
7. [Clois: sí] _____ an lucht leanúna ag screadach.
8. [Feic: sí] _____ bearna.
9. [Déan: sí] _____ a slí tríd.
10. [Faigh: sí] _____ cúl iontach.
11. Ní [ith] _____ an fhoireann dinnéar tar éis an chluiche.

Cleachtadh G

Athraigh na focail idir lúibíní. Ansin, aistrigh na habairtí go Béarla (sb = saorbhriathar).

1. Cá [faigh: tú] _____ na pinn?
2. Cén fáth [ní: bí: tú] _____ réidh?
3. Cad a [abair: sí] _____ leat gach lá?
4. [Tar] _____ faitíos orm go minic.
5. [Beir: sí] _____ ar mo lámh i gcónaí.
6. Ní [feic: sí] _____ tada riamh.
7. [Clois: mé] _____ rudaí suimiúla.
8. [Feic: mé] _____ madra mór!
9. [Beir: mé] _____ ar an mbus go minic.
10. [Tabhair: siad] _____ cístí dúinn.
11. An [tabhair: sb] _____ aon rud di?
12. Céard a [bí] _____ ann?
13. Cá [téigh: siad] _____ gach lá?
14. An [ith: siad] _____ lón?
15. [Abair: sb] _____ go minic é.

trí chéad nócha a trí

GRAMADACH 12

Tá nó Bíonn?

Cuimhnigh!

- **Tá** and **Bíonn** both mean 'to be'.
- They can also mean 'there is' or 'there are'.
- In Hiberno-English (the English spoken in Ireland), people sometimes say 'does be' and 'do be' to reflect the meaning of **Bíonn**.

tá mé/táim	táimid
tá tú/sé/sí	tá sibh/siad
nílim	nach bhfuilim
an bhfuilim?	go bhfuilim

bím	bímid
bíonn tú/sé/sí	bíonn sibh/siad
ní bhím	nach mbím
an mbím?	go mbím

Tá

- We use **Tá** if the action is taking place now; if something is a fact, or if the speaker thinks it is a fact.
    - Tá seisiún ceoil ar siúl anois. / There is a music session taking place now.
    - Tá an Bhruiséil sa Bheilg. / Brussels is in Belgium.
    - Tá ag éirí go maith liom. / I am doing well.

- **Tá** is often used with the following phrases:
    - anois / now
    - inniu / today
    - faoi láthair / at the moment

Bíonn

- We use **Bíonn** if the action takes place regularly.
    - Bíonn ceacht ceoil agam gach oíche. / I have a music lesson every night.
    - Bíonn sé fuar sa Bheilg sa gheimhreadh. / It is cold in Belgium in winter.
    - Bíonn áthas orm nuair a bhuaimid. / I am happy when we win.

- **Bíonn** is often used with the following time phrases:
    - i gcónaí / always
    - go míosúil / monthly
    - uaireanta / sometimes
    - gach lá / every day
    - go bliantúil / annually
    - ó am go chéile / from time to time
    - go rialta / regularly
    - an t-am ar fad / all of the time
    - ó am go ham / from time to time
    - go leanúnach / continuously
    - de ghnáth / usually
    - go hannamh / rarely
    - uair sa lá / once a day
    - go mion minic / very often
    - fíorannamh / very rarely
    - go laethúil / daily
    - go minic / often
    - in am ar bith / at any time
    - go seachtainiúil / weekly
    - riamh / ever/never

- **Bíonn** is often used with time phrases that use **gach**.
    - gach lá / every day
    - gach bliain / every year
    - gach céad bliain / every century

Tuilleadh samplaí

	An Aimsir Láithreach (Tá)	An Aimsir Ghnáthláithreach (Bíonn)
1	Tá Seán ag obair ar an bhfeirm.	Bíonn Seán ag obair ar an bhfeirm gach lá.
2	Níl aon airgead agam faoi láthair.	Ní bhíonn aon airgead agam ag deireadh na seachtaine.
3	An bhfuil tú sásta tar éis an dinnéir mhóir bhlasta sin?	An mbíonn tú sásta de ghnáth tar éis dinnéar mór blasta?
4	Tá siad ag seinm ceoil faoi láthair.	Bíonn siad ag seinm ceoil gach deireadh seachtaine.
5	Tá tuirse orm.	Bíonn tuirse orm tar éis lá fada ag iascaireacht.
6	Féach! Tá na lucha ag damhsa!	Nuair a bhíonn an cat amuigh bíonn na lucha ag damhsa.

Cleachtadh A

Líon na bearnaí. Úsáid tá / níl / an bhfuil / bíonn / ní bhíonn / an mbíonn.

1. _____ tú déanach gach lá?
2. _____ sí sa bhaile anois?
3. _____ sé fuar sa Bheilg gach samhradh?
4. _____ na daltaí ar saoire faoi láthair. Tá siad ar scoil.
5. _____ mo thuismitheoirí sa bhaile. Tá siad sa Spáinn.
6. _____ go leor am saor aige de ghnáth, ach inniu tá sé saor.
7. _____ sé grianmhar anseo go minic. Bíonn sé fuar agus fliuch.
8. _____ sé ag cur báistí sa bhaile faoi láthair. Tá sé tirim agus grianmhar.
9. _____ saoire acu gach bliain. Téann siad go dtí an Spáinn de ghnáth.
10. Uaireanta, _____ cluichí againn tar éis na scoile agus glacaim páirt iontu.

Cleachtadh B

Líon na bearnaí.

> a bhíonn   go mbíonn   go bhfuil   atá   a bhím

1. Bíonn áthas orm nuair _____ cois trá.
2. An gceapann tú _____ an rang ar siúl anseo de ghnáth?
3. Sin an bhean _____ ina cónaí in aice liom faoi láthair.
4. Chuala mé _____ Seán anseo ach ní fheicim é.
5. Is léir _____ áthas ar Éabha nuair a bhíonn an ghrian ag taitneamh.

Cleachtadh C

Líon na bearnaí.

> an bhfuil/níl   a bhíonn/bíonn   cá bhfuil/tá   an mbíonn/ní bhíonn   go mbíonn/ní bhíonn

1. 'A Iarla, _____ do thuismitheoirí?' – '_____ siad as baile. Beidh siad ar ais amárach.'
2. '_____ strus ort roimh scrúduithe, de ghnáth?' – 'De ghnáth, _____, ach tá strus orm anois!'
3. '_____ rang ealaíne aici faoi láthair?' – '_____ a fhios agam, le bheith macánta.'
4. 'Chuala mé _____ an aimsir go dona san Íoslainn ach _____. Tá sé te agus grianmhar anois.'
5. 'Cén rang _____ agat maidin Dé Luain?' – '_____ rang ealaíne agam gach Luan.'

Cleachtadh D

Aistrigh go Gaeilge. Tá ceisteanna 1–10 anseo cosúil le ceisteanna 1–10 i gCleachtadh A.

1. Are you early every day?
2. Are your parents home now?
3. Is it wet in Ireland every winter?
4. The boys are not in school today. They are on holidays.
5. My parents are in France. They are not at home.
6. I usually have lots of free time but today I am busy.
7. It is usually wet and windy in winter in Ireland. It isn't usually warm and sunny.
8. It isn't dry and sunny here at the moment. It is raining.
9. They have free time every lunchtime. They go outside to the yard.
10. Usually, we have music lessons after school but I don't take part.

 Turas 3

GRAMADACH 13

An Aimsir Fháistineach

Na briathra rialta

Cuimhnigh!

- We use An Aimsir Fháistineach for actions that we think will happen or are sure will happen in the future.
- All **mé/tú/sé/sí/sibh/siad** forms in An Aimsir Fháistineach end in **-idh**.
  - **faidh/fidh** (sa chéad réimniú)
  - **óidh/eoidh** (sa dara réimniú)
- All **muid** forms end in **-imid**.
  - **faimid/fimid** (sa chéad réimniú)
  - **óimid/eoimid** (sa dara réimniú)
- All negative forms use **Ní** and take a **séimhiú** (h), where possible.
- All question forms use **An** and take an **urú**, where possible.
- The words **Go** and **Nach** take an **urú**, where possible
  - cuir ➜ ní chuirfidh/an gcuirfidh?/ go gcuirfidh/nach gcuirfidh
  - tosaigh ➜ ní thosóidh/an dtosóidh?/ go dtosóidh/nach dtosóidh
  - iarr ➜ ní iarrfaidh/an iarrfaidh?/ go n-iarrfaidh/nach n-iarrfaidh
  - fan ➜ ní fhanfaidh/an bhfanfaidh?/ go bhfanfaidh/nach bhfanfaidh
  - rith ➜ ní rithfidh/an rithfidh?/ go rithfidh/nach rithfidh

 Tá liosta iomlán d'fhoirmeacha na mbriathra ar fáil ar leathanach 416.

Cleachtadh A

Athscríobh na habairtí seo san Aimsir Fháistineach (sb = saorbhriathar).

1. An [ól: sibh] _____ gloine uisce?
2. [Blais: mé] _____ curaí oíche amárach.
3. Ní [can: sí] _____ a hamhrán nua.
4. Ní [díol: sb] _____ na himreoirí seo.
5. [Fág: sí] _____ a hoifig ag am lóin.
6. [Fág: sb] _____ na heochracha ar an deasc.
7. [Scaoil: sb] _____ na scoláirí abhaile ag 15.00.
8. Ní [lig: sí] _____ dúinn dul ar scoil!
9. Nach [múch: tú] _____ an lampa?
10. Cén fáth go [mill: tú] _____ an chóisir?

Cleachtadh B

Aistrigh go Gaeilge. Tá ceisteanna 1–10 anseo cosúil le ceisteanna 1–10 i gCleachtadh A.

1. Will you (pl) drink a glass of milk, please?
2. I will taste *paella* in Spain.
3. They won't sing later, unfortunately.
4. It won't be sold, to tell you the truth.
5. They will leave their books behind (*ina ndiaidh*).
6. It will be left up to me (*fúm*) – I'm sure of it.
7. The men will be released tomorrow.
8. Will you let them go to the game?
9. Will you not turn off that awful music?
10. Why will the new director wreck the film?

Cleachtadh C

Athscríobh na habairtí seo san Aimsir Fháistineach (sb = saorbhriathar).

1. An [aimsigh: tú] _____ post nua go héasca?
2. Ní [aontaigh: sé] _____ liom.
3. An [cealaigh: sé] _____ a ghig?
4. [Cúlaigh] _____ an t-arm tar éis tamaill.
5. [Cruinnigh: sb] _____ na bileoga ag an deireadh.
6. Ní [beannaigh: sí] _____ duit.
7. [Smaoinigh: muid] _____ ar phlean.
8. [Éirigh: tú] _____ mífhoighneach sula i bhfad!
9. Ceapaim go [mothaigh: sí] _____ sásta ar ball.
10. Sílim nach [ceannaigh: sb] _____ an t-árasán seo.

Cleachtadh D

Aistrigh go Gaeilge. Tá ceisteanna 1–10 anseo cosúil le ceisteanna 1–10 i gCleachtadh C.

1. Will you find me a pen, please?
2. The principal will not agree with me.
3. Will the referee cancel the match?
4. The car will reverse into the garage.
5. The copies will be collected during class.
6. They won't greet the two men!
7. I will think of a plan – don't worry!
8. It will get dark at about 19.00.
9. I think that we will feel fine in a while.
10. I think that the car won't be bought.

Na briathra neamhrialta

Treoir Ghramadaí

Cuimhnigh!

- The irregular verbs are as follows:

abair (deir)	déan	tabhair
beir	faigh	tar
bí (tá)	feic	téigh
clois	ith	

- All **mé/tú/sé/sí/sibh/siad** forms in An Aimsir Fháistineach end in **-idh**.
- All **muid** forms end in **-imid**.
- All positive **mé/tú/sé/sí/sibh/siad** forms are as follows:

déarfaidh	déanfaidh	tabharfaidh
béarfaidh	gheobhaidh	tiocfaidh
beidh	feicfidh	rachaidh
cloisfidh	íosfaidh	

- All negative **mé/tú/sé/sí/sibh/siad** forms are as follows:

ní déarfaidh	ní dhéanfaidh	ní thabharfaidh
ní bhéarfaidh	ní bhfaighidh	ní thiocfaidh
ní bheidh	ní fheicfidh	ní rachaidh
ní chloisfidh	ní íosfaidh	

- All question **mé/tú/sé/sí/sibh/siad** forms are as follows:

an ndéarfaidh?	an ndéanfaidh?	an dtabharfaidh?
an mbéarfaidh?	an bhfaighidh?	an dtiocfaidh?
an mbeidh?	an bhfeicfidh?	an rachaidh?
an gcloisfidh?	an íosfaidh?	

- **Go** and **Nach** take an **urú**, where possible.

Cleachtadh E

Líon na bearnaí chun scéal faoi úd iontach a insint.

> Déarfaidh   Rachaidh   Cloisfidh   Béarfaidh
> Íosfaidh   Tabharfaidh   Feicfidh   Beidh
> Tiocfaidh   Déanfaidh   Gheobhaidh

1. _____ Johnny Sexton ar an liathróid.
2. _____ sé cic mór láidir di.
3. _____ an liathróid suas san aer.
4. _____ Garry Ringrose ag feitheamh léi.
5. _____ an liathróid chuige.
6. _____ sé 'Garry!'
7. _____ sé an lucht leanúna ag screadach.
8. _____ sé bearna.
9. _____ sé a shlí tríd.
10. _____ sé úd iontach.
11. _____ an fhoireann dinnéar tar éis an chluiche.

Cleachtadh F

Athraigh na focail idir lúibíní. Ansin, aistrigh na habairtí go Béarla.

1. An [beir] _____ Sarah Woods ar an liathróid chispheile?
2. An [tabhair: sí] _____ pas do Fiona O'Dwyer?
3. An [téigh] _____ an liathróid suas san aer?
4. An [bí] _____ Fiona ag feitheamh léi?
5. [Tar] _____ an liathróid chuici.
6. [Abair: sí] _____ 'Fiona!'
7. [Clois: sí] _____ an lucht leanúna ag screadach.
8. [Feic: sí] _____ bearna.
9. [Déan: sí] _____ a slí tríd.
10. [Faigh: sí] _____ scór iontach.
11. Ní [ith] _____ an fhoireann dinnéar tar éis an chluiche.

Cleachtadh G

Athraigh na focail idir lúibíní. Ansin, aistrigh na habairtí go Béarla (sb = saorbhriathar).

1. Cá [faigh: tú] _____ na málaí?
2. Cén fáth [ní: bí: tú] _____ tuirseach?
3. Cad a [abair: mé] _____ léi?
4. [Tar] _____ faitíos air sula i bhfad.
5. [Beir: mé] _____ ar a lámh.
6. Ní [feic: sí] _____ tada.
7. [Clois: mé] _____ rudaí dochreidte.
8. [Feic: mé] _____ taibhse!
9. [Beir: mé] _____ ar an Luas ar maidin.
10. [Tabhair: siad] _____ comhairle dúinn.
11. Ní [tabhair: sb] _____ tada di.
12. Céard a [bí] _____ ann?
13. Cá [téigh: siad] _____ níos déanaí?
14. An [ith: siad] _____ dinnéar?
15. [Abair: sb] _____ amárach é.

trí chéad nócha a seacht

Turas 3

GRAMADACH 14

Abairtí Coinníollacha: Coinníollach 1 agus Coinníollach 2

Coinníollach 1

Cuimhnigh!

- When we are fairly confident that something will happen, but we cannot say for sure, we use a special kind of sentence known as **Coinníollach 1** or 1st Conditional. In English, these sentences often begin with 'If'.

- The sentence is broken up into two parts known as **clásail** (clauses). It is a good idea to use a comma between the **clásail**.

- We start the first part of the sentence with **Má** if it is positive and **Mura** if it is negative. The part of the sentence with **Má/Mura** is written in An Aimsir Láithreach.

- **Má** takes a **séimhiú** (h), where possible, and **Mura** takes an **urú**, where possible.

Má + séimhiú	Mura + urú
Má ghlanaim …	Mura ngéillim …
Má théim …	Mura dtuigim …
Má chríochnaím …	Mura gcanaim …

- Samplaí:
  - **Má éirím** go luath ar maidin, …
  - **Má thiteann** an ghloine den tábla, …
  - **Mura ndéanaim** mo chuid obair bhaile, …

- We start the second part of the sentence with a verb in An Aimsir Fháistineach.
  - **Má éirím** go luath ar maidin, **tabharfaidh mé** an madra amach ag siúl.
  - **Má thiteann** an gloine den tábla, **brisfidh sé**.
  - **Mura ndéanaim** mo chuid obair bhaile, **beidh** fearg ar mo mhúinteoir.

- You can swap the **clásail** around if you wish. You won't need to include a comma if you do this.
  - **Tabharfaidh mé** an madra amach ag siúl **má éirím** go luath ar maidin.

Cleachtadh A

Athraigh na focail idir lúibíní (sb = saorbhriathar).

1. Má [tóg: tú] _____ é, [tar: siad] _____.
2. Mura [déan: siad] _____ é, [imigh: mé] _____.
3. Má [ceannaigh: tú] _____ seacláid, an [roinn: tú] _____ liom í?
4. Mura [creid: tú] _____ mise, [inis] _____ Pádraig duit freisin.
5. An [ith: sí] _____ bricfeasta má [éirigh: sí] _____ go luath?
6. Ní [faigh: sibh] _____ pingin ar bith mura [oibrigh: sibh] _____ go dian.
7. Ní dóigh liom go [téigh: mé] _____ go Ulan Bator má [bí: mé] _____ tinn.
8. Cathain a [scaip: sb] _____ an scéal má [tarlaigh: sé] _____?
9. Má [fill: tú] _____ píosa páipéir 42 uair, [sroich: sé] _____ an ghealach.
10. Má [taistil: tú] _____ ón gCóiré Thuaidh go dtí an Fhionlainn, ní [trasnaigh: tú] _____ ach tír amháin – an Rúis.

Cleachtadh B

Aistrigh go Gaeilge (sb = saorbhriathar).

1. If I go, will you go? (*téigh, téigh*)
2. If you leave, I will leave. (*imigh, imigh*)
3. Will they eat lunch if I prepare it? (*ith, ullmhaigh*)
4. Will they travel if I buy tickets? (*taistil, ceannaigh*)
5. If you buy a new dress, will you wear it? (*ceannaigh, caith*)
6. If the concert is cancelled (sb), will you get your money back? (*cuir ar ceal, faigh*)
7. If you travel west from Arnhem, you will arrive in Rotterdam. (*taistil, sroich*)
8. If you look at sand under a microscope (*faoi mhicreascóp*), you will be surprised. (*féach, bí*)
9. We will visit Longford if you all want to. (*tabhair cuairt, tá fonn ar*)
10. We'll be on the bus for 11 hours if we go through Berlin. (*bí, téigh*)

Treoir Ghramadaí

Coinníollach 2

Cuimhnigh!

- When we imagine something might happen, but it is fairly unlikely that it would happen, we use a special kind of sentence known as **Coinníollach 2** or 2nd Conditional. We often refer to these as 'hypothetical situations'. In English, these sentences often begin with 'If'.
- In Irish, these sentences are referred to as 'The Conditional Mood' (An Modh Coinníollach), in which separate verb forms are used. However, all different kinds of sentences beginning with 'If' can be described as 'conditional', i.e. they are based on a particular condition.
- The sentence is broken up into two parts known as **clásail** (clauses). It is a good idea to use a comma between the **clásail**. Like **Coinníollach 1**, you can swap the **clásail** around if you wish. You won't need to include a comma if you do this.
- We start the first part of the sentence with **Dá** if it is positive, or **Mura** if it is negative.
- Both of the **clásail** are written in a form called An Modh Coinníollach, which is used especially for these kinds of hypothetical sentences.

 The forms are described in detail on page 292.

- Both **Dá** and **Mura** take an **urú**, where possible.

Dá + urú	Mura + urú
Dá nglanfainn …	Mura ngéillfinn …
Dá rachainn …	Mura dtuigfinn …
Dá gcríochnóinn …	Mura gcanfainn …

Coinníollach 1 or Coinníollach 2?

- This often depends on your perspective. For example, let's say you support a sports club in the top division, and it is about to play a sports club in the bottom division. As it is quite likely that the top division club will win, you might prefer to use **Má** – '*Má bhuaimid anocht, beimid an-sásta.*' If, however, you support the club in the bottom division and a victory would be very unlikely, you might prefer to use **Dá** – '*Dá mbuafaimis anocht, bheimis an-sásta.*'
- A good rule of thumb is:
  - **More than** 50% chance that it will happen ➡ Use Coinníollach 1 – Má/Mura.
  - **Less than** 50% chance that it will happen ➡ Use Coinníollach 2 – Dá/Mura.

Cleachtadh C

I gcás gach abairte, cén ceann is fearr, i do thuairim: Coinníollach 1 nó Coinníollach 2? Pléigh do fhreagra leis an duine atá in aice leat.

	Coinníollach 1	Coinníollach 2
1	Má ghlanaim an fhuinneog, beidh mo thuismitheoirí sásta.	Dá nglanfainn an fhuinneog, bheadh mo thuismitheoirí sásta.
2	Má bhuaim an Lotto, ceannóidh mé Porsche.	Dá mbuafainn an Lotto, cheannóinn Porsche.
3	Má fhaighim post i siopa, tuillfidh mé beagán airgid.	Dá bhfaighinn post i siopa, thuillfinn beagán airgid.
4	Má dhreapaim Sliabh Everest amárach, beidh tuirse orm.	Dá ndreapfainn Sliabh Everest amárach, bheadh tuirse orm.
5	Mura bhfeicim an scannán sa phictiúrlann, íoslódálfaidh mé é.	Mura bhfeicfinn an scannán sa phictiúrlann, d'íoslódálfainn mé é.

trí chéad nócha a naoi

GRAMADACH 15

An Modh Coinníollach

Na briathra rialta

- The endings of verbs in An Modh Coinníollach are listed in the table below. Note that the beginnings of the verbs are similar to An Aimsir Chaite forms and the endings of the verbs are similar to An Aimsir Fháistineach forms.

bhris + brisfidh	bhrisfinn
cheannaigh + ceannóidh	cheannóinn
d'ól + ólfaidh	d'ólfainn
lean + leanfaidh	leanfainn
d'éirigh + éireoidh	d'éireoinn

- All **mé** forms in An Modh Coinníollach end in **-inn**.
  - **fainn/finn** (sa chéad réimniú)
  - **óinn/eoinn** (sa dara réimniú)
- All **tú** forms end in **-fá** or **-feá**.
  - **fá/feá** (sa chéad réimniú)
  - **ófá/eofá** (sa dara réimniú)
- All **sé/sí/sibh** forms end in **-dh**.
  - **fadh/feadh** (sa chéad réimniú)
  - **ódh/eodh** (sa dara réimniú)
- All **muid** forms end in **-imis**.
  - **faimis/fimis** (sa chéad réimniú)
  - **óimis/eoimis** (sa dara réimniú)
- All **siad** forms end in **-idís**.
  - **faidís/fidís** (sa chéad réimniú)
  - **óidís/eoidís** (sa dara réimniú)
- All negative forms use **Ní** and take a **séimhiú** (h), where possible.
- All question forms use **An** and take an **urú**, where possible.
- The words **Go** and **Nach** take an **urú**, where possible.
  - cuir → ní chuirfinn/an gcuirfinn?/ go gcuirfinn/nach gcuirfinn
  - tosaigh → ní thosóinn/an dtosóinn?/ go dtosóinn/nach dtosóinn
  - iarr → ní iarrfainn/an iarrfainn?/ go n-iarrfainn/nach n-iarrfainn
  - fan → ní fhanfainn/an bhfanfainn?/ go bhfanfainn/nach bhfanfainn
  - rith → ní rithfinn/an rithfinn?/ go rithfinn/nach rithfinn

Tá liosta iomlán d'fhoirmeacha na mbriathra ar fáil ar leathanach 416.

Cleachtadh A

Athscríobh na habairtí seo sa Mhodh Coinníollach (sb = saorbhriathar).

1. An [ól: sibh] _____ tae oighrithe?
2. [Can: sí] _____ amhrán amháin.
3. Ní [díol: sb] _____ an teach seo.
4. Murach mise, [fág: tú] _____ do mhála sa rang.
5. Cén fáth go [mill: siad] _____ an oíche orm?

Cleachtadh B

Aistrigh go Gaeilge. Tá ceisteanna 1–5 anseo cosúil le ceisteanna 1–5 i gCleachtadh A.

1. Would you drink green tea?
2. I wouldn't sing after 22:00.
3. This school would never be sold.
4. Were it not for me, you'd leave your bag here.
5. Why would they ruin their dinner?

Cleachtadh C

Athscríobh na habairtí seo sa Mhodh Coinníollach (sb = saorbhriathar).

1. An [cealaigh: sé] _____ ár dticéid?
2. Ní [aontaigh: sé] _____ linn.
3. [Éirigh: tú] _____ míshásta anseo.
4. Murach iadsan, ní [ceannaigh: muid] _____ bia folláin.
5. Sílim nach [ceannaigh: sb] _____ an t-albam sin.

Cleachtadh D

Aistrigh go Gaeilge. Tá ceisteanna 1–5 anseo cosúil le ceisteanna 1–5 i gCleachtadh C.

1. Would the referee cancel the game?
2. They wouldn't agree with the two of them.
3. You'd get lazy here!
4. Were it not for you, I wouldn't buy tickets online.
5. I think that those clothes wouldn't be bought.

Na briathra neamhrialta

Cuimhnigh!

- The irregular verbs are as follows:

abair (deir)	déan	tabhair
beir	faigh	tar
bí (tá)	feic	téigh
clois	ith	

- All **mé** forms in An Modh Coinníollach end in **-fainn** or **-finn**, except **Bheinn**, **Gheobhainn** and **Rachainn**.
- All **tú** forms end in **-fá** or **-feá**.
- All **sé/sí/sibh** forms end in **-fadh** or **-feadh**, except **Bheadh**, **Gheobhadh** and **Rachadh**.
- All **muid** forms end in **-faimis** or **-fimis**, except **Bheimis**, **Gheobhaimis** and **Rachaimis**.
- All **siad** forms end in **-faidís** or **-fidís**, except **Bheidís**, **Gheobhaidís** and **Rachaidís**.
- All positive **mé** forms are as follows:

déarfainn	dhéanfainn	thabharfainn
bhéarfainn	gheobhainn	thiocfainn
bheinn	d'fheicfinn	rachainn
chloisfinn	d'íosfainn	

- All negative **mé** forms are as follows:

ní déarfainn	ní dhéanfainn	ní thabharfainn
ní bhéarfainn	ní bhfaighinn	ní thiocfainn
ní bheinn	ní fheicfinn	ní rachainn
ní chloisfinn	ní íosfainn	

- All question **mé** forms are as follows:

an ndéarfainn?	an ndéanfainn?	an dtabharfainn?
an mbéarfainn?	an bhfaighinn?	an dtiocfainn?
an mbeinn?	an bhfeicfinn?	an rachainn?
an gcloisfinn?	an íosfainn?	

- **Go** and **Nach** take an **urú**, where possible.

Cleachtadh E

Líon na bearnaí chun scéal faoi chúl iontach a insint.

> Gheobhadh   Chloisfeadh   Bhéarfadh   Bheadh
> D'íosfadh   Thiocfadh   Thabharfadh   Déarfadh
> D'fheicfeadh   Dhéanfadh   Rachadh

1. _____ Gavin Bazunu ar an liathróid.
2. _____ sé cic mór láidir di.
3. _____ an liathróid suas san aer.
4. _____ Troy Parrott ag feitheamh léi.
5. _____ an liathróid chuige.
6. _____ sé 'Parrott!'
7. _____ sé an bainisteoir ag screadach.
8. _____ sé bearna.
9. _____ sé a shlí tríd.
10. _____ sé cúl iontach.
11. _____ an fhoireann dinnéar tar éis an chluiche.

Cleachtadh F

Athraigh na focail idir lúibíní. Ansin, aistrigh na habairtí go Béarla.

1. [Beir: mé] _____ ar an liathróid.
2. [Tabhair: mé] _____ cic mór di.
3. [Téigh] _____ an liathróid suas san aer.
4. [Bí] _____ mo chara Siún ag feitheamh léi.
5. [Tar] _____ an liathróid chuici.
6. [Abair: sí] _____ 'Siún!'
7. [Clois: sí] _____ an lucht leanúna ag screadach.
8. [Feic: sí] _____ bearna.
9. [Déan: sí] _____ a slí tríd.
10. [Faigh: sí] _____ úd iontach.
11. [Ith] _____ an fhoireann dinnéar tar éis an chluiche.

Cleachtadh G

Athraigh na focail idir lúibíní. Ansin, aistrigh na habairtí go Béarla (sb = saorbhriathar).

1. Dá [bí] _____ ort leabhar Mongóilise a cheannach, cá [faigh: tú] _____ é?
2. Cén fáth [ní: bí: tú] _____ sásta dá [buaigh: tú] _____ an Lató?
3. Dá [feic: tú] _____ mé ag múitseáil, cad a [abair: tú] _____ liom?
4. Dá [feic: sí] _____ nathair nimhe ina cistin, [tar] _____ faitíos uirthi.
5. [Beir: siad] _____ ar mo lámha dá [clois: siad] _____ torann neamhghnách.
6. Ní [feic: sí] _____ tada dá [caith: sí] _____ an masc mór sin.
7. Dá [bí] _____ cónaí orm i lár na cathrach, [clois: mé] _____ a lán torann.
8. Dá [teigh: mé] _____ suas go dtí an t-áiléar, seans go [feic: mé] _____ luch mhór.
9. Mura [bí] _____ carr agam, [beir: mé] _____ ar an traein.
10. [Tabhair: sé] _____ barróg mhór di dá [tar: sí] _____ abhaile ón Astráil.

GRAMADACH 16

Céimeanna Comparáide na hAidiachta

Breischéim na haidiachta: Aidiachtaí rialta

Cuimhnigh!

- We use the words **níos [adjective] ná** to make a comparison between people or things.
  - Tá an Níl **níos faide ná** an tSionainn. / **The Nile is longer than the Shannon.**

  Look at the following tables to see how the ending of adjectives changes after the word **níos**.

- **Riail 1:** If an adjective ends in a broad consonant (i.e. one whose last letter is a consonant and the closest vowel to it is **a**, **o** or **u**), make it slender, usually by adding an **i** after this vowel, and add an **e** to the end:

ard	tall/high	níos airde
daor	expensive	níos daoire
trom	heavy	níos troime
sean	old	níos sine
deas	fine/nice	níos deise
fial	generous	níos féile

- **Riail 2:** If an adjective ends in a slender consonant (i.e. one whose last letter is a consonant and the closest vowel to it is **i**), just add an **e** to the end:

glic	sly/clever	níos glice
binn	sweet	níos binne
dílis	loyal	níos dílse
láidir	strong	níos láidre

- **Riail 3:** If an adjective ends in **-each** or **-ach**, change the ending to **-í** or **-aí**:

corraitheach	exciting	níos corraithí
leadránach	boring	níos leadránaí
úsáideach	useful	níos úsáidí
scamallach	cloudy	níos scamallaí

- **Riail 4:** If an adjective ends in **-úil**, change the ending to **-úla**:

dathúil	handsome/pretty	níos dathúla
misniúil	courageous	níos misniúla

- **Riail 5:** If an adjective ends in a vowel, do not make any change:

casta	complicated	níos casta
tanaí	thin	níos tanaí

- Some adjectives cannot be graded. For example, we cannot say **níos foirfe** (more perfect) or **níos mairbhe** (more dead). There is only one grade of perfection and death! We call these adjectives **aidiachtaí neamh-inghrádaithe** (non-gradable adjectives).

- Of course, people often have arguments about whether an adjective is gradable or not. Do you think the following adjectives are **inghrádaithe** or **neamh-inghrádaithe**?

iontach	grianmhar	scamallach
fliuch	reoite	lán

Cleachtadh A

Athraigh foirm na haidiachta más gá.

Riail 1

1	óg	young	níos _____ ná
2	glan	clean	níos _____ ná
3	éadrom	light	níos _____ ná
4	greannmhar	funny	níos _____ ná
5	grianmhar	sunny	níos _____ ná
6	tiubh	thick	níos _____ ná
7	fliuch	wet	níos _____ ná
8	geal	bright	níos _____ ná
9	searbh	bitter	níos _____ ná
10	cian	distant	níos _____ ná

Riail 2

1	tirim	dry	níos _____ ná
2	ciúin	quiet	níos _____ ná
3	fairsing	wide	níos _____ ná
4	soiléir	clear	níos _____ ná
5	saibhir	rich	níos _____ ná

Riail 3

1	corraitheach	exciting	níos _____ ná
2	leadránach	boring	níos _____ ná
3	contúirteach	dangerous	níos _____ ná
4	baolach	dangerous	níos _____ ná
5	dainséarach	dangerous	níos _____ ná
6	amaideach	foolish	níos _____ ná
7	gliobach	dishevelled	níos _____ ná
8	práinneach	urgent	níos _____ ná
9	compordach	comfortable	níos _____ ná
10	soilseach	bright	níos _____ ná

Riail 4

1	tuirsiúil	tiresome/tiring	níos _____ ná
2	suimiúil	interesting	níos _____ ná
3	báúil	sympathetic	níos _____ ná
4	cáiliúil	famous	níos _____ ná
5	scanrúil	scary	níos _____ ná

Riail 5

1	cróga	brave	níos _____ ná
2	ceanndána	stubborn	níos _____ ná
3	gruama	gloomy	níos _____ ná
4	cineálta	kind	níos _____ ná
5	crua	tough	níos _____ ná

Cleachtadh B

Athraigh na focail idir lúibíní. Ansin, aistrigh na habairtí go Béarla.

1. Tá síoda níos [mín] _____ ná cadás.
2. Tá Nárú níos [iargúlta] _____ ná Éire.
3. Tá leapacha uisce níos [compordach] _____ ná leapacha toilg.
4. Tá mo mhac níos [éirimiúil] _____ ná do mhacsa.
5. Níl gruaig Chóra níos [gliobach] _____ ná gruaig Chaoimhe.
6. Níl an M8 níos [dainséarach] _____ ná an M7.
7. Tá aisteoirí Hollywood níos [cáiliúil] _____ ná aisteoirí Las Vegas.
8. Bíonn laethanta an tsamhraidh níos [soilseach] _____ ná laethanta an gheimhridh.
9. Tá George Clooney níos [sean] _____ ná Daniel Radcliffe.
10. An bhfuil Amy Foster níos [lúfar] _____ ná Ciara Neville?

Cleachtadh C

Aistrigh go Gaeilge.

1. Olivia is older than Méabh. (*sean*)
2. My dog is not more violent than your dog. (*fíochmhar*)
3. Is Maths easier than Science? (*éasca*)
4. Your class is way (*i bhfad*) more raucous than our class. (*racánach*)
5. Our team is way more skilful than your one. (*sciliúil*)
6. This pen is smoother than your one. (*mín*)
7. Duffy is stronger than Pogba. (*láidir*)
8. Everyone is more helpful than you! (*cabhrach*)
9. Our classes are always more stressful than yours! (*strusmhar*)
10. His point was not more complicated. (*casta*)

Turas 3

Aidiachtaí neamhrialta

Cuimhnigh!

- The irregular adjectives are as follows:

álainn	beautiful	níos áille
beag	small	níos lú
breá	fine	níos breátha
deacair	difficult/hard	níos deacra
dócha	likely	níos dóichí
fada	long	níos faide
furasta	easy	níos fusa
gearr	short	níos giorra
maith	good	níos fearr
mór	big	níos mó
nua	new	níos nuaí
olc	bad	níos measa
tapa	fast	níos tapúla
te	hot	níos teo
tréan	strong	níos tréine/treise

Cleachtadh D

Athraigh na focail idir lúibíní.

1. Tá Éire níos [beag] _____ ná Madagascar.
2. Tá imeallbhord (*coastline*) Shligigh níos [fada] _____ ná imeallbhord Liatroma.
3. Tá níos [mór] _____ oileán amach ó chósta na hIorua ná ó chósta na Danmhairge.
4. Tá an aimsir in Oymyakon na Sibéire níos [olc] _____ ná an aimsir in Los Angeles.
5. Tá an t-achar idir an Domhan agus Mearcair níos [gearr] _____ ná an t-achar idir an Domhan agus Iúpatar.
6. An bhfuil foireann sacair na hÉireann níos [maith] _____ ná foireann Shasana?
7. Ní bhíonn an aimsir san Íoslainn níos [breá] _____ ná an aimsir san Astráil.
8. Deirtear go bhfuil Trá Bhaile Mhic an Stocaire níos [álainn] _____ ná aon trá eile ar domhan.
9. De ghnáth bíonn an Mheánmhuir níos [te] _____ ná Muir Éireann.
10. An mbíonn sé níos [deacair] _____ taistil go dtí an Ghealach ná dul go grinneall an Aigéin Chiúin?

Sárchéim na haidiachta

Cuimhnigh!

- **Sárchéim** forms are used to express the highest, the deepest, the most amazing, etc.
- The **sárchéim** forms are the same as the **breischéim** forms.
- The only difference is that we replace **níos** with **is**.
  - Is í an Ailgéir an tír **is mó** san Afraic. / Algeria is the largest country in Africa.
  - Is é Suranam an tír **is lú** i Meiriceá Theas. / Suriname is the smallest country in South America.

Cleachtadh E

Athraigh na focail idir lúibíní. Ansin, aistrigh na habairtí go Béarla.

1. Is é Dettifoss san Íoslainn an t-eas is [cumhachtach] _____ san Eoraip.
2. Is í an tSionainn an abhainn is [fada] _____ in Éirinn.
3. Is é Kīlauea an bolcán is [gníomhach] _____ ar domhan.
4. Is í an tSín an tír is [mór] _____ ar domhan ó thaobh daonra de.
5. Is í an India an dara tír is [mór] _____ ar domhan ó thaobh daonra de.
6. Is é Duibheagán Challenger an pointe is [doimhin] _____ den aigéan a bhfuil eolas air.
7. An é Kilimanjaro an sliabh is [ard] _____ san Afraic?
8. Ní hí an Fhrainc an tír is [te] _____ san Eoraip.
9. Deirtear gurb í an Astráil an tír is [sláintiúil] _____ ar domhan.
10. Cad é an contae is [cairdiúil] _____ in Éirinn?

Cleachtadh F

Athraigh na focail idir lúibíní. Ansin, aistrigh na habairtí go Béarla.

1. Tá an Ghaeilge níos [deacair] _____ ná an Spáinnis ach is í an Fhionlainnis an teanga is [deacair] _____ de na trí theanga sin.
2. Sa samhradh, bíonn na laethanta in Éirinn níos [fada] _____ ná na laethanta sa Spáinn, ach is sa réigiún Artach a bhíonn na laethanta is [fada] _____.
3. Tá an Bhreatain níos [mór] _____ ná an Íoslainn, ach is í an Ghraonlainn an t-oileán is [mór] _____ san Atlantach.
4. Tá Túr Shanghai sa tSín níos [ard] _____ ná Túr Willis in Chicago, ach is é Burj Khalifa an foirgneamh is [ard] _____ ar domhan.
5. Is minic a bhíonn cúltosaithe cliatháin níos [cumhachtach] _____ ná na cúlaithe, ach is iad na frapaí na himreoirí rugbaí is [cumhachtach] _____.

Cleachtadh G

Aistrigh go Gaeilge. Tá ceisteanna 1–5 anseo cosúil le ceisteanna 1–5 i gCleachtadh F.

1. Polish is more difficult than English but Chinese is the hardest of the three.
2. In winter, nights in Ireland are longer than nights in Romania, but it is in the Arctic region that nights are longest.
3. France is bigger than Spain but Ukraine is the biggest country of the three.
4. Kilimanjaro is higher than Carrauntoohil, but Mount Everest is the highest mountain in the world.
5. Hurlers are often faster than boxers, but sprinters are the fastest athletes.

Turas 3

GRAMADACH 17

An tAlt roimh an Ainmfhocal

Cuimhnigh!

- When you learn French or Spanish, or other European languages, you often come across masculine and feminine nouns early in First Year. Gender is very important in Irish too and some of the rules are explained here.
- For now, though, don't worry about learning all of these rules. However, when you read something in Irish, pay attention to the changes mentioned below. Over time, you will become an expert!
- What you know already:
  - **an** (uatha) = **the** (singular) ➔ an múinteoir, an deasc, an scoil
  - **na** (iolra) = **the** (plural) ➔ na múinteoirí, na deasca, na scoileanna
- What might be new to you:
  - The spellings of some words change a little after **an**, e.g. **Gaeilge** ➔ an G**h**aeilge.

Na rialacha

		Firinscneach (masculine)		Baininscneach (feminine)	
1	Nouns beginning with a **vowel**	an **t**-ábhar		an Eolaíocht	
2	Nouns beginning with a **consonant**	an Béarla		an G**h**aeilge	
3	Nouns beginning with **s**	an siúinéir		an **t**saotharlann	
4	Nouns beginning with a **d** or **t**	an doras	an tionscadal	an deasc	an teanga

- If you want to say 'it' in Irish, ask yourself which word 'it' refers to. If 'it' refers to **an Eolaíocht** (feminine), then say **sí** or **í**. If 'it' refers to **an Béarla** (masculine), then say **sé** or **é**. For example:
  - Is maith liom **an Eolaíocht** mar tá **sí** praiticiúil.
  - Is maith liom **an Béarla** mar tá **sé** suimiúil.
  - An maith leat **an Ealaín**? Is aoibhinn liom **í**.*

  * If you are listing a lot of subjects, you can leave out the article. If you are only listing one or two subjects, it would be better to use the article.

Inscne (gender)

- How do you know if a noun is masculine or feminine?
- This can be tricky in all European languages. These three tips will help you.
  - Languages are mostly feminine, e.g. **an Ghaeilge, an Fhraincis, an Iodáilis**; but not **an Béarla**.
  - Sciences and other long words that end in **-cht** are mostly feminine, e.g. **an Eolaíocht, an Tíreolaíocht, an Adhmadóireacht**.
  - Most professionals are masculine, e.g. **an múinteoir, an príomhoide, an rúnaí**.
- You may wish to refer to this table too.

> **Ainmfhocail fhirinscneacha:**
> - Masculine nouns often have the following endings: **-adh, -amh, -aí, -al, -án, -ar, -aire, -as, -éara, -aeir, -éir, -eoir, -ín, -óir, -úir, -éad, -ste, -o, -ú, -úl, -ún, -úr**
> - Nouns that have one syllable and end in **-cht** are also usually masculine, e.g **ceacht**
> - Professionals.
>
> **Ainmfhocail bhaininscneacha:**
> - Feminine nouns often have the following endings: **-ib, -ic, -id, -ig, -il, -im, -in, -ir, -irc, -is, -it, -óg, -eog, -áil, -aíl, -lann**
> - Nouns that have two syllables and end in **-cht** are also usually feminine, e.g. **Tíreolaíocht**
> - Countries, except **Sasana, Meiriceá, Ceanada**
> - Languages, except **Béarla**.
>
> **Firinscneach nó baininscneach?**
> - Some endings can be either masculine or feminine. You should usually refer to your dictionary.

Cleachtadh A

An bhfuil na hainmfhocail seo san uimhir uatha nó san uimhir iolra?

1	an t-úll	3	na leabhair	5	an múinteoir	7	an bosca bruscair
2	na daoine	4	na húlla	6	an t-uisce	8	an uirlis cheoil

Cleachtadh B

An bhfuil na hainmfhocail seo firinscneach nó baininscneach?

1	an Eolaíocht	3	an Béarla	5	an Iodáilis	7	an Adhmadóireacht
2	an dochtúir	4	an múinteoir	6	an seomra	8	an tsaotharlann

Cleachtadh C

An bhfuil na hainmfhocail seo firinscneach nó baininscneach?

1	an bhábóg	4	an t-úll	7	an aimsir	10	an scáileán
2	an scannán	5	an pháirc	8	an pheil	11	an leabharlann
3	an bhialann	6	an phictiúrlann	9	an ceacht	12	an scrúdú

Cleachtadh D

Líon na bearnaí le 'é' nó 'í'.

1. An maith leat Béarla? Is breá liom __.
2. Céard faoi Ghaeilge? An maith leat __?
3. Cá bhfuil an bosca bruscair? Ní féidir liom __ a fheiceáil.
4. Cá bhfuil mo dheasc? An bhfaca tú __?
5. Ar dhún tú an doras? Dhún mé __.

Cleachtadh E

Scríobh 'an' roimh na hainmfhocail seo. Athraigh tús an ainmfhocail más gá. Tá an chéad cheann déanta duit.

1	úll ➔ <u>an</u> t-úll	3	uisce	5	pictiúrlann	7	saotharlann
2	fiaclóir	4	meicneoir	6	bróg	8	fuinneog

Cleachtadh F

An bhfuil na hainmfhocail seo firinscneach nó baininscneach? Bain úsáid as d'fhoclóir nó as www.teanglann.ie.

1	bealach	3	oifigeach	5	báisteach	7	cailleach
2	mála	4	cara	6	bó	8	saoire

Turas 3

GRAMADACH 18

An Chopail 'Is'

Cuimhnigh!

- Sometimes in Irish we use the words **Is** and **Ní** instead of **Tá** and **Níl**. When we use the words **Is** and **Ní**, the order of the words in the sentence needs to change.
- What you know already:
  - Is beachaire é Audric de Campeau; (*Turas 3*, eagrán 2, leathanach 18)
  - Is múinteoir é athair Ellie agus is eolaí í a máthair. (*Turas 1*, eagrán 2, leathanach 23)
- What might be new to you:
  - Why we say **Is múinteoir é** and not **Tá sé múinteoir**.
  - Why we say **Is eolaí í** and not **Tá sí eolaí**.

Na rialacha

- You cannot use two nouns (e.g. **cailín**, **Seán**, **scoil**) or two pronouns (e.g. **mé**, **tú**, **sé**) in sequence after **Tá**, **Níl** or **An bhfuil** (or any other form of the verb **Bí**).

Mícheart ✗	Fáth	Ceart ✓	Béarla
Tá Síle múinteoir.	**Síle** and **múinteoir** are nouns.	Is múinteoir í Síle.	Síle is a teacher.
Níl an buachaill meicneoir maith.	**(An) buachaill** and **meicneoir** are nouns.	Ní meicneoir maith é an buachaill.	The boy isn't a good mechanic.
An bhfuil Pól duine deas?	**Pól** and **duine (deas)** are nouns.	An duine deas é Pól?	Is Paul a nice person?
Tá ár dtuismitheoirí daoine cineálta.	**(Ár) dtuismitheoirí** and **daoine (cineálta)** are nouns.	Is daoine cineálta iad ár dtuismitheoirí.	Our parents are kind people.
Níl mo dheartháireacha dochtúirí.	**(Mo) dheartháireacha** and **dochtúirí** are nouns.	Ní dochtúirí iad mo dheartháireacha.	My brothers are not doctors.

- Remember how An Chopail is used in the examples in the **Ceart** column above. These are the most common ways in which it is used in An Aimsir Láithreach. Refer to these sentences when you want to write a sentence that uses An Chopail.

Cleachtadh A

Aistrigh go Béarla.
1. Is aeróstach mé.
2. Ní ceoltóir mé.
3. Ní dochtúir í Ivana.
4. Ní cócairí iad.
5. Is fear beáir é Pól.
6. An altra thú?
7. Is cúntóir siopa í Ewa.
8. An feirmeoirí iad na deartháireacha sin?
9. An baincéirí sibh?
10. Is fiaclóirí iad Siún agus Senga.

Cleachtadh B

Aistrigh go Gaeilge.
1. He's a repair man.
2. Are you an engineer?
3. Jim is a factory worker (*oibrí monarchan*).
4. He's not a waiter.
5. Are you a journalist?
6. She's a guard.
7. Are you a teacher?
8. Those men aren't builders.
9. She isn't a hairdresser.
10. That woman is a vet.

An Aimsir Chaite

Treoir Ghramadaí

Cuimhnigh!

- If we want to put sentences with An Chopail in An Aimsir Chaite, e.g. 'John was an architect' or 'Siún was a vet', we need to make some small changes.

Na rialacha

An Aimsir Láithreach	An Aimsir Chaite	An Aimsir Chaite	An Aimsir Chaite
Before any letter	Before **consonants**	Before **vowels**	Before **f** + **vowel**
Is	Ba + **séimhiú** (h)	B'	B' + **séimhiú** (h)
Ní	Níor + **séimhiú** (h)	Níorbh	Níorbh + **séimhiú** (h)
An	Ar + **séimhiú** (h)	Arbh	Arbh + **séimhiú** (h)

Samplaí

An Aimsir Láithreach	An Aimsir Chaite	An Aimsir Chaite	An Aimsir Chaite
Before any letter	Before **consonants**	Before **vowels**	Before **f** + **vowel**
Is búistéir í.	Ba bhúistéir í.	B'eolaí é.	B'fheirmeoir í.
Ní ceoltóir é.	Níor cheoltóir é.	Níorbh iriseoir í.	Níorbh fhuirseoir é.
An garraíodóir í?	Ar gharraíodóir í?	Arbh imreoir peile é?	Arbh fhiaclóirí iad?

Cleachtadh C

Aistrigh go Béarla.

1. B'aeróstach mé.
2. Níor cheoltóir mé.
3. Níor dhochtúir í Ivana.
4. Níor chócairí iad.
5. B'fhear beáir é Pól.
6. Arbh altra tú?
7. Ba chúntóir siopa í Ewa.
8. Arbh fheirmeoirí iad na deartháireacha sin?
9. Ar bhaincéirí sibh?
10. B'fhiaclóirí iad Siún agus Senga.

Cleachtadh D

Aistrigh go Gaeilge.

1. He was a repair man.
2. Were you an engineer?
3. Jim was a factory worker (*oibrí monarchan*).
4. He wasn't a waiter.
5. Were you a journalist?
6. She was a guard.
7. Were you a teacher?
8. Those men weren't builders.
9. She wasn't a hairdresser.
10. That woman was a vet.

Cleachtadh E

Críochnaigh na habairtí.

Sampla: Tá mo sheomra ranga an-mhór. ➔ Is seomra <u>an-mhór</u> é mo sheomra ranga.

1	Bhí an rang Béarla leadránach.	Ba rang _____.
2	An bhfuil do dheirfiúr foighneach?	An cailín _____?
3	Níl mo chara fuinniúil.	Ní duine _____.
4	Bhí an scéal sin suimiúil.	Ba scéal _____.
5	Tá ár scoil* an-mhór. *scoil = baininscneach (i)	Is scoil _____.

ceithre chéad a naoi

An fhoirm indíreach

Cuimhnigh!

- If we want to say 'I think [that] John is an architect' or 'I am sure [that] Siún is a vet', we have to translate the word 'that' too. In English we can leave 'that' out, but in Irish we can't – it is absolutely essential that we include it.
- To do this, we use **Gur/Gurb** instead of **Is** and **Nach** instead of **Ní**. In An Aimsir Chaite, **Gur/Gurb** and **Nár/Nárbh** are used.

Na rialacha

An Aimsir Láithreach		An Aimsir Chaite	
Is	**Gur/Gurb**	Ba/B'	Gur + **séimhiú** (h)
Is (before **vowels**)	**Gur/Gurb**	Ba/B'	Gurbh
Ní	Nach	Níor	Nár + **séimhiú** (h)
Ní (before **vowels**)	Nach	Níorbh	Nárbh + **séimhiú** (h)
Ní (before **f**, but not **fl, fr**)	Nach	Níorbh	Nárbh + **séimhiú** (h)

Sampla

An Aimsir Láithreach		An Aimsir Chaite	
Is búistéir í.	Ceapaim gur búistéir í.	Ba bhúistéir í.	Cheap mé gur bhúistéir í.
Is altra é.	Táim cinnte gur altra é.	B'altra é.	Bhí mé cinnte gurbh altra é.
Ní dochtúir é.	Ceapaim nach dochtúir é.	Níor dhochtúir é.	Chuala mé nár dhochtúir e.
Ní iriseoir í.	Sílim nach iriseoir í.	Níorbh iriseoir í.	Shíl mé nárbh iriseoir í.
Ní fuirseoir é.	Tá a fhios agam nach fuirseoir é.	Níorbh fhuirseoir é.	Bhí a fhios agam nárbh fhuirseoir é.

Cleachtadh F

Aistrigh go Béarla.

1. Ceapaim gur polaiteoir é Bob.
2. An ndúirt tusa nach peileadóir é?
3. Inseoidh mé di gur fear macánta tú.
4. Chuala mé gur baincéirí cliste iad.
5. An dóigh leat nach saighdiúirí muid?
6. Bhí a fhios agam nár spásaire í an bhean sin.
7. Geallaim duit gurbh imreoir iontach é sular gortaíodh é.
8. Níor chreid sé nár bhean chairdiúil í an bhean a bhí anseo inné.
9. Cheap mé gur dhuine aclaí tú.
10. Bhí me cinnte gurbh fhadhb í sin.

Cleachtadh G

Aistrigh go Gaeilge. Tá ceisteanna 1–10 anseo cosúil le ceisteanna 1–10 i gCleachtadh F.

1. I think [that] you're a dentist.
2. Did you say [that] she isn't a factory worker (*oibrí monarchan*)?
3. I will tell her [that] you're a clever student.
4. Did you hear [that] they're great footballers?
5. Do you reckon [that] they're not students?
6. I knew [that] that man wasn't a plumber.
7. I promise you [that] he was a good carpenter before he retired (*éirigh as*).
8. He didn't believe [that] you weren't a helpful person.
9. I thought [that] it was a nice day. It's miserable.
10. I was sure [that] it was a complicated question.

An t-ainmfhocal cinnte

Treoir Ghramadaí

Cuimhnigh!

- We have learned how to use An Chopail with sentences such as:
  - Is múinteoir í Síle. / Síle is a teacher.
  - Ní meicneoir maith é an buachaill. / The boy isn't a good mechanic.
  - An duine deas é Pól? / Is Paul a nice person?
  - Is daoine cineálta iad ár dtuismitheoirí. / Our parents are kind people.
  - Ní dochtúirí iad mo dheartháireacha. / My brothers are not doctors.
- What if we want to say 'Síle is **the best teacher**' or 'The boy isn't **the best mechanic**'?

Na rialacha

- You cannot use two nouns (e.g. **cailín**, **Seán**, **scoil**) or two pronouns (e.g. **mé**, **tú**, **sé**) in sequence after **Tá**, **Níl** or **An bhfuil** (or any other form of the verb 'to be').

Mícheart ✗	Fáth	Ceart ✓	Béarla
Tá Síle an múinteoir is fearr.	**Síle** and **(an) múinteoir** are nouns.	Is í Síle an múinteoir is fearr.	Síle is the best teacher.
Níl an buachaill an meicneoir is fear.	**(An) buachaill** and **(an) meicneoir** are nouns.	Ní hé an buachaill an meicneoir is fearr.	The boy isn't the best mechanic.
Tá mise an duine is óige.	**Mise** and **(an) duine** are nouns.	Is mise an duine is óige.	I am the youngest (person).
Ceapann Seán go bhfuil sé an t-imreoir is sciliúla.	**Seán (sé)** and **(an) t-imreoir** are both nouns.	Ceapann Seán gurb é an t-imreoir is sciliúla.	Seán thinks that he is the most skilful player.

Cleachtadh H

Aistrigh go Béarla.

1. Is í mo mháthair an fiaclóir is cineálta.
2. Ní hé mo dheartháir an duine is sine ina rang.
3. An iad na baincéirí na daoine is flaithiúla in Éirinn?
4. Sílim gurb í Susan an feirmeoir is saibhre.
5. An bhfuil a fhios agat nach é Dubhalta an buachaill is airde sa scoil?
6. Is é a athair an múinteoir is cliste.
7. Ní hí mo chara Sinéad an scoláire is óige ina rang.
8. An iad na meicneoirí sa gharáiste seo na meicneoirí is fearr?
9. Ní dóigh liom gur tusa an ceoltóir is measa!
10. Ní chreidim nach iad na cailíní sin na himreoirí is tapúla!

Cleachtadh I

Aistrigh go Gaeilge. Tá ceisteanna 1–10 anseo cosúil le ceisteanna 1–10 i gCleachtadh H.

1. My mother is the kindest doctor.
2. My sister isn't the youngest (person) in the class.
3. Are your parents the richest farmers in Ireland?
4. I think that our parents are the most generous (parents).
5. Do you know that Aoife isn't the fastest girl on the team?
6. His brother is the cleverest student.
7. My uncle Seán isn't the oldest (person) in the family.
8. Are the musicians in this band the best (musicians)?
9. I don't think that you are the tallest (person) in the class.
10. I don't believe that those boys aren't the strongest (boys) in the class!

GRAMADACH 19

An tAinm Briathartha

Cuimhnigh!

- Many languages regularly use a verb infinitive, e.g. 'to clean', 'to break' or 'to finish'. Instead of a verb infinitive, Irish uses a form called An tAinm Briathartha (the verbal noun) with the word **a**, e.g. **a ghlanadh**, **a bhriseadh** or **a chríochnú**. The word following **a** takes a **séimhiú** (h), where possible.
- We can also use An tAinm Briathartha to form the '-ing' form of a verb, e.g. **ag glanadh**, **ag briseadh** or **ag críochnú**. You have been learning this form for the last ten years without even knowing what it is called!
- There are quite a few ways of forming An tAinm Briathartha. The most common ways are shown below.

An chéad réimniú	+ **adh**	glan	glan**adh**
	+ **eadh**	bris	bris**eadh**
An dara réimniú	+ **ú**	críochnaigh	críochn**ú**
	+ **iú**	aistrigh	aistr**iú**

- This table highlights many of the different ways we can form An tAinm Briathartha with **na briathra rialta**.

	Briathar	Verb	Ainm briathartha le 'a'	Verb infinitive	Ainm briathartha le 'ag'	Verbal noun
1	can	sing	a chan**adh**	to sing	ag can**adh**	singing
2	múin	teach	a mhúin**eadh**	to teach	ag múin**eadh**	teaching
3	brostaigh	hurry	a bhrost**ú**	to hurry	ag brost**ú**	hurrying
4	bailigh	collect	a bhail**iú**	to collect	ag bail**iú**	collecting
5	caith	spend	a chaith**eamh**	to spend	ag caith**eamh**	spending
6	imir	play	a imir**t**	to play	ag imir**t**	playing
7	oscail	open	a oscail**t**	to open	ag oscail**t**	opening
8	ceannaigh	buy	a cheann**ach**	to buy	ag ceann**ach**	buying
9	coinnigh	keep	a choinn**eáil**	to keep	ag coinn**eáil**	keeping
10	foghlaim	learn	a fhoghlaim	to learn	ag foghlaim	learning

- This table highlights the ways we form An tAinm Briathartha with **na briathra neamhrialta**:

abair	**rá**	déan	**déanamh**	tabhair	**tabhairt**
beir	**breith**	faigh	**fáil**	tar	**teacht**
bí	**bheith**	feic	**feiceáil**	téigh	**dul**
clois	**cloisteáil**	ith	**ithe**		

Cleachtadh A

Scríobh an fhoirm cheart den Ainm Briathartha. Bain úsáid as www.teanglann.ie chun cabhrú leat. Tá an chéad dá cheann déanta duit.

1	glan ➡ glanadh	17	aimsigh
2	bris ➡ briseadh	18	bain
3	breathnaigh	19	caith
4	ceannaigh	20	críochnaigh
5	déan	21	faigh
6	féach	22	glac
7	léigh	23	oscail
8	tabhair	24	imir
9	aontaigh	25	aistrigh
10	athraigh	26	blais
11	caill	27	can
12	clois	28	cuir
13	éist	29	fan
14	foghlaim	30	labhair
15	mínigh	31	scríobh
16	tóg	32	luasc

Cleachtadh B

Aistrigh go Béarla.

1. Táim ag scríobh litir fhada.
2. Caithfidh mé litir fhada a scríobh.
3. Táim ag déanamh mo chuid obair bhaile.
4. Ba cheart dom mo chuid obair bhaile a dhéanamh.
5. Thosaigh sé ag tógáil teach nua.
6. Ba mhaith leis teach nua a thógáil.
7. Bíonn siad i gcónaí ag cailleadh rudaí.
8. Níor mhaith leo rudaí a chailleadh.
9. Cén fáth a bhfuil sí ag caitheamh seanéadaí?
10. Is maith léi seanéadaí a chaitheamh.

Cleachtadh C

Aistrigh go Gaeilge. Tá ceisteanna 1–10 anseo cosúil le ceisteanna 1–10 gCleachtadh B.

1. I am planning a long essay.
2. You have to plan your essay.
3. I am doing a lot of things.
4. I shouldn't do a lot of things today.
5. He started buying new clothes.
6. He would like to buy new clothes.
7. They are always spending a lot of money.
8. They wouldn't like to spend a lot of money.
9. Why is she learning Spanish?
10. She likes to learn a new language every year.

Cleachtadh D

Aistrigh go Béarla.

1. Ba mhaith liom féachaint ar an teilifís.
2. Ba mhaith liom bualadh le cairde.
3. Ba mhaith liom breith ar an liathróid.
4. Ba mhaith liom fanacht ar scoil.
5. Ba mhaith liom dul abhaile.

Cleachtadh E

Aistrigh go Gaeilge. Tá ceisteanna 1–5 anseo cosúil le ceisteanna 1–5 i gCleachtadh D.

1. Would you like to watch the match?
2. Would you like to meet our parents?
3. Would you like to catch the bus?
4. Would you like to wait in the shop?
5. Would you like to go to the cinema?

GRAMADACH 20

An Tuiseal Ginideach

Cuimhnigh!

- We often use a form called An Tuiseal Ginideach in Irish. If you recognise it when you see it in a sentence, you will be better able to understand the sentence.
- There are many complex rules about how to use An Tuiseal Ginideach, but you won't need to learn these until Fifth and Sixth Years! For now, however, it is important to learn common phrases that have An Tuiseal Ginideach in them. In this section, you will see lots of these phrases. You will also learn a little about when we use An Tuiseal Ginideach and what it looks like.

Na rialacha

We use An Tuiseal Ginideach in the following cases:

- When a noun functions as an adjective. In other words, when we use one noun, instead of an adjective, to describe another noun.
  - Sampla: foireann náisiúnta = ainmfhocal + aidiacht
    foireann peile = ainmfhocal + ainmfhocal
  - Look what happens to the word **peil** above. We have added an **e** to the end of it. You could say that **peil** means 'football' and **peile** means 'of football'. Therefore, **foireann peile** could be translated literally as 'a team of football'.
  - Ceist: why doesn't **peil** change in this case: **Imríonn an fhoireann peil**?
  - Freagra: **peil** doesn't function as an adjective. It doesn't describe **an fhoireann**. Compare it with the following sentence: **Imríonn an fhoireann peile peil**.
- After An tAinm Briathartha, e.g. **ag imirt, ag déanamh, ag ithe**.
  - Samplaí: ag imirt peile, ag caitheamh an airgid, ag déanamh na hoibre, ag glanadh na bhfuinneog, ag ceiliúradh na nGael, ag buachan cluichí.
  - But: ag imirt **peil** Ghaelach, ag déanamh **obair** mhaith.
- After quantities.
  - Samplaí: a lán, go leor, níos mó, mórán, beagán, píosa, neart, roinnt, dóthain, breis, tuilleadh, cuid – a lán **oibre**, níos mó **airgid**, píosa **cainte**, i mbeagán **focal**, breis **ama**, tuilleadh **eolais**.
- To denote possession.
  - Samplaí: mála **Shíle**, peann **Ghearóid**, hata **an mhúinteora**, milseáin **na bpáistí**.

Cleachtadh A

Scríobh an fhoirm cheart den Tuiseal Ginideach. Roghnaigh an fhoirm a thagann leat go nádúrtha!

1	imreoir leadóige / imreoir leadóg	10	láithreoir teilifís / láithreoir teilifíse
2	ar fud na tíre / ar fud an tír	11	i rith na bliana / i rith an bhliain
3	trasna na tonnta / trasna na dtonnta	12	Tír na nÓg / Tír na Óg
4	ag cur fola / ag cur fuil	13	saotharlann eolaíocht / saotharlann eolaíochta
5	An Garda Síocháin / An Garda Síochána	14	carr na nGardaí / carr na Gardaí
6	mí an Mheithimh / mí an Meitheamh	15	Meán Fómhar / Meán Fómhair
7	foireann an bhean / foireann na mban	16	i bPáirc an Chrócaigh / i bPáirc an Crócach
8	ag seinm ceol / ag seinm ceoil	17	Oireachtas na Samhna / Oireachtas na Samhain
9	obair bhaile / obair na baile	18	seomra rang / seomra ranga

Cleachtadh B

Scríobh an fhoirm cheart den Tuiseal Ginideach. Roghnaigh an fhoirm a thagann leat go nádúrtha!

1. Beidh an captaen ag imirt i lár _____. [**na páirce, an pháirc, na páirceanna**]
2. Cén fáth a ndeachaigh an sicín trasna _____? [**na bóithre, an bóthar, an bhóthair**]
3. An bhfuil pleananna agat don deireadh _____? [**seachtain, seachtaine, tseachtain**]
4. Bhí an reathaí ag traenáil ar feadh _____. [**míosa, mhí, mí**]
5. An bhfuil freagra _____ ar eolas agaibh? [**na ceisteanna, na ceiste, an cheist**]
6. Throid na reibiliúnaigh ar son _____. [**na cúise, an chúis, na cúiseanna**]
7. Gabh mo leithscéal, cá bhfuil leithreas _____, le do thoil? [**na mná, na mban, an bhean**]
8. An gcasfaidh tú an port 'Banríon _____', le do thoil? [**an tSióg, na Sióga, na Sióg**]

GRAMADACH 21

An Aimsir Ghnáthchaite

Treoir Ghramadaí

Cuimhnigh!

- We use An Aimsir Ghnáthchaite for regular actions in the past. For example, 'I played regularly on the road when I was young'; 'He was forever complaining about their cooking'; 'The dogs would start barking as soon as they heard me arriving.'
- At Junior Cycle level, we are more interested in recognising the forms and understanding when it is used.
- The most common verb to be used in An Aimsir Ghnáthchaite is **Bí**:

| Bhínn | Bhíteá | Bhíodh sé/sí | Bhímis | Bhíodh sibh | Bhídís | Bhítí (sb) |

- Two other common verbs used used in An Aimsir Ghnáthchaite are **Cuir** and **Téigh**:

| Chuirinn | Chuirteá | Chuireadh sé/sí | Chuirimis | Chuireadh sibh | Chuiridís | Chuirtí (sb) |
| Théinn | Théiteá | Théadh sé/sí | Théimis | Théadh sibh | Théidís | Théití (sb) |

- An Aimsir Ghnáthchaite verb endings are quite similar across all verbs (regular and irregular), as you can see in the examples above and below.

Samplaí: Bí

- Nuair a **bhínn** ag dul ar scoil fadó, **ní bhíodh** cead againn bróga spóirt a chaitheamh.
- **Bhíteá** i gcónaí ag gearán nuair a **théinn** amach le mo chairde.
- **Bhíodh** eagla ar na himreoirí eile nuair a **bhíodh** Órlaith ag imirt.
- **An mbídís** ann go minic nuair a bhí siad óg?

Samplaí: Cuir agus Téigh

- **Chuireadh** sé na ceisteanna céanna ar an múinteoir, arís agus arís eile.
- Oíche Nollag fadó fadó, **chuiridís** coinneal ar lasadh ar leac na fuinneoige is mó sa teach.
- Aon lá a **théinn** ar an mbus agus mé óg, **bhíodh** mo mháthair liom.
- **Théadh** mo sheanathair go Bóthar Lansdún go rialta.

Cleachtadh A

Cé acu de na foirmeacha seo atá san Aimsir Ghnáthchaite? Scríobh an focal i do chóipleabhar.
Tá an chéad cheann déanta duit.

1	Bí	Bhí	Beidh	Bhíodh	Bheinn	Bhíodh
2	Bheifeá	Bhí tú	Beidh tú	Bí	Bhíteá	
3	Cuirfidh mé	Chuirinn	Chuir mé	Cuir	Chuirfinn	
4	Théinn	Rachainn	Chuaigh mé	Téigh	Rachaidh mé	
5	Tabharfaidh mé	Thugainn	Thug mé	Tabhair	Thabharfainn	
6	Glanann sé	Ghlan sé	Ghlanadh sé	Glanfaidh sé	Glan	
7	D'ól sí	D'óladh sí	Ól	D'ólfadh sí	Ólann sí	
8	D'imrídís	Imir	D'imir siad	Imríonn siad	Imreoidh siad	
9	Cheannaigh mé	Ceannaím	Cheannaínn	Ceannaigh	Cheannóinn	
10	Thógainn	Thógfainn	Tóg	Thóg mé	Tógfaidh mé	
11	Bhítí	Bhíothar	Bítear	Bí	Bheifí	

Cleachtadh B

Cén abairt atá scríofa san Aimsir Ghnáthchaite? Cén aimsir ina bhfuil an abairt eile scríofa?
Tá an chéad cheann déanta duit.

1	Ceannaím milseáin gach lá.	Aimsir Láithreach
	Cheannaínn milseáin gach lá.	Aimsir Ghnáthchaite
2	Bhíodh eagla orm roimh chait agus mé i mo leaidín óg.	
	Bhí eagla orm nuair a chonaic mé an cat sin.	
3	Sna seanlaethanta, thugaimis airgead don stiúrthóir agus muid ag dul ar an mbus.	
	Déanaim mo chárta Leap a svaidhpeáil chun dul ar an mbus na laethanta seo.	
4	An íosfá béile sa bhialann nua sin?	
	D'iteá béile ag a haon a chlog gach lá.	
5	Bheinn buartha faoin méid obair bhaile a thabharfaidís dúinn.	
	Bhínn buartha i gcónaí faoin méid obair bhaile a thugtaí dúinn.	
6	Ní sheinnidís mórán ceoil sa bhunscoil.	
	Ní sheinnfidís ceol fiú dá mbeadh an t-am acu.	

GRAMADACH 22

Foirmeacha na mbriathra rialta

Tóg

	An Aimsir Chaite		An Aimsir Láithreach	
	Uatha	**Iolra**	**Uatha**	**Iolra**
1	thóg mé	thógamar	tógaim	tógaimid
2	thóg tú	thóg sibh	tógann tú	tógann sibh
3	thóg sé/sí	thóg siad	tógann sé/sí	tógann siad
sb	tógadh		tógtar	
	An Aimsir Fháistineach		**An Modh Coinníollach**	
	Uatha	**Iolra**	**Uatha**	**Iolra**
1	tógfaidh mé	tógaimid	thógfainn	thógfaimis
2	tógfaidh tú	tógfaidh sibh	thógfá	thógfadh sibh
3	tógfaidh sé/sí	tógfaidh siad	thógfadh sé/sí	thógfaidís
sb	tógfar		thógfaí	

Briathra cosúla: can, cas, ceap, díol, dún, fan, féach, lean, líon, mol, múch, ól, póg

Bris

	An Aimsir Chaite		An Aimsir Láithreach	
	Uatha	**Iolra**	**Uatha**	**Iolra**
1	bhris mé	bhriseamar	brisim	brisimid
2	bhris tú	bhris sibh	briseann tú	briseann sibh
3	bhris sé/sí	bhris siad	briseann sé/sí	briseann siad
sb	briseadh		bristear	
	An Aimsir Fháistineach		**An Modh Coinníollach**	
	Uatha	**Iolra**	**Uatha**	**Iolra**
1	brisfidh mé	brisfimid	bhrisfinn	bhrisfimis
2	brisfidh tú	brisfidh sibh	bhrisfeá	bhrisfeadh sibh
3	brisfidh sé/sí	brisfidh siad	bhrisfeadh sé/sí	bhrisfidís
sb	brisfear		bhrisfí	

Briathra cosúla: bain, buail, caill, caith, fill, géill, mill, múin, scaoil

Sábháil

	An Aimsir Chaite		An Aimsir Láithreach	
	Uatha	**Iolra**	**Uatha**	**Iolra**
1	shábháil mé	shábhálamar	sábhálaim	sábhálaimid
2	shábháil tú	shábháil sibh	sábhálann tú	sábhálann sibh
3	shábháil sé/sí	shábháil siad	sábhálann sé/sí	sábhálann siad
sb	sábháladh		sábháiltear	
	An Aimsir Fháistineach		**An Modh Coinníollach**	
	Uatha	**Iolra**	**Uatha**	**Iolra**
1	sábhálfaidh mé	sábhálfaimid	shábhálfainn	shábhálfaimis
2	sábhálfaidh tú	sábhálfaidh sibh	shábhálfá	shábhálfadh sibh
3	sábhálfaidh sé/sí	sábhálfaidh siad	shábhálfadh sé/sí	shábhálfaidís
sb	sábhálfar		shábhálfaí	

Briathra cosúla: bácáil, cóipeáil, nótáil, péinteáil, tarrtháil

Taispeáin

	An Aimsir Chaite		An Aimsir Láithreach	
	Uatha	Iolra	Uatha	Iolra
1	thaispeáin mé	thaispeánamar	taispeánaim	taispeánaimid
2	thaispeáin tú	thaispeáin sibh	taispeánann tú	taispeánann sibh
3	thaispeáin sé/sí	thaispeáin siad	taispeánann sé/sí	taispeánann siad
sb	taispeánadh		taispeántar	
	An Aimsir Fháistineach		An Modh Coinníollach	
	Uatha	Iolra	Uatha	Iolra
1	taispeánfaidh mé	taispeánfaimid	thaispeánfainn	thaispeánfaimis
2	taispeánfaidh tú	taispeánfaidh sibh	thaispeánfá	thaispeánfadh sibh
3	taispeánfaidh sé/sí	taispeánfaidh siad	thaispeánfadh sé/sí	thaispeánfaidís
sb	taispeántar		thaispeánfaí	

Briathra cosúla: adhlaic, ceiliúir, gearán, seachaid, tíolaic

Tiomáin

	An Aimsir Chaite		An Aimsir Láithreach	
	Uatha	Iolra	Uatha	Iolra
1	thiomáin mé	thiomáineamar	tiomáinim	tiomáinimid
2	thiomáin tú	thiomáin sibh	tiomáineann tú	tiomáineann sibh
3	thiomáin sé/sí	thiomáin siad	tiomáineann sé/sí	tiomáineann siad
sb	tiomáineadh		tiomáintear	
	An Aimsir Fháistineach		An Modh Coinníollach	
	Uatha	Iolra	Uatha	Iolra
1	tiomáinfidh mé	tiomáinfimid	thiomáinfinn	thiomáinfimis
2	tiomáinfidh tú	tiomáinfidh sibh	thiomáinfeá	thiomáinfeadh sibh
3	tiomáinfidh sé/sí	tiomáinfidh siad	thiomáinfeadh sé/sí	thiomáinfidís
sb	tiomáinfear		thiomáinfí	

Briathra cosúla: coisric, iomáin, toirmisc

Coimeád

	An Aimsir Chaite		An Aimsir Láithreach	
	Uatha	Iolra	Uatha	Iolra
1	choimeád mé	choimeádamar	coimeádaim	coimeádaimid
2	choimeád tú	choimeád sibh	coimeádann tú	coimeádann sibh
3	choimeád sé/sí	choimeád siad	coimeádann sé/sí	coimeádann siad
sb	coimeádadh		coimeádtar	
	An Aimsir Fháistineach		An Modh Coinníollach	
	Uatha	Iolra	Uatha	Iolra
1	coimeádfaidh mé	coimeádfaimid	choimeádfainn	choimeádfaimis
2	coimeádfaidh tú	coimeádfaidh sibh	choimeádfá	choimeádfadh sibh
3	coimeádfaidh sé/sí	coimeádfaidh siad	choimeádfadh sé/sí	choimeádfaidís
sb	coimeádfar		choimeádfaí	

Briathra cosúla: gearán

Cráigh

	An Aimsir Chaite		An Aimsir Láithreach	
	Uatha	**Iolra**	**Uatha**	**Iolra**
1	chráigh mé	chrámar	cráim	cráimid
2	chráigh tú	chráigh sibh	cránn tú	cránn sibh
3	chráigh sé/sí	chráigh siad	cránn sé/sí	cránn siad
sb	crádh		cráitear	
	An Aimsir Fháistineach		An Modh Coinníollach	
	Uatha	**Iolra**	**Uatha**	**Iolra**
1	cráfaidh mé	cráfaimid	chráfainn	chráfaimis
2	cráfaidh tú	cráfaidh sibh	chráfá	chráfadh sibh
3	cráfaidh sé/sí	cráfaidh siad	chráfadh sé/sí	chráfaidís
sb	cráfar		chráfaí	

Briathra cosúla: iaigh, leáigh, luaigh, sáigh

Dóigh

	An Aimsir Chaite		An Aimsir Láithreach	
	Uatha	**Iolra**	**Uatha**	**Iolra**
1	dhóigh mé	dhómar	dóim	dóimid
2	dhóigh tú	dhóigh sibh	dónn tú	dónn sibh
3	dhóigh sé/sí	dhóigh siad	dónn sé/sí	dónn siad
sb	dódh		dóitear	
	An Aimsir Fháistineach		An Modh Coinníollach	
	Uatha	**Iolra**	**Uatha**	**Iolra**
1	dófaidh mé	dófaimid	dhófainn	dhóimis
2	dófaidh tú	dófaidh sibh	dhófá	dhódh sibh
3	dófaidh sé/sí	dófaidh siad	dhódh sé/sí	dhóidís
sb	dófar		dhófaí	

Briathra cosúla: breoigh, clóigh, glaoigh, reoigh

Léigh

	An Aimsir Chaite		An Aimsir Láithreach	
	Uatha	**Iolra**	**Uatha**	**Iolra**
1	léigh mé	léamar	léim	léimid
2	léigh tú	léigh sibh	léann tú	léann sibh
3	léigh sé/sí	léigh siad	léann sé/sí	léann siad
sb	léadh		léitear	
	An Aimsir Fháistineach		An Modh Coinníollach	
	Uatha	**Iolra**	**Uatha**	**Iolra**
1	léifidh mé	léifimid	léifinn	léifimis
2	léifidh tú	léifidh sibh	léifeá	léifeadh sibh
3	léifidh sé/sí	léifidh siad	léifeadh sé/sí	léifidís
sb	léifear		léifí	

Briathra cosúla: pléigh, spréigh, téigh (sa bhrí teas)

Nigh

	An Aimsir Chaite		An Aimsir Láithreach	
	Uatha	Iolra	Uatha	Iolra
1	nigh mé	níomar	ním	nímid
2	nigh tú	nigh sibh	níonn tú	níonn sibh
3	nigh sé/sí	nigh siad	níonn sé/sí	níonn siad
sb	níodh		nitear	
	An Aimsir Fháistineach		An Modh Coinníollach	
	Uatha	Iolra	Uatha	Iolra
1	nífidh mé	nífimid	nífinn	nífimis
2	nífidh tú	nífidh sibh	nífeá	nífeadh sibh
3	nífidh sé/sí	nífidh siad	nífeadh sé/sí	nífidís
sb	nífear		nífí	

Briathra cosúla: figh, guigh, luigh, suigh

Beannaigh

	An Aimsir Chaite		An Aimsir Láithreach	
	Uatha	Iolra	Uatha	Iolra
1	bheannaigh mé	bheannaíomar	beannaím	beannaímid
2	bheannaigh tú	bheannaigh sibh	beannaíonn tú	beannaíonn sibh
3	bheannaigh sé/sí	bheannaigh siad	beannaíonn sé/sí	beannaíonn siad
sb	beannaíodh		beannaítear	
	An Aimsir Fháistineach		An Modh Coinníollach	
	Uatha	Iolra	Uatha	Iolra
1	beannóidh mé	beannóimid	bheannóinn	bheannóimis
2	beannóidh tú	beannóidh sibh	bheannófá	bheannódh sibh
3	beannóidh sé/sí	beannóidh siad	bheannódh sé/sí	bheannóidís
sb	beannófar		bheannófaí	

Briathra cosúla: aontaigh, athraigh, breathnaigh, cruthaigh, eagraigh, gortaigh

Cruinnigh

	An Aimsir Chaite		An Aimsir Láithreach	
	Uatha	Iolra	Uatha	Iolra
1	chruinnigh mé	chruinníomar	cruinním	cruinnímid
2	chruinnigh tú	chruinnigh sibh	cruinníonn tú	cruinníonn sibh
3	chruinnigh sé/sí	chruinnigh siad	cruinníonn sé/sí	cruinníonn siad
sb	cruinníodh		cruinnítear	
	An Aimsir Fháistineach		An Modh Coinníollach	
	Uatha	Iolra	Uatha	Iolra
1	cruinneoidh mé	cruinneoimid	chruinneoinn	chruinneoimis
2	cruinneoidh tú	cruinneoidh sibh	chruinneofá	chruinneodh sibh
3	cruinneoidh sé/sí	cruinneoidh siad	chruinneodh sé/sí	chruinneoidís
sb	cruinneofar		chruinneofaí	

Briathra cosúla: aistrigh, ceistigh, éiligh, éirigh, litrigh, mínigh

Imir

An Aimsir Chaite		An Aimsir Láithreach	
Uatha	Iolra	Uatha	Iolra
1	d'imir mé	d'imríomar	imrím	imrímid
2	d'imir tú	d'imir sibh	imríonn tú	imríonn sibh
3	d'imir sé/sí	d'imir siad	imríonn sé/sí	imríonn siad
sb	imríodh		imrítear	

An Aimsir Fháistineach		An Modh Coinníollach	
Uatha	Iolra	Uatha	Iolra
1	imreoidh mé	imreoimid	d'imreoinn	d'imreoimis
2	imreoidh tú	imreoidh sibh	d'imreofá	d'imreodh sibh
3	imreoidh sé/sí	imreoidh siad	d'imreodh sé/sí	d'imreoidís
sb	imreofar		d'imreofaí	

Briathra cosúla: aithin, deighil, eitil, inis

Foghlaim

An Aimsir Chaite		An Aimsir Láithreach	
Uatha	Iolra	Uatha	Iolra
1	d'fhoghlaim mé	d'fhoghlaimíomar	foghlaimím	foghlaimímid
2	d'fhoghlaim tú	d'fhoghlaim sibh	foghlaimíonn tú	foghlaimíonn sibh
3	d'fhoghlaim sé/sí	d'fhoghlaim siad	foghlaimíonn sé/sí	foghlaimíonn siad
sb	foghlaimíodh		foghlaimítear	

An Aimsir Fháistineach		An Modh Coinníollach	
Uatha	Iolra	Uatha	Iolra
1	foghlaimeoidh mé	foghlaimeoimid	d'fhoghlaimeoinn	d'fhoghlaimeoimis
2	foghlaimeoidh tú	foghlaimeoidh sibh	d'fhoghlaimeofá	d'fhoghlaimeodh sibh
3	foghlaimeoidh sé/sí	foghlaimeoidh siad	d'fhoghlaimeodh sé/sí	d'fhoghlaimeoidís
sb	foghlaimeofar		d'fhoghlaimeofaí	

Briathra cosúla: fulaing, tarraing, tuirling

Freastail

An Aimsir Chaite		An Aimsir Láithreach	
Uatha	Iolra	Uatha	Iolra
1	d'fhreastail mé	d'fhreastalaíomar	freastalaím	freastalaímid
2	d'fhreastail tú	d'fhreastail sibh	freastalaíonn tú	freastalaíonn sibh
3	d'fhreastail sé/sí	d'fhreastail siad	freastalaíonn sé/sí	freastalaíonn siad
sb	freastalaíodh		freastalaítear	

An Aimsir Fháistineach		An Modh Coinníollach	
Uatha	Iolra	Uatha	Iolra
1	freastalóidh mé	freastalóimid	d'fhreastalóinn	d'fhreastalóimis
2	freastalóidh tú	freastalóidh sibh	d'fhreastalófá	d'fhreastalódh sibh
3	freastalóidh sé/sí	freastalóidh siad	d'fhreastalódh sé/sí	d'fhreastalóidís
sb	freastalófar		d'fhreastalófaí	

Briathra cosúla: aithris, taistil

Foirmeacha na mbriathra neamhrialta

Abair*

	An Aimsir Chaite		An Aimsir Láithreach	
	Uatha	**Iolra**	**Uatha**	**Iolra**
1	dúirt mé	dúramar	deirim	deirimid
2	dúirt tú	dúirt sibh	deir tú	deir sibh
3	dúirt sé/sí	dúirt siad	deir sé/sí	deir siad
sb	dúradh		deirtear	

	An Aimsir Fháistineach		An Modh Coinníollach	
	Uatha	**Iolra**	**Uatha**	**Iolra**
1	déarfaidh mé	déarfaimid	déarfainn	déarfaimis
2	déarfaidh tú	déarfaidh sibh	déarfá	déarfadh sibh
3	déarfaidh sé/sí	déarfaidh siad	déarfadh sé/sí	déarfaidís
sb	déarfar		déarfaí	

*Ní shéimhítear an briathar 'abair' in aon chás, m.sh., 'ní deirim'.

Beir

	An Aimsir Chaite		An Aimsir Láithreach	
	Uatha	**Iolra**	**Uatha**	**Iolra**
1	rug mé	rugamar	beirim	beirimid
2	rug tú	rug sibh	beireann tú	beireann sibh
3	rug sé/sí	rug siad	beireann sé/sí	beireann siad
sb	rugadh		beirtear	

	An Aimsir Fháistineach		An Modh Coinníollach	
	Uatha	**Iolra**	**Uatha**	**Iolra**
1	béarfaidh mé	béarfaimid	bhéarfainn	bhéarfaimis
2	béarfaidh tú	béarfaidh sibh	bhéarfá	bhéarfadh sibh
3	béarfaidh sé/sí	béarfaidh siad	bhéarfadh sé/sí	bhéarfaidís
sb	béarfar		bhéarfaí	

Clois

	An Aimsir Chaite		An Aimsir Láithreach	
	Uatha	**Iolra**	**Uatha**	**Iolra**
1	chuala mé	chualamar	cloisim	cloisimid
2	chuala tú	chuala sibh	cloiseann tú	cloiseann sibh
3	chuala sé/sí	chuala siad	cloiseann sé/sí	cloiseann siad
sb	chualathas		cloistear	

	An Aimsir Fháistineach		An Modh Coinníollach	
	Uatha	**Iolra**	**Uatha**	**Iolra**
1	cloisfidh mé	cloisfimid	chloisfinn	chloisfimis
2	cloisfidh tú	cloisfidh sibh	chloisfeá	chloisfeadh sibh
3	cloisfidh sé/sí	cloisfidh siad	chloisfeadh sé/sí	chloisfidís
sb	cloisfear		chloisfí	

Déan

	An Aimsir Chaite*		An Aimsir Láithreach	
	Uatha	Iolra	Uatha	Iolra
1	rinne mé	rinneamar	déanaim	déanaimid
2	rinne tú	rinne sibh	déanann tú	déanann sibh
3	rinne sé/sí	rinne siad	déanann sé/sí	déanann siad
sb	rinneadh		déantar	
	An Aimsir Fháistineach		An Modh Coinníollach	
	Uatha	Iolra	Uatha	Iolra
1	déanfaidh mé	déanfaimid	dhéanfainn	dhéanfaimis
2	déanfaidh tú	déanfaidh sibh	dhéanfá	dhéanfadh sibh
3	déanfaidh sé/sí	déanfaidh siad	dhéanfadh sé/sí	dhéanfaidís
sb	déanfar		dhéanfaí	

* **Diúltach:** ní dhearna mé/tú/sé/sí/sibh/siad/ní dhearnamar/ní dhearnadh (sb)
   Ceisteach: an ndearna mé/tú/sé/sí/sibh/siad?/an ndearnamar?/an ndearnadh? (sb)

Faigh

	An Aimsir Chaite		An Aimsir Láithreach	
	Uatha	Iolra	Uatha	Iolra
1	fuair mé	fuaireamar	faighim	faighimid
2	fuair tú	fuair sibh	faigheann tú	faigheann sibh
3	fuair sé/sí	fuair siad	faigheann sé/sí	faigheann siad
sb	fuarthas		faightear	
	An Aimsir Fháistineach*		An Modh Coinníollach**	
	Uatha	Iolra	Uatha	Iolra
1	gheobhaidh mé	gheobhaimid	gheobhainn	gheobhaimis
2	gheobhaidh tú	gheobhaidh sibh	gheofá	gheobhadh sibh
3	gheobhaidh sé/sí	gheobhaidh siad	gheobhadh sé/sí	gheobhaidís
sb	gheofar		gheofaí	

* **Diúltach:** ní bhfaighidh mé/tú/sé/sí/sibh/siad/ní bhfaighimid/ní bhfaighfear (sb)
   Ceisteach: an bhfaighidh mé/tú/sé/sí/sibh/siad?/an bhfaighimid?/an bhfaighfear? (sb)
** **Diúltach:** ní bhfaighinn/ní bhfaighfeá/ní bhfaigheadh sé/sí/ní bhfaighimis/ní bhfaigheadh sibh/ní bhfaighidís/ní bhfaighfí (sb)
   Ceisteach: an bhfaighinn?/an bhfaighfeá?/an bhfaigheadh sé/sí?/an bhfaighimis?/an bhfaigheadh sibh?/an bhfaighidís?/an bhfaighfí? (sb)

Feic

	An Aimsir Chaite*		An Aimsir Láithreach	
	Uatha	Iolra	Uatha	Iolra
1	chonaic mé	chonaiceamar	feicim	feicimid
2	chonaic tú	chonaic sibh	feiceann tú	feiceann sibh
3	chonaic sé/sí	chonaic siad	feiceann sé/sí	feiceann siad
sb	chonacthas		feictear	
	An Aimsir Fháistineach		An Modh Coinníollach	
	Uatha	Iolra	Uatha	Iolra
1	feicfidh mé	feicfimid	d'fheicfinn	d'fheicfimis
2	feicfidh tú	feicfidh sibh	d'fheicfeá	d'fheicfeadh sibh
3	feicfidh sé/sí	feicfidh siad	d'fheicfeadh sé/sí	d'fheicfidís
sb	feicfear		d'fheicfí	

* **Diúltach:** ní fhaca mé/tú/sé/sí/sibh/siad/ní fhacamar/ní fhactas (sb)
   Ceisteach: an bhfaca mé/tú/sé/sí/sibh/siad?/an bhfacamar?/an bhfactas? (sb)

Ith

	An Aimsir Chaite		An Aimsir Láithreach	
	Uatha	**Iolra**	**Uatha**	**Iolra**
1	d'ith mé	d'itheamar	ithim	ithimid
2	d'ith tú	d'ith sibh	itheann tú	itheann sibh
3	d'ith sé/sí	d'ith siad	itheann sé/sí	itheann siad
sb	itheadh		itear	

	An Aimsir Fháistineach		An Modh Coinníollach	
	Uatha	**Iolra**	**Uatha**	**Iolra**
1	íosfaidh mé	íosfaimid	d'íosfainn	d'íosfaimis
2	íosfaidh tú	íosfaidh sibh	d'íosfá	d'íosfadh sibh
3	íosfaidh sé/sí	íosfaidh siad	d'íosfadh sé/sí	d'íosfaidís
sb	íosfar		d'íosfaí	

Tabhair

	An Aimsir Chaite		An Aimsir Láithreach	
	Uatha	**Iolra**	**Uatha**	**Iolra**
1	thug mé	thugamar	tugaim	tugaimid
2	thug tú	thug sibh	tugann tú	tugann sibh
3	thug sé/sí	thug siad	tugann sé/sí	tugann siad
sb	tugadh		tugtar	

	An Aimsir Fháistineach		An Modh Coinníollach	
	Uatha	**Iolra**	**Uatha**	**Iolra**
1	tabharfaidh mé	tabharfaimid	thabharfainn	thabharfaimis
2	tabharfaidh tú	tabharfaidh sibh	thabharfá	thabharfadh sibh
3	tabharfaidh sé/sí	tabharfaidh siad	thabharfadh sé/sí	thabharfaidís
sb	tabharfar		thabharfaí	

Tar

	An Aimsir Chaite		An Aimsir Láithreach	
	Uatha	**Iolra**	**Uatha**	**Iolra**
1	tháinig mé	thángamar	tagaim	tagaimid
2	tháinig tú	tháinig sibh	tagann tú	tagann sibh
3	tháinig sé/sí	tháinig siad	tagann sé/sí	tagann siad
sb	thángthas		tagtar	

	An Aimsir Fháistineach		An Modh Coinníollach	
	Uatha	**Iolra**	**Uatha**	**Iolra**
1	tiocfaidh mé	tiocfaimid	thiocfainn	thiocfaimis
2	tiocfaidh tú	tiocfaidh sibh	thiocfá	thiocfadh sibh
3	tiocfaidh sé/sí	tiocfaidh siad	thiocfadh sé/sí	thiocfaidís
sb	tiocfar		thiocfaí	

Téigh

	An Aimsir Chaite*		An Aimsir Láithreach	
	Uatha	**Iolra**	**Uatha**	**Iolra**
1	chuaigh mé	chuamar	téim	téimid
2	chuaigh tú	chuaigh sibh	téann tú	téann sibh
3	chuaigh sé/sí	chuaigh siad	téann sé/sí	téann siad
sb	chuathas		téitear	
	An Aimsir Fháistineach		**An Modh Coinníollach**	
	Uatha	**Iolra**	**Uatha**	**Iolra**
1	rachaidh mé	rachaimid	rachainn	rachaimis
2	rachaidh tú	rachaidh sibh	rachfá	rachadh sibh
3	rachaidh sé/sí	rachaidh siad	rachadh sé/sí	rachaidís
sb	rachfar		rachfaí	

* **Diúltach:** ní dheachaigh mé/tú/sé/sí/sibh/siad/ní dheachamar/ní dheachthas (sb)
  Ceisteach: an ndeachaigh mé/tú/sé/sí/sibh/siad?/an ndeachamar?/an ndeachthas? (sb)

Bí (Tá)

	An Aimsir Chaite*		An Aimsir Láithreach**†	
	Uatha	**Iolra**	**Uatha**	**Iolra**
1	bhí mé	bhíomar	táim/tá mé	táimid/tá muid
2	bhí tú	bhí sibh	tá tú	tá sibh
3	bhí sé/sí	bhí siad	tá sé/sí	tá siad
sb	bhíothas		táthar	
	An Aimsir Fháistineach		**An Modh Coinníollach**	
	Uatha	**Iolra**	**Uatha**	**Iolra**
1	beidh mé	beimid/beidh muid	bheinn	bheimis
2	beidh tú	beidh sibh	bheifeá	bheadh sibh
3	beidh sé/sí	beidh siad	bheadh sé/sí	bheidís
sb	beifear		bheifí	
	An Aimsir Ghnáthchaite		**An Aimsir Ghnáthláithreach**	
	Uatha	**Iolra**	**Uatha**	**Iolra**
1	bhínn	bhímis	bím	bímid/bíonn muid
2	bhíteá	bhíodh sibh	bíonn tú	bíonn sibh
3	bhíodh sé/sí	bhídís	bíonn sé/sí	bíonn siad
sb	bhítí		bítear	

* **Diúltach:** ní raibh mé/tú/sé/sí/sibh/siad/ní rabhamar/ní rabhthas (sb)
  Ceisteach: an raibh mé/tú/sé/sí/sibh/siad?/an rabhamar?/an rabhthas? (sb)
** **Diúltach:** nílim (níl mé)/tú/sé/sí/sibh/siad/nílimid/níltear (sb)
  Ceisteach: an bhfuilim?/an bhfuil tú/sé/sí/sibh/siad?/an bhfuilimid?/an bhfuiltear? (sb)
† **Spleách:** go bhfuilim (go bhfuil mé)/tú/sé/sí/sibh/siad/go bhfuilimid/go bhfuiltear (sb)

Foclóir

Caibidil 1: Mé Féin, Mo Theaghlach agus Mo Chairde

Ag cur síos ar dhaoine: Aidiachtaí / Describing people: Adjectives

achrannach *argumentative*
álainn *beautiful*
áthasach *happy*
barrúil *funny*
cabhrach *helpful*
cancrach *cranky/grumpy*
cantalach *cranky/grumpy*
caoideanach *considerate*
ceanndána *stubborn*
cineálta *kind*
clamprach *rowdy*
cneasta *considerate*
comhoibríoch *co-operative*
cradhscalach *obnoxious*
cruálach *cruel*
cuidiúil *helpful*
dearfach *optimistic*
dearmadach *forgetful*
dílis *loyal*
díograiseach *devoted*
diongbháilte *determined*
dóchasach *optimistic*
droch(-dhuine) *evil/bad (person)*
drochbhéasach *rude/impolite*
duairc *pessimistic*
dúthrachtach *earnest*
éadóchasach *pessimistic*
éirimiúil *intelligent/gifted*
féinchúiseach *self-interested*
fial *generous*
flaithiúil *generous*
foighneach *patient*
fuarchroíoch *cold-hearted*
fuinniúil *energetic*
garbh *rough*
gealgháireach *cheerful*
glic *cunning*
greannmhar *funny*
ionraic *honest*
iontaofa *reliable*
láidir *strong*
leisciúil *lazy*
leithleasach *selfish*
macánta *honest*
mailíseach *malicious*
míchineálta *unkind*
mídhílis *disloyal*
mífhoighneach *impatient*
mímhacánta *dishonest*
misniúil *courageous*
réchúiseach *easy-going*
racánach *rowdy*
santach *greedy*
sleamhain *sly*
sona *happy*
suarach *mean*
taghdach *moody*
tuisceanach *understanding*
urchóideach *wicked*

An stoidiaca / The zodiac

an Cúpla *Gemini*
an Gabhar *Capricorn*

an tIasc *Pisces*
an Leon *Leo*
an Mhaighdean *Virgo*
an Mheá *Libra*
an Portán *Cancer*
an Reithe *Aries*
an Saighdeoir *Sagittarius*
an Scairp *Scorpio*
an Tarbh *Taurus*
an tUisceadóir *Aquarius*

Tréithe an stoidiaca / *Characteristics of the zodiac*

anailíseach *analytical*
bródúil *proud*
cáinteach *critical*
cliste *clever*
cruthaitheach *creative*
cúramach *careful*
déanfasach *bossy*
éiginntitheach *indecisive*
grámhar *loving*
guagach *unpredictable*
idéalaíoch *idealistic*
lách *pleasant*
maoithneach *emotional*
mífhreagrach *irresponsible*
neirbhíseach *nervous*
paiseanta *passionate*
praiticiúil *practical*
rathúil *successful*
santach *greedy*
stuama *sensible*
teasaí *fiery*

Teaghlach agus gaolta / *Family and relatives*

aintín *aunt*
athair *father*
athair críonna *grandfather*
athair mór *grandfather*
bean chéile *wife*
col ceathrair *cousin*
col cúigir *first cousin once removed*
col seachtair *second cousin once removed*
col seisir *second cousin*
cúpla *twins*
deartháir *brother*
deirfiúr *sister*
fear céile *husband*
gariníon *granddaughter*
garmhac *grandson*
iníon *daughter*
leasathair *stepfather*
leasdeartháir *stepbrother*
leasdeirfiúr *stepsister*
leasmháthair *stepmother*
mac *son*
máthair *mother*
máthair chríonna *grandmother*
máthair mhór *grandmother*
neacht *niece*
nia *nephew*
páiste aonair *only child*
seanathair *grandfather*
seanmháthair *grandmother*
siblín *sibling*
sin-seanathair *great-grandfather*
sin-seanmháthair *great-grandmother*
uncail *uncle*

Míonna na bliana / *Months of the year*

mí Eanáir *January*
mí Feabhra *February*
mí an Mhárta *March*
mí Aibreáin *April*
mí na Bealtaine *May*
mí an Mheithimh *June*
mí Iúil *July*
mí Lúnasa *August*
mí Mheán Fómhair *September*
mí Dheireadh Fómhair *October*
mí na Samhna *November*
mí na Nollag *December*

Blianta / *Years*

naoi déag nócha a sé *1996*
naoi déag nócha a seacht *1997*
naoi déag nócha a hocht *1998*
naoi déag nócha naoi *1999*
dhá mhíle *2000*
dhá mhíle is a haon *2001*
dhá mhíle is a dó *2002*
dhá mhíle is a trí *2003*
dhá mhíle is a ceathair *2004*
dhá mhíle is a cúig *2005*
dhá mhíle is a sé *2006*
dhá mhíle is a seacht *2007*
dhá mhíle is a hocht *2008*
dhá mhíle is a naoi *2009*
dhá mhíle is a deich *2010*

Ag comhaireamh daoine / Counting people

duine (amháin) *one person*
beirt *two people*
triúr *three people*
ceathrar *four people*
cúigear *five people*
seisear *six people*
seachtar *seven people*
ochtar *eight people*
naonúr *nine people*
deichniúr *ten people*
aon duine dhéag *eleven people*
dáréag/dhá dhuine dhéag *twelve people*
trí dhuine dhéag *thirteen people*
ceithre dhuine dhéag *fourteen people*
cúig dhuine dhéag *fifteen people*
sé dhuine dhéag *sixteen people*
seacht nduine dhéag *seventeen people*
ocht nduine dhéag *eighteen people*
naoi nduine dhéag *nineteen people*
fiche duine *twenty people*
céad duine *a hundred people*
míle duine *a thousand people*

Poist / Jobs

ailtire *architect*
altra *nurse*
baincéir *banker*
beachaire *beekeeper*
breitheamh *judge*
ceoltóir *musician*
cócaire *chef*
díoltóir *salesperson*
dochtúir *doctor*
duine gnó *business person*
eolaí *scientist*
feirmeoir *farmer*
forbróir gréasáin *web developer*
garda slándála *security guard*
garraíodóir *gardener*
glantóir *cleaner*
innealtóir *engineer*
leictreoir *electrician*
meicneoir *mechanic*
múinteoir *teacher*
nuachtánaí *newsagent*
pluiméir *plumber*
ríomhchláraitheoir *computer programmer*
rúnaí *secretary*
siúinéir *carpenter*
teicneoir ríomhaireachta *computer technician*
tiománaí *driver*
tréidlia *veterinarian*

Caibidil 2: Ar Ais ar Scoil

Ábhair scoile / School subjects

an Adhmadóireacht *Woodwork*
an Béarla *English*
an Ceol *Music*
an Chlóscríbhneoireacht *Typing*
Códú *Coding*
an Corpoideachas *PE*
an Creideamh *Religion*
an Eacnamaíocht Bhaile *Home Economics*
an Ealaín *Art*
an Eolaíocht *Science*
an Fhraincis *French*
an Ghaeilge *Irish*
an Ghearmáinis *German*
an Ghrafaic *Graphics*
an Iodáilis *Italian*
an Laidin *Latin*
an Mhatamaitic *Mathematics*
an Mhiotalóireacht *Metalwork*
OSPS *SPHE*
OSSP *CSPE*
an tSean-Ghréigis *Ancient Greek*
an Spáinnis *Spanish*
an Staidéar Gnó *Business Studies*
an Staidéar Sóisialta agus Comhshaoil *Environmental and Social Studies*
an Stair *History*
an Teicneolaíocht *Technology*
an Tíos *Home Economics*
an Tíreolaíocht *Geography*

Ag cur síos ar chúrsaí scoile: Aidiachtaí / Describing school matters: Adjectives

casta *complicated*
corraitheach *exciting*
deacair *difficult*

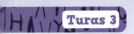

Turas 3

dúshlánach *challenging*
éasca *easy*
leadránach *boring*
leamh *dull*
praiticiúil *practical*
spéisiúil *interesting*
spreagúil *inspiring*
suimiúil *interesting*
taitneamhach *enjoyable*
úsáideach *useful*

Áiseanna scoile / School facilities

ceaintín *canteen*
cistin *kitchen*
clós *yard*
cúirt chispheile *basketball court*
fáiltiú *reception*
halla spóirt *sports hall*
leabharlann *library*
oifig an leas-phríomhoide *deputy-principal's office*
oifig an phríomhoide *principal's office*
oifig an rúnaí *secretary's office*
páirc imeartha *playing field*
páirc pheile *football pitch*
saotharlann eolaíochta *science laboratory*
seomra an séú bliain *sixth year room*
seomra ceoil *music room*
seomra ríomhaireachta *computer room*
seomra urnaí *prayer room*
stiúideo ealaíne *art studio*

Dobhriathra ama / Adverbs of time

amach anseo *in the future*
amach sa lá *later in the day*
amárach *tomorrow*
an bhliain seo chugainn *next year*
anuraidh *last year*
ar baillín beag *in a little while*
ar ball *in a while*
aréir *last night*
arú amárach *day after tomorrow*
arú inné *day before yesterday*
fadó *long ago*
gach bliain *every year*
gach iarnóin *every afternoon*
gach lá *every day*
gach maidin *every morning*
gach mí *every month*
gach oíche *every night*
gach seachtain *every week*
gach tráthnóna *every evening*
i bhfad siar *a long time ago*
inné *yesterday*
inniu *today*
le cúpla bliain anuas *in the past few years*
le cúpla mí anuas *in the past few months*
ó shin *a long time ago*
sa todhchaí *in the future*
san am atá caite/thart *in the past*
sula i bhfad *before long*

Éide scoile / School uniform

bléasar *blazer*
blús *blouse*
bríste *trousers*
bróg/bróga *shoe/shoes*
carbhat *tie*
cóta *coat*
geansaí *jumper*
léine *shirt*
luiteoga *leggings*
riteoga *tights*
sciorta *skirt*
seaicéad *jacket*
stoca/stocaí *sock/socks*

Rialacha na scoile / School rules

bulaíocht *bullying*
caithfidh *must*
coinneáil siar *detention*
cosc ar *a ban on*
deochanna súilíneacha *fizzy drinks*
dian *strict*
donnú bréige *fake tan*
fáinní cluasa *earrings*
go cruinn néata *neatly and accurately*
guma a chogaint *to chew gum*
i gcoinne *against*
in aghaidh *against*
meas *respect*
ní cheadaítear *it is not permitted*
ní mór do *must*
níl cead *it is not permitted*
smideadh *make-up*

Caibidil 3: Mo Theach

An teach / The house

áiléar athchóirithe *converted attic*
cistin *kitchen*
claí *fence*
cúlchistin *utility room*
díon *roof*
doras cúil *backdoor*
doras tosaigh *front door*
fál *hedge*
gairdín cúil *back garden*
gairdín tosaigh *front garden*
grianán *conservatory*
íoslach *basement*
oifig *office*
seomra aíochta *guest room*
seomra bia *dining room*
seomra cluichí *games room*
seomra codlata *bedroom*
seomra folctha *bathroom*
seomra suí *sitting room*
seomra spraoi *playroom*
simléar *chimney*
staighre *stairs*
tinteán *fireplace*

An bloc árasán / The apartment block

aláram deataigh *smoke alarm*
aláram dóiteáin *fire alarm*
ardaitheoir *elevator*
balcóin *balcony*
carrchlós *car park*
cloigín dorais *doorbell*
feighlí *caretaker*
forhalla *lobby*
gairdín *garden*
gairdín dín *roof garden*
idirchum *intercom*
linn snámha *swimming pool*
pictiúrlann phríobháideach *private cinema*
scairdeán *fountain*
seomra poist *mailroom*
spórtlann *sports complex*

Cineálacha tithe agus pobal / Types of houses and communities

an chathair *the city*
bád cónaithe *houseboat*
baile mór *town*
bloc árasán *apartment block*
bungaló *bungalow*
eastát tithíochta *housing estate*
faoin tuath *countryside*
láithreán stad *halting site*
na bruachbhailte *the suburbs*
teach baile mór *townhouse*
teach feirme *farmhouse*
teach leathscoite *semi-detached house*
teach scoite *detached house*
teach soghluaiste *mobile home*
teach sraithe *terraced house*

An chistin / The kitchen

babhla *bowl*
citeal *kettle*
cócaireán *cooker*
cuisneoir-reoiteoir *fridge-freezer*
cupán *cup*
doirteal *sink*
fochupán *saucer*
forc *fork*
gloine *glass*
meaisín níocháin *washing machine*
miasniteoir *dishwasher*
micreathonnán *microwave*
oigheann *oven*
pláta *plate*
sásar *saucer*
scian *knife*
spúnóg *spoon*
tóstaer *toaster*

An seomra suí / The sitting room

bord *table*
cathaoir uilleach *armchair*
cúisín *cushion*
lampa *lamp*
cathaoir luascáin *rocking chair*
matal *mantelpiece*
raidió *radio*

ríomhaire *computer*
ródaire *router*
seinnteoir DVD *DVD player*
tábla *table*
táibléad *tablet*
teilifíseán *television*
tolg *couch*

An seomra codlata / *The bedroom*

blaincéad *blanket*
braillín *sheet*
cairpéad *carpet*
cuirtíní *curtains*
dallóga *blinds*
duivé *duvet*
leaba dhúbailte *double bed*
leaba shingil *single bed*
piliúr *pillow*
ruga *rug*
taisceadán *locker*
tarraiceáin *drawers*
tocht *mattress*
vardrús *wardrobe*

An seomra folctha / *The bathroom*

báisín *basin*
cithfholcadán *shower*
feabhsaitheoir *conditioner*
folcadán *bath*
gallúnach *soap*
leithreas *toilet*
scáthán *mirror*
seampú *shampoo*
sópa *soap*
tuáille *towel*

Cúraimí an tí / *Housework*

ag cócaireacht *cooking*
ag dustáil *dusting*
ag folúsghlanadh *vacuuming*
ag glanadh *cleaning*
ag iarnáil *ironing*
ag mapáil *mopping*
ag ní *washing*
ag scuabadh *sweeping*

Caibidil 4: Mo Cheantar

Áiseanna / *Facilities*

airéine lúthchleasaíochta *athletics arena*
banc *bank*
bialann *restaurant*
binse *bench*
busáras *bus station*
club óige *youth club*
dealbh *statue*
ionad fóillíochta *leisure centre*
margadh feirmeoirí *farmers market*
mosc *mosque*
oifig an phoist *post office*
ospidéal *hospital*
otharlann *hospital*
páirc imeartha *sports ground*
rásraon con *greyhound track*
reilig *graveyard*
scairdeán *fountain*
séipéal *church*
stáisiún dóiteáin *fire station*
stáisiún na nGardaí *police station*
stáisiún traenach *train station*
teach cúirte *courthouse*
trealamh aclaíochta *fitness equipment*

Cineálacha bailte / *Types of towns*

baile beag iargúlta *small remote town*
baile cois farraige *seaside/coastal town*
baile ilchultúrtha *multicultural town*
baile mór tionsclaíoch *big industrial town*
baile tuaithe *rural town*
cathair ghnóthach *busy city*
príomhchathair *capital city*

Siopaí / *Shops*

bácús *bakery*
gruagaire *hairdresser*
ollmhargadh *supermarket*
siopa bréagán *toy shop*
siopa bróg *shoe shop*
siopa bronntanas *gift shop*
siopa búistéara *butcher*
siopa caife *coffee shop*
siopa ceoil *music shop*

siopa crua-earraí *hardware store*
siopa éadaí *clothes shop*
siopa éisc *fishmonger*
siopa grósaera *grocery store*
siopa guthán *mobile phone shop*
siopa peataí *pet shop*
siopa poitigéara *pharmacy*
siopa sceallóg *chipper*
siopa spóirt *sports shop*
siopa torthaí agus glasraí *fruit and vegetable shop*
stalla nuachtán *newspaper stand*

Treoracha / Directions

an chéad chasadh *the first turn*
ar an gcoirnéal/gcúinne *on the corner*
ar chlé *on the left*
ar dheis *on the right*
cas *turn*
crosbhóthar *crossroad*
feicfidh tú *you will see*
gabh síos *go down*
gabh suas *go up*
glac *take*
is é an chéad fhoirgneamh *it is the first building*
siúil i dtreo *walk towards*
téigh díreach ar aghaidh *go straight on*
téigh thar an droichead *go over the bridge*
téigh trasna na sráide *cross the street*
timpeallán *roundabout*
tóg *take*

Fadhbanna i mo cheantar / Problems in my area

alcól *alcohol*
báisteach agus tuilte *rain and floods*
bruscar *litter*
buirgléireacht *burglary*
caimiléireacht *corruption*
coireacht eagraithe *organised crime*
dronga *gangs*
drugaí *drugs*
foréigean *violence*
graifítí *graffiti*
leibhéil na mara ag ardú *rising sea levels*
loitiméireacht *vandalism*
oighearshruthanna ag leá *melting glaciers*
tonnta teasa *heatwaves*
triomach *drought*
truailliú *pollution*

Caibidil 5: Mo Chaithimh Aimsire

Caithimh aimsire agus cluichí / Pastimes and games

ag amhránaíocht *singing*
ag babhláil *bowling*
ag blagáil *blogging*
ag bualadh le mo chairde *meeting with my friends*
ag campáil *camping*
ag canadh *singing*
ag clárscátáil *skateboarding*
ag cniotáil *knitting*
ag damhsa *dancing*
ag déanamh drámaíochta *doing drama*
ag dreapadh crann *climbing trees*
ag dul ar líne *going online*
ag dul go dtí an phictiúrlann *going to the cinema*
ag éisteacht le ceol *listening to music*
ag féachaint ar an teilifís *watching television*
ag fuáil *sewing*
ag glacadh grianghraf *taking photos*
ag iascaireacht *fishing*
ag imirt cártaí *playing cards*
ag imirt cluichí ríomhaire *playing computer games*
ag imirt fichille *playing chess*
ag imirt spóirt *playing sport*
ag léamh leabhar *reading books*
ag leanúint na bhfaisean is déanaí *following the latest fashions*
ag péinteáil *painting*
ag rince *dancing*
ag rith *running*
ag scátáil ar lanna *rollerblading*
ag scríobh scéalta *writing stories*
ag seinm ceoil *playing music*
ag siopadóireacht *shopping*
ag tarraingt *drawing*
ag triail éadaí nua orm *trying on new clothes*

Ag cur síos ar chaithimh aimsire: Aidiachtaí / Describing hobbies: Adjectives

beoga *lively*
corraitheach *exciting*
crua *tough*
dainséarach *dangerous*

dúshlánach *challenging*
fuinniúil *energetic*
leadránach *boring*
síochánta *peaceful*
suaimhneach *peaceful*
taitneamhach *enjoyable*

Cé chomh minic? / How often?

a thuilleadh *anymore*
cúpla uair sa lá *a couple of times a day*
gach dara lá *every second day*
gach lá *every day*
go hannamh *rarely*
go mion minic *very often*
go minic *often*
go rialta *regularly*
i gcónaí *always*
le dhá bhliain anuas *for the last two years*
ó am go chéile *from time to time*
ó am go ham *from time to time*
riamh *ever/never*
uair nó dhó sa tseachtain *once or twice a week*
uaireanta *sometimes*

An cheolfhoireann / The orchestra

basún *bassoon*
ciombal *cymbal*
clairinéad *clarinet*
cláirseach *harp*
corn Francach *French horn*
dordveidhil *cello*
drumaí *drum*
fliúit *flute*
fliúit Shasanach *recorder*
méarchlár *keyboard*
na cnaguirlisí *percussion instruments*
na gaothuirlisí *wind instruments*
na prásuirlisí *brass instruments*
na téaduirlisí *string instruments*
óbó *oboe*
olldord *double bass*
pianó *piano*
piccolo *piccolo*
sacsafón *saxophone*
tiúba *tuba*
trombón *trombone*
trumpa *trumpet*
veidhlín *violin*
vióla *viola*
xileafón *xylophone*

Ceol Gaelach / Irish music

bainseó *banjo*
bodhrán *bodhrán*
bosca ceoil *box accordion/squeezebox*
cláirseach *harp*
consairtín *concertina*
feadóg mhór *flute*
feadóg stáin *tin whistle*
fidil *fiddle*
giotár *guitar*
píb uilleann *uilleann pipes*

Ceol / Music

ceol clasaiceach *classical music*
ceol damhsa *dance music*
ceol rithim agus gormacha (R&G) *rhythm and blues (R&B)*
ceol rómánsúil *romantic music*
ceol traidisiúnta *traditional music*
ceol tuaithe *country music*
popcheol *pop music*
punc-cheol *punk music*
rac-cheol éadrom *soft rock music*
rac-cheol trom *hard rock music*
rapcheol *rap music*
snagcheol *jazz*

Teilifís / Television

cartún *cartoon*
clár cainte *talk show*
clár ceoil *music programme*
clár faisin *fashion programme*
clár faisnéise *documentary*
clár grinn *comedy*
clár nuachta *news programme*
clár spóirt *sports programme*
clár thráth na gceist *quiz show*
sobaldráma *soap opera*

Scannáin / Films/Movies

scannáin aicsin *action films*
scannáin bhleachtaireachta *detective films*
scannáin cheoil *musicals*
scannáin chogaidh *war films*
scannáin fantaisíochta *fantasy films*
scannáin ficsean eolaíochta *science fiction films*
scannáin ghrá *romantic films*
scannáin ghrinn *comedies*
scannáin uafáis *horror films*
scéinséirí *thrillers*

Caibidil 6: Taisteal

Cineálacha saoire / Types of holidays

saoire an mhála droma *backpacking*
saoire champála *camping holiday*
saoire charthanachta *charity holiday*
saoire ghníomhaíochta *activity holiday*
saoire ghréine *sun holiday*
saoire rothaíochta *cycling holiday*
saoire sciála *skiing holiday*
sos cathrach *city break*
turas mara *cruise*
turas safari *safari trip*

Cúigí agus contaetha na hÉireann / Provinces and counties of Ireland

Cúige Chonnacht / *Connacht*
Gaillimh *Galway*
Co. na Gaillimhe *Co. Galway*
Liatroim *Leitrim*
Co. Liatroma *Co. Leitrim*
Maigh Eo *Mayo*
Co. Mhaigh Eo *Co. Mayo*
Ros Comáin *Roscommon*
Co. Ros Comáin *Co. Roscommon*
Sligeach *Sligo*
Co. Shligigh *Co. Sligo*

Cúige Laighean / *Leinster*
Baile Átha Cliath *Dublin*
Co. Bhaile Átha Cliath *Co. Dublin*
Ceatharlach *Carlow*
Co. Cheatharlach *Co. Carlow*
Cill Chainnigh *Kilkenny*
Co. Chill Chainnigh *Co. Kilkenny*
Cill Dara *Kildare*
Co. Chill Dara *Co. Kildare*
Cill Mhantáin *Wicklow*
Co. Chill Mhantáin *Co. Wicklow*
An Iarmhí *Westmeath*
Co. na hIarmhí *Co. Westmeath*
Laois *Laois*
Co. Laoise *Co. Laois*
Loch Garman *Wexford*
Co. Loch Garman *Co. Wexford*
An Longfort *Longford*
Co. an Longfoirt *Co. Longford*
Lú *Louth*
Co. Lú *Co. Louth*
An Mhí *Meath*
Co. na Mí *Co. Meath*
Uíbh Fhailí *Offaly*
Co. Uíbh Fhailí *Co. Offaly*

Cúige Mumhan / *Munster*
Ciarraí *Kerry*
Co. Chiarraí *Co. Kerry*
An Clár *Clare*
Co. an Chláir *Co. Clare*
Corcaigh *Cork*
Co. Chorcaí *Co. Cork*
Luimneach *Limerick*
Co. Luimnigh *Co. Limerick*
Port Láirge *Waterford*
Co. Phort Láirge *Co. Waterford*
Tiobraid Árann *Tipperary*
Co. Thiobraid Árann *Co. Tipperary*

Cúige Uladh / *Ulster*
Aontroim *Antrim*
Co. Aontroma *Co. Antrim*
Ard Mhacha *Armagh*
Co. Ard Mhacha *Co. Armagh*
An Cabhán *Cavan*
Co. an Chabháin *Co. Cavan*
Doire *Derry*
Co. Dhoire *Co. Derry*
An Dún *Down*
Co. an Dúin *Co. Down*
Dún na nGall *Donegal*
Co. Dhún na nGall *Co. Donegal*
Fear Manach *Fermanagh*
Co. Fhear Manach *Co. Fermanagh*
Muineachán *Monaghan*
Co. Mhuineacháin *Co. Monaghan*
Tír Eoghain *Tyrone*
Co. Thír Eoghain *Co. Tyrone*

Pointí compáis / Compass points

Deisceart / *South*
aneas *from the south*
ó dheas *to the south*
theas *in the south*

Iardheisceart / South-west
aniar aneas *from the south-west*
siar ó dheas *to the south-west*
thiar theas *in the south-west*

Iarthar / West
aniar *from the west*
siar *to the west*
thiar *in the west*

Iarthuaisceart / North-west
aniar aduaidh *from the north-west*
siar ó thuaidh *to the north-west*
thiar thuaidh *in the north-west*

Oirdheisceart / South-east
anoir aneas *from the south-east*
soir ó dheas *to the south-east*
thoir theas *in the south-east*

Oirthear / East
anoir *from the east*
soir *to the east*
thoir *in the east*

Oirthuaisceart / North-east
anoir aduaidh *from the north-east*
soir ó thuaidh *to the north-east*
thoir thuaidh *in the north-east*

Tuaisceart / North
aduaidh *from the north*
ó thuaidh *to the north*
thuaidh *in the north*

Éin imirceacha / Migratory birds

cánóg dhubh *Manx shearwater*
ceolaire sailí *willow warbler*
crotach *curlew*
cuach *cuckoo*
cuilire liath *spotted flycatcher*
deargán sneachta *redwing*
fáinleog *swallow*
gabhlán gainimh *sandmartin*
geabhróg Artach *Arctic tern*
sacán *fieldfare*
síodeiteach *waxwing*

Caibidil 7: Spórt

Spóirt / Sports

badmantan *badminton*
camógaíocht *camogie*
cispheil *basketball*
cruicéad *cricket*
dornálaíocht *boxing*
eitpheil *volleyball*
galf *golf*
gleacaíocht *gymnastics*
haca *hockey*
iománaíocht *hurling*
leadóg *tennis*
lúthchleasaíocht *athletics*
peil Ghaelach *Gaelic football*
póló uisce *water polo*
rámhaíocht *rowing*
rothaíocht *cycling*
rugbaí *rugby*
sacar *soccer*
seoltóireacht *sailing*
snámh *swimming*
snámh sioncranaithe *synchronised swimming*
trampailíneacht *trampolining*
tumadóireacht *diving*

Trealamh spóirt / Sports equipment

bád *boat*
bata *bat*
bríste rothaíochta *cycling shorts*
bróga peile *football boots*
bróga reatha *running shoes*
camán *hurl*
clogad *helmet*
cosaint fiacla *gum shield*
culaith shnámha *swimsuit*
gloiní cosanta *goggles*
lámhainní dornálaíochta *boxing gloves*
liathróid leadóige *tennis ball*
liathróid rugbaí *rugby ball*
loirgneáin *shin guards*
maide gailf *golf club*
maide haca *hockey stick*
maide rámha *oar*
raicéad leadóige *tennis racket*
rothar *bicycle*
scíonna *skis*
sliotar *sliotar*

Áiteanna spóirt / Places of sport

balla dreapadóireachta *climbing wall*
cró dornálaíochta *boxing ring*
cúirt chispheile *basketball court*
cúirt leadóige *tennis court*
giom *gym*
ionad fóillíochta *leisure centre*
linn snámha *swimming pool*
páirc Astro *Astro pitch*
páirc haca *hockey pitch*
páirc pheile *football pitch*
páirc rugbaí *rugby pitch*
páirc shacair *soccer pitch*
raon reatha *running track*
rinc haca oighir *ice hockey rink*
rinc scátála *skating rink*
spórtlann *gym*
stiúideo aclaíochta *fitness studio*

Lucht spóirt / Sportspeople

bainisteoir *manager*
captaen *captain*
dornálaí *boxer*
foireann/foirne *team/teams*
galfaire *golfer*
garda tarrthála *lifeguard*
gleacaí *gymnast*
imreoir cispheile *basketball player*
imreoir cruicéid *cricket player*
imreoir haca *hockey player*
imreoir leadóige *tennis player*
imreoir peil Ghaelach *Gaelic footballer*
imreoir sacair *soccer player*
iománaí *hurler*
jacaí *jockey*
lucht féachana *spectators*
lucht leanúna *fans/followers*
lucht tacaíochta *supporters*
maor cúil (CLG) *umpire (GAA)*
moltóir (leadóg) *umpire (tennis)*
rámhaí *rower*
reathaí *runner*
réiteoir *referee*
réiteoir cúnta *assistant referee*
rothaí *cyclist*
seoltóir *sailor*
snámhaí *swimmer*
snámhóir *swimmer*
surfálaí *surfer*

Ag cur síos ar phearsaí spóirt: Aidiachtaí / Describing sportspeople: Adjectives

aclaí *fit*
ard *tall*
cróga *brave*
crua *tough*
dílis *loyal*
diongbháilte *determined*
éadrom *light*
féinmhuiníneach *self-confident*
foighneach *patient*
láidir *strong*
misniúil *courageous*
sciliúil *skilful*
solúbtha *flexible*
spreagtha *motivated*
tapa *fast*

Cluichí Oilimpeacha/ Parailimpeacha / Olympic/ Paralympic Games

bonn óir/airgid/cré-umha *gold/silver/bronze medal*
lúthchleasaí teascach *amputee athlete*
pairilis cheirbreach *cerebral palsy*
Parailimpeach *Paralympian*
radharc na súl *eyesight*
sáriarracht phearsanta *personal best*
snámh brollaigh *breaststroke*
snámh droma *backstroke*

Spóirt ardriosca / High-risk sport

cainneonaíocht *canyoning*
clársciáil *snowboarding*
ealaíona comhraic measctha *mixed martial arts*
léimneach BASE *BASE jumping*
léimneach bhuinsí *bungee jumping*
paraisiútáil *parachuting*
raftú bánuisce *whitewater rafting*
rásaíocht chapall *horse racing*
saordhreapadóireacht *free climbing*
sciáil *skiing*

Caibidil 8: An Saol Oibre

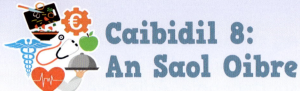

Poist samhraidh / Summer jobs

ag gearradh féir *cutting grass*
ag múineadh snámha *teaching swimming*
ag ní carranna *washing cars*
ag obair ar an bportach *working on the bog*
ag obair ar fheirm *working on a farm*
ag obair i mbialann *working in a restaurant*
ag obair i siopa caife *working in a coffee shop*
ag obair i siopa nuachtán *working in a newsagent*
ag obair i stáisiún peitril *working in a petrol station*
ag obair in ollmhargadh *working in a supermarket*
ag piocadh sútha talún *picking strawberries*
ag tabhairt aire do leanaí *looking after children*

Obair charthanachta / Charity work

ag bailiú airgid sa bhaile mór *collecting money in town*
ag cabhrú i ndílleachtlann *helping in an orphanage*
ag cabhrú le daoine gan dídean *helping homeless people*
ag cuidiú le seandaoine sa cheantar áitiúil *helping old people in the local area*
ag déanamh siúlóid urraithe *doing a sponsored walk*
ag glanadh páirceanna poiblí *cleaning public parks*
ag maisiú tithe *decorating houses*
ag obair le Clann Shíomóin *working with the Simon Community*
ag rith i rás carthanachta *running in a charity race*
ag seachadadh 'béilí ar rothaí' *delivering 'meals on wheels'*

Baill an choirp / Parts of the body

Ceann agus muineál / Head and neck

aghaidh *face*
béal *mouth*
beola *lips*
céislíní *tonsils*
cluas *ear*
drandal *gum*
éadan *forehead*
fabhra *eyelash*
fiacla *teeth*
gaosán *nose*
gruaig *hair*
leiceann *cheek*
mala *eyebrow*
polláirí *nostrils*
scornach *throat*
smig *chin*
srón *nose*
súil *eye*

Lámh / Arm/Hand

ailt *knuckles*
ascaill *underarm*
bos *palm (of hand)*
caol na láimhe *wrist*
ingne *fingernails*
lúidín/laidhricín *little finger*
méar *finger*
méar an fháinne/mac an daba *ring finger*
méar fhada/méar láir *middle finger*
méar thosaigh/corrmhéar *index finger*
ordóg *thumb*
rosta *wrist*
uillinn *elbow*

Cabhail / Torso

bolg *stomach*
cliabhrach *chest*
croí *heart*
cromán *hip*
droim *back*
dromlach *spine*
gualainn *shoulder*
scamhóga *lungs*

Cos / Leg/Foot

colpa *calf*
glúin *knee*
ladhrach *toes*
leis/leasracha *thigh/thighs*
méara coise *toes*
rúitín *ankle*
teannáin na hioscaide *hamstrings*

Ag cur síos ar an aghaidh / Describing the face

aghaidh chruinn *round face*
aghaidh fhada *long face*
aghaidh ubhchruthach *oval face*
béal beag/comair *small/petite mouth*
beola tanaí *thin lips*
beola tiubha *full/thick lips*
coilm *scars*

croiméal *moustache*
gaosán cromógach *crooked nose*
gruaig dhualach *wavy hair*
gruaig scaoilte *flowing hair*
leicne cuasacha *hollow cheeks*
malaí tiubha/giobacha *bushy eyebrows*
pluca dearga *rosy cheeks*
roic *wrinkles*
scoilt láir *centre parting*
scoilt taoibh *side parting*
scothóga *pigtails*
smig bhiorach *pointed chin*
smig chruinn *round chin*
srón dhíreach *straight nose*
srón fhíneálta *dainty nose*
súile cruinne *round eyes*
súile doimhne *deep-set eyes*
súile géara *sharp eyes*
súile móra *large eyes*
trilseáin *plaits/braids*

Tinnis agus gortuithe / *Illnesses and injuries*

ag cur fola *bleeding*
ainéistéiseach *anaesthetic*
ata *swollen*
ballbhrú *bruise*
casacht *cough*
cealg beiche *a bee sting*
cealg foiche *a wasp sting*
cneá *a wound*
cóir leighis *treatment*
dó gréine *sunburn*
droch-chasachtach *a bad cough*
droim nimhneach *sore back*
fliú *flu*
gearradh *a cut*
gortaithe *injured*
greamanna *stitches*
greim *stitch*
insteallladh *injection*
obráid *operation*
othar *patient*
pian *pain*
pian bhoilg *stomach ache*
pian droma *backache*
pianmhúchán *painkiller*
sceadamán nimhneach *sore throat*
scornach thinn *sore throat*
scríob *scrape*
slaghdán *cold*
súil dhubh *black eye*

tinneas cinn *headache*
tinneas cluaise *earache*
tinneas fiacaile *toothache*
tinneas goile *stomach ache*

Ag ullmhú bia / *Preparing food*

ag bácáil *baking*
ag beárbaiciúáil *barbecuing*
ag briseadh *breaking*
ag bruith *boiling*
ag bualadh *beating*
ag doirteadh *pouring*
ag fiuchadh *boiling*
ag friochadh *frying*
ag grátáil *grating*
ag griolladh *grilling*
ag meascadh *mixing*
ag mionghearradh *chopping*
ag róstadh *roasting*
ag scamhadh *peeling*
ag sliseadh *slicing*
ag suaitheadh *stirring*
ag suanbhruith *simmering*

Bia / *Food*

Bricfeasta / *Breakfast*

arán *bread*
cnó/cnónna *nut/nuts*
friochadh *a fry-up*
leite *porridge*
síol/síolta *seed/seeds*
ubh/uibheacha *egg/eggs*

Deochanna / *Drinks*

bainne *milk*
caife *coffee*
caoineog *smoothie*
deoch shúilíneach *fizzy drink*
tae *tea*

Feoil / *Meat*

burgar *burger*
mairteoil *beef*
sicín *chicken*
stéig *steak*
turcaí *turkey*

Glasraí agus sailéad / *Vegetables and salad*

beacán *mushroom*
brocailí *broccoli*

cairéad *carrot*
leitís *lettuce*
meacan bán *parsnip*
meacan dearg *carrot*
muisiriún *mushroom*
pónairí glasa *green beans*
práta milis *sweet potato*
prátaí *potatoes*
spionáiste *spinach*
tráta *tomato*

Iasc / Fish

bradán *salmon*
breac *trout*
cadóg *haddock*
maicréal *mackerel*
ronnach *mackerel*
trosc *cod*

Rudaí milse / Sweet things

císte *cake*
éadromóg seacláide *chocolate éclair*
glóthach *jelly*
iógart *yogurt*
maróg ríse *rice pudding*
mil *honey*
milseog *dessert*
píóg úll *apple pie*
taoschnó suibhe *jam doughnut*
toirtín triacla *treacle tart*
toirtín úll *apple tart*
traidhfil *trifle*
uachtar reoite *ice cream*

Torthaí / Fruit

banana *banana*
oráiste *orange*
sméar dubh *blackberry*
sú craobh *raspberry*
sú talún *strawberry*
úll *apple*

Caibidil 9: Éire agus Thar Lear

An aimsir / The weather

ag doirteadh báistí *pouring rain*
anfa *storm*
ardbhrú *high pressure*

bearradh na gcaorach *fleecy clouds*
bogha báistí *rainbow*
brádánach *drizzly*
breacfaidh sé suas *it will clear up*
caisleáin bhána *white castles (clouds)*
ceathanna scaipthe *scattered showers*
ceomhar *foggy*
cith is dealán *(mix of) showers and sunshine*
clocha sneachta *hailstones*
cosa na gréine *sun rays*
dul faoi na gréine *sunset*
éirí na gréine *sunrise*
feannaideach *bitter*
ag cur fearthainne *pouring rain*
fionnuar *cool*
fíor na spéire *horizon*
flichshneachta *sleet*
fliuch *wet*
fuar *cold*
gála *gale*
gaofar *windy*
gála gaoithe *gust of wind*
gaoth ropánta *blustery wind*
gealfaidh sé suas *it will brighten up*
grian loiscneach *blazing sun*
grianmhar *sunny*
lagbhrú *low pressure*
luí na gréine *sunset*
múraíl thoirniúil *thundery shower(s)*
reophointe *freezing-point*
salachar báistí *drizzly rain*
scalfaidh an ghrian *the sun will break through*
scamallach *cloudy*
scríob *storm*
seaca *frosty*
séideán sí *gust of wind*
síobadh sneachta *blizzard*
sioc crua *hard frost*
sneachta *snow*
spéirling *hurricane*
stoirm *storm*
tá aimsir dheas air *nice weather is on the way*
te *hot*
toirneach agus tintreach *thunder and lightning*
tonn teasa *heatwave*
tornádó *tornado*
tréimhsí gréine *sunny spells*
tuile *flood*

Seanfhocail / Proverbs

Aithníonn ciaróg ciaróg eile.	*It takes one to know one.* (Literal translation: One beetle recognises another beetle.)
Bíonn an fhírinne searbh.	*The truth hurts.* (Literal translation: The truth is bitter.)
Cleachtadh a dhéanann máistreacht.	*Practice makes perfect.* (Literal translation: Practice makes mastery.)
Cuir síoda ar ghabhar agus is gabhar i gcónaí é.	*You can't make a silk purse out of a sow's ear.* (Literal translation: Put silk on a goat and it's still a goat.)
Filleann an feall ar an bhfeallaire.	*What goes around comes around.* (Literal translation: Treachery returns to the deceiver.)
Is ait an mac an saol.	*Life is strange.* (Literal translation: Life is a strange son.)
Is binn béal ina thost.	*Silence is golden.* (Literal translation: The quiet mouth is sweetest.)
Is fearr an tsláinte ná na táinte.	*Health is better than wealth.*
Is fearr beagán den ghaol ná mórán den charthanas.	*A little kinship is better than a lot of charity.*
Is gaire cabhair Dé ná an doras.	*God's help is closer than the door.*
Is glas iad na cnoic i bhfad uainn.	*The grass is always greener.* (Literal translation: The faraway hills are green.)
Is maith an t-anlann an t-ocras.	*Hunger is a good sauce.*
Is maith an scéalaí an aimsir.	*Time will tell.* (Literal translation: Time is a good storyteller.)
Is minic a bhíonn ciúin ciontach.	*Often the quiet ones are guilty.*
Is minic a bhriseann béal duine a shrón.	*Often a person's mouth breaks his nose.*
Is olc an ghaoth nach séideann maith do dhuine éigin.	*One person's loss is another person's gain; all things can be turned to good.* (Literal translation: It is an ill wind that doesn't blow good for someone.) (Explanation: It must be a really bad situation (i.e. a really evil wind) if no good at all comes out of it.)
Mol an óige agus tiocfaidh sí.	*Praise the young and they will come forth.*
Ní bhíonn saoi gan locht.	*Nobody is perfect.* (Literal translation: There is no wise man without fault.)
Ní féidir ceann críonna a chur ar cholainn óg.	*You can't put an old head on young shoulders.*
Ní neart go cur le chéile.	*Unity is strength.* (Literal translation: There is no strength until unity/mutual support.)
Ní thagann ciall roimh aois.	*Sense does not come before age.*
Níl aon tinteán mar do thinteán féin.	*There is no place like home.* (Literal translation: There is no fireplace like your own fireplace.)
Nuair a bhíonn an cat amuigh, bíonn na lucha ag damhsa.	*When the cat's away the mice will play.* (Literal translation: When the cat's away the mice will dance.)
Tír gan teanga tír gan anam.	*A land without a language is a land without a soul.*
Tús maith leath na hoibre.	*A good start is half the battle.* (Literal translation: A good start is half the work.)

Creidiúintí

Tá na foilsitheoirí faoi chomaoin acu siúd a thug cead dúinn grianghraif a atáirgeadh:

Abaca Press/Alamy Stock Photo; ABEL F. ROS/Alamy Stock Photo; Adare Productions; Aflo Co. Ltd./Alamy Stock Photo; Agencja Fotograficzna Caro/Alamy Stock Photo; Alan Smith/Alamy Stock Photo; Brendan Moran/Sportsfile; Brian MacLochlainn/Alamy Stock Photo; CBKfoto/Alamy Stock Photo; Clearpiximages/Alamy Stock Photo; Clodagh Kilcoyne/Getty Images; Colin Underhill/Alamy Stock Photo; David Keegan; David Livingston/Getty Images; Ed Rooney/Alamy Stock Photo; Erik Pendzich/Alamy Stock Photo; Everett Collection Inc/Alamy Stock Photo; FORGET; Patrick/SAGAPHOTO.COM/Alamy Stock Photo; Gabe Ginsberg/Getty Images; George Sweeney/Alamy Stock Photo; GP/Star Max/Getty Images; GRANGER - Historical Picture Archvie/Alamy Stock Photo; IanDagnall Computing/Alamy Stock Photo; Imaginechina/REX/Shutterstock; INPHO/Bryan Keane; INPHO/Morgan Treacy; Jeff Morgan 05/Alamy Stock Photo; JEP Celebrity Photos/Alamy Stock Photo; Jim Dempsey; jon challicom/Alamy Stock Photo; Jonathan ORourke/Alamy Stock Photo; keith morris/Alamy Stock Photo; Ken Gillespie Photography/Alamy Stock Photo; Kieran Frost/Getty Images; Kíla Records; Kite Entertainment Ltd; Le caoinchead thogra Phortráidí na Scríbhneoirí Gaeilge; Lebrecht Music and Arts Photo Library/Alamy Stock Photo; Liam White/Alamy Stock Photo; Maia Kennedy/Alamy Stock Photo; Marc Bruxelle/Alamy Stock Photo; Mark Pain/Alamy Stock Photo; Marko Mumm/Sportsfile; MBI/Alamy Stock Photo; Michael Cullen/Alamy Stock Photo; New Day Films; noel bennett/Alamy Stock Photo; Nuala Moore; NurPhoto.com/Alamy Stock Photo; Olivia Golden; PA Images/Alamy Stock Photo; Paul Kelly; Peoplepic/Alamy Stock Photo; Peter Durcan/Afrobodies; Pictorial Press Ltd/Alamy Stock Photo; PictureLux/The Hollywood Archive/Alamy Stock Photo; Ray McManus/Sportsfile; REUTERS/Alamy Stock Photo; Rob Crandall/Alamy Stock Photo; Royal Geographical Society/Alamy Stock Photo; RTÉ Archives; Sam Barnes/Sportsfile; Sean Mannion/Oireachtas na Samhna; Seb Daly/Sportsfile; Shutterstock; Sipa USA/Alamy Stock Photo; Sport In Pictures/Alamy Stock Photo; Stephen McCarthy/Sportsfile; Stephen Power/Alamy Stock Photo; Tetra Images/Alamy Stock Photo; TG4; The 32nd Annual GLAAD Media Awards/Getty Images; The Photo Access/Alamy Stock Photo; Todd Williamson/NBC/Getty Images; van hilversum/Alamy Stock Photo; WENN Ltd/Alamy Stock Photo; WikiMediaCommons/Bill Selak; YO! Home from YO! Company, founder of YO! Sushi and YOTEL www.yo.co.uk; ZUMA Press, Inc./Alamy Stock Photo.

Is mian leis na foilsitheoirí buíochas a ghabháil leo seo a leanas as ucht cead a thabhairt dóibh dánta, scéalta, drámaí, amhráin, ailt agus sleachta dá gcuid a fhoilsiú sa leabhar:

'Ceist na Teangan' le Nuala Ní Dhomhnaill, as *Pharaoh's Daughter* (The Gallery Press 1990), by kind permission of the author and The Gallery Press, Loughcrew, Oldcastle, County Meath, Ireland; 'Fún Orm' le IMLÉ, le caoinchead ó Phádraig Ó Conghaile/IMLÉ; *Gleann Álainn* le Brian Ó Baoill, as *Bózó agus Drámaí Eile* (Cló Iar-Chonnachta 2003), le caoinchead ón údar agus ón bhfoilsitheoir; *Hiúdaí Beag* (sliocht) le hEithne Ní Ghallchobhair (Cló Mhaigh Eo 2011), le caoinchead ón údar agus ón bhfoilsitheoir; 'Jeaic ar Scoil' le Dairena Ní Chinnéide, as *Máthair an Fhiaigh* (Cló Iar-Chonnachta 2008), le caoinchead ón údar agus ón bhfoilsitheoir; 'Solas' le Seo Linn, le caoinchead ó Bardis Music; 'Spás' le Mícheál Ó Ruairc, as *Na Lucha ag Rince* (Cló Iar-Chonnachta 2009), le caoinchead ón údar agus ón bhfoilsitheoir; 'Stadeolaíocht' le Marcus Mac Conghail, as *Ceol Baile: Dánta agus Amhráin* (Coiscéim 2014), le caoinchead ón údar agus ón bhfoilsitheoir; 'Quick Pick' le hOrna Ní Choileáin, as *Sciorrann an tAm* (Cois Life 2014), le caoinchead ón údar agus ó Cló Iar-Chonnachta; 'The Language Issue' le Nuala Ní Dhomhnaill, aistrithe ag Paul Muldoon, as *Pharaoh's Daughter* (The Gallery Press 1990), by kind permission of the author, translator and The Gallery Press, Loughcrew, Oldcastle, County Meath, Ireland.

Is mian leis na foilsitheoirí buíochas a ghabháil leo seo a leanas as ucht cead a thabhairt dóibh físeáin dá gcuid a fhoilsiú sa leabhar:

Caibidil 1: 'Meet the Beekeeper Tending Bees on Iconic Paris Landmarks | Gastro Obscura' © Atlas Obscura, Inc., by kind permission of Atlas Obscura, Inc.: www.youtube.com/watch?v=OXw6wuLhy2A; Caibidil 2: 'This New Mexico school welcomes families who live across the border' © KRWG-TV, Las Cruces, by kind permission of KRWG-TV, Las Cruces; Caibidil 3: 'YO! Home: Official launch video at 100% Design' © YO! Home, by kind permission of YO! Home from YO! Company, founder of YO! Sushi and YOTEL www.yo.co.uk; Caibidil 5: '*Deaf Jam* trailer' © Judy Lieff/New Day Films by kind permission of Judy Lieff/New Day Films: https://www.newday.com/film/deaf-jam

Cé go ndearnadh gach iarracht dul i dteagmháil leo siúd ar leo an cóipcheart ar ábhair sa téacs seo, theip orainn teacht ar dhaoine áirithe. Is féidir leis na daoine sin teacht i dteagmháil le Educate.ie, agus beimid sásta na gnáthshocruithe a dhéanamh leo.